壹卷
YE BOOK

洞 见 人 和 时 代

论世衡史

- 丛书 -

清季权力分野与政局纷争

邱涛 著

四川人民出版社

图书在版编目（CIP）数据

清季权力分野与政局纷争 / 邱涛著. -- 成都：四
川人民出版社，2024.1
（论世衡史系列 / 谭徐锋主编）
ISBN 978-7-220-13302-2

Ⅰ.①清… Ⅱ.①邱… Ⅲ.①政治制度史—中国—清
代 Ⅳ.①D691.2

中国国家版本馆CIP数据核字（2023）第106465号

QINGJI QUANLI FENYE YU ZHENGJU FENZHENG

清季权力分野与政局纷争

邱涛　著

出 版 人	黄立新
策划统筹	封　龙
责任编辑	李沁阳
版式设计	张迪著
封面设计	周伟伟
责任印制	周　奇

出版发行	四川人民出版社（成都市三色路 238 号）
网　　址	http://www.scpph.com
E-mail	scrmcbs@sina.com
新浪微博	@四川人民出版社
微信公众号	四川人民出版社
发行部业务电话	（028）86361653　86361656
防盗版举报电话	（028）86361661
照　　排	四川胜翔数码印务设计有限公司
印　　刷	成都东江印务有限公司
成品尺寸	145mm×210mm
印　　张	17.625
字　　数	400 千
版　　次	2024 年 1 月第 1 版
印　　次	2024 年 1 月第 1 次印刷
书　　号	ISBN 978-7-220-13302-2
定　　价	96.00 元

自 序

　　20余年来，我一直在探寻清季延及民初的政治权力格局问题，并力图将宏观思考与实证研究相结合。愚者千虑，或有一得之见，虽或不免贻笑于方家，亦不敢敝帚自珍。

　　如何研究晚清的权力格局及其变迁？其路径应是合理而多样的，核心之处在于既尊重传统史学历来重视的政府和上层社会研究，又重视晚清民间社会势力和下层社会研究的新发展，还应充分考虑中西内外互动的因素。

　　研究晚清的权力格局及其变迁，毫无疑问，当然要关注晚清中央政府与地方政府在支配和调动各种资源的能力上的变化，特别是地方政府和中央政府的势力消长。随着20世纪以来中国的革命史研究取向成为这一时代的学术潮流，探讨太平天国运动、义和团运动对清王朝统治的冲击，对晚清中央和地方权力格局的影响，也成为这一领域研究的重要路径。与此同时，我们也必须注意到晚清民间和地方下层力量对权力格局的影响，而这一路径自20世纪八九十年代以来，愈益受到重视。自太平天国运动开始，当以曾国藩、胡林翼、左宗棠、李鸿章为首的湘淮集团崛起的时候，许多战争波及之地，不仅府、州、县，甚至乡、镇等地方下层也往往有乡绅组织力量对抗太平军。太平军被镇压后，他们便因此在一府、一州、一县、一乡、一镇取得了一定的优势地位。在后来的洋务运动、维新运动和清末新政中，民间社会力量或参与兴办实业，或参与办学、推动留学运动，或积极参与收回利权运动，或在立宪运动中发挥重要作用。他们通过组织团体与地方官厅打交道，往往能够在一些问题上取得共识，而后与朝廷抗争，并逐步形成具有影响的社会势力。晚清时期的民间社会力量，因地区的不同、行业的差异，而不同程度地具备了新的社会属性。它们在区分与融合中，都是与新的经济活动、新的思想观念、新的教育和近代报刊舆论的出现联系在一起的。这些新的社会力量虽然很幼稚，也很脆弱，旋兴旋灭，但作为新的社会因素，它们的成长、积聚，是中国社会走向近代的基本推动力之一。研究新的民间社会和地方下层力量的形成与发展对晚清政治格局的影响，相对于研究政府和上层社会对晚清权力格局的影响这一途径而言，是同样重要的一个路径。同样，晚清中国面临西力东侵，外国势力对近代中国内政的不断干涉和渗透，使得晚清政府的内政外交，无不弥漫着内外力量的互动与角力，因此，研究晚清内外互动对权力格局的影响，亦是重要路径之一。

中国历史进入清后期，这是一个内忧外患频仍的时期，也是中国社会苦苦探索自身走向的重大转折时期。中国社会应当选择什么样的政治走向和历史发展道路，既是由晚清各派政治势力主张的不同政治方案的斗争结果所决定的，也是由既有政治体制的发展变化所决定的，同时还是晚清各种政治和社会势力博弈的结果。毫无疑问，无论是政治方案的设计，还是政治体制的演变，中央和地方权力关系的界定和处理都是中心内容之一。对这一问题的研究涉及面较广，既要从宏观上把握晚清政局的历史走向，又要在整体把握的基础上做出具体研究。本书着重考察同治、光绪两朝（具体时间跨度为1862—1900年）在镇压太平天国运动的后期和镇压捻军起义的过程中，以及战后承平时期和对外战争中，以湘淮军政实力集团为代表的地方势力趁势崛起，清廷中央统治集团与湘淮集团在行政人事、财政税收、军队控制、司法外交等权力问题上的激烈争夺，力求将代表人物的思想流变与政治局势的演变结合起来，将政治史与晚清财政税收体制、军队控制体制的演变和社会势力的发展变化史结合起来考察，具体分析清廷和湘淮集团在上述领域的较量。

关于晚清自太平天国运动以来中央和地方权力格局演变的研究，学界确实长期侧重于从政府和上层社会来进行研究，也确实在这一领域中产生了一些影响很大的成说。自1937年罗尔纲提出湘军兴起为晚清"兵为将有"的起源，并指出晚清各将帅各私其军而出任疆寄，正不可避免地造成"外重内轻以致于分崩割据的局面"①，进而在1939年正式提出"督抚专政"而"军阀割据"的观点后，迄今学界论及晚清中央和地方关系问题时所持的观点基本仍遵循这种"通过太平天国战争，晚清政局的走向是中央权力不断削弱，地方权力不断增强，已形成'尾大不掉'之势"的观点和思路②。而近代史各领域的论著，在涉及近代历史背景或是相关的专论中，多以晚清中央权力下移、"内轻外重"局面已形成，作为立论的基

---

① 有研究者指出，早在罗尔纲之前，已有学者论及"督抚集权"问题。参见沈乃正：《清末之督抚集权、中央集权与同署办公》，《社会科学》第2卷第2期，北平："国立"清华大学，1937年1月，第311—342页。但是，这种观点在学界产生重大影响，还是从罗尔纲"清季兵为将有""督抚专政"观点提出开始。参见罗尔纲：《清季兵为将有的起源》，《中国社会经济史集刊》第5卷第2期，南京："中研院"社会科学研究所，1937年6月，第235—250页。
② 罗尔纲：《湘军新志》，上海：商务印书馆，1939年，第232、244页。

础。如在洋务运动史研究领域的一部代表性著作，李时岳、胡滨合著的《从闭关到开放》一书中，在分析洋务运动得以开展的国内政治局势时说："清朝'太阿下移'，渐次形成了内轻外重、尾大不掉的局面。"①现代化理论与历史实践研究领域的代表性作品之一，罗荣渠在《现代化新论》一书中说："到19世纪下半叶，……平定内乱的紧急形势迫使清廷授予各省督抚以编练新军和筹饷的大权，从而部分军、政、财大权都从中央向地方转移，从满人向汉人转移，形成了汉人地方军事大员领导的区域性政治—经济—司法的一体化格局。这种分权化与地方自主性增强的趋向，松动了原来的高度中央集权的政治结构。"②2012年，李细珠所著《地方督抚与清末新政——晚清权力格局再研究》一书，以及同年发表的《辛亥鼎革之际地方督抚的出处抉择——兼论清末"内外皆轻"权力格局的影响》一文中，对清末新政时期权力格局提出"内外皆轻"观点的同时，仍提出对庚子年以前的晚清权力格局的判断应遵从罗尔纲"督抚专政"说的观点，"如果仅就庚子事变以前四十年立论，罗先生'内轻外重'说大致可以适应"③。对此，本书在探索重视政府和上层社会研究，与重视晚清民间社会势力和下层社会研究相结合的同时，也秉持着重从政府和上层社会研究这一视角，有针对性地提出如下观点：晚清时期，清朝长期实行的高度中央集权随着太平天国起义而受到巨大冲击，地方军政大员的权势明显增强，这是客观事

---

① 李时岳、胡滨：《从闭关到开放》，北京：人民出版社，1988年，第26页。
② 罗荣渠：《现代化新论》，北京：北京大学出版社，1993年，第276页。
③ 李细珠：《地方督抚与清末新政——晚清权力格局再研究》，北京：社会科学文献出版社，2012年，第439页；《辛亥鼎革之际地方督抚的出处抉择——兼论清末"内外皆轻"权力格局的影响》，《近代史研究》2012年第3期。

实；但清廷采取了较为有效的应对措施，使得至少在辛亥革命爆发之前，尚看不出地方政府极大分权、中央控制力极大削弱的状况，这同样是历史事实。

关于晚清中央和地方权力格局演变的研究，多与近代史学界、思想理论界一系列重大理论问题密切相关，如围绕"告别革命"、辛亥革命的意义和价值，以及孙中山、袁世凯等历史人物评价的论争，在近代史领域所引起的争论是很激烈的，都需要通过认真考察这段历史，发现晚清中央和地方权力运行的实际情况及其多面相，要看到清廷的专制皇权在受到冲击后，一般能重新稳住阵脚。从整个晚清时期来看，清廷在与地方势力集团的斗争中，基本能控制局势。甚至就是在1909年之后，清廷罢黜袁世凯，袁世凯也不敢公然对抗。通观晚清内外互动和权力格局的状况，导致清王朝灭亡的因素主要是革命运动的冲击、清王朝核心集团的冥顽不化与严重孤立、帝国主义的干预，以及三大内外权力因素的互动。

回顾近代史学界关于晚清中央和地方关系问题的研究史，历来的研究者做了大量工作，打下了较好的基础，在史料不断挖掘整理的基础上，研究水平也在逐步提高。关于清廷中央和湘淮为代表的地方实力集团的权力关系研究，过往多集中于湘淮集团本身的发展演变上，至多旁及一些与中央政府（清廷）权力格局演变相关的问题，较少真正系统研究晚清中央和地方权力关系演变、权力格局变迁的问题。近20来年开始出现一些专论中央和地方关系问题的论著，其中，罗尔纲先生的"督抚专政"论及相关论断影响较大，不过，近年来，学者们从不同视角、不同研究时段，结合对历史走向的宏观把握和实证研究，也不断提出新的论点，对于推动学界的深入研究颇有启发。因此，在学界过往几十年研究的基础上，从多层面、多角度、长时段分析晚清中央和地方权力格局的演变过程、内外互动、双方权力博弈的状况，做出一批有分量的实证研究成果很有必要，也是研究的新趋向。

近代政治史的研究，在今天已逐步突破旧政治史的各种局限、束缚，然而如何在传承与创新中寻找新路，仍是今天的史家不断探索的内容。学术研究的经验也表明，并无一定之规，见仁见智，笔者谈点粗浅的看法：

在研究思路方面，一是不断拓宽研究视野，转换研究思维。清晚期是中国社会一个急剧转型的时期。在内忧与外患交织，危局与生机共生的局面下，对近代中国社会走向起着历史性支配作用的晚清政局究竟如何？是如目前学界通行的"督抚专政"、地方势力尾大不掉的局面吗？晚清中央和地方权力格局就是典型体现这些问题的选题。近代中国社会面临的问题，已不单纯是内部新旧交替的问题，还面临西方列强的侵略、外国势力对近代中国内政的不断干涉和渗透，以及向近代社会寻求重生的问题。因此，必须在这个基础上来思考晚清中央和地方权力格局变迁的大势。从清王朝内部考察中央和地方权力关系的变迁，研究者多从湘淮集团冲击清廷中央集权的角度来研究，这是历史多面相中的一面。而清廷决不会坐以待毙，轻易让出权力，必然有许多反制的政策措施，对其具体效果和长远影响必须做出具体考察。同时，外国势力的因素，以及围绕晚清政府内政外交的互动与角力，也必须围绕历史问题做出具体考察。因此，多层面、多角度来思考湘淮地方实力集团与中央政府的权力博弈，或更有助于全面了解晚清中央和地方权力格局演变的大势。

二是注重群体研究。谈及晚清地方势力，研究者往往将之与以曾国藩、李鸿章等为首的湘淮集团，以袁世凯为首的北洋集团联系起来，仿佛这是此期中国最大的掌握军队、拥有大量高官的实际统治者。除了太平军是其大敌外，清廷似乎不是曾国藩等湘淮军首脑的对手。但为何在后太平天国时期，左宗棠、李鸿章等虽频现于晚清政治舞台的显著位置，但多以个人面目出现，整个集团到哪儿去了？现有研究论著多是表现镇压太平天国、捻军时期湘淮集团的鼎盛，而较少有战后集团的走向研究；多是论述少数实力督抚在洋务运动中兴办军民用企业的过程、个人的兴衰荣辱，较少论及他们作为地方实力集团成员所体现的集团势力与清廷中央的关系，集团内部关系的发展演变，等等。故战后集团的走向、集团与清廷中央的关系、集团内部关系演变等，都是应重视和研究的问题。

三是研究近代中国问题，一定要注重制度与人、事关系的结合，注重在东亚国际视野下中外关系的结合。就本领域研究而言，我们应当研究明白，既然湘淮实力督抚拥有如此多的行政、军事权力，具有如此大的经济实力，为何清廷还能牢牢占据统治地位？督抚受儒家忠君思想等传统政治文化的影响，战争形势的造就、传统政治制度的制约、帝国主义的干预等因素，确实发挥着作用，但如果不区分战时特殊时期和战后承平时期的分别，不考虑即便是导致清王朝灭亡的直接力量之一——北洋集团实际上也并未显示出绝对控制清末权力局面的能力和实力等情况，就仍会缺乏足够的说服力。同时，近代中国的内政与外交，与列强总是有着千丝万缕的联系，诸多问题必然涉及中外史料的发掘，方能对如乱丝般的史事谜团有一个更宽视野的、更清晰的认识。

本书力求通过对清后期同治和光绪两朝30多年间中央和地方权力格局问题的宏观把握，尤其是督抚权力的消长及其与中央政府之间的微妙关系，探讨晚清延续至民国初年的历史走向。通过对同治和光绪两朝中央和湘淮等地方实力集团对省级政权的控制力，清廷因势利导将"湘淮一体"向"湘淮分立"的格局演变，在政策、策略上则经历了"扶淮抑湘"转化为"湘淮互制"等问题的探讨，对同治、光绪两朝30余年间在中法战争、甲午中日战争等对外战争和近代海军、新水师的编练中，中央和地方对军队控制权及以饷需、军火供应为中心的财政税收权力的争夺与妥协等问题，对同治和光绪两朝西方列强（包括外国朝野势力）对中国内政日渐深入的干预、渗透，通过西方（包括日本）政府和军官参与中国练兵、政治结盟、培植势力等问题，力求通过实证研究，提出一些有历史价值、有理论和现实意义的专题研究成果。

本书的研究力求有如下突破，以期取得创新成果：

第一，力求突破以罗尔纲为代表，并影响整个学界的"督抚专政"、晚清自湘淮集团以来逐渐形成"内轻外重"、地方势力"尾大不掉"之势等观点的藩篱，对晚清中央和地方权力分配的动态过程做出具体、翔实的考辨和分析。虽然自太平天国起义爆发、湘军集团崛起后，到北洋集团，地方势力确实对清朝专制主义中央集权体制产生了很大冲击。但是，清廷中央政府采取了较为有效的应对措施，使得清廷在较以前有所分权的情况下，仍在较大程度上和较大范围内维持了自身的权力和控制力，并未出现地方政府极大分权、中央政府控制力极大减弱的情况，晚清时期并未出现地方势力

"尾大不掉"的局面。

第二，力求把握晚清中央和地方权力关系演变的动态过程。对于这一课题的研究，容易出现一些倾向。如设定一些指标，堆积资料；或是简单借用一些分析模式；或是从传统制度史的角度做静态的描述，而较少具体考察制度变迁的动态过程。本书的研究，充分重视学界各种新旧观点和研究的突破点，力求在系统考察整个晚清中央和地方权力关系演变的动态过程的基础上来进行。

第三，对湘淮集团与清廷关系的研究，一定要突破在实质上局限于太平天国起义时期的"时限模式"，也要突破"战时体制模式"，即以战时特殊体制来规范包括承平时期的体制运作。本书以长时段考察同光时期的权力格局，既要考察太平天国战争中清廷和湘淮集团双方关系的状况，也要考察镇压太平军和捻军的战争结束后，从同治到光绪年间双方关系发展的新态势。

第四，突破长期占据统治地位的、单一的"地方势力冲击中央集权"的研究视角，从清廷中央政府（"清廷"）的角度，以及中央和地方互动的视角，来研究晚清中央和地方权力关系的演变。因此，本书具体考察湘军集团争夺权位策略的变化和清廷政策的调整，清廷与湘淮首脑在湘淮督抚藩臬的安排、使用、调动上的明争暗斗，同治、光绪时期清廷任命湘淮督抚的具体情况，湘淮集团对省级政权的实际控制力，以及清廷全面实施"众建督抚而分其力"的政策后湘淮集团的分化状况，等等，就是从行政和人事任免权上的具体考察；而对清廷和湘军集团在长江水师控制权上的争夺、长江水师的经制特征等问题的考辨分析，则是从军队控制权力上进行的考察；对晚清厘金、海关洋税等新增税收项目的制度变迁，以及解款协款制度和奏销制度等财政制度的变迁状况的研究，则是从财税控制权力上进行的考察。总体而言，从太平天国战争时期到战后承平时期，再到中法、中日、八国联军侵华等对外战争，湘淮集团确实在大力扩张其权力范围，并由此与清廷展开了诸多争夺，而清廷在不得不依靠湘淮集团成员做事，使他们得建事功，并与之分享部分权力的同时，通过各种统治策略的调整，成功地使军、政、财等主要控制权仍握于中央政府手中。

第五，拓展视野，要清楚地认识到晚清中国社会处在一个内忧与外患交织的急剧转型时期，中国社会面临的问题，已不单纯是内部新旧交替的问题，还面临西方列强的侵略、外力不断向内渗透，以及向近代社会寻求重生的问题，故晚清权力的结构是多向度的、内外兼具的。因此，必须从内外权力的互动和权势转移的视角，来重新审视和思考晚清中央和地方权力格局变迁的大势，以及充分展现这种变迁大势的具体的历史问题。

第六，力求处理好宏观把握与实证研究、继承与创新、模式与突破等一系列关系，在此基础上抓住一系列核心问题，做出扎实而有创见的成果。在学术思想和学术观点的特色和创新上，要将注重在历史长河中探寻制度的脉络、探察制度与社会、国家机构间的关系和制度的历史演变的历史考察方法，与推崇结论的客观性、科学性、普遍性，力求对历史现象的研究达到精细化和准确化水平的实证研究方法结合起来，注重宏观把握与实证研究、专题探索紧密结合，注重问题意识和解决问题的方法探索。在研究方法上注重特色和创新，注重中外史料的互证，注重思维转换。研究者多从地方实力集团冲击清廷中央集权的角度来研究，这是历史多面相中的一面；而清廷决不会轻易让出权力，必然有诸多反制的政策措施，加上列强外力的介入，也是历史面相。因此，多层面、多角度来思考地方实力集团与中央政府的权力博弈，加强系统分析，对晚清权力变化的目标、路径、权力结构和环境作出总体性、关联性分析，找出制度变化与环境应力之间的契合点，有助于全面了解晚清中央和地方权力格局演变的大势。

清季中央和地方权力格局以及影响这一权力格局变化的内外因素，是学界讨论清季中央和地方权力格局、近代中国的政治走向的核心问题之一。对于晚清地方督抚权力的消长及其与中央政府的关系问题，传统的"督抚专政""内轻外重"说受到质疑，学界突破既有藩篱，而不断提出新解的趋势越来越明显。这就促使研究者必须创新思维，打破成说和范式的束缚，通过对清季中央和地方权力格局问题的宏观把握，与晚清行政人事、军事、财政、司法、外交等权力体制变化的实证研究结合起来，探讨晚清中央和地方权力格局变化的影响力和实际效力。显然，通过对清后期40余年权力格局的宏观把握，充分考量督抚权力的消长及其与中央政府的微妙关系，以及上下影响、内外互动的权力因素，对于探讨晚清至民国长时段的历史走向和权力格局，具有重要价值。

目 录

第一章
清季国内政治权力格局之走向

　　从太平天国起义以来，清后期的中国国内军事、政治局势进入一个剧烈变化的重要时期。近代政治军事局势的剧变，决定了权力格局必然发生相应的变化，进而影响近代后期和现代中国的政治权力格局的演变和走向。而中国国内政治权力格局在内外因素的交相作用下，确实较以前发生了比较显著的变化。从全局来看，这种变化是怎样一个走向，呈现出怎样的发展趋势？中央和地方政府的权力分配究竟是中央皇权受到冲击后重新得到稳固，还是不断削弱？按照目前学界流行的看法，从清后期开始，中央权力不断削弱和下移，地方权力不断增强，乃至出现"督抚专政"的局面。那么，整个清后期，即19世纪后半期至20世纪初，中国政治权力格局的走向真的是这样吗？仔细研究这一问题，便会感到历史事实并非如此。

第一节　清后期国内政治权力格局的走向

一般认为，两千多年来我国封建君主专制权力不断得到加强，于明清时期达到顶峰，在清王朝遭受到资本主义强国侵略并引发大规模的太平天国革命之前，其专制皇权是空前强大的。而太平天国起义爆发后，清朝长期实行的高度中央集权受到巨大冲击，以湘淮集团为首的地方军政大员的权势明显增强，乃至出现"督抚专政"的局面，中央权力不断下移，这种状况持续到清末，直接导致了清王朝的灭亡和中国两千年封建帝制的灭亡。

上述观点至迟在20世纪三四十年代就已成形。罗尔纲在他1937年发表的《清季兵为将有的起源》一文，及其出版于1939年的《湘军新志》一书中，就已经提出了"督抚专政"的观点。经过几十年的修改，他于1984年出版《湘军兵志》一书，完整地提出如下观点：第一，晚清地方督抚，在湘军将帅取得督抚职位之前就已经出现了"督抚专政"的局面："就以曾国藩来说，他手创湘军，收复武、汉，威名震朝野，而当他统湘军转战江西的时候，为了军饷，也饱受江西巡抚陈启迈的气。……使曾国藩用兵转饷不能自行其志。时曾国藩又奏请于上海抽厘者一次，请拨上海关税银者二次，都为两江总督、江苏巡抚所阻不得行。其后，曾国藩督师江南，奏请在广东抽厘金以济军饷，也为两广总督劳崇光所持，清廷竟为此事罢免劳崇光职而另任曾国藩一系的人物为督、抚，始得顺利进行。当日督、抚专政的情况可以概见。"第二，关于湘军集团崛起后，督抚专政的情况，罗尔纲提出："晚清兵为将有的起源，始于湘军，已如上述。但是，这种兵为将有的局面，所以会直接地影响到政治上去而牵动了一代的政局，却是由于湘军将帅得有总督、巡抚的地位，因为他们既擅兵柄，又握有地方上的财政、民政等权柄，于是他们便上分中央的权力，下专一方的大政，便造成了咸、同以后总督、巡抚专政的局面。"第三，这种趋势一直延续下去，导致积重难返，清王朝由此灭亡："这种局面，咸、同后，日益加甚，到光绪末年，朝廷一兵、一卒、一饷、一糈，都不得不仰求于督、抚。而为督、抚者，都各专其兵，各私其财，唯知自固疆圉，而不知有国家，故康有为至以当时十八行省，比于十八小国。宣统初元，清廷曾有中央集权的企图，计划要收回各省的政权，而积重难返，终无成效。武昌起义，袁世凯遂得因势乘便以遂其私。"①

其后几十年间，学者们大多承此观点，作为立论的基础。如李时岳、胡滨所著《从闭关到开放》一书，在分析洋务运动得以开展的国内政治局势时说："清朝'太阿下移'，渐次形成了内轻外重、尾大不掉的局面，……这些又都是不利于清朝统治并最终促使它土崩瓦解的因素。"②龙盛运《湘军史稿》认为："湘军集团拥有的军事政治力量，与满洲贵族为主导的清廷，已经形成双峰对峙，甚至有驾凌而上之势。"③近年新出的论著仍采此说。如《曾国藩集团与晚清政局》一书认为："满洲贵族虽曾以武力征服了中原，而后世子孙的腐败，却令其不得不依靠湘淮练勇来镇压太平天国与捻军起义。遂致晚清政局为之一变：中央集权削弱，地方分权增强，兵为将有，权出私

①　罗尔纲：《湘军兵志》，北京：中华书局，1984年，第221、217、227—228页。
②　李时岳、胡滨：《从闭关到开放》，第26页。
③　龙盛运：《湘军史稿》，成都：四川人民出版社，1990年，第289页。

门，国家军政实权落到地方督抚手中。其实力最强的曾国藩集团，在一定程度上掌握了国家命脉，且随着时间的推移，事态益趋严重。曾国藩充任首领时，虽有功高震主之嫌，亦不过握有东南地区及直隶等省的地方大权。而李鸿章接掌门户后，则又进而控制了中央政府的国防、外交实权，或战或和皆其一身承办，遂成为古今中外最大的签约专业户。及至八国联军侵入中国，清政府对外宣战，他们竟与中央政府分庭抗礼，公开分裂，同侵略者搞起'东南互保'。当那拉氏公开提出废除光绪帝时，而刘坤一又上疏谏诤，结果一锤定音，再没有人敢议废立问题。其势焰之盛，概可想见。"① 又有论著认为："在镇压太平天国运动的过程中，地方督抚逐渐取得了相对独立的财政、军事等权力，从而造成原来高度集中于中央的财权、军权的下移。……与晚清中央权威衰落相对照的是，地方督抚在社会政治生活中的地位和作用日益引人注目……'外重内轻'的局面逐渐形成。"②

总之，学界流行的观点认为，从太平天国革命开始到清朝灭亡，湘淮集团、北洋集团相继崛起，逐步控制了全国大多数省区，而在中央与地方的权力争夺中，清廷中央则无可奈何地容忍地方督抚侵夺中央权力，后来甚至较为主动地将中央权力下放地方督抚。这种发展趋势导致清廷中央对地方的控制力不断削弱，以至完全丧失，最终导致清王朝的必然崩溃。

笔者认为，这些论述有其言之成理的一面，但是，在他们的论述中，似乎这场权力之争只是地方势力步步进逼、中央皇权步步

---

① 朱东安：《曾国藩集团与晚清政局》，北京：华文出版社，2003年，"前言"，第1页。
② 刘伟：《晚清督抚政治——中央与地方关系研究》，武汉：湖北教育出版社，2003年，第2页。

退让的过程。这些论述夸大了地方势力向中央争权及其所取得的成果这一方面，而低估或甚至忽略了清廷中央对地方势力进行制约和反击及其取得的成果的一面。实际上，太平天国起义后，清廷中央和地方之间权力的争夺和转移并非单向的，而是双向的，双方的攻守进退并非直线式的，而是波浪式的、拉锯式的。面对太平天国起义、捻军起义等全国性的战争形势，清廷统治风雨飘摇，湘淮军的崛起一方面是有利于维护、稳固清廷的统治；另一方面，清廷不得不面对王朝内部崛起一支不同于以往的军事政治力量，并在政治斗争中逐步对这一新兴的军政势力形成较为有效的应对政策，有一个由最初的不知所措到逐步形成系统的反制措施的演变过程。

在太平天国战争初期和湘军崛起的初期，清廷对权力的控制在战争的冲击下非常被动，清帝（咸丰）采取颟顸的手段苦苦支撑对国家权力的控制。随着战争的深入和持久，因为清朝经制兵（八旗、绿营）的腐朽崩溃，以及中央严格控制财政的体制与战时特殊情况不能适应等因素，都使战争态势几度出现十分不利于清朝的发展趋势。清廷不得不实行战时体制，重用以湘军和淮军为代表的勇营，其军队饷银在中央调控下"自筹"，湘军和淮军将领因为军功和清廷镇压太平军的需要，在不同时期都有一批重要成员出任封疆大吏，在镇压太平天国最为关键的时期，即同治二、三年（1863—1864年）时达到高峰，在全国23个总督巡抚中，湘淮集团成员最多时占了14个。但是，这种局面维持的时间极其短暂，大约只维持了一年多的时间，随即湘淮督抚的数量逐年迅速减少[1]。另外很重要

---

① 关于这一问题的分析，参见本书第二、三章关于清廷和湘淮集团对省级政权控制力对比分析的相关内容。

的一点，当时在清王朝决策中占据重要地位和拥有极大权力的军机处，湘淮集团不但没有能够控制，甚至连出任军机大臣的都极少。湘淮集团的主要首脑曾国藩、李鸿章均未能进入最高决策层（军机处），湘淮集团曾进入军机处的人员主要有光绪七年（1881年）正月至九月、光绪十年（1884年）五月至七月的左宗棠，光绪十年三月至光绪十四年（1888年）七月的阎敬铭，光绪二十一年（1895年）六月至光绪二十五年（1899年）五月的钱应溥。①在光绪朝前期，清廷为了牵制李鸿章，曾短暂地让左宗棠担任军机大臣，这是李鸿章终其一生都没有能够担任过的要职，不过由于左宗棠年老，在权力斗争中未能表现出抗衡恭亲王奕訢、李鸿章联合的势力和能力，不能胜任慈禧太后、醇亲王奕譞对他的期望，仅仅几个月时间就调出军机处，外放为两江总督。而阎敬铭和钱应溥虽然出身于湘淮集团，却并非集团最重要成员且不是手握重兵的将领，他们担任军机大臣时，已与湘淮集团颇为疏远。左宗棠去世后，湘军集团虽然较李鸿章亲自领导的淮系集团处于相对弱势，但是曾国荃、刘坤一等人仍担负起了牵制淮系集团的任务。这一时期，通过清廷着力培植而出现了以张之洞为代表的、独立于湘淮集团之外的实力督抚，从而在清朝的地方权力格局中形成了三股势力相互制衡的局面，这更加有利于清廷"分而治之"，更有效地控制全国的政治权力格局。

湘淮集团在清廷的分化、压制和利用政策之下，随着其领袖人物的相继离世，逐渐衰落。以袁世凯为首的北洋集团遂兴起并取代

---

① 钱实甫编：《清季重要职官年表》，北京：中华书局，1959年，第48—50页。

了湘淮集团的地位。北洋集团逐步形成后，在组织上采用湘淮体制并加以改造，具有更强的内聚力。但是，包括袁世凯在内的主要成员在慈禧生前始终被严密控制，未能拥有中央不能控制的权力。光绪三十二年（1906年）前后，清廷受日俄战争的刺激并迫于革命潮流的压力，宣布实施所谓的预备立宪。也在这一时期，直隶总督兼北洋大臣袁世凯主持编练的北洋六镇常备军全部建成，袁世凯还控制了中央负责掌握全国练兵大权的练兵处的实际权力，企图控制全国编练新军的领导权。[①]清廷注意到袁世凯手握重兵的情况，很快就有御史弹劾袁世凯贪权营私。[②]官制改革后陆军部设立，练兵处并入陆军部，清廷任命与袁世凯交恶、争权的满族亲贵铁良担任陆军部尚书，并于光绪三十二年十月颁布上谕，"方今时局艰难，非练兵无以立国。迭经降旨饬令各省认真整顿，修明武备。现在专设陆军部，所有各省军队，均归该部统辖"，都表明清廷要收回袁世凯手中的兵权。[③]袁世凯无奈，只得主动奏请将第一、三、五、六镇交"归陆军部直接管辖，毋庸由臣督练"，同时他又提出，北洋第二、四两镇防区在直隶境内，八国联军"尚未尽撤，大局尚未全定，直境幅员辽阔，控制弹压，须赖重兵"，请求将北洋二、四两镇仍归自己"统辖督练，以资策应"[④]。清廷虽然同意"第二、第四两镇，著暂由该督调遣训练"，但是仍强调"现在各军均应归陆军

<hr>

① 文公直：《最近三十年中国军事史》（上），出版地和出版者不详，1940年，第40页。

② 张国淦：《北洋军阀的起源》，《北洋军阀史料选辑》（上），北京：中国社会科学出版社，1981年，第41—43页。

③ 朱寿朋：《光绪朝东华录》第5册，北京：中华书局，1958年，第5579、5600—5601页。

④ 袁世凯：《养寿园奏议辑要》卷四二，项城袁氏宗祠刻本，1938年，第1—3页。

部统辖"①。光绪三十三年（1907年）六月，清廷进一步将袁世凯召京，解除了他的直隶总督之职，七月份改任他为军机大臣、外务部尚书，在将他升职的同时，解除了他的兵权。只是由于清廷任命管辖北洋六镇的陆军部尚书铁良、副都统凤山等人腐朽无能，相互之间矛盾重重，没有能够趁此机会改造北洋六镇的组织系统，凤山等人反而趋附于奕劻、袁世凯势力，使袁世凯能够通过奕劻、凤山等保持对北洋六镇的掌握，并在后来得以利用革命形势和帝国主义的支持重新控制北洋兵权②。在官制改革中，袁世凯虽然通过重金贿赂得到首席军机大臣奕劻对他提出的设立责任内阁方案的支持，企图通过官制改革废军机处，建立由自己实际控制的责任内阁，但这一方案被否定，军机处和内阁均保留，并且清廷通过成立陆军部、度支部、邮传部，逐步收回袁世凯等督抚手中的军权和财权。在军机处，袁世凯入值之前虽然有北洋集团成员、巡警部尚书徐世昌在光绪三十一年（1905年）五月至三十二年（1906年）九月充任军机大臣，但是很快外放为东三省总督，袁世凯在光绪三十三年（1907年）入值军机后，虽然有庆亲王奕劻的支持，但是，奕劻受到醇亲王载沣的制约，袁世凯本人则受到另一位军机大臣张之洞的制约。光绪三十四年（1908年）袁世凯被摄政王载沣免去本兼各职③。这些都说明，晚清时期高度中央集权确实受到一定的冲击，督抚能较清前期更多地参与一些政府决策；但是，中央仍然掌控着国家权力的大局，并未出现地方督抚实力超越中央、尾大不掉的局面。

① 《清实录·德宗景皇帝实录》卷五六五，北京：中华书局，1987年，第5页。
② 唐在礼：《辛亥前后我所亲历的大事》，《辛亥革命回忆录》（六），北京：文史资料出版社，1963年，第330—331页。
③ 钱实甫编：《清季重要职官年表》，第51页。

慈禧死后的一段时间内，北洋集团在与清廷最高统治层的权力争夺中也并未占据上风，其首脑袁世凯被摄政王载沣罢免回籍。只是清廷权贵手段颟顸，并未能涣散北洋集团，北洋军权实际上仍握于北洋集团手中。但是，由于清廷中央在军、政、财权方面仍对北洋集团有很大的制约能力，袁世凯北洋集团也没有能力轻易就取清王朝而代之，它甚至也没有形成清廷无法调动的实质性割据局面，仍需要进一步取得帝国主义的支持并等待时机。直到辛亥革命爆发前夕，地方势力仍没有达到能凌驾于中央权力的地步。很快，辛亥革命爆发，在革命势力的巨大冲击下，清王朝的统治已经无法继续，作为清王朝一部分的北洋集团也面临着随着这一腐朽王朝一同崩溃的局面。在这种情况下，帝国主义为了自身在华特权利益，不愿坐视革命洪流将中国腐朽落后的势力一扫而光，不愿意由资产阶级革命派来统治中国，它们需要保留一部分中国的腐朽势力，为继续维护他们在华殖民特权利益服务。清王朝的覆灭既然不可避免，它们就选中了其中还较有力量的北洋集团作为自己新的代理人。①帝国主义西方列强出面支持袁世凯北洋集团、压迫革命势力，使革命势力和袁世凯集团达成妥协。袁世凯才得以逼迫清宣统帝退位，并取而代之。

---

① 西方列强选择袁世凯作为新的代理人，正是在载沣"摄政时代之晚政尤敝"时期，西方列强看到中国革命形势的高涨，清朝灭亡已不可避免，因此决定在清政府内寻找新的代理人，"内外益思项城"。当时，英国政府选定袁世凯后，英国《泰晤士报》将他列入世界伟大的"政治家"的行列。（［澳］骆惠敏编、刘桂梁等译：《清末民初政情内幕》（上），北京：知识出版社，1986年，第713页）满族亲贵载涛、载洵在欧洲考察时，"欧人群口相谓，谓中国至今日，奈何尚不用袁世凯？夫以满洲大官论之，盖无有比袁公胜者矣"。（参见黄远庸：《远生遗著》卷一，北京：商务印书馆，1920年，第40页）可见帝国主义列强选中袁世凯做新的代理人的情况。

事实上，整个晚清时期中央和地方权力斗争始终是处于互有攻守、波浪式前进的过程。总体而言，清王朝高度集权的专制统治确实受到冲击，但是，清最高统治集团通过各种手段，基本维持住了中央权重的局面，并未出现地方势力尾大不掉、"内轻外重"的严重局面。清王朝的灭亡，虽有中央与地方权力矛盾演化的因素起作用，但并不是单纯的王朝内部中央权力衰弱、地方权力强大而自然分崩离析的结果，而主要是因为中国人民在内外压迫下无法再忍受下去，在新兴的资产阶级革命势力领导下，揭竿而起，进行革命，从而推翻了清王朝。只是由于资产阶级革命的不彻底性，尤其是对国际资本帝国主义势力的本质缺乏深刻认识，导致反帝的软弱和不彻底性，为帝国主义列强重新扶植中国的腐朽势力留下了空子。

第二节 影响清后期权力格局演变的思想因素

中国两千多年的封建君主专制传统，以及儒家思想逐步成为中国古代大多数封建王朝的官方意识形态，对于中国君主专制政体必然有维护的功能。自宋代以来儒家学说日益突出和强化的是控制社会民众日常生活和伦理等实践层面的功能，使得"君为臣纲、父为子纲、夫为妻纲"的"三纲五常"成为人们思想、伦理乃至生活的准则。自此，忠君不仅是臣子无条件的政治义务，而且成为臣民感情生活的最高准则。当然，这一社会标准、伦理准则在控制下层民众的同时，也相应地制约着上层统治者的思想和行动。那么，到晚清时期儒家"三纲五常"思想是否已经不管用了呢？是否如一些论者所说，像曾国藩、李鸿章、袁世凯之流，日夕所思都是如何能取清廷而代之呢？揆诸史实，恐怕并不能如此定论。

应当说，到晚清时期，传统儒家的忠君观念仍然根深蒂固。我们知道，清代从康熙朝开始，正式确定程朱理学为官方意识形态，一直到清王朝灭亡。以程朱理学为代表的儒家学说，一直是封建统治阶级的主流思想。儒家学说所提倡的忠君思想以及两千年来积累下来的传统，虽然在近代以来受到了诸多冲击和影响，但仍然极大地影响着人们的思想和行动。曾国藩、左宗棠、李鸿章等人所处的时代，满族灭掉明王朝入主中原已有二百多年，原来那种以汉族统治为中心的思想观念已经有很大改变，在曾国藩等人所接受的儒家教育中，忠君爱国即是忠于大清的思想观念，与砥砺品德、进修学问、为社会民生谋求福祉的思想观念是同等重要的。[①]袁世凯所处时代虽又较曾国藩等人生活的时代有所变化，但基本的社会伦理标准并未发生根本性改变。

曾国藩，这位被许多后世之人视为军阀鼻祖、开晚清地方势力尾大不掉之先河的人物，其忠君思想不仅表现在奏疏等庙堂文章上，也处处充盈于他的私人信件、诗词联语等表露真性情的文辞之中。咸丰元年（1851年），已是礼部侍郎的曾国藩犯颜直谏。事后，他在家书中说："余又进一谏疏，敬陈圣德三端，预防流弊。其言颇过激切，而圣量如海，尚能容纳，岂汉唐以下之英主所可及哉！余之意，盖以受恩深重，……若于此时再不尽忠直言，更待何时乃可建言？……使圣心日就兢业，而绝自是之萌，此余区区

---

① 曾国藩这类思想言论是很多的，如他在给兄弟的家书中屡屡谈及。参见曾国藩：《致澄弟温弟沅弟季弟书》（道光二十二年十月二十六日），《曾国藩全集·家书一》，长沙：岳麓书社，1985年，第38—41页。

之本意也。……欲以此疏稍挽风气，冀在廷皆趋于骨鲠而遇事不敢退缩，此余区区之余意也。"① 可见曾国藩确有忠于大清的情怀。

咸丰七年（1857年），曾国藩在江西作战期间，江西藩司龙翰臣战死，他在挽联中写道："豫章平寇，桑梓暴民，休讶书生立功，皆从廿年积累立德立言而出；翠竹泪斑，苍梧魂返，莫疑命妇死烈，亦有万古臣子死忠死孝之常。"② 也表现出曾国藩对儒家士子死节忠君的赞赏与仰慕。同时，曾国藩也注意到，历代权臣一旦受到君主严重疑忌，大多难逃厄运，因此他在位高权重、清廷倚畀甚重的情况下，对君主时怀戒惧之心。曾国藩被清廷任命为两江总督并加授钦差大臣节制四省军务大权之后，同治元年（1862年）六月廿日在给弟弟曾国荃的家书中说："阿兄忝窃高位，又窃虚名，时时有颠坠之虞。吾通阅古今人物，似此名位权势，能保全善终者极少。深恐吾全盛之时，不克庇荫弟等；吾颠坠之际，或致连累弟等。惟于无事时，常以危词苦语互相劝诫，庶几免于大戾。"③ 同治二年（1863年）正月初七日，曾国藩再次告诉曾国荃："处大位大权而兼享大名，自古曾有几人能善其末路者？总须设法将权位二字推让少许，减去几成，则晚节可以渐渐收场耳。"④ 从中可见曾国藩确实常怀如临深渊、如履薄冰的戒慎戒惧心态，因此，他的政治思想的核心不是与清廷争权争利争位，更不会是争国，而是在君臣名分的现实下，力求减少清廷的猜疑。攻陷天京之后，曾国藩在湘军声威达到全盛的时候，却毅然以客观存在的"湘军作战年久，

---

① 曾国藩：《致澄弟温弟沅弟季弟书》，《曾国藩全集·家书一》，第212页。
② 《曾文正公书札》卷六，传忠书局光绪二年刊本，第38页。
③ 曾国藩：《致沅弟书》，《曾国藩全集·家书二》，第843页。
④ 曾国藩：《致沅弟书》，《曾国藩全集·家书二》，第926页。

暮气已深"为理由，奏请裁撤湘军，向清廷展示自己无意挟兵权以自重的心迹。虽然在曾国藩有生之年的政治实践中，可能会因为方方面面的利益关系，其行动有时会与上述基本政治思想有所偏离，在一定时间和范围内出现与清廷争夺权力的情况，但是，其基本政治思想和政治实践的轨迹是一致的。而且，曾国藩愈到晚年愈受制于儒家忠君思想，对清廷政治操控愈加"畏""慎"。同治四、五年（1865—1866年）后，清廷采取了一系列进逼性动作，罢免了一批湘淮督抚。对于这种情况，曾国藩戒惧异常。同治六年（1867年）十一月二十日，他在给郭嵩焘的信中说："直隶枭匪存者无几，而官相（官文）顷有署直隶之信，不知印渠（刘长佑）何故开缺？近日厚（杨岳斌）、霞（刘蓉）、筠（郭嵩焘）、沅（曾国荃）次第去位，而印复继之，吾乡极盛，固难久耶？思之悚惕。"[1] 同治七年（1868年）二月，在了解更多的情况之后，曾国藩在二月二十六日致刘坤一函中说："闻带勇回籍之举系官相密片所请，陷阱下石，相煎太急。顷富都统升来此，代为不平，并称印帅受穆公之陵侮，人所难堪，而直隶之官绅军民无人不服其忠勤而惜其去。弟于印帅归时，唏嘘不忍别。闻富公之言，尤为感慨。仕途险巇，使为善者增惧。"[2] 这两封书信，明白透露出曾国藩在同治六年前后，在清廷接连打击下"悚惕""戒惧"的心态。

左宗棠同样深受儒家学说尤其是程朱理学的影响。他主张"宗

---

① 曾国藩：《复郭嵩焘》，《曾国藩全集·书信九》，长沙：岳麓书社，1994年，第6475页。
② 曾国藩：《致刘坤一》，《曾国藩全集·书信九》，长沙：岳麓书社，1994年，第6547页。

程朱以探原孔孟"[①]，并崇尚"儒者传道报国之功"[②]。而且，中国传统文化中那种"报恩"思想，往往与忠君思想是紧密结合在一起的[③]。左宗棠自视极高，落魄之时，难免愤世、孤傲之心。一旦为清廷所赏识，破格任用后，忠于大清的思想意识和行动，甚至在某些方面还超过曾国藩。他原为一个三试不第的举人并在"樊燮案"中成戴罪之身，曾要求曾国藩、胡林翼在湘军中给他一个营官的位置，使他能够杀敌自效。没有想到承清帝"深恩"，命他自募一军，随曾国藩襄办军务。这种在身处艰窘境地时的不次拔擢，显然令左宗棠深感"圣恩"。很快，左宗棠在同治元年（1862年）即跻身督抚大吏的行列，并在有生之年位列大学士、军机大臣、总理衙门大臣之重位。尤其军机大臣的重位，是曾国藩、李鸿章终身未得的。这些都使左宗棠深感"蒙皇上天恩"，而竭尽所能报答其"知遇之恩"。如他在《补授闽浙总督谢恩折》中所说："臣湘水庸才，草茅下士。……乃荷先皇帝特达之知，由举人不次拔擢，洊至正卿。皇帝御极之初，复蒙畀以封疆重寄。……敢不竭忱尽瘁，以期稍答恩知。"[④]左宗棠不仅在奏折这样的冠冕堂皇之件中如此说，即便是在家书中，也是如此说，如在与儿子左孝威的信中说："我一书生，蒙朝廷特达之知，擢任巡抚，危疆重寄，义无可诿，惟有尽瘁

---

① 左宗棠：《南菁书院题额跋尾》，《左宗棠全集·诗文·家书》，长沙：岳麓书社，第294、295页。
② 左宗棠：《〈马征君遗集〉序》，《左宗棠全集·诗文·家书》，第251页。
③ 中国古代人臣"受恩深重"者，竭尽全力为朝廷、君主效犬马之劳，在中国社会中是很自然的事。这种思想观念不仅在古代，直到今天仍然对中国人的思想行为产生着影响。关于中国社会"报恩观念"的研究，可参见 Lien-sheng Yang（杨联陞），"The Concept of Pao As a Basis for Social Relations in China," *in Excursions in sinology*, Cambridge, Mass., 1969, p8—10。
④ 左宗棠：《南菁书院题额跋尾》，《左宗棠全集·奏稿一》，第228页。

图之，以求无负。"①数年之后他又在一封家书中说："我一书生，忝窃至此，从枯寂至显荣不过数年，可谓速化之至。绚烂之极正衰歇之征，惟当尽心尽力，上报国恩。"②这种"忠君""报恩"的观念融入并体现为他为维护清王朝的统治镇压太平天国起义和在收复新疆、中法战争等抵抗外来侵略方面的活动中。

即便是历来人们视为追逐名利、官位，惯于玩弄权术，德行较差的李鸿章，他的忠君观念也是很突出的。咸丰九年（1859年），时在曾国藩幕中的李鸿章追悼自己的恩师、原工部左侍郎、安徽团练大臣吕贤基的诗中云："七年瓢泊节旄存，追怆同袍烈士魂；谏草商量捍吾圉，伏蒲涕泣感君恩。"③这是借追怀吕贤基感于陛辞时，咸丰帝为之流涕挥别而不惜以死殉节，来表达自己对这种忠君死节境界的欣羡，可见忠君观念对士人的影响之深。李鸿章后来虽然位高权重，但是在儒家忠君思想和慈禧威权的制约下，也只能甘心慑服于皇权控制之下。光绪六年（1880年），曾协助曾国藩、李鸿章等镇压太平天国的英国将领戈登应李鸿章之邀来华，当时一度传言他是来帮助李鸿章推翻清朝、控制中国政权的。而且当时正是李鸿章备受慈禧太后、醇亲王压力，不安于直隶总督之位的时期。李鸿章的忧愤、不满可以想见。如果李鸿章真有取清而代之的想法和实力，应当有所表现。但是，戈登到华与李鸿章接触后即向英国官员指出，他认为李鸿章作为汉人可能在内心并不喜欢满洲贵族政府，但他的内心并没有让自己控制中国的想法，而且他也没有这样的

---

① 左宗棠：《南菁书院题额跋尾》，《左宗棠全集·诗文·家书》，第52页。
② 左宗棠：《南菁书院题额跋尾》，《左宗棠全集·诗文·家书》，第103页。
③ 李鸿章：《仙屏弥之作》，《李文忠公遗集》卷六，合肥李氏三世遗集原刻足本，第6页。

武力。[①]

到清末，即便如袁世凯这种最终借助帝国主义支持并利用革命压力迫使清帝退位的人物，在辛亥革命之前，心中仍留存着忠君观念并在行为上受这种观念的制约。更为重要的是，社会主流意识仍是忠君、做忠臣占据主导地位。袁世凯开办军事学堂，就明确规定"忠君尊孔"，开设的课程就是"以圣教为宗，以艺能为辅"，以《春秋》《左传》等儒家经典和"忠孝经""古人嘉言懿行""圣谕广训"。[②]对士官生进行"君君、臣臣、父父、子子"的伦理纲常教育，目的当然是使这些学生对袁世凯等视若父师。这一方面客观反映出袁世凯内心儒家传统的根深蒂固，另一方面这种教育也必然产生对忠君观念的客观强化。这种状况对即便是已生野心的袁世凯也是巨大的束缚。因此，虽然现在的研究者多强调袁世凯势力根基的雄厚，以及载沣无法将袁世凯治罪乃至除掉袁世凯的无奈，但当摄政王载沣以宣统皇帝的名义罢免袁世凯时，袁世凯仍然只能回到河南项城老家，隐居洹上，这是无可争辩的事实。当然，这其中起决定性作用的因素是很复杂的，既有思想因素的制约，更有政治军事力量的对比，也有当时的局势还没有为袁世凯提供合适条件的因素，等等。

不仅这些上层人物的政治思想如此，即便是中下层的官吏和军队将士，也是在中国社会传统伦理熏陶之下表现出忠君的观念。知识分子和中下层文职官吏不用说，即便是在人们观念中孔武不羁

[①] 戈登这段评价，转见于 C. Y. Hsu（徐中约），"Gordon in China,1880," *Pcific Historical Review*, 32.2:162, 1964。

[②] 《陆军第五镇钞呈教育计划草案》《陆军速成学堂章程》，转引自李宗一：《袁世凯传》，北京：中华书局，1980年，第111页。

的武将与兵勇，也大多如此。同治十年（1871年），淮军将领周盛传作《盛军训勇歌》，告诫士卒要忠于职守，以期"到处传出好声名，荫子封妻皆有分……班师奏凯罢远征，同沐皇家雨露恩"[①]。甲午战后，袁世凯在小站练兵并编写了《劝兵歌》，告诉士兵要尽忠朝廷，"为子当尽孝，为臣当尽忠。朝廷出利借国债，不惜重饷来养兵。……如再不为国出力，天地鬼神必不容"[②]。

当然，论者可能会提出这样的疑问：在湘淮集团和北洋集团中，无论是其首脑人物，还是中下层成员，都有扩展自己权力，甚至限制君王权力的主张。这种主张是否可以看作他们扩展地方权力、向"军阀"发展的思想因素呢？对于这种情况应当怎么看呢？

其实，这种主张并不奇怪，也不是曾国藩、李鸿章、袁世凯等人所独有的。其实从中国古代以来，儒家士大夫们多有此类主张。孔孟此类说法很多，已为世人所熟知，在此就不列举。自秦汉以来，随着不少世袭皇帝独断专行、胡作非为，给地主阶级的统治造成严重危害，地主阶级中限制君权的思想就不断出现。汉武帝时董仲舒提出的天人感应说，就是要"以人随君，以君随天"，用"天"来限制君主滥用权力。[③]到魏晋时出现以相权限制君权的思想。[④]这些思想发展到唐代，像李世民这样的贤君也在总结前代兴亡之因时，看到皇帝独断专行的危害，他批评隋炀帝"事皆自

① 《周武壮公遗书》，卷首，第5—6页；外集一，第52页。
② 袁世凯辑：《新建陆军兵略录存》卷四，光绪二十四年九月刻本，第5页。
③ 语见《春秋繁露·玉杯》。对此的阐述参见冯友兰：《中国哲学史新编》第三册，北京：人民出版社，1984年，第70页。
④ 《群书治要》卷二九。引臧荣绪《晋书·百官志》称西晋裴颜提出"以万机庶政，宜委宰辅，诏命不应数改"。

决，不任群臣。天下之广，一日万机，虽复劳神苦形，岂能一一中理。群臣既知主意，惟取决受成，虽有愆违，莫敢谏争，此所以二世而亡也"①。这种限制君权的思想传统延续到宋代，即便是大造"尊君"舆论的南宋大儒朱熹也反对皇帝独断。到明清时期，虽然君主极力巩固中央集权，独揽大权，采取各种措施分散相权，并且无论是明之内阁，还是清之军机，多被世人称为不过承皇帝意旨拟稿之机构。但实际上，随着其演变，也在一定程度上对君权形成制约。归根结底，皇帝及其皇权需要植根于地主阶级的各级官吏的拥戴，并且"天命"是会因君王的残暴而发生转移的。同样，政治制度的存废以及根据统治需要的修改，也不是皇帝个人意志所能决定的，从根本上还得看它是否能适应统治阶级利益的需要。而这些东西，在一定程度上必然表现在反映整个地主阶级利益的政治思想和舆论中，并又反过来影响具体政治制度的制定和对君主专制权力的制约。纵观中国皇权史，除了极少数英主或暴君有例外，绝大多数君主不可能不受这种儒家思想传统的影响，遵循政治传统和政治制度，决策时听取臣下意见，集群策以定议。清代君主也多如此，到晚清时期也不例外。如果一些重要的政治人物有此类主张、说法，就被视为晚清地方权重、尾大不掉的依据，那么，就只能得出中国自古以来就不存在中央集权的结论了。

总之，晚清时期身任督抚者大多为知识分子出身，深受忠君思想之熏陶，多以君主之犬马自居，以求报答国恩、君恩，即便少数督抚有专权割据之心，但在晚清整个社会忠君观念仍然深入人心，

①　范祖禹：《唐鉴》卷三。

社会主流意识深受这种伦理观念的支配，少数不受羁束者，他们的行动空间必然极其狭小。再者，从军权与军饷供给的控制、职位任命权的控制等方面来看，清廷均给予督抚以有力的控制，使得晚清督抚中有割据一方之心者，很难付诸行动。

第三节　制约清季权力走向的体制因素

晚清权力走向之所以虽有地方权力冲击中央集权的情况，但并没有真正形成"内轻外重"、地方势力尾大不掉的局面，与清后期朝廷仍掌控着官吏任免调动权、财政税收调配权及其对军队的全局掌控能力有密切关系。

一、疆臣任免调配权力

从太平天国战争爆发、湘淮集团崛起开始直至清末，学者们一般认为曾国藩、李鸿章、袁世凯等权臣及其集团中的督抚成员由此控制了清朝的地方权力，湘淮集团、北洋集团的成员长期占据督抚职位，清廷对他们无可奈何。实际上，具体考察督抚任职情况就可发现这种结论是没有根据的。

（一）总督、巡抚任期状况统计分析

一般而言，地方实力集团的督抚要达到割据一方的程度，起码的一个条件就是需要长期占据某一省区督抚的职位而且朝廷难以调动。而清廷要防范督抚专权，最基本的条件就是要利用中央的人事黜陟调配权，使各省区督抚时常被调动而不至于在某一省区任职时间过长。我们以咸丰、同治、光绪三朝，也就是通常所谓地方势力崛起的湘淮—北洋集团时期为限，列表考察并比较分析一下督抚在一地任职年限的情况，及其背后所显示的权力制约关系。①

表1-1　咸丰、同治、光绪三朝（1851—1908年）总督任期统计表

任期/人数/地区	直隶	两江	陕甘	四川	闽浙	湖广	两广	云贵	合计	百分比%
一年以下	2	1	3	9	3	7	6	3	34	26.2
一至三年	8	8	4	4	5	1	4	7	41	31.5
三至六年	2	3	4	2	9	4	7	4	35	26.9
六至九年	1	2	2	3	1	0	0	3	12	9.2
九至十二年	2	1	0	1	0	1	1	0	6	4.6
十二年以上	0	0	1	0	0	1	0	0	2	1.5
人数小计	15	15	14	19	18	14	18	17	130	

表1-2　咸丰、同治、光绪三朝（1851—1908年）各省巡抚任期统计表

地区人数任期	山东	山西	河南	江苏	安徽	江西	福建	浙江	湖北	湖南	陕西	广东	广西	云南	贵州	台湾	新疆	合计	百分比%
1年以下	4	14	11	7	6	3	3	4	13	5	6	6	9	7	11	0	0	109	29.4
1-3年	11	14	11	16	13	14	10	15	6	9	16	10	14	10	7	1	1	178	48
3-6年	5	6	7	3	2	1	2	5	5	5	5	3	5	2	5	2	2	65	17.5

① 下列二表主要资料来源：钱实甫《清代职官年表》第二册，"总督年表""巡抚年表"，第1469—1506、1695—1751页。魏秀梅：《从量的观察探讨清季督抚的人事嬗递》，台湾《"中研院"近代史研究所集刊》第4期上册，1973年，台北，第277—278、280—282页。刘广京：《晚清督抚权力问题商榷》，《中国近代现代史论集》第6编，台北：台湾商务印书馆，1985年，第353、355—357页。

续表

地区人数任期	山东	山西	河南	江苏	安徽	江西	福建	浙江	湖北	湖南	陕西	广东	广西	云南	贵州	台湾	新疆	合计	百分比%
6—9年	0	0	0	1	1	0	0	1	2	2	0	2	1	2	2	0	1	15	4
9—12年	1	0	0	0	1	2	0	0	0	0	0	0	0	0	0	0	0	4	1.1
12年以上	0	0	0	0	0	0	0	0	0	0	0	0	0	0	0	0	0	0	0
小计	21	34	29	27	23	20	15	25	26	21	27	21	29	21	25	3	4	371	

从上表可知，在19世纪最后50年和20世纪的头10年，被称为逐步形成"内轻外重"、地方势力尾大不掉局面的时期，其督抚任职情况，与学界普遍认为是中央集权稳固的清中期的督抚任职情况并无明显区别。

其一，总督、巡抚在一地任职年限不到三年的人次比例情况。

咸同光三朝57年间，总督在一地任职不超过三年者达75人次，占三朝所有总督人次（130人次）的57.7%。而嘉庆、道光两朝55年间，总督在一地任职不超过三年者为98人次，占两朝总督人次（157人次）的62.4%。

咸同光三朝巡抚在一地任职不到三年者为287人次，占三朝所有巡抚人次（371人次）的77.4%。而嘉庆、道光两朝巡抚在一地任职不到三年者为311人次，占两朝所有巡抚人次（405人次）的76.8%。

其二，总督、巡抚在一地任职三至六年的人次比例情况。

咸同光三朝总督在一地任职三至六年者为35人次，占三朝所有总督人次的26.9%。嘉庆、道光两朝在一地任职三至六年的总督数为40人次，占两朝所有总督数的25.5%。

咸同光三朝巡抚在一地任职三至六年者为65人次，占三朝所有巡抚人次的17.5%。而嘉庆、道光两朝在一地任职三至六年的巡抚为79人次，占两朝所有巡抚人次的19.5%。

其三，总督、巡抚在一地任职六至九年间的人次比例情况。

咸同光三朝总督在一地任职六至九年者为12人次，占三朝所有总督人次的9.2%。嘉庆、道光两朝在一地任职六至九年的总督为14人次，占两朝所有总督人次的8.9%。

咸同光三朝巡抚在一地任职六至九年者为15人次，占三朝所有巡抚人次的4%。嘉庆、道光两朝在一地任职六至九年的巡抚为12人次，占两朝所有巡抚人次的3%。

其四，总督、巡抚在一地任职九至十二年和十二年以上的人次比例情况。

咸同光三朝总督在一地任职九至十二年者为6人次，占三朝总督人次的4.6%；咸同光三朝总督在一地任职十二年以上者有2人次，占三朝总督人次的1.6%。二者相加，在一地任职九年以上者有8人次，所占比例为6.2%。相比较起来，嘉庆、道光两朝在一地任职九年以上的总督为5人次，所占比例为3.2%。两者并无太大的差别。

咸同光三朝巡抚在一地任职九至十二年者为4人次，占三朝巡抚数的1.1%；咸同光三朝巡抚在一地任职十二年以上者为零。二者相加，在一地任职九年以上者有4人次，所占比例为1.1%。相比较起来，嘉庆、道光两朝在一地任职九年以上的巡抚数为3人次，占两朝所有巡抚数的0.7%。两者也并无大的差别。①

通过以上比较可知，咸丰、同治、光绪三朝，在一地任职期限在六年以内的总督所占比例为84.6%、巡抚比例为94.9%。可见绝大多数督抚任期都很短暂，其中以任职三年以内者最多，所占比例分别为57.7%和77.4%。虽然咸同光三朝在一地任职九年以上的总督所占比例比嘉庆、道光两朝高了近一倍，分别为6.2%和3.2%，但是因为所占比例都很小，实际人数比例为8比5，实际上并无重大差异。

专制君主防止督抚在某一地区形成割据势力的重要方法之一，就是对督抚进行调动。咸同光三朝总督通过调动离职的达到60人次，占总数的46.2%。与嘉庆、道光两朝因调动离开原职的72人次、占两朝总数的45.9%相比，并无大的差别。因病、卒或其他原因（如丁忧、致仕、裁撤等）开缺的59人次，占总数的45.4%；降革的有26人次，所占比例为20%。可见清廷仍能有效控驭各省督抚。

（二）晚清任期超长（超过九年）的督抚情况分析

我们知道，咸同光三朝任期在十二年以上总督有2人，即任直隶总督达二十五年的李鸿章（同治九年八月至光绪二十一年七月，中间有一年多丁忧开缺、署任），任陕甘总督达十四年的左宗棠（同治五年八月至光绪六年十一月）。

任期在九至十二年的6名总督为：曾国藩任两江总督十一年（中间有两年改任直隶总督），官文任湖广总督十二年（咸丰五年四

① 嘉庆和道光两朝总督、巡抚的任期、人数、比例情况的换算，材料主要根据钱实甫《清代职官年表》第二册，第1437—1469、1645—1694页。魏秀梅：《从量的观察探讨清季督抚的人事嬗递》，台湾《"中研院"近代史研究所集刊》第4期上册，第274—275页。

月至同治六年正月），李瀚章任湖广总督近十一年（同治九年八月至光绪八年三月，中间有九个月改任四川总督后回任），丁宝桢任四川总督近十年（光绪二年九月至光绪十二年五月），刘坤一任两江总督近十一年（光绪十六年十月至光绪二十八年九月，中间有一年时间由张之洞署理），张之洞任湖广总督十二年（光绪十五年七月至光绪二十九年二月，中间有一年半时间两次署理两江总督）[1]。

仔细分析起来，他们担任固定省区督抚的任职时间之所以特长，都是由于清廷的特殊需要，有"个案"因素，而不是因为他们在这些省区形成了清廷无法调动的实质性割据局面。李鸿章之所以能担任直隶总督二十五年之久，是因为他率淮军劲旅长期为清廷效忠，并在二十多年中按照清廷的要求裁减淮勇数量，根据清廷的指示和需要变换驻防区域。此外，就是在担任江苏巡抚时期，李鸿章表现出擅长与列强各国交涉的才能，为清廷所赏识。从天津教案的结尾开始，李鸿章就以直隶总督兼北洋大臣，代总理衙门出面处理众多的外交纠纷。即便如此，李鸿章的直隶总督地位也不是牢不可撼的。光绪七年（1881年）在平定西北、收复新疆的战争中建立巨大功绩的大学士、陕甘总督左宗棠被清廷召回京城入阁办事，当时李鸿章与恭亲王集团较为亲附，慈禧太后和积极参与政务的醇亲王曾打算以左宗棠取代李鸿章出任直隶总督，只是因为左宗棠年老昏聩而无奈作罢。光绪九年（1883年）中法越南交涉局势日益紧张，李鸿章恰在此时丁母忧暂时开直隶总督缺，由两广总督张树声署理。其间，清廷曾命李鸿章赴两广督办军务，直隶总督很可能另授

---

[1] 以上督抚任职年限情况，可参阅钱实甫编：《清代职官年表》第二册，第1475—1503页。

他人，后来因为慈禧太后认为畿辅防务重要，加以朝鲜局势也日益紧张，而且马江海战的失败证明办理海军的重要性，更兼甲申易枢后李鸿章迅速向慈禧—醇亲王集团靠拢，在离职一年多之后才得以重返直隶总督之位。在光绪二十一年（1895年）清廷命李鸿章为全权大臣赴日本订立《马关条约》回京后，清廷立即将李鸿章调离直隶，可见李鸿章虽长期担任直隶总督，但在直隶并未形成清廷无法调动的实质性割据局面。

左宗棠之所以能在陕甘总督职位上长达十四年，根本原因就在于他表现出的对清廷的忠诚，以及适逢陕甘回民起义和新疆被外来势力侵占，李鸿章等人对远征西北表现出退缩的时候，左宗棠敢于承担重任，主动请战，为清廷所信重。为了镇压陕甘回民起义和收复新疆，左宗棠长达十四年久驻西北。即便如此，在西北军务基本平定之后，清廷立即将左宗棠召京，授大学士并命他入阁办事，解除了他陕甘总督的职务。可见左宗棠也并未在西北形成割据，清廷仍能调动他。

曾国藩长期担任两江总督，其原因是众所周知的，即镇压太平天国起义。而且，事实证明曾国藩并未在两江地区形成割据势力。同治九年（1870年）九月，清廷将其调任直隶总督，他就奉旨离开两江，前往直隶就任。至于官文长期任湖广总督，是因为清廷要用他这位旗员监视和牵制湘军集团及其根据地两湖地区。湘系集团的曾国荃、刘坤一久任两江总督，丁宝桢长期任四川总督，除了他们的声望和治军、理财等干练的行政能力以外，很重要一点就是清廷是着眼于"湘淮互制"的政治策略，用他们来牵制李鸿章等淮系督抚。

张之洞长期担任督抚，尤其是在中法战争期间署理并实授两广总督以来，指挥军队（勇营）平定海南岛叛乱、攻剿广东一带的土匪，都获得成功；他在广东整理财政，颇有成效并能切实遵照清廷谕旨认解京协各饷。张之洞本人的见识和能力也不断增长。还有一个非常重要的原因：张之洞深得慈禧太后器重，并从中法战争时期以主战论而得醇亲王奕譞的赏识。他出身清流，先后任军机大臣的李鸿藻、阎敬铭、张之万（张之洞的哥哥）都赏识他。这些因素使他逐步成长为清廷用以牵制湘淮集团的"重臣"。张之洞出任湖广总督，肩负着慈禧和醇亲王赋予的监视湘系集团根据地的任务，另外，慈禧太后和醇亲王在铁路的修造上用他来牵制李鸿章，将张之洞力主修建的芦汉铁路（汉口至卢沟桥）取代李鸿章主持的津通铁路，并让张之洞主持芦汉铁路的修建工作。清廷对他倚界甚深，但他也没有将湖广变成自己实质性割据的地盘，清廷在他任职的十几年中，多次将他暂时调到别的省区，如两江地区署理总督事务，在光绪三十三年（1907年）五月授予他协办大学士之职后，七月即将他召京入阁办事，免去他的湖广总督之职。张之洞没有也无力抗拒。可见张之洞虽久任湖广总督，但清廷却仍能随意调动他。

（三）督抚能否操控下属官员的任免权和控制权问题分析

另外还有一个问题需要作一简单分析，就是对于督抚下属官员的任免权和控制权，是否由督抚自专呢？太平天国战争期间，清廷确实曾对诸如江苏、安徽、江西、浙江、湖南、湖北等省份督抚授予委署下属官员或保举地方官员的部分权限，目的是适应战时需要。督抚对州县官员的委署，凡是遇有礼部规定的"终养、改教、撤回、降补、回避"等五项杂缺的情况，皆可先行委派人员署理，再行奏请皇帝及中央吏部批准；而对于"丁忧、参革"两项遗缺，则按照吏部规定归军功人员专补，而因为战争状态下，一批实力督抚皆掌握军队，故补缺的军功人员也多为这批督抚的下属。此外，新设的机关如厘金局、机器局、新设口岸税收机关等，督抚有一定权限可以安插具有候补资格、职衔的文武人员。其原因也并非是因为督抚控制了地方权力，而是因为这些机构属于战时及洋务新政期间新设，清廷并无明确的法规条例来管理这些项目的实施，对这些机构管理人员的任命管理，在一段时间内也不可能按照中央直接任命官吏的管理方式进行，而多是放权督抚来具体任命这些机构的管理人员。但是，随着时间的推移，清廷的控制也越来越严格，督抚的权限越来越小。因此，无论是从清廷放宽权限还是在实际操作上，地方督抚在道府州县人事控制权方面，较咸丰朝之前确实有所增强，对中央人事控制权确实产生了一定的冲击。但这种局面并没有一直持续下去，清廷相继将太平天国起义和捻军起义镇压下去之后，吏部以军务渐平为由，首先从军功补缺之项入手来收回中央对人事任免的控制权。同治七年（1868年），清廷允准吏部奏请，将原由督抚奏请军功人员专补的"丁忧"补缺一项，命令仍归吏部选补。同治八年（1869年），清廷谕命吏部议定的章程规定：军功人员凡非科目出身及曾任实缺道府者，不准保荐为藩臬两司。这种中央收束权力的情况，到光绪朝一直在继续。光绪元年（1875年），吏部奉命议定新章程，对委署及保举军功人员的限制力度进一步加大，限制军功人员充补实缺的机会，光绪二年（1876年）更是将督抚委署的权限明确限定为不准超过全省官员额数的二成。光绪三年（1877年），吏部又进一步规定各省州县官缺因"参革、终养、降补、修墓"等项有缺出，其人员委署，皆由吏部铨选，而不归督抚负责。[1]而且，督抚即便是在自己人事任免权限范围内，其委署实缺官员的行为是否符合常例、规制，也是在吏部长期的监督之下，并因此时常遭到吏部的挑剔，一旦发现问题，吏部多会奏请对该督抚施以处分。同治五年（1866年），吏部以《奏定章程》中规定有"除攻克城池，斩擒要逆，不准越级保升及免补免选本班"为由，驳回李鸿章的保举案。[2]光绪年间，李鸿章、袁世凯等已经是位高权重的督抚，但他们荐举的人员仍然常常受到吏部的挑剔、诘难。因此，无论是普通任职期限较短的督抚，还是那些少数任期长的督抚，他们管辖省份的地方官员的任命，绝大多数仍是由中央掌控着。

另外有一种流行的观点，认为晚清少数督抚，如李鸿章长期操纵江苏抚藩及上海道的任命，左宗棠对浙江抚藩的任命也有长期影响，刘坤一在两江、张之洞在湖广也存在这类情况，尤其以李鸿章在江苏特别突出。在此有必要作一辨析。有学者认为，李鸿章自同治元年（1862年）出任江苏巡抚以来，逐步在江苏建立起个人的权力基地，尤其是负责上海财税征收管理的上海道，有的学者认为在整个自强运动期间一直受到李鸿章人事控制。"李鸿章无论身处哪里，这些人（1863—1894年间的上海道台）都是他的力量来源。显然，他们是李鸿章所安插的，因为李鸿章和曾国藩需要他们在那里。他们为李、曾集团独占着这一地区的财富。"[3]这种说法有一定

---

[1]　盛康辑纂：《皇朝经世文续编》卷二一，光绪三十三年刻本，第20、29、31页。

[2]　《李文忠公全集·奏稿》卷一〇，第33页。

[3]　Stanley Spector（斯坦利·斯培科特），*Li Hung-chang and the Huai Army: A Study in Nineteenth Century Chinese Regionalism.*（《李鸿章和淮军》），Seattle: University of Washington Press,1964, pp132—133.

的事实根据，因为出身于淮系集团和李鸿章幕僚之人员，后来担任江苏巡抚、布政使、按察使者不乏其人，而任职上海道、江苏厘金局委员等实缺者，更是人数颇多。但是，如果我们以上海道为例作一具体分析，就会发现这种说法实际上是不成立的。苏松太道（后改为上海道）是由皇帝直接任命的简放类职务，研究中国近代史的中外学者多认为："在太平天国运动及以后的时期，各省的军事领袖从中央政府那里得到了预先的任命权。他们确信，这种权力包括可以任命诸如兵备道、海关道这样的第二层次的行政官员，以及其他此前由中央政府任命的中等官职。"[1]但事实并非如此。李鸿章在担任江苏巡抚后，虽然对苏松太道吴煦把持上海税饷等行为极其不满，却不能够自行罢免他，因为李鸿章并没有对上海道"预先的任命权"和罢免权。当然，李鸿章这样的督抚可以利用太平天国战争的局面，来争取中央对自己安插这类简放职官员的支持，也正是因为如此，他经过一段时间的努力，争取了中央对他提出的更换上海道建议的允准，罢免了吴煦。

对于吴煦之后担任上海道的人员情况，及其与李鸿章的关系，我们再作一简要分析。[2]丁日昌和应宝时是李鸿章任江苏巡抚时直接推荐并经清廷允准任命的上海道，这属于李鸿章职权范围，也属于督抚正常职权。李鸿章调任湖广总督和直隶总督后，新任上海道涂宗瀛和龚照瑗虽然与李鸿章关系密切，但都不是李鸿章推荐任命

---

① Feuerwerker, Albert（费维恺），*Rebellion in Nineteenth-Century China*（《十九世纪中国的叛乱》），Ann Arbor: Center for Chinese Studies, University of Michigan, 1957, pp93.

② 关于1863—1894年历任上海道人员统计，可参见梁元生著，陈同译：《上海道台研究》，附录一，上海：上海古籍出版社，2003年，第159页。

的：涂宗瀛是由时任两江总督的曾国藩荐举的，龚照瑗是由时任两江总督的刘坤一荐举的。至于冯焌光、沈秉成、邵友濂、聂缉椝，有学者经考察认为没有史料证明李鸿章干预了他们的任命。只有刘瑞芬担任上海道，可明确说是李鸿章施加他的个人影响荐举并得到任命的。[1] 由此可见，在1863—1894年，先后十五任上海道，只有三名可以明确是经李鸿章荐举得到清廷任命的（其中两名是李鸿章任江苏巡抚时荐举，只有一名是李鸿章离开江苏巡抚职位后推荐并得到清廷任命的）。由此可见，李鸿章对江苏重要官员的任命并无直接权力，他对中央相关任命的影响力也是很有限的。

李鸿章影响两江总督和江苏巡抚任命的途径和可能就更是极其有限。在两江总督曾国藩去世后，李鸿章只能设法通过与他关系较为密切的军机大臣恭亲王奕訢、沈桂芬等人，才能够对继任的两江总督及江苏巡抚的人选产生一定的影响。可以想见，这种间接影响力是极为有限的。如两江总督曾国藩在同治十一年（1872年）二月病逝后，李鸿章曾推荐曾国荃接任，但是清廷最终命湘系江苏巡抚何璟署理，十月何璟忧免后，由淮系的张树声署理，但时间很短，只有两个多月的时间。不过，张树声实授江苏巡抚，显然李鸿章通过恭亲王产生了影响。同治十二年（1873年）正月，清廷命前山西巡抚李宗羲任两江总督。同治十三年（1874年）十二月，李宗羲病免后，由湘系的江西巡抚刘坤一署理两江总督，显然与李鸿章没有直接关系。这一时期，两江总督人选与李鸿章的推荐有直接关系的是光绪元年（1875年）四月李鸿章密荐福建船政大臣沈葆桢出任

---

① 梁元生著，陈同译：《上海道台研究》，第104页。

两江总督。沈、李虽分属湘淮二系，但关系密切，合作较为融洽。但是在沈葆桢任两江总督近三年时间里，清廷对江苏巡抚的人选有自己的安排，在同治十三年九月命安徽巡抚吴元炳担任，吴元炳与李鸿章关系较疏。吴元炳在光绪七年（1881年）五月忧免后，由黎培敬短暂任苏抚，黎培敬病免后，在光绪七年十一月由与李鸿章交恶的山西巡抚卫荣光出任江苏巡抚。[①]光绪五年（1879年）沈葆桢病死于任上后，两江总督皆由与李鸿章处于派系竞争中敌对位置的湘军首领刘坤一、左宗棠和曾国荃相继继任，他们与李鸿章的"合作"，多是秉承清廷中央的谕旨，而并非是出于李鸿章对这些地区和官员的掌控。

二、财税控制权力

整个清后期，清廷对全国财政税收权力的控制，有一个在镇压太平天国战争期间受到冲击，战后又逐步收回财权的过程。这种冲击首先来源于两个方面：一是为了镇压太平天国起义，调集军队的同时需要大量的军费开支，清廷财政储备根本无法应付。据统计，太平天国起义爆发前夕，清廷中央户部银库的储银只有187万两，而太平天国起义发生后的头两年，在主要战区，即广西、湖南、广东、湖北、贵州、江西，额外拨付的军费开支就达1800余万两。[②]军需开支之浩大，中央财政储备根本无法承担。二是各省每年呈交

---

① 《李文忠公全集·朋僚函稿》卷一四，第32、34页；卷十五，第1、7、15页。王尔敏：《淮军志》，第256、266页。王闿运：《湘绮楼尺牍》，第109页。

② 王庆云：《直省出入岁余表》，《石渠余纪》卷三，北京：北京古籍出版社，1985年，第150页。

中央的财政收入也无法支撑军费开支。[①]

传统正税一直由中央控制。由于太平天国战争，全国田赋等正税大幅波及的多是财赋之区减少。为筹措军费，各省区口岸的商税和捐输数量大增，尤其是各省督抚乃至统兵大员为了自筹饷糈，征收厘金。在一段时间之内，清廷对田赋等正税的情况仍能掌控，对厘金等新税的征收和支用情况，因战争使各省军费无从预定，各地厘金等新税在具体的征收地点和征收期限上也存在时设时撤的情况，难以明确划一，导致中央户部对各省实有款项的多寡很难做出精确的估计。但是，基本的大数中央还是能够估计出来的。这一方面使各省督抚和统兵大员难以积累起割据所需的款项，另一方面中央仍能在基本掌握各省财税大数的情况下，命令各省解款到京师或协济军务危急、需款迫切的省份。尤其是在咸丰年间各省因战火波及、局势不稳，各种正税的减少加之厘金的兴起，尤其是庞大的军费开支，使得清廷在承平时期的财税体系濒于崩溃，在这种情况下只得改变原有的解款协款体制，由中央户部依据对传统税项和新增税项的估计，对各省应解、应协之款项做出应急规定。

有学者认为，清朝的财政体系在太平天国前后的变化是由"拨"改"摊"，并且在咸同时期即已实行。[②]这种概括过于简单，而且对于转变的实际过程的认识存在误差，不利于完整探讨晚清财

---

① 对于这一问题，学者多有研究，可参见王闿运：《湘绮楼日记》，光绪四年十月条。[日] 松井义夫：《清朝经费的研究》，《满铁调查月报》第15卷第1期。宓汝成：《清政府筹措镇压太平天国的军费及其后果》，《太平天国学刊》第一辑。周育民：《晚清财政与社会变迁》，上海：上海人民出版社，2000年，第144—153页。

② [美] 刘广京：《晚清督抚权力问题商榷》，《中国近代现代史论集》第6编，第364页。

权变化的状况。在太平天国战争之前，清朝的财政制度本无中央和地方划分，虽也有类似晚清中央专项经费的做法，但并未像晚清时期那样成为一种新体制。清前中期，所有财政税收，除地方存留之外，统归中央户部直接控制调拨。这种情况在太平天国战争时期被打破。由于财政危机，使奏销制度和解协饷制度受到较大冲击，清廷只得实行战时财政体制。战后，清廷重新正常运转奏销制度、解协饷制度需要一个过程，在这一过程中一个重要前提，就是中央户部对各省财政税收情况有一个基本的掌握，在此基础上，中央为了确保中央财政专项需要，对每一项专项经费的总额做出规定，分摊到各省关，在形式上仍采用指拨的方式。由此逐步形成清廷将"指拨"和"分摊"结合运用的新体制。这种新体制的特点是，虽然中央政府正视地方财政利益，但却是在中央掌控财权大局、基本掌握各省财税情况下进行的。专项经费也是根据户部已掌握的各省关"的款"（已征收的确有款项）为基础来指拨，与甲午战争后不管地方财政有无经制结余而进行的财政摊款不同，它确保了指拨后地方财政经制开支。至于指拨后地方财政有无机动的非经制开支，户部并不关注。

这一改变，与太平天国战争后清廷简化报销手续，一清旧账的做法结合，就可以使清廷不考虑这一政策实施时各省现存多少款项，也就是旧账不计，而是根据朝廷之需要以及各省每年的实际收支情况，向各省摊拨应解京城之款项如"京饷"等专项经费，此外根据战区各省军务之需要，命相关各省供给"协饷"。

（一）"京饷"等专款的调控权

就"京饷"等专项经费而言，实际上是清廷在高度集权的财政税收体制因战争巨大开支的冲击而出现分权状况下的一种措施，旨在分解一部分原来高度集中的权力的情况下，力求有效地掌控大部分财税权力。同治末年到光绪初年，整个国家的财政收入是8000万两左右[①]，而清廷明令各省应解京的京饷（包括各关摊款）就有800万两（雍正时已有年额400万两，咸丰十年增为500万两，十一年又增为700万两。同治六年后定额为800万两）。此外各省应摊拨解京的专项经费还有：固本京饷（65万两，各省合力通筹）、内务府经费（110万两）、东北边防经费（1880年开始，200万两）、筹备饷需费（1884年开始，200万两）、加放俸饷（原名抵闽京饷，1874年开始，用于偿还筹办福建台湾海防借款，1885年偿清后改此名，1902年移作偿付庚子赔款，120万两）、加复俸饷（又名京员津贴，1902年移作偿付庚子赔款，26.6万两）、京师旗营加饷（1885年开始，133万两）、海防经费（1875年开始，400万两）、备荒经费（1883年开始，12万两）、船政经费（同治五年开始，专用于福建船政局，60万两）、出使经费（1877年开始，100万两）、铁路经费（1889年开始，200万两，甲午战后减为80万两）、内务府常年经费等十三项，数额也达到1600余万两。这样，一直到甲午战前，各省每年须缴纳给中央的"京饷"等专项经费总额达到2426万两，各海关缴纳总额为359万两，两项合计2785万两，占当时全

---

① 从同治十二年（1873年）至光绪十年（1884年）之间，清朝的财政收入基本在8000万两上下浮动。每年的具体数字，可参见刘锦藻：《清朝续文献通考》卷六六，第8227—8228页；《户部进呈改办年例汇奏出入会计黄册疏》，《皇朝经世文续编》卷三〇；[美]哲美森编，林乐知译：《中国度支考》，上海：商务印书馆，1903年，第36页；吴廷燮：《清财政考略》，出版地和出版者不详，1914年，第20页。

国财政收入的34%。[1]

清廷不仅在承平时期严格要求各省解送应解京之款项，即便在镇压太平天国起义和捻军起义的战争期间，仍严格要求各省如数解交摊款。

（二）厘金的调控权

厘金是清后期才出现的新财税，咸丰三年（1853年）开始，为了应对战时财政危机而设立。同治朝后期和几乎整个光绪朝，各省厘金收入基本保持在一个比较稳定的状态。以光绪十七年（1891年）为例，各省厘金收入，据各省报告中央户部的统计，达到1440余万两，海关洋税收入为2351万余两。[2]那么，厘金等收入是否全由地方支配呢？显然不是。总体而言，晚清厘金收入在同治年间达到一个高峰，同治十三年（1874年），全国有案可查（即中央掌握的）厘金总数在1478万余两至1495万余两之间，平均数为1486万余两，此后基本上是在这一基准线上略有起伏，以略有减少为多。如光绪七年（1881年）为1566万余两，光绪九年（1883年）为1349万余两，光绪二十年（1894年）为1426万余两。这种情况持续到光绪二十七、二十八年（1901、1902年）以后，才出现较为明显的增长，光绪三十年（1904年）全国厘金收入达到1843万两，到光绪三十四年（1908年）更是增加到2076万两。[3]厘金收入虽然弊

---

[1] 上述数字统计核算，根据刘锦藻：《清朝续文献通考》卷六六，第8227—8228页。汤象龙：《中国近代海关税收和分配统计》"绪论"。彭雨新：《清末中央与地方各省财政关系》，《中国近代史论丛》第2辑第5册，台北：台湾正中书局，1963年，第91页。周育民：《晚清财政与社会变迁》，第242—244页。
[2] 这项统计数字来源，何烈：《厘金制度新探》，第174页。
[3] 以上数据，参见罗玉东：《中国厘金史》下册，附录一"统计表"，上海：商务印书馆，1936年，第469页。

端丛生，但是这种弊端多是各级官吏个人中饱私囊，并不能形成地方势力割据的资金来源，故不在本书讨论之列。清廷重视对厘金的整顿管理，在太平天国战争后期的同治二、三年（1863、1864年）就已经开始，至迟到同治八年（1869年），各省厘金已经按照中央的要求，将各省厘金征收情况半年一报，因此中央政府基本掌握着全国厘金收支大局。

（三）海关洋税的控制权

海关洋税也是清后期才出现的新财税。其数量前后有所变化。初期的整个海关洋税数额为1150万两，到同治十三年仍基本维持此数。光绪年间，海关洋税的征收数额不断增加，到光绪中期增加到2250万两左右。如光绪十七年（1891年）海关关税收入就增加到2351万余两，光绪二十年（1894年）略减为2252万余两。也就是说，光绪朝海关洋税的征收总额基本恒定在2300万两左右。

在海关洋税的管理方面，虽然地方政府有专门的海关道来参与海关洋税的管理，但是，自近代条约制度以来，具体负责海关洋税征收的是由外国人充任的税务司，并由各关税务司（将本关洋税收入数额，汇总报总税务司，而清后期的总税务司先后由英国人李泰国和赫德担任，尤其是赫德，担任总税务司40余年。而各海关洋税情况经总税务司汇总后，会定期报告清政府总理衙门，此外还刊印各关华洋贸易总册等档案统计材料，因此，清廷对常年海关洋税的收支情况完全掌握，地方政府（包括各关所在省区督抚及海关道）很难进行大规模的作弊、隐瞒活动，清廷对其使用支配也能较有效的控制。由于第二次鸦片战争清廷战败后签订的不平等条约规定赔款由海关洋税中分五年赔付，因此，从咸丰十年后至同治四年（1860—1865年），各关洋税的四成用于支付给英法的赔款。这五六年间，海关洋税只剩下六成（约为690万两）归清廷中央和地方支配，而其中仅解送到京师的京饷等各项专款即达到359万两。此外，诸如平定西北回民起义、新疆之役以及中法战争等所需各类款项，也通过协饷等方式，从六成洋税中拨付。而且，在甲午战前的30余年时间里，清廷为军务、洋务新政、宫苑工程以及战争赔款等需款，曾经27次以海关关税为担保举借外债，并以海关关税分担清偿一部分债务，33年间共达1720余万两。[①]虽然海关洋税的收入也从同治初期的1150万两增加到光绪中期的2250万两左右，但中央直接调拨仍占据其中大部，地方实际上并未能获得对六成洋税的控制。

同治五年（1866年）五月，给付英法赔款的本息全部偿清后，原来用于赔偿的各关"四成洋税"依据奏案，全部改为专款解送中央户部。虽然地方督抚不时也争取从这四成洋税中能获得中央同意抽拨部分出来。但总体上，地方督抚基本上不可能直接控制海关洋税。

（四）协饷的调配权

清廷要求各省协饷，在太平天国战争期间是非常频繁的。而且在同治中期以后，虽然太平天国战争和捻军起义已经被镇压下去，清廷每年仍命相关各省和富裕省份维持或增加协饷与摊款，以支持此后不断出现的对内对外战争等军务的需要和宫廷的需要。

太平天国和捻军起义被镇压之后，实际上清廷面临的对内对外

---

① 汤象龙：《民国以前关税担保之外债》，《中国社会经济史集刊》第三卷，第十一期，1935年，第9、4—21页。

的局部战争不断。在西北，回民起义、阿古柏侵占新疆并建立伪政权、沙俄出兵伊犁等接踵而至，西北军务持续了十余年，尚未完全平息，西南边疆和东南沿海为战场的中法战争又爆发，都需要巨大的饷糈支撑。仅靠一省或数省之力皆无法承受，只能是依靠清廷从全国相关各省调集饷需军械，等等，而这主要就靠"协饷"方式和体制来完成。军务稍平之后，清廷又成立海军衙门，北洋海军的建设加速，加之慈禧太后修筑三海、颐和园园工所需等一系列常年浩繁的开支，从同治中期一直延续到光绪后期，即以甲午战争为一界限，也延续了近30年。这几十年间，各省督抚对清廷所派下的解京摊款和协饷的谕命，常常是不得不遵行，且又穷于应付，无力一一解付。因此，我们可以看到各省督抚时常都有不得不请求清廷减免或推迟解送、协济有关款项的奏折。这种制度的变化，导致了清廷与督抚之间为了摊款和协饷问题，谕折往来频繁，讨价还价之情况的出现。而且，清廷确在一定的情况下也会同意减免或延缓这些省区应解应协之款项。

这从一个层面说明太平天国战争以来中央集权的财政控制权力受到的冲击程度和表现。但是，督抚对于请求朝廷减免或延缓所摊派的解款和协款，多有限度，并不能无限度地力拒。因此，督抚在这方面往往处于两难的境地。一方面，管辖之省区税赋能否如期征收以及征收成数情况，督抚必须依靠下属官员的工作能力与可靠程度等因素提供一定的保障，这就使得督抚在地方的财权受到属下官吏的限制。另一方面，由于督抚与朝廷的讨价还价总是限制在一定限度之内，因此，一旦朝廷不允许讨价还价的情况出现，在三令五申之下，督抚也只得按照朝廷原有的谕命解款，否则就不能不担心自己的职位能否保住。中央户部、吏部对各省督抚是否如期按命交足摊款和协款都有备案，而这完全可以名正言顺地成为决定督抚任期长短的考绩依据。这种制度虽然是中央财权受到冲击的一种应变之举，但是，对于清廷来说，它重新掌控全国财税控制权力大局的目的已经达到：各省区的财政税收，不仅传统的正税仍受中央政府的控制，即便是新出现的税种——厘金和关税，也主要由中央掌控。

随着清廷中央逐步回收权力，督抚在财权上实际不可能专擅地方财政，而常受中央户部的控制，甚至在自己正常权限之内的行为，也时常受到户部等中央部门的监督，动辄遭受挑剔与处分。如李鸿章在直隶总督、北洋大臣任上的许多请拨财税的请求，就经常被中央户部驳回。再如张之洞在湖广期间，光绪十五六年（1889—1890年）间"己丑、庚寅间，大枢某大司农（指军机大臣、户部尚书翁同龢）立意为难，事事诘责，不问事理，大抵粤省政事无不翻驳者，奏咨字句无不吹求者。醇贤亲王大为不平，乃于囊所议奏各事，一一皆奏请特旨准行，且事事皆极口称奖：有粤省报销用款不为多，一也；于沙路河道立阻敌船铁桩，二也；修琼廉炮台，三也；修镇南关炮台，四也；购枪炮厂机器，五也；购织布机器，六也；清查沙田给照缴费，七也。并作手书于枢廷诸公曰：公等幸勿借枢廷势恐喝张某。又与大司农言曰：如张某在粤有亏空，可设法为之弥补，不必驳斥。其实粤省报销款乃合曾张前两任及本任五年用款汇报，名第五案报销，五年共一千余万，并不为多。与前任第四案，海防并无战事之报销数相等，数且较少，户部有案，固无所谓亏也，然贤王之意，则可感矣"①。

三、军队控制权力

对军队的控制力，究竟是清廷更强力，还是湘淮、北洋集团更为强力？这是一个极其复杂、多面的问题，我们从以下几个方面入手作一初步考察。

（一）清廷能否对勇营和新军的数量进行有效控制

太平天国战争后，清朝的正规军队——八旗、绿营更加腐朽，清廷不得不依靠湘淮将领所率领的勇营来维持各省治安，这是相当一部分勇营没有按照惯例在战后解散的一个重要原因。但是，清廷也尽量将其数量控制在一定范围，而且，中央已经能通过常规手段严格控制勇营的数量。同治元年（1862年），当镇压太平天国起义的局势更有利于清王朝时，清廷就开始整顿军队数量，谕命"各督抚及统兵大臣将存营出师各兵数，按限造报，并将军营征调兵勇名数及随时有无增减，限三个月咨报一次"。但是，当时毕竟因为军务未定，故并未能得到严格执行。但是，到了同治后期，各省勇营的数量必须向中央兵部严格呈报，并基本得到遵行。同治十年（1871年），清廷颁下谕旨规定每省可保留勇营人数，"各省防勇陆续裁汰，多不过暂留七八千人，少或酌留三四千人"，只在极少数有特殊需要的省区可保留万人以上的勇营。②以后历年均有整顿裁汰，到光绪初年，全国勇营数目就基本定型，维持在20万人左右。即便是在

---

① 张之洞：《抱冰堂弟子记》，《张文襄公全集》卷二二八，北平：楚学精庐刻本，1937年，第28—29页。
② 刘锦藻：《清朝续文献通考》卷二〇二，"兵考一"，第9505、9503页。

中法战争、甲午战争期间勇营不得不有所扩展，如中法战争期间，淮军由常规的80余营，扩展到132营；中日战争期间则由常规的80余营扩至146营，但战后均大量裁减，回复到常规营数。[①]通常情况下，清廷总能有效地将勇营总数裁减到不超过20万人。

北洋集团时期，由于新军是清廷正式军队，因此无论是北洋新军还是其他各省新军，全国募练36镇的数量都是在清廷的严格掌控下。这主要表现在清廷对各省新军的编制有严格规定。[②]袁世凯在担任直隶总督后，以拱卫京畿"根本重地，与他省形势，轻重悬殊"为由，请求"增练大支劲旅"。[③]他想要招募多少人必须奏报清廷同意后才能实施，"厘定募兵章程十九条，遴委臣部武卫右军营务处候选道王英楷、王士珍等，分赴正定、大名、广平、顺德、赵州、深州、冀州各属，会同各该地方官，按属均派精选壮丁六千人，即令该道等分领训练。……应募之后，按名注册，交地方官，分存备案。以便稽考"[④]。对各省新军编练之后的情况，有专门的检查制度：各省"一俟新军编练已有规模，即由该部（陆军部）奏请简派大员前往校阅"[⑤]。而且各省必须定期向中央陆军部等造送新军表册，这一方面是为调控各省新军饷需的需要，同时也是清廷控制并实际掌握各省新军数量的重要手段。[⑥]

---

① 淮军在中法、中日战争后大量裁减的情况，台湾学者王尔敏有论。参见王尔敏：《淮军志》，第359—364页。
② 《光绪朝东华录》第五册，第5722—5723页。
③ 袁世凯：《畿辅防务重要请将各省协饷解归户部收放折》，《袁世凯奏议》上册，天津：天津古籍出版社，1987年，第418页。
④ 《光绪朝东华录》第五册，总4828页。
⑤ 《光绪朝东华录》第五册，总5601页。
⑥ 各省按年造送新军表册的情况，可参见《光绪朝东华录》第五册，总5792页。

（二）清廷调控勇营将领和新军军官的措施

在湘军初起之时，由于湘军将领的人选均是由湘军首脑自行决定，因此，清廷为了防止这种状况侵蚀政府职官系统，实施的对策是不让湘军将领的级别与政府职官系统衔接，不给予相应的地位和待遇。这种不衔接的情况，在低层人员中执行的时间极其短暂，不过在勇营将领企图升任中高级实任官职问题上，执行了不短的一段时间。

随着战争的深入和持久，清廷对湘军及后期的淮军的依赖日益严重，不得不授予一些湘淮将领正式官职。在主观上，清廷也意识到将湘淮将领排斥在政府职官体系之外不是个好办法，只有将勇营将领与经制绿营制度紧密联系在一起，才能够更有利于朝廷的控制。随着太平天国战争的深入，特别是战后到清朝灭亡，清廷都一直采用使以湘军、淮军为代表的勇营将领的职务升迁，与绿营武官系统捆绑在一起的策略。在这种情况下，勇营虽然不是绿营，并且始终没有获得与绿营一样的经制军的地位，但是从湘军在咸丰三年（1853年）成军并出省作战开始，勇营不少立功将士通过其首领曾国藩、胡林翼的奏保而被授予绿营官衔，少数人员甚至能获得绿营实缺官职。越到后来，随着勇营立功将士职衔不断累积升高，湘淮勇营将领的内部职务提升，逐渐与其在政府职官体系中的提升获得同步。勇营的统领可以被授予绿营制度下的提督、总兵、副将，营官可以被授予副将、参将、游击。这无疑对于出身低微的湘淮勇营将士产生了非常大的吸引力——即便是获得绿营官衔这种荣誉，也能光耀乡里，带来社会地位提高和一定的经济利益。显然，这种诱惑力是很大的，除了极少数人外，众多勇营将领很难抵抗这种诱惑。更何况还有可能得到绿营实缺，既拥有权力又能获得经济利益。尽管清廷通常规定获得绿营高级官职的勇营将领须卸去自己在勇营的原职、离开自己的军队，只能带少量部属赴他省绿营充当总兵或提督，勇营将领也愿意这样做，以获得利禄与社会地位。另外，清廷通过编练"练军"等手段来进一步控制勇营军队。有学者称，各省督抚所代表的地方权重，表现在各省督抚时常奏荐通过军功而获得绿营职衔的勇营将领补任绿营实缺，但是，他们没有具体看到，这种奏荐是否能够落实，实际权力并不操之于督抚，而操之于兵部，即这类绿营实缺的甄补基本由兵部控制。而且，总兵、提督一级的人选，是由军机处遇缺先行题奏，再由兵部奏准补授，督抚只有推荐权，没有任命权。督抚推荐绿营提督总兵，多以署任的方式，在少数特殊情况下，可由谕旨特准。但是，在一般情况下，兵部负责遴派的各省绿营提镇，各省督抚一般都遵照兵部令使其履任，有少部分情况较为特殊，就是较为强势的督抚有时会奏请将本省的提镇与他省提镇互调，以使自己满意的将领能担任本省绿营统帅。但无论哪种情况，最关键的权力都不在督抚手上，也就谈不上地方权重甚至是尾大不掉的问题。不可否认，晚清军队控制体制到这时较清初中期确实发生了一些新的变化，但是，兵部仍能通过各种措施控制各省大部分勇营将领，使他们不敢轻视朝廷的权威。

北洋集团时期，由于新军各级将领本就是清廷经制各级武官，因此，在光绪三十年（1904年）十一月，清廷谕命议定新军官制，就是针对原来勇营将领任绿营官职时存在的"保举冗滥，或以记名提镇，降充末弁，或以后补千、把，骤膺将官，官职既太悬殊，名器不无淆杂"的情况，决定整饬营伍，"以官配职""明定等级"，也就是"以实授之官，任相当之职"。具体规定是："计军官自正都统以下九级，各任其职，以类相从。"[①]此后，清廷中央兵部、练兵处及官制改革后的陆军部对新军将领的任免还是能控制的。如北洋六镇新军是袁世凯编练的，成军之初重要军官皆袁世凯安插的心腹，从与袁世凯对立争权的满族亲贵铁良掌管陆军部开始，通过中央陆军部掌管全国军队的权责，采取措施，明确了"凡天下各镇统制，皆由部奏请简派，督练官始由督抚委用"[②]的格局。而且，清廷也确实在用留学日、德、法的陆军留学生取代袁世凯嫡系，"以挟持北洋派势力"[③]。留日士官生中的佼佼者，也开始在其他各镇取代袁世凯嫡系。吴禄贞取代段祺瑞出任北洋第六镇统制，张绍曾出任第二十镇统制，蓝天蔚出任第二混成协协统。另外，从1901年至1910年毕业的留日士官生有620名，大部分被清廷编入北洋新军中[④]。这对于北洋军本来具有很大的分化作用，但是，因为清廷尤其是摄政王载沣等并未能善于和充分运用这支力量，加上这些士官生多是在清末最后几年陆续补充进入北洋军的，时间短暂，因此并未能达到中央控制北洋军的效果。

（三）决定晚清军队（包括湘淮军和北洋新军）防区和供饷的力量

在镇压太平天国起义期间，湘军和淮军的防区是由当时军务需

---

① 《光绪朝东华录》第五册，总5398页。
② 孙宝瑄：《忘山庐日记》，光绪三十二年十二月二十日，上海：上海古籍出版社，1983年，第972页。
③ 王镜芙：《南北两方军事行动的回忆》，《辛亥革命回忆录》（八），第489页。
④ 北京中国研究会：《当代中国官绅录》第二册，（日本）东京：出版者不详，1918年，第392—405页。

要来决定的，如淮军在同治三年（1864年）六月以前长期驻防江苏，就是当时江苏军务需要。而曾国藩湘军长期在湖北、安徽、江西、浙江等地驻防和调遣，也是军务需要决定的。但是，曾国藩、李鸿章等必须奏请清廷确认后方能取得合法性。[1]而且，这种确认到追剿太平军余部时，已经非常重要。再者，清廷并不一定同意湘淮军因军务而造成的驻防事实，一旦不同意，湘军或淮军就会因其他军务撤离已进入地区。如在追剿太平军余部期间，以左宗棠湘军为主，李鸿章淮军也有大支部队进入闽广一带追剿，但却没有获得驻防闽广的委任，后撤离闽广参与剿捻军务。随着镇压太平天国战争尤其是剿捻战争的结束，清廷开始有意识地主动掌控湘淮军的驻防区域。同治七年（1868年），清廷主动调刘铭传铭军驻防直隶，并命江苏继续供饷。同治七、八年以后，清廷以左宗棠为统帅，将湘军绝大部分集中驻防于西北镇压回民起义和收复新疆。而此后淮军的驻防区域由直隶、山东、湖北、江苏变为驻防直隶、湖北、江苏、山西、陕西，再到变为驻防直隶、湖北、江苏、广东、台湾等地，也都是清廷根据局势变化进行调整的结果。

清廷在甲午战后编练新军，随着北洋六镇和各省新军的编练，实际上清末新军的驻防区域是明确固定的，即各省由本省编练的新军驻防，北洋六镇近七万人实力虽然最强大，但它是由直隶总督、北洋大臣负责编练，因此，其驻防区域主要为直隶。不过，随着清廷中央陆军部将北洋新军收归自己管辖，北洋六镇的驻防区域也发

---

① 即便是在战争时期，曾国藩湘军、李鸿章淮军有大规模的移防、调遣，都必须事先奏请朝廷批准，或因军务紧急先行行动后也须事后补奏。清廷考虑军务需要予以同意，则无问题。一旦清廷不同意，军务完毕后，湘军或淮军须撤回原防区。

生变化，光绪三十三年（1907年），清廷允准陆军部和东三省总督徐世昌的奏请，将原北洋第三镇及从"第六镇及二、四、五镇内抽拨步、炮、马各队，立混成两协"[①]赴东三省驻防。

　　镇压太平天国和捻军起义战后，驻防各地的湘军和淮军的供饷，基本是由清廷命户部协调各省供应。这表现在湘、淮军饷需供给中，协饷占了军饷来源的大部。光绪七年以前，在西北作战的湘军，其饷需大部分是以"协饷"形式提供。同治五年至十二年（1866—1873年）左宗棠军共获得4059万余两军费，其中各省和海关协饷约计3000余万两，由户部掌控的各省各种捐输得款750余万，来自厘金、丁课等入款300万两。[②]同治十三年（1874年），左宗棠军军需入款828万余两，各省和海关协饷约计600多万两，户部筹拨"西征军饷银100万两"[③]。光绪元年（1875年）正月至三年十二月，左宗棠军军需入款2674万余两，其中各省和海关协饷1700余万两，户部拨解饷银300余万两。[④]光绪四年（1878年）正月至六年（1880年）十二月，左宗棠军军需入款2562万余两，其中各省和海关协饷为1700余万两，借华商、洋商款约500万两。[⑤]李鸿章淮军在军费数量逐年递减的情况下，其军费构成中协饷一直占50%以上，而由地方督抚掌握的厘金，在李鸿章淮军军费构成中所占比例

---

① 张国淦：《北洋军阀的起源》，《北洋军阀史料选辑》（上），第53页。
② 笔者提炼上述统计数字，根据左宗棠：《遵旨开单报销折》，《左宗棠全集·奏稿六》，第68—75页。
③ 左宗棠：《同治十三年分军需收支款目开单报销折》，《左宗棠全集·奏稿七》，第328—334页。
④ 左宗棠：《光绪元年正月初一日起至三年十二月底止军需款目报销折》，《左宗棠全集·奏稿七》，第440—448页。
⑤ 左宗棠：《光绪四年正月初一日起至六年十二月底止甘肃新疆军需报销折》，《左宗棠全集·奏稿八》，第105—109页。

没有超过50%。如同治九年（1870年）四月至十年（1871年）十二月，淮军军需入款700万两，其中厘金为270余万两，所占比例为38%；同治十一年（1872年），淮军军需入款380余万两，其中厘金为170余万两，所占比例为45%。同治十三年（1874年）七月至光绪元年（1875年）十二月期间，淮军军需收入中厘金所占比重为历年最高，570万两入款中厘金为280余万两，所占比例为49%。[①]而且需要注意的是，厘金收入虽然由地方督抚掌握，但是随着清廷清理厘金，厘金收支的大局为清廷控制，厘金也越来越被清廷以协饷的方式加以调配。淮军军需入款中的厘金收入，有相当一部分就是其他省区征收的厘金以协饷方式供支淮军。而且，在厘金收入中还包括属于国家经制税项的两淮盐厘。如光绪十一年（1885年），淮军军需入款190余万两，其中厘金收入84万两，而这84万两厘金中，两淮盐厘就占了70万两。[②]

北洋军的军饷，大量来自于各种来源的协饷，最初是由中央户部直接拨到北洋。清末官制改革后，户部改度支部、兵部改为陆军部，特别是亲贵铁良掌管陆军部后，为了进一步限制袁世凯军政势力的发展，经铁良"以接管练兵，必须先清饷源"为由奏请清廷批准，"协饷均解由度支部转陆军部收"，控制北洋新军和各省新军的饷需供应大权。不过，随着辛亥革命的爆发，袁世凯重新出山并担任内阁总理大臣，不仅重掌兵权而且控制财政等全面大权，使清廷中央的各种举措付之东流，清王朝也随之灭亡。

---

① 《李文忠公全集·奏稿》卷二一，第30—31页；卷二五，第40—41页；卷二七，第16—17页；卷二九，第33—34页；卷三二，第35—36页。
② 《李文忠公全集·奏稿》卷五四，第33页。

第二章
咸同年间清廷与湘淮督抚群体控制力之争

　　关于自太平天国运动以来崛起的湘军和淮军集团人员出任封疆大吏（总督、巡抚）等问题的研究，与对晚清权力格局变迁问题的研究密不可分。相关研究论著的数量也颇为可观，并取得了一定的成绩，推动相关研究走向深入。[①]但是，目前学界相关研究存在重大欠缺，或墨守"督抚专政"说，对湘淮集团控制地方权力的能力估计过重；或存在各种静态认识湘淮督抚对晚清权力格局和政治走向的影响力的倾向。

　　本章针对上述问题，认为确如曾国藩的幕僚赵烈文，及后之学者罗尔纲、萧一山等所言，咸丰十年（1860年）后，清廷在江南大

[①]　涉及湘淮督抚任职和权力控制状况的论著数量不少，在此仅举数种具有代表性的论著：罗尔纲：《湘军兵志·绿营兵志》，北京：中华书局，1984年；萧一山：《曾国藩传》，海口：海南出版社，2001年；王尔敏：《淮军志》，台北：《"中研院"近代史研究所专刊》（22），1981年；刘广京：《晚清督抚权力问题商榷》，《清华学报》新十卷第2期，1974年；傅宗懋：《清代总督巡抚制度之研究》，台北：台湾政治大学，1963年；龙盛运：《湘军史稿》，成都：四川人民出版社，1990年；刘伟：《晚清督抚政治——中央与地方关系研究》，武汉：湖北教育出版社，2003年。

营再破之后不得不依靠湘军，重用湘军集团重要成员，让他们兼辖地方，但同时应指出，学者们的研究成果分析得不够的是：清廷在被迫重用湘军将帅的同时，又对他们采取了相应的制约政策，尤其是在湘军集团内部全面实施以"众建督抚而分其力"①政策为主的分化政策。本章在此以咸丰十年至同治四年（1860—1865年）清廷与湘淮集团对省级政权控制力为对象，通过考辨，力求动态地分析和认识相关问题。

第一节　咸同之际清廷任命湘淮督抚的具体状况

咸丰十年（1860年）以后，随着江南、江北大营的崩溃，尤其江南大营再次被破，所谓绿营精锐彻底溃败。清廷要重建一支具有较强战斗力的政府军队并非短期所能见功，这时所能依靠的就只能

---

① 所谓"众建督抚而分其力"政策，是在咸丰六年（1856年）前后，随着湘军集团在战争中不断获得发展，有功将领的职衔不断上升，湘军部将领获得地方管辖权已成不可避免的必然趋势的情况下，为了使这些将领在获得管辖地方的权力之后，不致形成尾大不掉之势，清廷一般要求军队将领被授予地方官职后，必须脱离自己的军队（有清廷命令的军事行动可以暂时例外），其军队可以由自己指定的人员接管。当然，湘军体制也使非本派系中人极难接手。紧接着更为重要的一手就是在湘军内部制造分化，使得接管原主军队的将领地位上升，甚至与原主相埒，升任地方大吏者虽有了掌管民财之权，但是却再不能自如驾驭军队，使行政权与军权控制权分离。另外就是在湘军中逐步授予更多的人以地方官职，而又让他们基本是在有限的几个行省中轮转，使得湘军集团内部成员因利益而产生矛盾。同时因职位相当者众，原来的上下级，因为职位已经相当，往往也互不能统属，为清廷进一步多方面实施分化、控制手段提供方便。这些政策，与汉代"众建诸侯而少其力"的"推恩令"政策，在实施时的环境、手段、目的和过程上都有相似之处，由于本章主要是在省级政府层面分析地方政府和中央政府权力关系的变迁，因此将清廷这一政策称之为"众建督抚而分其力"的政策。相关界定和研究，可见笔者专著，参见邱涛：《咸同年间清廷与湘淮集团权力格局之变迁》，北京：北京师范大学出版社，2010年，第106—121页。

是湘军。这是促成清廷最终决定放弃所谓的"规制",重用湘军集团重要成员,让他们兼辖地方,以更好地调配军、政、财资源,同时在湘军集团内部加紧实施分化政策的客观因素。咸丰十年(1860年)四月,曾国藩署理两江总督,六月二十四日授两江总督、钦差大臣,咸丰十一年(1861年)十月十八日,受命统辖江苏、江西、安徽、浙江四省军务。[①]此后,湘淮集团人员出任总督、巡抚者大大增加。那么,在此前后清廷是如何布置"众建督抚而分其力"政策的呢?这一时期清廷和湘淮集团对省级政权控制力的争夺状况又是如何的呢?

目前,在这一领域研究中甚具影响力的是"督抚专政"[②]的观点,学者多遵循这一观点来分析湘淮督抚的任职走势。在学界影响较大的观点,如有学者强调,湘军集团在咸丰十年夏至同治三年夏之间一个重要特征是督抚大帅多,先后有二十三人。"其中同治三

---

① 黎庶昌编:《曾文正公年谱》,传忠书局光绪二年刊本,卷六,第17、24页;卷十,第6页。

② 罗尔纲先生在20世纪三四十年代即已提出"督抚专政"的观点,并成为此后数十年盛行于学界的权威观点。此后,学者们大多承认观点,作为立论的基础。如有学者在分析洋务运动得以开展的国内政治局势时说:"清朝'太阿下移',渐次形成了内轻外重、尾大不掉的局面……这些又都是不利于清朝统治并最终促使它土崩瓦解的因素。"(参见李时岳、胡滨:《从闭关到开放》,第26页)又如有学者说:"到19世纪下半叶,由于内外的打击,清王朝行之有效的专制机器已严重削弱和变形。长时期的农民大起义造成本部精华地区田园荒芜,平定内乱的紧急形势迫使清廷授予各省督抚以编练新军和筹饷的大权,从而部分军、政、财大权都从中央向地方转移,从满人向汉人转移,形成了汉人地方军事大员领导的区域性政治——经济——司法的一体化格局。这种分权化与地方自主性增强的趋向,松动了原来的高度中央集权的政治结构,使一些得风气之先的地方督抚大员成为中国早期工业化的领导者与推动者。"(参见罗荣渠:《现代化新论》,第276页)。近些年新出的一些论著仍采此说,如刘伟《晚清督抚政治——中央与地方关系研究》(第2页)即遵循督抚专政观点,认为晚清"外重内轻"的局面逐渐形成。这类观点有局部的合理之处,亦存诸多欠缺。

年夏同时为总督者有曾国藩、左宗棠、刘长佑、毛鸿宾、骆秉章、杨载福（杨岳斌）六人；为巡抚者更多至八人。这样，江苏、安徽、江西、浙江、福建、湖南、湖北、四川、广东、广西、陕西、山东、直隶，都被湘军集团所控制。当时东北、青海、新疆、西藏未设省，全国只有十八个省，而湘军集团竟占去十三个省，占总数的百分之七十二。……这说明湘军集团拥有的军事政治力量，与满洲贵族为主导的清廷，已经形成双峰对峙，甚至有驾凌而上之势。"[①] 也有学者说："该集团首脑和骨干分子共有四百七十五人，经查证核实，其中文职实缺按察使以上一百二十五人……位至督抚、堂官以上者六十七人。这个统计虽难称精确，但亦可大致反映出这个集团在清朝统治阶级中的实力地位。"[②]

粗略地看，情况似乎的确如此。但我们又必须了解，湘淮人员出任督抚是一个动态过程，必须动态、细致分析湘淮集团成员占据督抚要职的情况，通过对他们的任职时间、地点和调动、升降情况进行具体考察，就会发现实际情况与上述已有的研究结论很不一样。现将学界集中探讨的咸丰十年至同治四年（1860—1865年）湘淮集团人员占据督抚职位走势的情况列表分析如下：

---

① 龙盛运：《湘军史稿》，第289页。
② 朱东安：《曾国藩集团与晚清政局》，第65页。

表2-1　咸丰十年至同治四年湘淮督抚职任表

地区/时间	咸丰十年	咸丰十一年	同治元年	同治二年	同治三年	同治四年
湖南巡抚	骆秉章（八月赴四川督办军务，奏请以按察使瞿诰署，咸丰十一年二月后清廷将瞿诰召京，而代以布政使文格署）	毛鸿宾①（二月署，七月授）	毛鸿宾	毛鸿宾（五月迁两广总督）—恽世临（五月以布政使迁）	恽世临②	恽世临（二月降调，实际上免职）—李瀚章（二月以广东布政使迁）
湖北巡抚	胡林翼③	胡林翼（八月病假，九月死）—李续宜（八月署，九月授，十二月改皖抚）—严树森改授（十二月）	严树森④	严树森	严树森（四月降道员）—唐训方（四月署）	
湖广总督						

---

①　《清实录·文宗显皇帝实录》卷三四四，"咸丰十一年二月下"，第44册，北京：中华书局，1986年，第1093页；《清实录·穆宗毅皇帝实录》卷一，"咸丰十一年七月"，第45册，第82页。骆秉章自编：《骆文忠公自订年谱》卷下，思贤书局光绪二十一年刻本，第1页。
②　毛鸿宾任两广总督与恽世临任湖南巡抚的谕旨同时下达。参见《清实录·穆宗毅皇帝实录》卷六八，"同治二年五月下"，第46册，第368—369页。
③　梅英杰编：《胡文忠公年谱》卷三，梅氏抱冰堂光绪三十一年刊本，第13、38、39页。
④　《清实录·文宗显皇帝实录》卷三四四，"咸丰十年十月中"，第44册，第975页。清廷同时任命边浴礼为河南布政使、郑元善为河南按察使，牵制严树森。严树森后来借故参劾边浴礼。

地区/时间	咸丰十年	咸丰十一年	同治元年	同治二年	同治三年	同治四年
安徽巡抚		李续宜（正月至八月）署—彭玉麟（九月授，十二月辞免）—李续宜（十二月改授）	李续宜①	李续宜（四月专办皖北军务）—唐训方（四月授，十月降为藩司）—李续宜死（十一月）		
江西巡抚		沈葆桢②（十二月授）	沈葆桢	沈葆桢	沈葆桢	沈葆桢（五月忧免）—刘坤一③（五月以广西布政使授）
江苏巡抚			李鸿章④（三月以延建邵道署，十月授）	李鸿章	李鸿章	李鸿章（四月署两江总督）—刘郇膏（四月以布政使护）
两江总督	曾国藩①（四月署，六月授）	曾国藩	曾国藩	曾国藩	曾国藩	曾国藩（四月赴山东督师剿捻）—李鸿章署

---

① 湖北巡抚李续宜调任安徽巡抚、河南巡抚严树森调任湖北巡抚之命是同时下达，参见《清实录·穆宗毅皇帝实录》卷一一四，"咸丰十一年十二月下"，第45册，第379页；卷八五，"同治二年十一月中"，第46册，第778页。

② 《清实录·穆宗毅皇帝实录》卷一三，"咸丰十一年十二月中"，第45册，第361页。

③ 参见刘坤一《谢补授江西巡抚恩折》中所引上谕，《刘坤一遗集》第1册，北京：中华书局，1959年，第6页。

④ 李书春编：《李文忠公鸿章年谱》，《近代中国史料丛刊续编》第70辑，台北：文海出版社影印版，第4708、4709、4713页。

地区/时间	咸丰十年	咸丰十一年	同治元年	同治二年	同治三年	同治四年
浙江巡抚	罗遵殿[2]三月战死	左宗棠[3]（十二月授）	左宗棠	左宗棠（三月迁闽浙总督）—曾国荃（三月授，未到任，左宗棠兼）	曾国荃（九月病免，左宗棠兼署）	
福建巡抚						
闽浙总督				左宗棠（三月以浙抚迁）	左宗棠	左宗棠
广东巡抚			黄赞汤[4]（七月以东河总督改任）	黄赞汤（六月召京）—郭嵩焘（六月署）	郭嵩焘[5]	郭嵩焘（被两广总督瑞麟弹劾）
广西巡抚	刘长佑（闰三月以广西布政使任）	刘长佑（正月兼署广西提督[1]）	刘长佑（闰八月迁两广总督）			

---

① 黎庶昌编：《曾文正公年谱》卷六，第17、24页；卷一〇，第6页。
② 《清实录·文宗显皇帝实录》卷二八一，"咸丰九年四月下"，第44册，第126页；卷三一〇，"咸丰十年三月中"，第44册，第541—542页。
③ 罗正钧纂：《左文襄公（宗棠）年谱》，光绪二十三年（丁酉年）湘阴左氏校刊本，卷二，第46页；卷三，第13页。
④ 《清实录·穆宗毅皇帝实录》卷三五，"同治元年七月下"，第45册，第934页。黄赞汤自编，黄祖络补编：《绳其武斋自纂年谱》，同治九年家刻本，第37、44页。
⑤ 中国第一历史档案馆编：《郭嵩焘》，《清代官员履历档案全编》第3册，"同治朝"，上海：华东师范大学出版社，1997年，第603页。

续表

地区/时间	咸丰十年	咸丰十一年	同治元年	同治二年	同治三年	同治四年
两广总督			刘长佑（闰八月授，十二月改直隶总督）	毛鸿宾（五月以湘抚迁）	毛鸿宾	毛鸿宾（二月，降一级调用，实际免职）
山东巡抚			阎敬铭②（十月以丁忧按察使署布政使赏二品署）	阎敬铭（十一月授）	阎敬铭	阎敬铭（被弹劾）
河南巡抚	严树森（十月以湖北布政使迁任）	严树森（十二月改鄂抚）				
山西巡抚						曾国荃（六月以前浙抚授，未任即辞)③

---

① 《清实录·文宗显皇帝实录》卷三四一，"咸丰十一年正月下"，第44册，第1065页。

② 《清实录·穆宗毅皇帝实录》卷八五，"同治二年十一月中"，第46册，第784页。

③ 王安定编，萧荣爵增订:《曾忠襄公年谱》卷二，光绪二十九年刻本，第1、10页。

地区/时间	咸丰十年	咸丰十一年	同治元年	同治二年	同治三年	同治四年
直隶总督			刘长佑（十二月以两广总督改任）	刘长佑	刘长佑	刘长佑（同治六年十一月革职）①
陕西巡抚				刘蓉②（七月以四川布政使授）	刘蓉	刘蓉（八月降一级调用，仍署）
陕甘总督					杨岳斌（五月以福建水师提督授，未到任）③	杨岳斌
贵州巡抚		江忠义署④（十二月因守制开缺）—田兴恕署	张亮基（十一月以前云贵总督署，兼署提督）	张亮基⑤	张亮基	张亮基
云南巡抚						

---

① 《刘武慎公年谱》卷一，光绪二十六年刻本，第47页，"四月初三日，公拜授广西巡抚"，与一般所说三月有异；卷一，第63页，记其在"九月二十三日公于浔州军次奉旨补授两广总督"；卷二，第1页，"同治二年正月二十六日复奉上谕调补直督，饬挑旧部得力将弁数员自随"；卷二，第61页。

② 《清实录·穆宗毅皇帝实录》卷七二，"同治二年七月上"，第46册，第454页。

③ 《清实录·穆宗毅皇帝实录》卷一〇二，"同治三年五月上"，第47册，第250页。

④ 《清实录·穆宗毅皇帝实录》卷一四，"咸丰十一年十二月下"，第45册，第372、377页。

⑤ 《清实录·穆宗毅皇帝实录》卷三三，"同治元年七月上"，第45册，第890页。

地区/时间	咸丰十年	咸丰十一年	同治元年	同治二年	同治三年	同治四年
云贵总督	张亮基（十月病免）					
四川总督		骆秉章（七月二十日授）	骆秉章	骆秉章	骆秉章	骆秉章（同治六年十二月死于任）①

根据上表，我们可以看出咸丰十年至同治四年（1860—1865年），湘淮人员占据督抚职位的走势：

咸丰十年（1860年），上半年占据4省巡抚、1区总督；下半年占据3省巡抚，1区总督。②

咸丰十一年（1861年），上半年5省巡抚，2区总督；下半年7省巡抚，2区总督。③

同治元年（1862年），上半年7省巡抚，2区总督；下半年8省巡抚，3区总督。④

同治二年（1863年），上半年9省巡抚，5区总督；下半年8省

---

① 骆秉章自编：《骆文忠公自订年谱》卷上，第27、60页；卷下，第10、54—55页。

② 张亮基严格说不算湘淮督抚，只是因工作关系，较早就与湘军关系密切，故列入表中，但统计时不算。骆秉章在十年八月入川督办军务，故下半年巡抚统计上未将骆秉章列入。

③ 署任亦计算在内。另外，胡林翼虽然是八月病假，九月病逝，但也只计入上半年巡抚数，而不计入下半年巡抚数。贵州巡抚先由江忠义署，后由田兴恕顶替江忠义署理，故只算一个数；安徽巡抚一职，李续宜和彭玉麟的替代，也只合计为一个数。以下有类似情况，同上。

④ 刘长佑下半年授两广总督，并由两广总督调任直隶总督，也只能算为一个总督数。

巡抚，5区总督。①

同治三年（1864年），上半年8省巡抚，6区总督；下半年8省巡抚，6区总督。②

同治四年（1865年），上半年7省巡抚，5区总督；下半年5省巡抚，4区总督。③

也就是说，湘淮集团督抚最多时是在同治二年（1863年）上半年和同治三年全年，占据总督、巡抚位置合计共达14个（全国督抚总计25个），但此后总体趋势是盛极而衰。随着太平天国大势已去，湘淮总督、巡抚的数量也就逐渐下降。同治四年上半年减为12个，下半年就只有9个。如果仅根据同治三年夏的情况来分析这一时期湘淮集团与清廷的权力对比，而不考虑此后的变化趋势，或者静态、笼统地统计湘淮成员出任督抚或其他省级官员的数量甚至用累计的数量来做出结论，而不考虑湘淮督抚重叠、动态变迁等情况带来的问题，显然是不合理的。

第二节　咸同时期湘淮集团对省级政权的实际控制力

学者们一般认为清廷在江南大营再次被击破后，咸丰皇帝等满

① 安徽巡抚一职，唐训方因是四月署理，被降调在十月，李续宜死在十一月，故均不计入下半年巡抚数。
② 不过，下半年浙江巡抚在曾国荃病免后，是由左宗棠以闽浙总督兼署，严格说，湘淮人员担任督抚的职位数虽未变，但人数是减少了一个。
③ 广东巡抚一职，在郭嵩焘被弹劾后，同治五年初由湘淮成员蒋益澧接任，仅一年多即落职，此后广东巡抚长期转入非湘淮人员之手。山东巡抚一职，阎敬铭在同治五年落职后由湘系人员丁宝桢接任。总督中，同治五年杨岳斌病免。同治六年，骆秉章十二月死、刘长佑十一月革职后，接任者皆非湘淮人物。

洲贵族集团从湘军苦战、绿营收功的美梦中猝然惊醒，不得不大量任命湘军集团重要成员为督抚，尤其以任命曾国藩为两江总督为标志，放权督抚。从当时的学者到现在的研究者，多持此说。如曾国藩的幕僚赵烈文就说："迫文宗末造，江左覆亡，始有督帅之授，受任危难之间。盖朝廷四顾无人，不得已而用之，非负衮真能简畀，当轴真能推举也。"[①]后之学者多承此说。正是缘于此，有的学者将咸丰十年到同治四年（1860—1865年）称为清廷与湘淮集团的"蜜月期"。他们认为，这期间清廷与湘淮集团关系极为融洽，遍封湘淮督抚，清廷全靠湘淮军支撑其统治，只有全面依赖，不可能打击、分化湘淮集团。[②]那么实际情况是否如此呢？本章通过实证分析说明，咸丰十年（1860年）以后，清廷确实不得不重用湘军，但在被迫重用湘军将帅的同时，又对他们采取了相应的分化、制约策略。双方的政治斗争决不会因为所谓的"蜜月期"就停止，而手段只会日趋多样化。在此，主要从以下两个方面展开考证和分析。

一、清廷安排非湘淮人员牵制湘淮督抚

分析咸丰十年到同治四年间清廷与湘淮集团对省级政权的控制力，需面对一个问题，就是必须周密分析清廷在相关督抚人事安排上对湘淮督抚的钳制问题。前文所制表格中空缺部分，其任职者皆不是湘淮人物，而多是清廷专门安排的用以牵制相关省区湘淮督抚

---

① 赵烈文：《能静居日记》，同治三年四月初八日，台北：学生书局，1965年，第1348页。
② 朱东安：《曾国藩集团与晚清政局》，第31、65页。

的人员。具体情况如下①：

湖广地区。湖南、湖北两省巡抚虽有时均为湘淮人员，但兼辖两省的湖广总督却并非湘淮人员，而长期由清廷信员官文担任（咸丰五年四月至同治六年正月）。

湖北巡抚一职，胡林翼咸丰十一年（1861年）九月病死后，李续宜、严树森先后接任，在严树森稳定下来后，他已经处在上有湖广总督官文、下有官文长期笼络的湖北司道的夹击下，成为湘军强势盘踞的两湖地区相对弱势的湘军巡抚。一旦他"刚强用事"，就被官文参劾，降为道员。而继任的吴昌寿就是清廷专派到湖北，与官文一起控制湘军集团久踞之地的人员。②也正因此，在同治四年（1865年）吴昌寿改任河南巡抚，牵制节制河南军务的曾国藩时，曾国藩集团决定打击这一清廷的重要棋子，借御史的弹劾，将其参劾，使之被降调。③但是，接任湖北及河南巡抚的李鹤年仍起着与吴昌寿一样的作用。曾国藩集团目的未能实现。

湖南巡抚虽然从咸丰十年（1860年）到同治四年都是由湘军人物担任，但如前所述，清廷派往的具体人选往往与前任有矛盾。在恽世临、李瀚章任湖南巡抚期间，从同治三年（1864年）四月至同治五年（1866年）正月，湖北巡抚吴昌寿、郑敦谨、李鹤年皆非

---

① 在具体论述时，从分析问题的需要出发，时间跨度适当延伸到同治五、六年（1866—1867年）以后。
② 吴昌寿于同治三年四月授湖北巡抚。《清实录·穆宗毅皇帝实录》卷一〇一，"同治三年四月下"，第47册，第220页。
③ 曾国藩等参劾吴昌寿的情况，可参见《曾国藩全集·奏稿八》，第5073—5075、5080—5081页。湘军人物黎庶昌所编的《曾文正公年谱》中，对同治四年湖北巡抚吴昌寿改河南巡抚、郑敦谨授湖北巡抚还专记一笔："同治四年……（四月）郑公敦谨奉旨授湖北巡抚，吴昌寿调河南巡抚。"参见《年谱》卷一〇，第5页。

湘淮集团成员。同治五年正月至六年（1867年）正月，湖南巡抚为李瀚章、湖北巡抚为曾国荃，湖广总督则为清廷亲信人员官文。[1]同治六年正月官文免职，湖广总督和湖北巡抚皆湘淮成员时（李鸿章、郭柏荫），湖南巡抚又为非湘淮人员占据。[2]

两江地区。咸丰十年（1860年）四月，曾国藩被任命为两江总督后，到同治七年（1868年）七月被调任直隶总督，他一直在两江总督这一职位上。但是，两江所辖三省的巡抚则屡有变更。

咸丰十年四月到同治元年（1862年）三月前，江苏巡抚为徐有壬、薛焕，皆是清廷用以牵制曾国藩湘军集团的人物。咸丰十一年（1861年）前任安徽巡抚者为翁同书（十一年初被曾国藩参劾），十一年正月至同治二年（1863年）十月的皖抚则是湘淮人员（李续宜、彭玉麟、唐训方先后任、署）。同治二年十月后，安徽巡抚则长期由清廷信员、清廷钳制湘淮集团的一枚重要棋子乔松年担任，至同治五年（1866年）八月他改任陕西巡抚，仍由满员英翰接任安徽巡抚。[3]至于江西巡抚，咸丰十年至十一年十二月间，由清廷信员毓科担任，与湘军集团虽有合作，但更多是牵制与矛盾。

闽浙地区。同治二年三月前，闽浙总督皆非湘淮人员。同治五年八月闽浙总督左宗棠改任陕甘总督后，由慈禧太后的私人、信

---

① 参见钱实甫编：《清季重要职官年表》，北京：中华书局，1959年，第189—193、133—137页。
② 以上人员对比情况，可参见钱实甫编：《清代职官年表》第2册，北京：中华书局，1980年，第1478—1479、1709—1710页；《清季重要职官年表》，第136—137、191—192页。
③ 《清实录·穆宗毅皇帝实录》卷一八二，"同治五年八月上"，第49册，第266页。

员、漕运总督吴棠接任闽浙总督①，同治六年（1867年）十二月，吴棠改任四川总督，浙江巡抚马新贻授闽浙总督（七月改两江总督，同治九年八月被刺死于任上）②，二人对在江、浙的湘淮势力，压制甚厉。

咸丰十年（1860年）四月至十一年（1861年）十二月，由非湘淮人员王有龄任浙江巡抚。在曾国荃"病免"后，同治三年（1864年）九月初四日以非湘淮人员马新贻实授，直至同治六年（1867年）十二月迁闽浙总督。在左宗棠任闽浙总督期间，马新贻同样是清廷牵制湘淮集团的重要棋子。③而在福建，从咸丰十年到同治九年（1870年），则长期由非湘淮成员的瑞璸、徐宗幹、李福泰、卞宝第等担任巡抚。④

两广地区。在同治元年（1862年）七月黄赞汤出任广东巡抚之前，广东巡抚大多是与湘军集团关系不睦的非湘淮人员，如劳崇光、耆龄。在清廷严令之下，虽不得不负担起湘军军饷的部分供应工作，但与湘军就军饷供应的问题矛盾很尖锐，乃至曾国藩

---

① 《清实录·穆宗毅皇帝实录》卷一八三，"同治五年八月下"，第49册，第280页。《闽浙总督查明事迹疏》，《杨勇慤公（岳斌）遗集》卷首，问竹轩光绪二十一年刊本，第42页。

② 《清实录·穆宗毅皇帝实录》卷二一九，"同治六年十二月中"，第49册，第879—880、881页。亦可参见马新祐编：《马端敏公年谱》，光绪三年刻本，第55页。

③ 《清实录·穆宗毅皇帝实录》卷一一四，"同治三年九月上"，第47册，537—538页。亦可参见马新祐编：《马端敏公年谱》，第26页。

④ 闽浙相关督抚迁任情况，参见钱实甫编：《清代职官年表》第2册，第1480—1484、1704—1713页。

屡有奏参。[1]同治元年至同治五年（1866年）虽皆为湘淮成员（黄赞汤、郭嵩焘、蒋益澧），却与曾国藩或左宗棠等人有派系矛盾或私人恩怨。同治六年十一月蒋益澧被两广总督瑞麟参革后较长一段时期，继任者皆非湘淮人员。

咸丰十年闰三月至同治元年闰八月，这一时期广西巡抚为湘军成员刘长佑，而两广总督为非湘淮的劳崇光。同治元年（1862年），刘长佑迁两广总督后（旋改晏端书），广西巡抚由非湘淮人员张凯嵩一直担任到同治六年（1867年）二月，湘淮集团成员郭柏荫六年二月接任（十月改湖北巡抚），仅半年多就由非湘淮人员苏凤文替代。其后非湘淮人员苏凤文、李福泰长期担任广西巡抚。

咸丰十年（1860年）四月至同治元年闰八月，两广总督劳崇光非湘淮人员，其间，广东巡抚耆龄也非湘淮人员，仅广西巡抚为湘军成员刘长佑。同治元年闰八月至同治四年（1865年），广东巡抚先后为湘淮成员黄赞汤、郭嵩焘，而广西巡抚则为非湘淮人员张凯嵩，其间的两广总督刘长佑、晏端书、毛鸿宾则或与曾国藩有矛盾、或与左宗棠有矛盾。同治四年二月起则由清廷信员瑞麟长期署、任两广总督，对两广湘淮势力压制甚厉。[2]

陕甘地区。同治三年（1864年）五月以前，陕甘总督皆非湘淮人员。同治三年五月杨岳斌任陕甘总督，因军务不力，同治五年

① 而且，劳崇光等人供应湘军饷糈，还看人行事。如蒋益澧当年在广西征战得力，屡得广西巡抚劳崇光奏荐。后蒋益澧为浙江战事，经清廷允准，"自至广东，请饷于总督，劳崇光念其旧功，资给数十万"，客观上既有利于湘军攻剿太平军，也起到分化湘军为己所用的作用。参见王闿运：《湘军志·援广西篇第十一》，《湘绮楼诗文集》，长沙：岳麓书社，1996年，第725页。
② 两广有关督抚人员变动情况，参见钱实甫编：《清代职官年表》第2册，第1475—1478、1702—1708页。

（1866年）八月免职。左宗棠接任后，清廷倚重任西北军务，长期任职，并遥制李鸿章淮系势力。

同治二年（1863年）之前，陕西巡抚非湘淮人员。二年七月，骆秉章系湘军成员刘蓉因军务需要任陕抚，至四年八月被参降革，留署至同治五年八月。等湘系人员坐稳陕甘总督后，陕西巡抚却已非湘淮人员，而是由清廷亲信人员乔松年担任（由安徽巡抚调任陕西巡抚）。[1]

直隶、山东、河南战区。同治二年（1863年）之前，直隶总督皆非湘淮人员（刘长佑虽是同治元年十二月授直隶总督，却在二年三月才到任）。二年三月刘长佑抵任直督后，从清廷对其黜陟看，极有控制力。[2]

山东巡抚，咸丰十年（1860年）到同治元年（1862年）十月都是非湘淮人员文煜、谭廷襄担任。同治元年后，为山东剿捻等军务需要，较长时期由湘淮人员阎敬铭、丁宝桢担任，但是对他们的监控力度很大。[3]河南巡抚从咸丰十一年（1861年）严树森改任湖北巡抚后，就一直由清廷信任的郑元善、张之万、吴昌寿、李鹤年连续任职。[4]

云贵、四川地区。当咸丰十一年七月到同治四年（1865年），

---

[1]　相关人员变动，参见钱实甫编：《清代职官年表》第2册，第1711—1716页。

[2]　《刘武慎公年谱》卷二，第61页。

[3]　清廷对湘淮集团山东抚藩的监控、打击及其分化的效果，参见邱涛：《咸同年间清廷与湘淮集团权力格局之变迁》，第262—268页。

[4]　此数人任职豫抚的情况，可参见钱实甫编：《清代职官年表》第2册，第1704—1713页。十二月二十四日上谕说："郑元善著补授河南巡抚"，参见中国第一历史档案馆编：《咸丰同治两朝上谕档》第11册，"咸丰十一年十二月二十四日"，桂林：广西师范大学出版社，1998年，第601页。

湘军成员骆秉章担任四川总督时，相邻的云贵地区，总督和云南巡抚、贵州巡抚皆非湘淮集团人员。直到同治五年（1866年）以后才有湘淮成员出任云贵督抚。[①]在四川，骆秉章同治六年（1867年）十二月死于任上，清廷随即任命信员、闽浙总督吴棠接任。吴棠改任四川总督后，长期在川任职，一直到光绪元年（1875年）十二月因重病免职为止。[②]对四川的湘淮势力压制甚厉。其间，虽有湘军成员、云贵总督刘岳昭在同治八年（1869年）参劾吴棠贪黩，却丝毫不能动摇后者的四川总督之位。[③]

二、清廷利用湘淮督抚内部的矛盾进行分化制约

在分析咸丰十年到同治四年（1860—1865年）湘淮督抚任职走势时，我们还需要面对这样一个问题，即是不是一省巡抚或一区总督为湘淮集团成员，甚至在个别省区总督和巡抚皆为湘淮成员，就可以算作是湘淮集团控制了这些省区？笔者以为，恐怕不能这样简单计算，而必须做出具体分析。其中一个重要因素，就是必须考虑清廷利用湘淮督抚之间在军队调遣、饷源控制等问题上的矛盾，进行分化，使其相互制约的情况。

湖广地区。湖北巡抚，从胡林翼到严树森，一直都处于上受到官文严密监视，下受到身为湘军成员而亲附官文的庄受祺等湖北部

---

① 钱实甫编：《清代职官年表》第2册，第1475—1478、1703—1708页。需要重申的是，这一时期曾出任云贵总督、贵州巡抚的张亮基并非湘淮集团成员。

② 钱实甫编：《清代职官年表》第2册，第1479—1483页。

③ 《大臣画一传档后编九·吴棠》，《清史列传》卷五三，北京：中华书局，1987年，第4207页。

分司道的为难、牵制。①

　　湖南巡抚一职，在骆秉章督办四川军务后，清廷先是允准由骆秉章奏荐的湖南按察使翟诰署理，但翟诰显然并不积极援应骆秉章赴川军务，故仅数月后，骆秉章就奏劾翟诰，清廷将翟诰召京后又命与曾国藩、胡林翼、骆秉章、左宗棠均不睦的布政使文格署理。②但清廷很快就发现这种安排于军务不利，遂于咸丰十一年（1861年）二月开始到同治四年（1865年），先后任命湘军成员毛鸿宾、恽世临出任湖南巡抚，但仔细分析起来，清廷派往的具体人选往往与前任有矛盾。毛鸿宾"倚国藩自重"，在湖南实施的政策并不遵循骆秉章的成例，与骆秉章有矛盾。恽世临虽是毛鸿宾提拔之员，在接任湖南巡抚后却因争功、控饷与毛鸿宾发生矛盾。③清廷则在同治四年（1865年）借旧事将二人免职，所任命接替之员虽出身于湘军曾国藩系，却是湘淮分途后的淮军首脑李鸿章的胞兄李瀚章，其分化湘淮的用意颇深。④

---

① 对于庄受祺更亲附于官文，甚至与胡林翼有正面冲突的情况，可参见胡林翼：《致庄蕙生方伯》《严渭春阁丹初》，《胡文忠公全集》下册，上海：世界书局，1936年，第843、844页。

② 王闿运：《湘军志·湖南防守篇第一·援贵州篇第十二·筹饷篇第十六》，《湘绮楼诗文集》，第576、728、786页。

③ 相关材料，参见王闿运：《湘军志·湖南防守篇第一》，《湘绮楼诗文集》，第577、579页。

④ 李瀚章任湖南巡抚后，"举措又异"于毛鸿宾、恽世临。见王闿运：《湘军志·湖南防守篇第一》，《湘绮楼诗文集》，第580页。湖广人员的任命，不排除清廷有暂时安抚曾国藩、曾国荃兄弟之意，如曾国藩安慰其弟："惟以少帅督楚，筱荃署之，又以韫斋先生抚湘，似均为安慰吾弟，不令掣肘起见。朝廷调停大臣，盖亦恐有党仇报复之事，弟不必因此而更怀郁郁也。"同时李鸿章"于弟劝顺斋不甚谓然"，说明大家认识上有差异。曾国藩专门提醒曾国荃与李鸿章兄弟搞好关系，说明局势并不如曾国藩安慰其弟的那样好，可见清廷分化湘系与淮系的效果之一斑。参见《曾国藩全集·家书二》，长沙：岳麓书社，1985年，第1322页。

两江地区。江苏巡抚薛焕在同治元年（1862年）三月被曾国藩奏参免职，由湘淮人员李鸿章接任，其后到同治七年（1868年）间，也多是由湘淮集团成员郭柏荫、李瀚章、丁日昌继任。但曾国藩与李鸿章等人之间的关系也是充满矛盾并不断分化的。

江西巡抚一职，从咸丰十一年（1861年）十二月至同治四年五月，由湘军人员沈葆桢担任，而沈葆桢与曾国藩围绕江西财税控制权逐渐加剧并于同治二年爆发的矛盾冲突，则是众所周知的事实。同治四年五月接任江西巡抚的刘坤一，也并不亲附曾国藩。

这几年中，两江总督曾国藩与江西巡抚沈葆桢、江苏巡抚李鸿章之间，因厘金等饷银问题产生了大大小小诸多矛盾。曾国藩与沈葆桢甚至因此而公开决裂，而李鸿章则不愿公开决裂，他与曾国藩二人均在暗藏的矛盾中又各有隐忍与回旋。①江西巡抚沈葆桢与邻省的湖南巡抚毛鸿宾在军队调遣和供饷等问题上的矛盾，也是层出不穷。②

---

① 曾国藩与沈葆桢争夺江西以厘金为中心的财税控制权的矛盾，可参见沈葆桢：《请留漕折接济军需折》，《沈文肃公政书》卷一，光绪七年吴门节署印本，第33—34页；《吁提洋税以济援师折》，《沈文肃公政书》卷二，第22页；《洋税尽数解营片》，《沈文肃公政书》卷二，第26页；《江西税厘仍归本省经收折》，《沈文肃公政书》卷三，第1—4页。曾国藩：《沈葆桢截留江西牙厘不当仍请由臣照旧经收充饷折》，《曾国藩全集·奏稿七》，第3995—3398页。李鸿章任苏抚后与曾国藩在饷银问题上的矛盾，可参见李鸿章：《复薛世香观察》，《李文忠公全集·朋僚函稿》卷四，光绪三十一年金陵刻本，第31页；《代征长江洋税急难筹解折》，《李文忠公全集·奏稿》卷一，第33—35页；《厘定镇江水陆饷章片》，《李文忠公全集·奏稿》卷一，第53—54页。另外，曾国藩借李秀成供述，说"巡抚李鸿章到上海接薛焕巡抚之任，招集洋鬼，与我交兵。李巡抚有上海正关，税重钱多"，向清廷发泄对李鸿章不将江苏财税全力供应曾军的不满。参见《李秀成自述原稿注》，北京：中华书局，1982年，第279页。
② 沈葆桢与毛鸿宾在饷银等问题上的矛盾，历来的研究者多有述及。亦参见王闿运：《湘军志·筹饷篇第十六》，《湘绮楼诗文集》，第786页。

至于左宗棠和沈葆桢在同治三年（1864年）以幼天王事件公开向清廷揭发曾国藩欺瞒实情，则是众所周知的情况。

闽广地区。同治元、二年（1862—1863年），曾国藩与自己奏荐的广东巡抚黄赞汤之间围绕广东财税拨充军饷问题发生争端。黄赞汤自同治元年七月任粤抚后不久即与曾国藩决裂。为了战争需要，清廷不得不将黄赞汤免职。①郭嵩焘接署后，对曾国藩援应得力。同治四年（1865年）清廷任命闽浙总督左宗棠节制广东、江西、福建三省军务，他与署理广东巡抚郭嵩焘虽都是湘军成员，但派系不同且素有积怨，加上两广总督、慈禧太后的亲信人员瑞麟从中发挥作用，导致郭嵩焘被免职召京。②同治五年（1866年），由左宗棠系的蒋益澧代替郭嵩焘任广东巡抚。不及两年，蒋益澧就被瑞麟参革，此后较长时期内广东巡抚皆非湘淮集团成员。

马新贻迁闽浙总督后，清廷有对闽浙的牵制，同时为陕甘军务的饷糈供应等考虑，先后任命湘淮成员李瀚章、杨昌濬担任浙江巡抚。

至于其他相关省区间的状况，亦简要考述如下。骆秉章任四川

---

① 关于曾国藩与黄赞汤之间因厘金征收、供应不善产生的矛盾，可以参见黄赞汤自编的《绳其武斋自纂年谱》，他在其中引了自己任粤抚后，所上"广东吏治民生及军务军饷各情形剀切具奏"的奏折，折中说"广东之民生已甚凋敝，军务则蔓延数载，藏事有稽；军饷则积欠已多，众忧哗溃"，实际上已经显示出为了自己身任巡抚的广东"民生"，他要有所"养息"，军饷不敷供给，也是因"民生凋敝"的缘故，就已埋下曾国藩急需军饷，而他不能保证供给、以致矛盾激化的伏笔。参见该《年谱》，第37—38页。

② 郭嵩焘与左宗棠的积怨，参见《清史稿》卷四四六《郭嵩焘传》，北京：中华书局，1977年，第12474页。左宗棠与郭嵩焘在左军南下广东及广东供饷问题上的矛盾，可参见黄濬：《花随人圣盦摭忆》，上海：上海书店出版社，1998年，第99页。郭嵩焘被召京免职一事，可参见《清实录·穆宗毅皇帝实录》卷一七〇，"同治五年二月下"，第49册，第81页。

总督后，与继任的湖南巡抚毛鸿宾关系不洽。毛鸿宾等是"倚国藩自重"的，当时他全力援曾国藩东下江浙，"湖南方谋东征，增税募军以应皖、鄂"，而非应四川。①恽世临任湖南布政使后，对骆秉章、左宗棠信任的王加敏等湖南筹饷人员大加打击，"布政使恽世临始稽钩军需收支……欲坐局员侵牟，先奏夺王加敏官"。咸丰十一年至同治元年间（1861—1862年），因钦差大臣、贵州提督田兴恕"督饷湖南，（毛）鸿宾怒，奏停其协饷"，二人因供饷问题发生矛盾。②毛鸿宾还对先后署贵州巡抚的江忠义、田兴恕暗中加以奏劾。③

在湘淮督抚职权中，直隶总督职权是不与巡抚重叠的，但刘长佑在直隶总督任上，一直处在清廷最为直接严密的监控之下，又没有得到其他湘淮督抚的强力援应，除剿"捻""匪"以外，就是为清廷练军，并未显示出控制直隶的能力和威势，其实际控制力很有限。④从咸丰十一年（1861年）到同治三、四年（1864—1865年），两江总督曾国藩与浙江巡抚（后为闽浙总督）左宗棠、江西巡抚沈葆桢、江苏巡抚李鸿章，就湘军成员李元度案的处置问题，相互之间的矛盾逐渐明显⑤。这类事情在湘淮集团内部也不是个别情况。

---

① 王闿运：《湘军志·筹饷篇第十六·援广西篇第十一》，《湘绮楼诗文集》，第786、725页。

② 王闿运：《湘军志·湖南防守篇第一》，《湘绮楼诗文集》，第577—578页。

③ 王闿运：《湘军志·援贵州篇第十二》，《湘绮楼诗文集》，第729页。

④ 例如，同治六年（1867年），刘长佑上奏表示外省练兵"厘金广设，取给裕如"，而"直隶司库所入只有地粮一项"，且"成一旅而必咨枢院，增一费而必达司农"，造成"措置易歧，恩信不著"。可见他在直隶办事之艰难。参见《刘武慎公年谱》卷二，第45页。

⑤ 关于曾国藩、左宗棠、沈葆桢、李鸿章之间围绕李元度案的处置问题产生的矛盾，参见邱涛：《咸同年间清廷与湘淮集团权力格局之变迁》，第254—261页。

从上述1860—1865年湘淮督抚任职和中央与地方控制力的具体情况的考辨分析中，我们可以看到，湘淮督抚最多时，并不是同时完全占据18个行省中"13个省"的督抚职位，除了在极其短暂的一段时间和特殊地区之外（如同治元年前后的湖广、两江地区），清廷往往很注意并专门在湘淮督抚任职省区内或是相邻省区安排牵制力量，并在安排湘淮督抚时，有意利用湘淮人员之间的矛盾进行操控。因此，不能简单地认为，这13个省都被湘军集团所控制。更重要的是，湘淮督抚一般情况下并不是长期占据某一职位（个别情况除外[1]），更没有出现清廷无法将湘淮督抚调动、形成一种实质上割据的情况，而是清廷可以独断地调动包括湘淮督抚在内的各地督抚，表明清廷仍有绝对的权威来继续执行通过人事变动以控驭各省的传统政策。我们可以对人们观念中长期独占一方的湘淮首脑人物的任职状况作为例证做一简单分析。

曾国藩咸丰十年（1860年）四月署理、六月实任两江总督，到同治七年（1868年）七月调任直隶总督，一共在两江任总督八年（其中，同治四年四月至五年十一月暂离两江负责剿捻，同治五年十一月回任后，仅一年多就被清廷调任直隶总督），清廷将他调离两江，曾国藩立即老老实实到直隶上任，可见其并未能在两江地区形成实质性割据的局面。左宗棠在咸丰十一年（1861年）十二月授浙江巡抚，同治二年（1863年）三月迁闽浙总督，同治五年（1866年）八月改陕甘总督，从富庶的闽浙调离到贫瘠的陕甘，他在闽浙任职五年之久，并未出现清廷不能调动的状况。他调任陕甘总督后

---

① 晚清任期超过九年的督抚的情况，参见邱涛：《咸同年间清廷与湘淮集团权力格局之变迁》，第30—36页。

一直任职到光绪六年（1880年），担任陕甘总督十四年多，这一长期任职的原因很明确，就是西北军务的需要，当西北军务基本完毕后，左宗棠立即被召京入阁办事，而免陕甘总督职。虽然左宗棠担任陕甘总督十几年，清廷却仍能自如地调动他的职位，可见其并未形成割据状态。至于李鸿章在直隶总督任上近二十五年（同治九年八月至光绪二十一年正月，其中有一年多忧免），当然是持"督抚专政"论者所谓权重的典型，但在光绪二十一年（1895年）正月清廷命李鸿章为全权大臣赴日本签订《马关条约》，七月从日本回京后，清廷并未让他回任直督，而是命他入阁办事，从而将李鸿章调离直隶，而将直隶总督改授他人，可见李鸿章虽长期担任直隶总督，却也未能在直隶形成清廷无法调动的实质性割据局面。此外，像刘长佑任广西巡抚两年多被调任，升两广总督旋即调任直隶总督，任直隶总督近五年被革职，清廷说调任就调任、说革职就革职的情况，在湘淮督抚的人事变动中是很普遍的现象。

这些都说明湘淮督抚对所辖省级政权的控制力是有限的，并未能形成与清廷"双峰对峙，甚至有驾凌而上之势"的局面。这些实际情况，与前述有关学者的观点有较大差距。

第三章
同光时期地方督抚群体的结构和人事嬗递

　　有关晚清时期的地方督抚群体，学界过往或多从清中晚期的历史延续性视角做长时段的梳理，为我们认识晚清督抚问题提供进一步研究的基础[①]，或对晚清短时段、特殊时期的督抚群体进行梳理[②]，也为进一步研究提供了良好的基础。本章则选取二者之间的一个较长时段，主要是着眼于湘淮集团开始进入全盛时期的同治元年（1862年），到湘淮集团彻底进入衰落状态的光绪二十六年（1900年），地方实力集团从湘淮向北洋转换的时期，观察这样一个时期地方督抚在历史变迁中的状况，并对督抚的群体结构与人事变迁做出细化的研究。

[①]　代表性论著如下：钱实甫编：《清代职官年表》第2册，北京：中华书局，1980年版，第1437—1506、1645—1751页；魏秀梅：《从量的观察探讨清季督抚的人事嬗递》，台北：《"中研院"近代史研究所集刊》第4期上册，1973年；魏秀梅编：《清季职官表附人物录》，台北：《"中研院"近代史研究所史料丛刊》（5），1977年；刘广京：《晚清督抚权力问题商榷》，《中国近代现代史论集》第6编，台北：台湾商务印书馆，1985年，第3—35页；刘伟：《晚清督抚政治——中央与地方关系研究》，第51—53页；等等。

[②]　如对清末新政时期地方督抚群体结构和人事变迁进行研究，以观察地方督抚与清末新政的关系，可参见李细珠《地方督抚与清末新政——晚清权力格局再研究》，第38—54页。

第一节　同光时期地方督抚群体的结构

本章考察同光之际，主要是同治元年至光绪二十六年这一时期（1862—1900年），对晚清各省区总督、巡抚总体人数（次），及其出身背景、籍贯分布等情况进行统计，为进一步分析督抚群体的结构和人事嬗递情况打下基础。

一、同光时期地方督抚的人数和出身背景

同光年间，地方督抚的总人数到底是多少？各省区督抚的人数情况又如何？在做出这些统计分析之前，需要对清代督抚的任职方式作一简要说明，这对上述统计范围的确定至关重要。

清代，督抚任职分实授、署理（暂署）、护理（暂护）三种方式：实授，即实缺督抚，是指正式授任的实缺官；署理（暂署），就是名分为代理的一种实缺官；护理（暂护），则不是实缺，一般是在原任出缺、继任者未到位之前，临时代理。三种任职方式虽情形不一，但都是事实上的主政者，故均作为地方督抚统计到这一时期的督抚人数之内。另外，清代经常出现同一人两次以上出任同省督抚或两次以上出任不同省份督抚的情形，这种情况在做分省统计时，只进行人次统计。统计的原则如下：对同一人两次以上出任同省督抚的不作重复统计，但对同一人出任不同省份督抚的，按一省1人次计算。另有特殊情况的，在做相关分析时，具体情况具体说明。

（一）同光时期地方督抚的总体人数

本节对清代督抚总体人数进行统计时，将督抚任职的实授、署理（暂署）、护理（暂护）三种方式所涉及的人数均包含在内，并按照前述统计原则，特别是针对一些人员在这一时期内既担任过巡抚，又担任过总督，或在担任总督时兼任过巡抚的情况，在统计相关省区总督、巡抚人数时，使用"人次"的统计方法，以更准确地体现这一时期督抚的动态状况。

1. 1862—1900年督抚分省人数统计

表3-1、表3-2的统计显示，清同治元年到光绪二十六年，地方督抚共计503人次，其中总督171人次，巡抚332人次。

表3-1　1862—1900年总督分省区人数统计

类别	总督姓名	人次
直隶总督	文煜、刘长佑、崇厚、官文、曾国藩、李鸿章、张树声、王文韶、荣禄[1]、裕禄、廷雍	11
两江总督	曾国藩、李鸿章、吴棠[1]、马新贻、魁玉、何璟、张树声、李宗羲、沈葆桢、刘坤一、吴元炳、彭玉麟、左宗棠、裕禄、曾国荃、沈秉成[2]、张之洞、鹿传霖	18

① 钱实甫认为，荣禄在光绪二十四年八月十日（1898年9月25日）召京后，直督由候补侍郎袁世凯护理，参见钱实甫编：《清代职官年表》第2册，第1495页。而魏秀梅则认为荣禄是在八月十三日（9月28日）召京，在军机大臣上行走，参见魏秀梅编《清季职官表附人物录》，第357页。查阅《光绪朝上谕档》载录，在光绪二十四年八月十二日发给荣禄的上谕，仍称"大学士北洋大臣直隶总督荣"，八月十三日上谕"荣禄著在军机大臣上行走，裕禄著补授直隶总督兼充办理通商事务北洋大臣"，参见中国第一历史档案馆编：《光绪宣统两朝上谕档》第24册，桂林：广西师范大学出版社，1996年，第427、429页。故魏秀梅记载更准确。

类别	总督姓名	人次
陕甘总督	乐斌、麟魁、沈兆霖、熙麟、恩麟、杨岳斌、左宗棠、穆图善、杨昌濬、曾国荃、谭钟麟、陶模、魏光焘、李廷箫、何福堃、崧蕃	16
四川总督	骆秉章、崇实、吴棠③、文格、李瀚章、丁宝桢、游智开、刘秉璋、谭钟麟、王毓藻④、鹿传霖、李秉衡、恭寿、裕禄、文光、奎俊	16
闽浙总督	庆端、耆龄、左宗棠、英桂、吴棠、马新贻、文煜、张之万、李鹤年、何璟、张兆栋、杨昌濬、卞宝第、希元、谭钟麟、边宝泉、增祺、许应骙	18
湖广总督	官文、谭廷襄、李鸿章、李瀚章、郭柏荫、翁同爵、彭祖贤、涂宗瀛、卞宝第、裕禄、奎斌、张之洞、谭继洵	13
两广总督	劳崇光、刘长佑、晏端书、毛鸿宾、吴棠、瑞麟、英翰、张兆栋、刘坤一、裕宽、张树声、曾国荃、张之洞、李瀚章、谭钟麟、李鸿章、德寿、鹿传霖、陶模	19

① 魏秀梅著录吴棠于同治四年九月六日（1865年10月25日）暂署两江总督的李鸿章带兵赴豫之后，署理两江总督至同治五年十一月一日（1866年12月7日）专办剿匪止。参见魏秀梅编：《清季职官表附人物录》，第359页。而钱实甫书则未著录，参见钱实甫编：《清代职官年表》第2册，第1478页。

② 沈秉成暂署两江总督一事，参见魏秀梅编《清季职官表附人物录》，第360页。钱实甫书则未著录，参见钱实甫编《清代职官年表》第2册，第1491—1492页。

③ 钱实甫认为四川总督吴棠在光绪元年（1875年）病免到去世，由布政使文格护，参见钱实甫编：《清代职官年表》第2册，第1483页。而魏秀梅则未著录，参见魏秀梅编《清季职官表附人物录》，第360页。查《清实录》光绪元年十二月记载："四川总督吴棠因病乞休，调湖广总督李瀚章为四川总督"，没有记载文格护理之事，参见《清实录·德宗景皇帝实录》卷二四，"光绪元年十二月下"，第52册，第359页。《光绪朝上谕档》光绪元年十二月十九日（1876年1月15日）记载："四川总督著李瀚章调补，李瀚章未到任以前，著文格暂行护理"，参见中国第一历史档案馆编《光绪宣统两朝上谕档》第1册，第504页。钱实甫记载更准确，故从钱实甫之说。

④ 刘秉璋召京，谭钟麟改任四川总督，未到任前由四川布政使王毓藻护，参见钱实甫编：《清代职官年表》第2册，第1493页。而魏秀梅则未著录，参见魏秀梅编《清季职官表附人物录》，第366页。查阅《光绪朝上谕档》光绪二十年十月二十二日（1894年11月19日）上谕称"四川总督刘秉璋著开缺来京，另候简

类别	总督姓名	人次
云贵总督	潘铎、劳崇光、宋延春、张凯嵩、刘岳昭、岑毓英、刘长佑、谭钧培、王文韶、崧蕃、岑毓宝、丁振铎、魏光焘	13
漕运总督	袁甲三、吴棠、富明阿①、彭玉麟、李宗羲②、张之万、张兆栋、苏凤文、张树声、恩锡、文彬、刘咸③、薛允升、黎培敬、周恒祺、庆裕、杨昌濬、谭钧培、孙凤翔、王加敏、吴元炳、崧骏、卢士杰、李瀚章、徐文达、松椿、邓华熙、张人骏	28
河东河道总督	黄赞汤、谭廷襄、郑敦谨、张之万、苏廷魁、乔松年、曾国荃、李鹤年、勒方锜、梅启照、庆裕、成孚、吴大澂、李鸿藻、倪文蔚、许振祎、刘树堂、任道镕、裕长	19
合计		171

用"，"谭钟麟著调补四川总督"，但没有王毓藻护理的记载。参见中国第一历史档案馆编：《光绪宣统两朝上谕档》第20册，第513页。《清实录》中同样只记载了"命四川总督刘秉璋著开缺来京另候简用"，"调闽浙总督谭钟麟为四川总督"。参见《清实录·德宗景皇帝实录》卷三五二，"光绪二十年十月下"，第56册，第553页。

① 魏秀梅书著录同治三年十月八日（1864年11月6日），署漕运总督吴棠调署、实授江苏巡抚后，由富明阿兼署，参见魏秀梅编《清季职官表附人物录》，第384页。而钱实甫书则未著录，参见钱实甫编《清代职官年表》第2册，第1477页。

② 魏秀梅书著录同治四年九月六日（1865年10月25日），署漕运总督吴棠调署两江总督后，由李宗羲暂署，参见魏秀梅书《清季职官表附人物录》，第384页。而钱实甫书则未著录，参见钱实甫编《清代职官年表》第2册，第1478页。

③ 魏秀梅书作"刘咸"，钱实甫书作"淮扬道刘盛"。参见魏秀梅编《清季职官表附人物录》，第384页；钱实甫编《清代职官年表》第2册，第1482页。

表3-2　1862—1900年巡抚分省人数统计

类别	巡抚姓名	人次
山东巡抚	谭廷襄、阎敬铭、丁宝桢、文彬、文格、李元华、周恒祺、任道镕、陈士杰、张曜、福润、李秉衡、张汝梅、毓贤、袁世凯	15
山西巡抚	英桂、沈桂芬、王榕吉、曾国荃、赵长龄、郑敦谨、李宗羲、何璟、鲍源深、葆亨、卫荣光、松椿、张之洞、奎斌、刚毅、豫山、刘瑞祺、潘骏文、奎俊、阿克达春、张煦、胡聘之、员凤林、王之春、何樟①、邓华熙、毓贤、李廷箫②、锡良	29
河南巡抚	郑元善、张之万、吴昌寿、李鹤年、钱鼎铭、李庆翱、刘奇衔、涂宗瀛、鹿传霖、成孚、边宝泉、孙凤翔、倪文蔚、廖寿丰③、裕宽、刘树堂④、裕长、景星、于荫霖、任道镕⑤	20
江苏巡抚	薛焕、李鸿章、吴棠⑥、刘郇膏、丁日昌、郭柏荫、李瀚章、张兆栋、张之万、何璟、恩锡、张树声、吴元炳、李宗羲、勒方锜、谭钧培、黎培敬、卫荣光、崧骏、黄彭年⑦、刚毅、奎俊、赵舒翘、德寿、鹿传霖、陆元鼎、聂缉椝、松寿	28

---

① 钱实甫书作"布政何枢护"，参见钱实甫编《清代职官年表》第2册，第1738页。

② 魏秀梅书未记载光绪二十六年闰八月初三日（1900年9月26日）山西巡抚毓贤解职后，由布政使李廷箫护，参见魏秀梅编《清季职官表附人物录》，第398页；而钱实甫书有记载，钱实甫《清代职官年表》第2册，第1739页。

③ 魏秀梅书未记载，参见魏秀梅编《清季职官表附人物录》，第401页；而钱实甫书记载光绪十六年六月二十二日（1890年8月7日）河南巡抚倪文蔚死后，由布政使廖寿丰护，参见钱实甫编《清代职官年表》第2册，第1730页。

④ 钱实甫书作"刘树棠"，参见钱实甫编《清代职官年表》第2册，第1735页。

⑤ 钱实甫书未载，参见钱实甫编《清代职官年表》第2册，第1738—1739页。

⑥ 钱实甫书未载，魏秀梅书记载同治三年十月八日李鸿章调署两江总督后，由吴棠暂署江苏巡抚。参见魏秀梅编：《清季职官表附人物录》，第405页。

⑦ 魏秀梅书未载，钱实甫书载光绪十四年十月十七日（1888年11月20日）崧骏改任浙江巡抚，由布政使黄彭年护理江苏巡抚，参见钱实甫编《清代职官年表》第2册，第1728页。

类别	巡抚姓名	人次
安徽巡抚	李续宜、唐训方、乔松年、英翰、张兆栋、吴坤修、吴元炳、裕禄、傅庆贻、卢士杰、陈彝、张端卿、阿克达春、沈秉成、李秉衡、德寿、福润、邓华熙、王之春	19
江西巡抚	沈葆桢、李桓、孙长绂、刘坤一、刘秉璋、李文敏、潘霨、德馨、刘瑞芬、李嘉乐、方汝翼、德寿、松寿、翁曾桂、张绍华、景星、李兴锐	17
福建巡抚	瑞璸、庆端、徐宗幹、厉恩官、李福泰、周开锡、卞宝第、英桂、何璟、王凯泰、李鹤年、丁日昌、葆亨、周恒祺①、吴赞诚②、裕宽、李明墀、勒方锜、岑毓英、张兆栋、刘铭传、杨昌濬	22
台湾巡抚	刘铭传、沈应奎③、邵友濂、唐景崧	4
浙江巡抚	左宗棠、曾国荃、马新贻、蒋益澧、李瀚章、杨昌濬、梅启照、卫荣光、谭钟麟、陈士杰、任道镕、德馨、刘秉璋、许应鑅、崧骏、廖寿丰、刘树堂、赵舒翘④、恽祖翼	19
湖北巡抚	严树森、吴昌寿、唐训方、郑敦谨、李鹤年、曾国荃、郭柏荫、何璟、吴元炳、翁同爵、李瀚章、邵亨豫、潘霨、彭祖贤、裕禄⑤、谭钧培、奎斌、谭继洵、张之洞、曾铄、于荫霖、裕长、景星	23

① 钱实甫书载，光绪三年八月初六日（1877年9月12日）署理福建巡抚的闽布政使葆亨改任山西布政使，而巡抚丁日昌仍在病假中，由刚从广东按察使迁福建布政使的周恒祺署理福建巡抚。参见钱实甫编《清代职官年表》第2册，第1718页。魏秀梅书未载，参见魏秀梅编《清季职官表附人物录》，第417—418页。

② 钱实甫书作"吴赞成"，参见钱实甫编《清代职官年表》第2册，第1719页。

③ 钱实甫录光绪十七年三月二十七日（1891年5月5日）台湾巡抚刘铭传病病免，布政使沈应奎护，参见钱实甫编《清代职官年表》第2册，第1731页。魏秀梅书未载，参见魏秀梅编《清季职官表附人物录》，第419页。

④ 钱实甫书载，光绪十九年十二月二日（1894年1月8日）浙江巡抚崧骏死后，署理巡抚的布政使刘树堂改任河南布政使，由浙江按察使升任布政使的赵舒翘护理浙江巡抚，参见钱实甫编《清代职官年表》第2册，第1733页。魏秀梅书未载，参见魏秀梅编《清季职官表附人物录》，第422页。

⑤ 钱实甫书载，光绪十一年十月二十四日（1885年11月30日）湖北巡抚彭祖贤死，江苏布政使迁湖北巡抚谭钧培到任前由湖广总督裕禄兼署，参见钱实甫编《清代职官年表》第2册，第1726页。魏秀梅书未载，参见魏秀梅编《清季职官表附人物录》，第425页。

续 表

类别	巡抚姓名	人次
湖南巡抚	毛鸿宾、恽世临、李瀚章、石赞清、刘崐、王文韶、崇福、卫荣光、邵亨豫、李明墀、涂宗瀛、卞宝第、潘鼎新、庞际云、邵友濂、张煦、沈晋祥、吴大澂、王廉、张荫桓、德寿、陈宝箴、俞廉三	23
陕西巡抚	瑛棨、刘蓉、张集馨、赵长龄、乔松年、刘典、蒋志章、翁同爵、邵亨豫、谭钟麟、曾国荃、王思沂、冯豫骥、边宝泉、叶柏英、鹿传霖、张煦、陶模、奎俊、张汝梅、胡聘之、魏光焘、端方、岑春煊	24
甘肃新疆巡抚	刘锦棠、魏光焘、陶模、饶应祺	4
广东巡抚	耆龄、劳崇光、黄赞汤、郭嵩焘、蒋益澧、李福泰、瑞麟、刘长佑、张兆栋、裕宽、刘坤一、倪文蔚、张之洞、谭钧培、吴大澂、刘瑞芬、游智开、李瀚章、刚毅、马丕瑶、谭钟麟、成允、许振祎、鹿传霖、德寿	25
广西巡抚	刘长佑、张凯嵩、郭柏荫、吴昌寿、苏凤文、李福泰、康国器、严树森、涂宗瀛、庆爱、杨重雅、张树声、庆裕、倪文蔚、徐延旭、潘鼎新、李秉衡、张曜、沈秉成、高崇基、马丕瑶、张联桂、史念祖、黄槐森	24
云南巡抚	徐之铭、张亮基、贾洪诏、林鸿年、刘岳昭、岑毓英、文格、潘鼎新、杜瑞联、唐炯、张凯嵩、谭钧培、崧蕃、魏光焘、黄槐森、裕祥、丁振铎	17
贵州巡抚	韩超、张亮基、裕麟、曾璧光、黎培敬、林肇元、张树声、岑毓英、勒方锜、张凯嵩、李用清、潘霨、黄槐森、崧蕃、嵩崑、德寿、王毓藻、邵积诚、邓华熙	19
合计		332

2.同光时期督抚出身背景

清代，官员的出身分正途和异途。如《清史稿》记载，"凡满、汉入仕，有科甲、贡生、监生、荫生、议叙、杂流、捐纳、官学生、俊秀。定制由科甲及恩、拔、副、岁、优贡生、荫生出身者为正途，余为异途。异途经保举，亦同正途，但不得考选科、道。非科甲正途，不为翰、詹及吏、礼二部官。惟旗员不拘此例……其由异途出身者，汉人非经保举、汉军非经考试，不授京官及正印官，所以别流品、严登进也"①。

《钦定大清会典》的记载亦同。清制，"分出身之途以正仕籍。凡官之出身有八：一曰进士，二曰举人，三曰贡生，四曰荫生，五曰监生，六曰生员，七曰官学生，八曰吏。无出身者，满洲、蒙古、汉军曰闲散，汉曰俊秀。各辨其正杂以分职"。由贡生、荫生、生员入监的贡监生、例监生也是正途，"凡入贡、入监非以俊秀者，曰正途。恩、拔、副、岁、优贡生，恩、荫、优监生，由廪、增、附生援例所得之贡监生，皆为正途"②。

从清代典制的记载可知，做官的正途是通过科举考试取得进士、举人、贡生资格而入仕，或者由世袭特权获得荫生的功名而入仕。

异途，也称偏途，是通过捐纳获得监生的功名或因军功而入仕。如生员等低级学衔、未能进学的文童（即俊秀）和行伍出身者，可通过捐纳或军功保举而获得官职。

关于1862—1900年地方督抚的出身背景情况，为了更准确地做出分类统计，笔者分别从各省区总督、各省巡抚和地方督抚合计三方面，按实际人数进行综合统计。

---

① 赵尔巽等：《清史稿》卷一一〇《志八十五·选举五》，第864页。
② 崑冈等编：《钦定大清会典》卷七，上海：商务印书馆，宣统元年（1909年）再版，第2页；卷七六，第2页。

表3-3 1862—1900年各省区总督出身背景统计

类别\n项目	进士	举人	贡生	荫生	监生	生员	文童/俊秀	官学生	觉罗	行伍/侍卫	捐纳	不明	合计
人数	60	15	5	7	6	9	2	1	1	6	1	3	116
比例	51.7	12.9	4.3	6.0	5.2	7.7	1.7	0.9	0.9	5.2	0.9	2.6	100

说明:(1)总督背景出身统计,按这一时期出任总督的实际人数而非按人次来进行,不重复统计。(2)该表所统计的总督,包括了漕运总督、河东河道总督在内。(3)各项目中,贡生包括恩贡、拔贡、优贡、附(副)贡、岁贡;生员中包括廪生、附生、增生、诸生。(4)官学生,因包含的层级复杂,故单列。

表3-4 1862—1900年各省巡抚出身背景统计

类别\n项目	进士	举人	贡生	荫生	监生	生员	文童/俊秀	官学生	任子	行伍/军功	捐纳	吏员	不明	合计
人数	100	28	15	9	21	16	3	1	1	2	1	1	6	204
比例	49.0	13.7	7.4	4.4	10.3	7.8	1.5	0.5	0.5	1.0	0.5	0.5	2.9	100

说明:(1)巡抚背景出身统计,按这一时期出任巡抚的实际人数而不是按人次来进行,不重复统计。(2)该表所统计的各项目中,贡生包括恩贡、拔贡、优贡、附(副)贡、岁贡、廪贡;生员中包括廪生、附生、增生、诸生。(3)官学生,因包含的层级复杂,故单列。

表3-5 1862—1900年地方督抚出身背景统计

类别\n项目	进士	举人	贡生	荫生	监生	生员	文童/俊秀	官学生	觉罗	任子	行伍/军功/侍卫	捐纳	吏员	不明	合计
人数	160	43	20	16	27	25	5	2	1	1	8	2	1	9	320
比例	50.0	13.5	6.3	5.0	8.4	7.8	1.6	0.6	0.3	0.3	2.5	0.6	0.3	2.8	100

根据表3-3、表3-4、表3-5统计，1862—1900年各省区总督（包括漕运总督和河东河道总督在内）共有116人，其中进士、举人、贡生、荫生等正途出身者87人，占这一时期总督人数的74.9%。1862—1900年，各省巡抚共有204人，其中进士、举人、贡生、荫生等正途出身者152人，所占比例为74.5%。综计起来，这一时期各省区总督和巡抚合计320人，正途出身者239人，占督抚总数的74.8%。

根据学者统计，1901年以后的清末新政时期，总督巡抚中进士、举人、贡生、荫生等正途出身者所占比例为总数的74.8%。[①]比较起来，这与1862—1900年各省区总督巡抚中进士、举人、贡生、荫生等正途出身者占总人数的比例没有差异。显然，科举正途从同治元年直到清末仍是地方督抚的主要来源。[②]

（二）地方督抚的地域（籍贯）分布和旗汉比例

1. 1862—1900年地方督抚的地域（籍贯）分布

通观整个清代，地方督抚的地域（籍贯）分布，与各地区政治、经济和文化因素的"定"与"变"密切相关。一般而言，承平时期，督抚多由科举正途出身，故经济和文化相对繁荣的江浙地区所出督抚为多。而同光之际，内外战争频繁，特别是随着湘淮集团的兴起，湖南、安徽等省所出督抚逐渐增多，居各省前两位。清同治元年至光绪二十六年地方督抚地域（籍贯）分布情况统计见表3-6、表3-7。

---

① 李细珠：《地方督抚与清末新政——晚清权力格局再研究》，第40页。
② 本文的此项统计数据，与刘广京先生的相关统计数据比例略有出入。参见刘广京《晚清督抚权力问题商榷》，《中国近代现代史论集》第6编，第351—352页。

表3-6　1862—1900年总督地域（籍贯）分布统计

省别	旗籍	山东	山西	河南	江苏	安徽	江西	福建	浙江	奉天
人数	37	4	2	4	7	8	5	2	6	2
省别	湖北	湖南	陕西	广东	广西	四川	云南	贵州	直隶	不明
人数	4	16	1	5	2	1	1	3	5	1

表3-7　1862—1900年巡抚地域（籍贯）分布统计

省别	旗籍	直隶/顺天	山东	山西	河南	江苏	安徽	江西	福建	浙江
人数	40	9/2	10	3	9	21	14	10	5	11
省别	湖北	湖南	陕西	甘肃	广东	广西	四川	云南	贵州	奉天/吉林
人数	9	26	4	1	8	4	4	3	8	2/1

表3-6、表3-7显示，1862—1900年间地方督抚的地域（籍贯）分布，旗籍都占据着很大比例。这一时期，在按实际人数统计的116名总督中，旗籍有37名；在204名巡抚中，旗籍占40名。除旗籍外，总督的籍贯分布全国17个省份和东北地区的1个区域，尤以湖南、安徽、直隶、浙江、江苏等省为多，新疆、甘肃和东北地区的黑龙江、吉林这一时期则没有出过总督；巡抚的籍贯则分布全国18个省份和东北地区的2个区域，尤以湖南、江苏、安徽、浙江、河南、广东、直隶、山东等省为多，新疆和东北地区的黑龙江则没有出过巡抚。

2. 1862—1900年地方督抚的旗汉比例

清代的总督和巡抚中，旗汉比例一直是一个重要的问题，也一直处于一个变化的过程中。正如学界普遍认为的，清初一般多用旗人，包括满旗、蒙旗和汉军旗人；到雍正朝开始参用汉人。有学者考察指出，从道光朝开始，总督和巡抚中，汉人所占比例超过旗人，这种状况一直延续到清末（见表3-8）[①]。

表3-8　1862—1900年地方督抚旗汉比例统计

类别 项目	汉人	旗人			回族/不明	合计
		满	蒙	汉军		
人次	391	92	7	9	2/2	503
比例	77.7%	21.5%			0.8%	100

根据表3-8统计，在1862—1900年的503人次地方督抚中，汉人391人次，占总数的77.7%；旗人中满旗有92人次，蒙旗7人次，汉军旗9人次，共108人次，占总数的21.5%。此外，回族有2人次，占总数的0.4%；因缺乏材料而民族不明的有2人次，占总数的0.4%。统计数字表明，这一时期地方督抚中汉人占了绝大多数。

二、1862—1900年地方督抚人事变动的统计分析

自同治初年开始，一般认为是清廷职官系统因太平天国战争、

[①] 魏秀梅：《从量的观察探讨清季督抚的人事嬗递》，《"中研院"近代史研究所集刊》第4期上册，台北，1973年，第265—266页。许多学者一般沿用此说，如刘伟：《晚清督抚政治——中央与地方关系研究》，第51—53页；李细珠：《地方督抚与清末新政——晚清权力格局再研究》，第41页。

湘淮集团崛起而受到巨大冲击的一个关键时期。那么，从同治元年（1862年）到清末新政前夕的光绪二十六年（1900年），各省区督抚任职的基本状况究竟如何？我们通过一系列的统计数据和分析，可以从中看出这一时期地方督抚人事变迁的图景。

（一）1862—1900年地方督抚任职人次和任职频率

1、任职人次

同治、光绪两朝，各省区究竟有多少任总督和巡抚？通过对各省区督抚任职人次的数字统计，可以反映全国范围内各省督抚任职的总体情况（见表3-9、表3-10）。

表3-9　1862—1900年各省区总督任职人次统计

省别	直隶	两江	陕甘	四川	闽浙	湖广	两广	云贵	漕运	东河	合计
人次	11	18	16	16	18	13	19	13	28	19	171

表3-10　1862—1900年各省巡抚任职人次统计

省别	山东	山西	河南	江苏	安徽	江西	福建	台湾	浙江	湖北	湖南
人次	15	29	20	28	19	17	22	4	19	23	23
省别	陕西	甘肃新疆	广东	广西	云南	贵州					合计
人次	24	4	25	24	17	19					332

说明：表3-9、表3-10中各省区总督、巡抚包含实任、署理、护理等情况，同一人在本省署理、护理，以及先署理（或护理）后实任者，一般按一人次计算。另外，漕运总督、河东河道总督包含在内。

从表3-9、表3-10可以看出，1862—1900年各省督抚任职共计503人次，其中总督171人次，巡抚332人次。除了新设的台湾巡抚（4人次）、甘肃新疆巡抚（4人次）外，这39年间各省区总督、各省巡抚任职均在10人次以上，任职在15人次以上的占绝大多数，最多的山西巡抚达29人次。总督任期2—3年有一次以上的变动，巡抚任期少者1—2年有一次以上变动，多者2—3年有一次以上变动。

2、任职频率

进一步考察1862—1900年各省督抚每年平均任职人次数，即督抚的任职频率。通过统计督抚的任职频率，可以考察各省督抚变动的频繁状况。1862—1900年各省督抚的任职频率统计见表3-11、表3-12。

表3-11　1862—1900年各省区总督任职频率统计

省别	直隶	两江	陕甘	四川	闽浙	湖广	两广	云贵	漕运	东河
人次	11	18	16	16	18	13	19	13	28	19
频率	0.3	0.5	0.4	0.4	0.5	0.3	0.5	0.3	0.7	0.5

表3-12　1862—1900年各省巡抚任职频率统计

省别	山东	山西	河南	江苏	安徽	江西	福建	台湾	浙江	湖北
人次	15	29	20	28	19	17	22	4	19	23
频率	0.4	0.7	0.5	0.7	0.5	0.4	0.9	0.4	0.5	0.6

省别	湖南	陕西	甘肃新疆	广东	广西	云南	贵州			
人次	23	24	4	25	24	17	19			
频率	0.6	0.6	0.3	0.6	0.6	0.4	0.5			

说明：清同治、光绪两朝这一时段按照39年（1862—1900年）计算。不过，新设的台湾（1885年10月—1895年5月）、甘肃新疆巡抚（1884年11月—1900年12月）按照实际设置的时间段计算，即台湾巡抚以10年为基数、甘肃新疆巡抚以17年为基数来计算。福建巡抚截至1885年10月，故以24年为基数计算。

表3-11、表3-12显示，1862—1900年的39年间，在10省区总督中，每年更动1次以上者为0；在17省巡抚中，每年更动1次以上者仅有福建一省。

在10省区总督中，更动相对频繁的是漕运总督，频率值为0.7，也就是大致1年半更动一次，其余各省总督2—3年更动一次，变动不算频繁，具有相对稳定性。

在17省巡抚中，福建巡抚变动相对频繁，平均一年左右变动一次。此外，山西、江苏两省巡抚变动也较为频繁，变动频率值为0.7，也就是大致1年半更动一次。绝大多数省份（13省）的变动频率值0.4—0.6，也就是2年左右变动一次，新设的甘肃新疆巡抚达到平均4年更动一次，具有相对稳定性。

（二）1862—1900年地方督抚在职年龄和任职时间

1. 在职年龄

官员在职时的年龄，以及任职时的年龄跨度，在一定程度上会影响官员的政治作为，故通过逐年统计各省督抚在职时的实际年龄，可以作为观察这一时期各省政治运行的内容。

表3-13　1862—1900年各省区总督在职年龄统计

省别 年份	直隶	两江	陕甘	四川	闽浙	湖广	两广	云贵	漕运	河东 河道
1862	54	51	61	69	58	64	44	70	56	57
1863	45	52	64	70	51	65	57	61	51	58
1864	46	53	65	71	52	66	58	62	52	61
1865	47	42	43	72	53	67	56	63	53	54
1866	48	54	44	73	54	68	57	64	54	55
1867	49	56	55	74	55	46	58	47	56	67
1868	70	57	54	56	47	45	59	44	57	68
1869	58	48	55	57	68	46	60	45	58	69
1870	59	49	58	58	69	47	61	46	59	70
1871	48	60	59	59	70	50	62	47	50	71
1872	49	61	60	60	45	51	63	48	48	57
1873	50	55	61	61	46	52	64	49	48	58
1874	51	56	62	62	47	53	65	50	49	59
1875	52	45	63	63	48	54	46	51	50	51
1876	53	56	64	55	49	62	46	58	51	52
1877	54	57	65	57	59	56	47	59	52	50
1878	55	58	66	58	60	57	48	60	53	51
1879	56	59	67	59	61	58	49	61	54	52
1880	57	50	68	60	62	59	56	62	55	53
1881	58	51	57	61	63	60	57	63	55	54
1882	58	70	60	62	64	70	58	64	48	56

续表

省别 年份	直隶	两江	陕甘	四川	闽浙	湖广	两广	云贵	漕运	河东 河道
1883	59	71	61	63	65	71	59	54	56	49
1884	61	60	62	64	66	60	47	55	57	50
1885	62	61	63	65	58	45	48	56	55	51
1886	63	62	64	66	59	46	49	57	63	52
1887	64	63	65	61	60	47	50	58	64	53
1888	65	64	61	62	64	48	51	59	67	53
1889	66	65	62	63	65	49	52	60	68	54
1890	67	66	63	64	66	53	69	60	60	61
1891	68	61	64	65	67	54	70	61	61	62
1892	69	62	65	66	70	55	71	62	62	63
1893	70	63	66	67	71	56	72	63	63	64
1894	71	64	67	68	72	57	73	64	64	65
1895	65	58	68	73	64	58	73	65	65	66
1896	66	66	61	60	65	59	74	59	66	73
1897	67	67	62	61	66	60	75	60	67	74
1898	68	68	63	58	67	61	76	61	68	75
1899	59	69	64	60	69	62	77	62	69	76
1900	60	70	65	61	70	63	65	63	54	77
平均 年龄	58.6	59	61.5	63.2	60.6	55.4	59.5	57.8	57.4	60

在清同治元年到光绪二十六年的10省区总督（包括漕运总督、河东河道总督）中，平均在职年龄没有低于55岁的，其中湖广总

督的平均在职年龄最接近55岁，为55.4岁，是统计的10省区总督中平均年龄最低的。平均在职年龄为56—60岁的有直隶、两江、两广、云贵、漕运5省区总督；平均在职年龄在60岁及以上的有陕甘、四川、闽浙、河东河道4省区总督，其中四川总督平均年龄最大，为63.2岁。

表3-14　1862—1900年各省巡抚在职年龄统计

省别/年份	山东	山西	河南	江苏	安徽	江西	福建	台湾	浙江	湖北	湖南	陕西	甘肃	广东	广西	云南	贵州
1862	45	61	51	39	39	42	66	/	50	48	56	46	/	58	44	52	62
1863	46	62	52	40	40	43	67	/	51	49	57	47	/	58	43	58	56
1864	47	47	53	41	49	44	68	/	40	54	47	48	/	46	44	59	57
1865	48	48	55	42	50	35	69	/	44	62	44	49	/	47	45	60	58
1866	49	42	39	43	51	36	70	/	45	39	45	50	/	33	46	42	59
1867	47	62	40	60	38	37	60	/	46	43	60	52	/	34	60	43	60
1868	48	65	41	45	52	38	44	/	47	61	61	49	/	61	53	39	53
1869	49	66	42	46	40	39	45	/	48	62	62	50	/	62	54	40	54
1870	50	52	43	47	41	40	46	/	49	63	63	56	/	63	55	41	55
1871	51	53	44	60	42	41	48	/	44	64	64	57	/	53	64	42	56
1872	52	60	48	54	43	42	49	/	45	65	42	55	/	51	54	43	57
1873	53	61	49	49	44	43	50	/	46	66	43	56	/	52	55	44	58
1874	54	62	50	50	45	44	51	/	47	60	44	57	/	53	56	45	59

省别/年份	山东	山西	河南	江苏	安徽	江西	福建	台湾	浙江	湖北	湖南	陕西	甘肃	广东	广西	云南	贵州
1875	55	63	51	55	35	45	52	/	48	61	45	53	/	54	57	46	60
1876	56	64	65	56	36	50	53	/	49	62	46	54	/	55	64	47	50
1877	57	53	66	57	37	51	54	/	51	63	47	55	/	56	65	48	51
1878	58	54	66	58	38	52	55	/	52	61	61	56	/	57	67	55	52
1879	57	55	67	59	39	57	63	/	53	63	62	57	/	43	55	56	50
1880	58	56	68	51	40	58	64	/	58	61	57	67	/	44	46	57	51
1881	58	59	69	55	41	59	52	/	59	62	58	68	/	45	47	58	52
1882	59	45	55	60	42	60	53	/	58	63	70	69	/	46	59	59	58
1883	59	46	47	61	43	67	62	/	57	64	59	52	/	47	60	54	59
1884	60	62	48	62	44	68	63	/	58	65	60	53	40	61	55	64	64
1885	61	51	54	63	65	51	49	/	59	66	61	49	41	62	53	65	56
1886	54	52	55	56	54	52	/	50	60	57	62	50	42	57	56	66	70
1887	55	53	56	57	55	53	/	51	65	65	63	62	43	52	57	58	71
1888	56	54	65	54	65	54	/	52	66	66	58	63	44	53	65	59	72
1889	57	67	66	55	66	55	/	53	59	67	59	64	45	60	66	60	73
1890	58	60	67	56	67	56	/	54	60	62	65	54	46	61	59	61	74
1891	59	61	55	57	68	57	/	57	61	63	66	55	56	62	60	62	75
1892	60	53	56	53	69	58	/	58	62	64	67	56	57	58	54	63	55

省别/年份	山东	山西	河南	江苏	安徽	江西	福建	台湾	浙江	湖北	湖南	陕西	甘肃	广东	广西	云南	贵州
1893	61	68	57	54	70	59	/	59	63	65	58	57	58	59	55	64	56
1894	64	69	63	55	64	60	/	60	58	66	59	58	59	60	56	65	57
1895	65	70	64	47	63	61	/	54	59	67	60	58	60	64	57	58	58
1896	66	66	65	48	66	59	/	/	60	68	65	59	61	63	53	48	61
1897	67	67	66	49	67	60	/	/	61	69	66	60	60	64	54	49	62
1898	63	68	67	59	64	61	/	/	62	70	67	61	61	65	50	56	63
1899	56	69	50	62	69	50	/	/	68	61	58	62	63	63	51	57	64
1900	41	57	62	64	58	51	/	/	69	62	59	63	63	63	52	58	72
平均年龄	55.4	58.5	55.8	53.3	51.4	51.0	56.4	54.8	54.8	60.4	57.6	56.1	52.8	55.0	55.0	53.9	59.7

在参与统计的清同治元年到光绪二十六年的17省巡抚中，平均在职年龄没有在50岁以下的省份，平均在职年龄为50—54岁的有江苏、安徽、江西、甘肃、云南5个省份，平均在职年龄为54—57岁的有山东、河南、福建、台湾、浙江、陕西、广东、广西8个省份，平均在职年龄为57—60岁的有山西、湖南、贵州3个省份，平均在职年龄在60岁以上的只有湖北1省。

2. 任职时间

清代督抚任期无定制，总督和巡抚作为省级行政长官，其任期长短，与清朝廷的要求和政局变动密切相关，也与各省行政运作密切相关。

表3-15　　1862—1900年各省区总督任职时间统计

省别	5年以上	4—5年	3—4年	2—3年	1—2年	0.5—1年	0.5年以下	未到任	合计
直隶	1	1	1	0	4	1	3	0	11
两江	3	1	0	1	4	2	6	1	18
陕甘	4	2	0	2	1	3	3	1	16
四川	4	1	0	1	0	5	5	0	16
闽浙	1	3	5	1	1	2	4	1	18
湖广	3	0	1	1	5	0	3	0	13
两广	4	2	0	1	3	1	4	4	19
云贵	5	0	1	1	1	1	4	0	13
漕运	2	1	1	2	5	6	10	1	28
河东河道	4	0	2	2	4	2	5	0	19
合计（人次）	31	11	11	12	28	23	47	8	171
比例（%）	18.1	6.4	6.4	7	16.4	13.5	27.5	4.7	100

表3-15显示，1862—1900年间171人次总督中，任期在半年以下者47人次，占总数的27.5%；任期在半年至1年者23人次，占总数的13.5%；任期在1—2年者28人次，占总数的16.4%。合计起来，任期在2年以下者98人次，占总数的57.4%，也就是说这一时期，半数以上的总督任期不到两年，总体变动较为频繁。不过，任期在5年以上的总督也不少，达到31人次；任职时间在3—4年的总督数有11人次，任职时间在4—5年的总督数也有11人次。任职一地总督最长者，就是断续在直隶总督一职上任职达25年之久的李鸿章。

表3-16　　1862—1900年各省巡抚任职时间统计

省别	5年以上	4—5年	3—4年	2—3年	1—2年	0.5—1年	0.5年以下	未到任	合计
山东	2	1	3	2	4	2	1	0	15
山西	1	3	2	2	6	4	10	1	29
河南	1	2	3	3	2	3	6	0	20
江苏	1	2	2	3	6	5	8	1	28
安徽	3	0	1	3	4	1	7	0	19
江西	2	1	2	2	2	0	8	0	17
福建	1	1	0	5	3	1	10	1	22
台湾	1	0	1	0	0	1	1	0	4
浙江	2	1	2	5	3	0	5	1	19
湖北	3	0	1	2	3	5	9	0	23
湖南	1	3	1	3	5	3	7	0	23
陕西	1	3	1	4	4	2	8	1	24
甘肃新疆	3	0	0	1	0	0	0	0	4
广东	1	1	3	6	2	4	8	0	25
广西	1	1	3	3	6	5	5	0	24
云南	3	1	0	4	4	0	0	1	17
贵州	2	1	3	3	3	1	6	0	19
合计（人次）	29	21	28	51	57	41	99	6	332
占比（%）	8.7	6.3	8.4	15.4	17.2	12.4	29.8	1.8	100

表3-16显示，1862—1900年间332人次巡抚中，任期在半年以下者99人次，占总数的29.8%；任期在半年至1年者41人次，占总

数的12.4%；任期1—2年者57人次，占总数的17.2%。合计起来，任期在2年以下者共197人次，占总数的59.4%，也就是说这一时期，接近60%的巡抚任期不到两年，总体变动较为频繁。任期在5年以上的巡抚数也不少，达29人次，占总数的8.7%。

综计起来，1862—1900年间总督任期为1—3年者占总数的23.4%，任期在3年以上者占总数的30.9%。巡抚任期为1—3年者占总数的32.6%，任期在3年以上者占总数的23.4%。这显然与其他学者的统计数据，即1860—1900年各省督抚任职时间，总督任期为1—3年者占总数的51.1%，任期在3年以上者占总数的48.9%；巡抚任期为1—3年者占总数的72.2%，任期在3年以上者占总数的27.8%，有较为明显的差异。[①]

（三）任职背景和离职原因

1. 任职背景

所谓督抚的任职背景是指该官员在出任总督或巡抚之前的官职，也就是考察铨选总督或巡抚的各类官职来源问题。

清代职官系统承明制，内而殿阁大学士至京堂官，外而督抚藩臬，初由廷臣会推，后停止会推，改由吏部开列具题请旨。通常情况下，督抚出缺，除由特旨补授外，各省区的总督由都察院左都御史开列，各部侍郎、各省巡抚升任；各省巡抚，一般由内阁学士、都察院左副都御史、顺天府府尹、奉天府府尹、各省布政使升任。[②]当然，在上述常制之外，还经常出现总督由总督互调、由布政使超

---

①　刘广京：《晚清督抚权力问题商榷》，《中国近代现代史论集》第6编，台北：台湾商务印书馆，1985年，第353—360页。
②　赵尔巽等：《清史稿》卷一一〇，第864页；《钦定吏部铨选则例》卷一，中国社会科学院近代史研究所图书馆藏刻本，第8页。

擢，巡抚由巡抚互调、由按察使超擢的现象。1862—1900年间督抚任职背景统计见表3-17、表3-18。

表3-17　1862—1900年总督任职背景统计

类别		大学士	总督	巡抚	布政使	将军	军机大臣	尚书	侍郎	提督	其他	合计
总督	人次	6	32	68	26	12	3	5	9	1	9	171
	百分比	3.5	18.7	39.7	15.2	7	1.8	2.9	5.3	0.6	5.3	100

表3-18　1862—1900年巡抚任职背景统计

类别		尚书	总督	巡抚	将军	提督	侍郎	布政使	按察使	内阁学士	其他	合计
巡抚	人次	4	30	89	1	1	9	171	13	2	12	332
	百分比	1.2	9.1	26.8	0.3	0.3	2.7	51.5	3.9	0.6	3.6	100

说明：（1）总督任巡抚的情况，除了漕运总督、河东河道总督以及前任某省区总督多是实任巡抚之外，其他省区的实任总督多是兼署相关省份的巡抚。（2）总督中的"其他"，多是按察使、道员暂署、暂护总督等。（3）巡抚中"其他"，包括学政、船政大臣、台湾防务督办、两淮运使、道员实任、署理巡抚等。

同治元年到光绪二十六年（1862—1900年）督抚的任职背景总体与清代职官经制较为符合，但也有一些与经制不太符合的情况。

各省区总督除了32人次的总督互调外，符合经制的巡抚升任总督的最多，达到68人次，占总数的39.7%；但是，各部侍郎升任总督的情况并不多，只有9人次，占总数的5.3%；相比较起来，这一时期布政使升任（包括署理、护理）总督的有26人次，占总数的

15.2%，在担任总督中仅次于巡抚升任总督和总督互调两种情况。大学士出任总督的有6人次，军机大臣出任总督的有3人次。

各省巡抚除了89人次（占总数的26.8%）的巡抚互调外，符合经制的布政使升任巡抚的最多，达171人次，占总数的51.5%，但是符合经制的内阁学士（2人次）、都察院左副都御史（1人次）升任巡抚的并不多，顺天府府尹、奉天府府尹升任巡抚的情况则没有。比较起来，总督出任巡抚的有30人次，占总数的9.1%，不过除了5名前总督（前云贵总督张亮基1862年1月署理云南巡抚，前云贵总督张亮基1863年1月署理贵州巡抚，前直隶总督刘长佑1871年6月实授广东巡抚，前河东河道总督吴大澂1892年8月实授湖南巡抚，前四川总督鹿传霖1898年11月实授广东巡抚），2名署理总督（江苏布政使、署理两江总督薛焕1860年6月实授江苏巡抚，漕运总督、署理两江总督张树声1873年2月实授江苏巡抚），9名漕运、河东河道总督（河东河道总督黄赞汤1862年8月实授广东巡抚，河东河道总督郑敦谨1865年4月实授湖北巡抚，漕运总督张之万1870年12月实授江苏巡抚，漕运总督张兆栋1871年8月实授广东巡抚，河东河道总督曾国荃1876年9月实授山西巡抚，漕运总督黎培敬1881年6月实授江苏巡抚，河东河道总督李鹤年1881年10月实授河南巡抚，漕运总督崧骏1886年6月实授江苏巡抚，河东河道总督许振袆1896年1月任广东巡抚），其余14名实任地方总督均是兼署巡抚。从中也可以发现，由于漕运总督、河东河道总督在总督中实际地位较低，这一时期调任巡抚的情况较多，达到10人次。此外，中央部院尚书出任巡抚有4人次，将军、提督出任巡抚各1人次，按察使升、署巡抚13人次。

2. 离职原因

1862—1900年间督抚离职的原因较为复杂多样，一般包括升、调、革、病、卒、开缺、回任、召京、裁缺和其他十类。

表3-19　1862—1900年地方督抚离职原因统计

类别	项目	升	调	革	病	卒	开缺	回任	召京	裁缺	其他	合计
总督	人次	8	39	8	15	19	10	50	9	1	12	171
	百分比	4.7	22.8	4.7	8.8	11.1	5.8	29.2	5.3	0.6	7	100
巡抚	人次	43	76	21	23	24	19	82	12	4	28	332
	百分比	13	22.9	6.3	6.9	7.2	5.7	24.7	3.6	1.2	8.5	100

从上表可以看出，1862—1900年间，总督的任职具有相对稳定性，因此遇事由相关人员暂时署理或护理的情况较多，故暂署或暂护他任者回本任的最多，有50人次，占总数的29.2%。但同时，由于署理或护理的总督人次较多，也显示出总督的调任在一定层面相对频繁。其次为调任，包括总督互调，或调任尚书、将军等，有39人次，占总数的22.8%。这两项数据相加，占总督人次总数的52%，也可以认为总督的调任相对频繁。这一时期，由总督升任内阁大学士、军机大臣的情况不多，有8人次，占总数的4.7%。而因病开缺或解职，或者卒于任（即因去世而出缺）的情况，分别有15人次、19人次，分别占总数的8.8%、11.1%，二者合计近20%，说明总督在职年龄偏高。

1862—1900年巡抚的离职原因中，升职的情况，包括升任总督、尚书、将军、军机大臣，达43人次，占总数的13%，远远高于同一时期总督升职的比例。这一时期，暂署或暂护他任者回任的情况最多，有82人次，占总数的24.7%；其次为巡抚互调、巡抚调任侍郎或都统等调任的情况，有76人次，占总数的22.9%。因这两种情况离职的巡抚，占到巡抚人次总数的47.6%。说明这一时期巡抚变动的情况虽然较为频繁，但在稳定和频繁变动之间度的把握上尚属相对较好，也可见清廷中央的掌控力。另外，考察这一时期巡抚离职原因中的两项重要指标因病开缺或解职，或者卒于任的情况，分别有23人次、24人次，分别占总数的6.9%、7.2%，二者共占14.1%，说明巡抚在职年龄适中略偏高。

综析上述情况，晚清同治元年至光绪二十六年间地方督抚群体具有一些显著的特性：一是任职时间总体较短，任职人次数较多，多数督抚的任职时间相对较短；二是总督在职年龄总体偏高，巡抚的在职年龄适中略偏高，健康状况总体堪忧，不过巡抚总体任职年龄略低于总督，故健康状况也略好于总督，督抚的任职年龄和健康状况必然影响其行政能力的施展和行政效率；三是任职频率偏高，说明督抚变动在相对平稳中略显频繁。[1]

第二节　同光时期地方督抚的特性对政局变化的影响

在晚清王朝的权力结构中，地方督抚处于清廷中央集权体制

---

[1] 1862—1900年地方督抚群体的特性，明显与清末新政时期地方督抚群体的特性有较为明显的区别。参见李细珠《地方督抚与清末新政——晚清权力格局再研究》，第50页。

"大小相制""内外相维"权力架构的中间环节，在这样一个皇帝处于顶端的权力架构中，督抚处于上承帝旨而下负临民治事之责的中间环节。作为封疆大吏，督抚"掌厘治军民，综制文武，察举官吏，修饬封疆"①，就说明了督抚在这种权力架构中的位置和作用。然而，自同治元年开始到光绪二十六年（1862—1900年），这一通常被认为是晚清权力格局和结构发生剧烈变化的时期，有许多不同于学界过往认知的内容和特点，对后世权力格局和政治进程产生重要影响。

通过前述对地方督抚群体结构和人事嬗递方面的诸多统计分析，我们可以发现这一时期督抚群体的诸多特性，对晚清政治的发展产生了重大影响。

一是我们从一系列统计数据可以得知，这一时期的地方督抚虽然经历了太平天国战争以及抗御外国侵略的中法战争、甲午中日战争，得以出任封疆之职有军功群体的因素，但主体仍是传统体制培养和筛选出的旧式官僚群体。从同治元年到光绪二十六年各省区总督（包括漕运总督和河东河道总督在内）共171人次，其中进士、举人、贡生、荫生等正途出身者127人次，占这一时期总督人次总数的74.3%；各省巡抚共有332人次，其中进士、举人、贡生、荫生等正途出身者245人次，所占比例为73.9%。综计起来，这一时期各省总督和巡抚合计503人次，正途出身者372人次，占全体总督、巡抚总数的73.9%。

根据学者统计，1901年以后的清末新政时期，总督、巡抚中进

①《清史稿》卷一一六，第3336页。

士、举人、贡生、荫生等正途出身者所占比例为总数的74.8%。比较起来，这与1862—1900年各省总督巡抚中进士、举人、贡生、荫生等正途出身者占总人数的比例差距不大。显然，科举正途从同治元年直到清末仍是地方督抚的主要来源。

如此构成的总督和巡抚群体，总体而言容易安于现状，缺乏革新精神，对中国政治社会的状况徇于旧习，对近代世界的风云变幻或有所了解，然根本谈不上有所把握，更遑论针对世界潮流的变幻而追赶、改革、创造，甚至有些督抚"安于丛脞，畏于率作"，根本胜任不了这样的封疆重任。

二是这一时期总督和巡抚任职人次数总体较多，大多数督抚的任职时间较短。从同治元年到光绪二十六年的39年间，督抚总数达到503人次，总督任职171人次，巡抚任职332人次。总督中57.4%任期在2年以下，达到98人次；巡抚中59.4%任期在2年以下，达到197人次。而总督任期在半年以下的占27.5%，未到任者占4.7%；巡抚任期在半年以下的占29.8%，未到任者占1.8%。显然，这些短期任职的督抚，在如此短的时间内要熟悉本省区的军政、民政、财税等尚很困难，要想有所作为，时间更是不允许。在所有总督中，任期在5年以上者共计31人次。其中，直隶总督1人，两江总督3人，陕甘总督4人，四川总督4人，闽浙总督1人，湖广总督3人，两广总督4人，云贵总督5人，漕运总督2人，河东河道总督4人。在所有巡抚中，任期在5年以上者共计29人次。其中，山东巡抚2人，山西巡抚1人，河南巡抚1人，江苏巡抚1人，安徽巡抚3人，江西巡抚2人，福建巡抚1人，台湾巡抚1人，浙江巡抚2人，湖北巡抚3人，湖南巡抚1人，陕西巡抚1人，甘肃新疆巡抚3人，广东巡抚1人，广西巡抚1人，云南巡抚3人，贵州巡抚2人。虽然这一时期长达39年，但任期达5年以上的总督有31人次（为了比较方便，去除漕运总督和河东河道总督6人次，共计25人次）、巡抚有29人次，与清末新政时期12年中任期在5年以上的督抚仅2人（即湖广总督张之洞、直隶总督袁世凯，而巡抚中没有一人任职能达到5年以上）相比[1]，任期较长的人员较多。

三是这一时期督抚的任职年龄偏高，健康状况总体不佳，甚至堪忧。同治元年到光绪二十六年总督的平均任职年龄为59.3岁，巡抚平均任职年龄为55.4岁。近代中国平均预期寿命仅为35岁，清代一般将60岁以上视为老年的状况下[2]，不少督抚老年而在位，显然也不足以应对变化明显加快的晚清政局和时局明显急变的晚清社会，这也是晚清政治始终应对变局不力的重要因素之一。这一时期在任督抚中，有34名总督是因病去职和死于任上，占该时期总督总数的19.9%；在任巡抚中因病去职和死于任上者有47名，占该时期巡抚总数的14.1%。加上督抚总体趋于老龄化，无法保证晚清政治的良性运转和发展，在晚清"千年未有之大变局"面前，保持政治的正常运行也是勉为其难。

四是这一时期督抚任职频率较高，变动较为频繁。1862—1900年各省区总督任期在半年以下者为47人次，占总数的27.5%；任期在半年至1年者有23人次，占总数的13.5%。这两项数据表明，这

---

① 清末新政时期的相关数据，参看李细珠《地方督抚与清末新政——晚清权力格局再研究》，第47—48、51页。

② 相关研究，参见侯杨方：《中国人口史》第6卷，上海：复旦大学出版社，2001年，第416页；姜涛：《人口与历史——中国传统人口结构研究》，北京：人民出版社，1998年，第248页。

一时期41%的总督任职时间在1年以内。再加上任期在1—2年者为28人次，占总数的16.4%。合计起来，任期2年以下者共98人次，占总数的57.4%，也就是说这一时期，半数以上的总督任期不到两年，总体变动较为频繁。

1862—1900年间各省巡抚中，任期在半年以下者为99人次，占总数的29.8%；任期在半年至1年者为41人次，占总数的12.4%。这两项数据表明，这一时期42.2%的巡抚任职时间在1年以内。加上这一时期巡抚任期为1—2年者有57人次，占总数的17.2%，合计起来，任期2年以下者共197人次，占总数的59.4%，也就是说这一时期，接近60%的巡抚任期不到2年，总体变动较为频繁。

不过，1862—1900年任期在5年以上的总督也不少，达31人次；任职时间为4—5年的总督数也有11人次。而任职一地总督时间最长者，就是断续在直隶总督一职上任职达25年之久的李鸿章。这一时期任期在5年以上的巡抚数也不少，达到29人次，占总数的8.7%。

此外还有两个数据也表明督抚变动较为频繁，即总督任职在1—3年者占总数的23.4%，巡抚任职在1—3年者占总数的32.6%。1862—1900年督抚变动的频率虽然较高，但与相关学者对清末新政时期督抚任职频率的研究中"督抚任职更动大都在一年一次以上"的如此之快的更动频率相比，节奏略缓。相比清末新政时期"频繁调动，使督抚疲于奔命"的状况[①]，虽也有部分督抚任期短，部分督抚调动频繁，但还不到督抚全体普遍变动频繁的程度，毕竟任期在3年以上的总督仍能占总数的30.9%，任期在3年以上的巡抚也能占

① 李细珠：《地方督抚与清末新政——晚清权力格局再研究》，第52页。

总数的23.4%，这对于行政的稳定性还是有助益的。总而言之，任职调动过于频繁，使督抚对任职地方的行政难有作为，甚至许多督抚还没有熟悉任职省区的情况，就调任他地，别说是平庸之辈，即便是执政良才，也难以有所作为。

这种状况，确实正如学者常常引述的评论晚清特别是清末官员任职调动频繁状况的话所说："中国官制不善，其弊虽不止一端，而明于治理者咸以任官不专、数数更调为一大原因，然此犹以前事也。至今新政行而更调更速，前以五年、十年为一任两任者，今且数月数十日矣。"[①]这句时人的评论，很贴切地描述了从本章探讨的晚清时期（1862—1900年）官员任职变动频率，乃至清末十年（1901—1911年）官员任职变动频率的变化情况、变化节奏。

通观晚清时期清政府封疆大吏任职变动情况，我们发现并无重大差异，甚至可以说差别不大。那么，能否以这些统计数据作为依据来说明清末政局有重大变化，就是一个很耐人寻味的问题，值得学者做出深入探索。

---

① 《更调督抚问题》，《东方杂志》第2年第1期，光绪三十一年正月二十五日。

第四章

王鑫之弃与罗泽南之死：

清廷分化与操控曾国藩湘军的初步尝试

湘军兴起后，既是镇压太平天国、维护清王朝统治的力量，也是清王朝内部"非旧制所可范围"的军政势力，清廷实施的利用和分化、牵制、压制等政策，究竟在前期湘军集团和后期湘淮集团内部能否产生成效？这显然需要对湘淮集团内部出现重大问题的若干事件做具体、细化的分析，才能看清其中是否有清廷政策、策略作用的痕迹。

第一节 王鑫事件与地方督抚控制军队的需要：
清廷中央的借鉴

关于王鑫事件，有关的研究专著大多只是简单述及，而较少看到并探究背后的深层问题，也因此较少有深入的认识和分析。

萧一山的《曾国藩传》对王鑫事件的观点如下：其一，"王鑫：字璞山，湘勇是由他倡导起来的。曾国藩奉命办理团练以后，当然他也归节制了。但他和国藩的意见不合，后来竟自招自练，受骆秉章的指挥，其实是左宗棠左右他。这就是所谓‘老湘营’。这件事在湘军本身上是一种破裂，直至王鑫死后，其军始归曾国藩节制。国藩令他们随左宗棠以立功，始终是若合若离的”。其二，萧一山在文中列举了曾国藩写给罗泽南、骆秉章、朱石樵的三封信，据此认为："从这三封信里，可以看出王鑫‘不受节制’，是他们破裂的最大原因。王鑫所以不受节制，盖与招足三千人很有关系。这时他的力量算最大，又得巡抚的信任，饷械不愁，就不把曾国藩看在眼内，国藩只好‘弃之如遗’了。"①

实际上，曾国藩在咸丰三年（1853年）有大量涉及王鑫事件的书信，绝不仅限于萧一山所举的三封，对于这些信件的研究有助于进一步探讨王鑫事件。另外，王鑫"老湘营"后来始终处于左宗棠的掌控中，这一问题值得关注。

朱东安的《曾国藩传》和《曾国藩集团与晚清政局》两书，都没有对王鑫事件着多少笔墨，分析也较简略。主要是在《曾国藩传》对曾国藩湘军"编练成军"的叙述中，简单地谈到王鑫因不服曾国藩将其部由2200人缩编为三营1500人，认为曾国藩借故打击自己，并诉之于骆秉章。而骆秉章认为，王鑫所募新勇可用，无须遣散。从此，王鑫率营脱离曾国藩，投靠骆秉章门下。朱氏主要是将之作为曾国藩初成军时的一个小插曲进行论述的。②

龙盛运的《湘军史稿》一书对王鑫事件亦做出简略分析：其一，王鑫在曾国藩同意他增勇扩营的要求后，回湘乡十分张扬，大摆官势，而且"招勇又多至三千人"，曾对此颇为不满。其二，王

① 萧一山：《曾国藩传》，海口：海南出版社，2001年，第133—135页。
② 朱东安：《曾国藩传》，成都：四川人民出版社，1986年，第76页。

鑫有借助骆秉章等外力，自立势力的倾向："更令曾不放心而又恼怒的是，王与省中大吏挂上钩后，渐渐流露出不听他约束，欲自成一军的倾向。曾于是断然要求王除原带一营外，新招者只留二营或三营；营官由曾处任命，并按统一营制编练。但骆秉章却不令裁撤，命其加紧操练，驻省听调。这样，王鑫更拒不听命，从而导致曾、王彻底决裂。"其三，"这次曾、王分裂，固然是两人利害之争，但也是曾与省中大吏矛盾的继续。它反映了骆秉章急欲直接掌握一支部队，不愿在军事上完全依靠曾国藩。……不言而喻，王鑫式的决裂如果连续发生，将对湘军，特别是对曾国藩个人的反革命事业产生严重的影响。为防止其重演，曾国藩断然割断与王一切联系，把他逐出教门；且致吴文镕书中，对王大加攻击，使吴不再调王鑫军北援，失去进一步发展的机会。事实上，王也由于不能援鄂，省内又财政困难，不能不将所部三千四百人，减去一千。这样，就对后来可能的效法者，起了警戒作用"[①]。

其实，在曾国藩的书信中，曾接连多次告诉归属自己统辖的王鑫，自己这边筹饷困难，不要多招兵勇，以免陷于无饷可发的困境。如咸丰三年九月二十三日（1853年10月25日），曾国藩致函王鑫，就明确告知自己这里饷银支绌，要求他不要贪多招勇。[②]又如九月二十四日，曾国藩又写信给王鑫，明言："仆因饷项无出，故令足下止招三营。今来书言，至省请银万金，自可仍照原议募成六营。……足下在省，想大吏与熟商定议矣。"可见，曾国藩并非一味压制王鑫，而这时曾国藩确实饷糈支绌。同时，信中内容还透

---

① 龙盛运：《湘军史稿》，第73页。
② 《曾国藩全集·书信一》，第234—235页。

露出督抚大员和练兵大员之间的权力冲突，曾国藩则是在王鑫与省城大吏勾连后，方对他产生警惕。但这时，曾国藩不愿就此多做文章，他在给骆秉章、刘蓉的书信中，主要是强调王鑫行为不检。[①] 这也是后世学者多强调这一点的原因。

对于王鑫脱离曾国藩、投靠骆秉章这一事件，已有的分析主要是论及骆秉章急欲直接掌握一支部队，不愿在军事上完全依靠曾国藩。如果从较长时段来看这一问题，随着骆秉章从地方督抚融入湘军集团，成为湘军领袖之一，这还是属于湘军集团内部的一种离合，似乎看不出这一事件在清廷分化政策演变过程中的作用。

笔者认为，这一事件的影响更为重要的在于，它给清廷提供了思路：一是使清廷看到湘军集团内部并非铁板一块，也会因利益产生分化；二是这一事件本身也为清廷进一步施展手段提供了空间。分析这一事件，不能只着眼于咸丰三年（1853年）发生的事件本身，而应与事件的后续发展情况联系起来分析。

关于王鑫脱离曾国藩一事，王鑫的《年谱》中是这样记载的：咸丰三年"总督吴文镕请援湖南，有诏令曾公率湘勇赴之，时公已奉骆公檄增募，仓卒号召，旬日间教练成军，昼夜劬瘁……曾公方治水军衡州，议合并陆军成十营，而汰公军为七百人，骆文忠公阅公军可用，乃留屯省城"[②]。

曾国藩的《年谱》中记述：咸丰三年二月"省城所招湘乡练勇千余人，署巡抚潘公铎议汰之还乡。公（曾国藩）前调取三百

---

① 《曾国藩全集·书信一》，第290—291页。
② 罗正钧编：《王壮武公年谱》卷上，《王壮武公遗集》本，光绪十八年王氏刻本，第20—22页。

余人，以王鑫领之，剿土匪于衡，永各属。其留未汰者操练无虚日"。说明曾国藩还是很重视这支军队，不轻言裁汰的。其后，"王公鑫驻营郴州，闻江西援军营官阵亡之信，欲回籍募勇赴江西剿贼，以抒公愤而复私仇。上书于公，词气忼慨。公嘉其义，札令来衡州面商以讨贼之事。公言：近日大弊在于兵勇不和，败不相救。而其不和之故，由于征调之时，彼处数百、此处数十，东西抽拨，卒与卒不相习，将与将不相知，地势乖隔，劳逸不均，彼营出队而此营袖手旁观，或哆口而笑，欲以平贼，安可得哉？今欲扫除更张，非万众一心不可，拟再募勇数千与援江各营合成一军"。曾国藩借兵勇不和之故事，已经有告诫王鑫的意味了。但是，王鑫显然早已与骆秉章联系好了，"王公鑫募湘勇，初议欲为援江诸军复仇，既而闻贼窜湖北之警，骆公因札令募勇三千赴防省城。公见王鑫气太锐而难专用也，既为书以戒之，又函致骆公，言兵贵精不贵多，新集之勇，未经训练，见贼易溃，且饷粮难继，宜加裁汰。骆公未能用"[1]。

无论是王鑫早已与湖南巡抚骆秉章等有联络，还是不慊于曾国藩要大量裁汰其部队，都说明湘军集团内部人员从初期开始，就因为各种利益关系，并非铁板一块。王鑫改投骆秉章后，经过数年的战斗，于咸丰六、七年间（1856—1857年），他已经骆秉章不断保荐升至"即选道"。咸丰六年三月初，骆秉章奏"收复永明、江华两城，追贼叠胜，南路肃"，并保奏王鑫，清廷得奏后，颁发上谕嘉奖"选用道王鑫督勇剿贼，厥功最著，著以道员归部即选"[2]。他

---

[1] 黎庶昌编：《曾文正公年谱》卷二，传忠书局光绪二年刊本，第3、8—9页。

[2] 《清实录·文宗显皇帝实录》卷一九二，"咸丰六年三月上"，第43册，第64页。

在当时湘军中是升迁较快的。同时，湖广总督官文作为清廷在湖广地区的信重要员，也借机为清廷拉拢王鑫。咸丰七年（1857年）初，官文奏请对王鑫"著赏加按察使衔，留于湖北，遇有道员缺出，请旨简放"，并经清廷旨准。二月十五日，骆秉章为了不使王鑫被官文拉走，上《王道带勇剿贼请暂缓简放实缺折》，以军务奏请留王鑫于湖南。奏折中说：

> 臣查王鑫系湘乡县文生，以带勇剿贼屡著战功。……该员从前战功，以衡、永、郴、桂一带为最。其于湖南南路毗连两粤及东路毗连江西各处地势民情，及两粤贼踪尤为深悉，所部弁勇亦多省南一带之人。此时广东清远、英德匪势张。广西现有大股贼匪窃踞兴安、灵川一带，刻思窜楚。湖南官军之攻剿江西吉安、瑞州、临江三府者，正当吃紧之际。近据探报，湖北、安徽之贼并窜江西，人数不下数万之多。……王鑫一军分驻岳州、通城、崇阳者，计共四千二百人。崇、通现尚无事，兵机瞬息千变，势难坐待贼来。若由臣相其缓急，随时调遣，尚可周转通融，期于彼此兼顾。即如此次王鑫一军越境北剿，并非由督臣之咨，亦非由湖北抚臣之指名函调，只以事势所迫，不得不急起乘之。倘彼时王鑫为职守所羁，亦何能迅速赴调？据臣愚见，王鑫本系剿贼得力之人，自无庸羁以职守。应请旨将即选道王鑫交军机处记名，于军务告竣时请旨简放，庶于现在军务均有裨益。[1]

---

① 《骆秉章奏稿》，《左宗棠全集·奏稿九》，长沙：岳麓书社，1987年，第496—497页。

由于王鑫表现出想赴湖北道员任的倾向，骆秉章又通过左宗棠致函王鑫，喻以道义，晓以利害，分析得失，使得王鑫看到官文所许多是空诺，而一旦脱离骆秉章，饷银等却还需骆秉章供给，生存必然艰难，空头利益究是镜花水月，故打消了投奔官文的企图。[①]

王鑫事件是湘军集团内部矛盾演化的结果，这一事件的意义和作用，起初并未为清廷所重视，在当时只是成为地方督抚借以掌握依附自己的武装的机会（对于王鑫事件而言，则是湖南巡抚骆秉章借此获得自己掌控的一支重要武装力量），主要还是一种个案的性质。不过对于清廷而言，随着时间的推移，对这一案例的回顾则可以成为其一系列对策的借鉴，遂有咸丰五年至咸丰七年间（1855—1857年）官文的关注与尝试。咸丰四、五年时，随着成军后的数次硬仗，湘军为清廷所瞩目和侧目，由于清廷也不断在寻找一旦湘军成为自己不得不依靠的武力之时，如何牵制湘军的手段，那么湘军成军之初的这些内部矛盾，都会为清廷所关注和回顾，寻找可资利用的机会。到咸丰五、六年间的罗泽南事件[②]，则为清廷直接在湘军中借助其内部矛盾，施展利用与分化、操控手段，提供了机会。

[①] 左宗棠：《与王璞山》，《左宗棠全集·书信一》，长沙：岳麓书社，1987年，第170—171页。

[②] 学界对罗泽南事件的专题研究较少，涉及这一问题时多为罗泽南转战江西、湖北基本史实的简述，参见罗尔纲《湘军兵志》，第30—31页；龙盛运《湘军史稿》，第155—163页；朱东安《曾国藩传》，第106—109页；皮明庥、孔宪凯《从胡林翼未刊信稿看太平军击毙罗泽南之战》，《武汉师范学院学报》（哲社版）1981年第2期。此外，朱金泰的传记文学《湘军之父罗泽南》（上海：上海古籍出版社，2009年，第102—106、152—172页），对王鑫分裂、罗泽南转战作了描述，但谈不上研究。

第二节　罗泽南事件与压制政策：
清廷分解湘军控制权的尝试

咸丰五年（1855年）八月，在曾国藩坐困江西之时，罗泽南与曾国藩由于在战略认识上的差异，从江西分兵回到湖北。后曾国藩在江西局势危急，向胡林翼、罗泽南请援。当时，罗泽南正在围攻武昌，为尽快攻下武昌以回援江西，弥补自己对曾国藩的歉疚，结果急攻之下竟战死武昌城下。研究者对这一事件的研究性描述，一般都是至此为止。而实际上，我们还应当看到，当曾国藩、胡林翼、罗泽南在利害关系、各自利益、战略战术部署上产生分歧之时，清廷从中看到了可资利用的因素（当然，情况是很复杂的，也不排除清廷围绕自身战略需要，有稳定湖北局势优先于江西战局的认识等因素在内），在其中制造矛盾，以加深湘军集团内部矛盾与分化，造成更有利于清廷中央掌控的局面。

首先，在曾国藩与罗泽南分离之前，湘军集团内部在战略认识和决策上存在分歧，而清廷在这一决策博弈中发挥作用。

曾国藩战略重点的转移、以自身利益为重的因素，是导致他与罗泽南产生矛盾、分化的重要原因之一。罗泽南一部是曾国藩起兵初期的一支重要部队。罗泽南在咸丰四年（1854年）曾国藩东征时，因为年事较长，留防湘南。不久，因王鑫故违将令，曾国藩改调罗泽南率军随行。罗泽南部战斗力颇强，而罗泽南本人又有谋略，故成为曾国藩军初期的主力。应当说，在曾国藩成军东征时，曾、罗在战略重点的认识上基本是一致的。曾国藩在咸丰四年闰七月初九日关于东征的奏折中明确指出："武汉为东南必争之区，理合全力并注，迅图克复。"[1]并请求清廷不要答应江西巡抚陈启迈将罗泽南调赴江西，同时调原留湖南的胡林翼随同东征。而清廷显然认可克复武汉的重要战略价值，闰七月二十日，清廷上谕指示："臬司胡林翼带勇剿贼，尚称得力，著即随同塔齐布等前往湖北，毋庸留于岳州。知府罗泽南，本系随营协剿之员，亦著毋庸派赴江西。"[2]但是，曾国藩在克复武昌、汉阳之后东下江西，遂将战略重点跟随自己的所在而转移到江西，罗泽南则由于种种因素的作用，仍认为武汉是更重要的战略要点。[3]罗泽南给曾国藩的信中说：

> 浔城逼近金陵，兼能牵制武昌，故贼深以为忧，必欲从而争之。犯弋阳，扰广信，且欲从信水以下彭蠡，而抄我师之右矣；据义宁，守梅岭，且欲从修水以下彭蠡，而抄我师之左矣。幸赖麾下指示方略，泽南因以获捷于其间，江右东西两路俱为安辑，九江门户益固。贼不得恣意于武昌，兼以湖南之水师堵于金口，官制军之陆师已及德安，武昌虽为贼据，当有不难扑灭者。特湖北之崇阳、兴国、通城、通山，群盗如毛，荐食之心无有餍足。崇、通之贼不除，江西之义宁、武宁，湖南

---

[1] 曾国藩：《胡林翼罗泽南随同东征片》，《曾国藩全集·奏稿一》，长沙：岳麓书社，1985年，第194页。

[2] 《清实录·文宗显皇帝实录》卷一三九，"咸丰四年闰七月中"，第42册，第458页。

[3] 罗泽南与曾国藩在战略重点认识方面，除了战略思想等分歧外，湘军在江西受江西巡抚陈启迈的刁难，也是一个重要因素："罗泽南之在江西也，日转战，其巡抚恭倨不恒，急则倚之，缓则厌之。曾国藩亦自以客寄，莫能为之主。"参见王闿运：《湘军志·湖北篇第三》，长沙：岳麓书社，1983年，第599页。

之平江、临湘、巴陵，终无安枕之日。是以欲制九江之命，未有不从武、汉而下；解武昌之围，未有不从崇、通而入者。悉其种类而歼除之，则江西、湖南两省之边患可以纾。然后乘胜以下咸宁，出江夏，与湖南驻泊金口之水师，相为联络，以攻鄂渚，复汉口，是不惟荆岳可固，即九江残孽，亦将不攻而自下。为今之计，惟有率南康之水师与浔城之陆师，合力以攻湖口，横踞大江以截贼船之上下，更选劲旅埽通城、通山、崇阳、兴国之贼，进援武、汉。盖贼欲保金陵，必得鄂、浔而后无西顾之忧；我师欲复金陵，亦必先收取鄂、浔而后成建瓴之势。[1]

《清史列传》则对曾、罗战略分歧如此记载：

> 泽南函商曾国藩，以为浔城逼近金陵，兼能牵制武昌，故贼必欲争之，犯弋阳，扰广信，欲从信水而下彭蠡，钞我师之右；据义宁，守梅岭，欲从修水而下彭蠡，钞我师之左。今两处平定，九江门户渐固，惟湖北通城等处群盗如毛，江西之义宁、武宁，湖南之平江、巴陵，终无安枕之日。欲制九江之命，宜从武、汉而下；欲解武昌之围，宜从崇、通而入。盖贼欲保金陵，必得武、汉而后无西顾之忧；我欲复金陵，必先取浔、鄂而后成建瓴之势。为今之计，当一湖口水师、浔城陆师，横据大江以截贼船之上下，更选劲旅埽崇、通之贼，进援

---

① 罗泽南：《与曾节帅论东南战守形势疏》，《罗忠节公遗集》卷六，同治二年长沙刊本，第38—39页。

武、汉。①

罗泽南认为，"九江门户渐固"之后，当务之急是"进援武汉"；曾国藩则强调"湖口之于武汉，其轻重亦略相等"，不愿罗泽南率军赴鄂。曾国藩的一份奏折透露了他在移师江西后战略认识上的变化，及其与罗泽南发生矛盾的情况："窃臣前于提臣塔齐布沦逝后，即飞函至义宁，令罗泽南来营面商大局。罗泽南得信，由义宁之行口直至南康，连日熟商剿办事宜，上而武、汉，下而湖口，皆东南所必争之地。湖口破，则扼长江之腰膂，使安庆贼舟不能与湖广相通；武、汉破，则雄踞长江之上游，使金陵贼巢百货皆绝其来源，而有日就穷蹙之势。故论古来争关夺要之道，则湖口之于武汉，其轻重亦略相等。"②战略认识的不一致，肯定是曾、罗分裂的重要原因之一，只是这种战略认识形成的因素很复杂，罗泽南自身因素、曾国藩在江西的艰难处境、清廷的战略考虑、胡林翼身任湖北巡抚等均涉其中。对罗泽南的离开，当时在曾国藩幕府的刘蓉就说："公所赖以转战者，塔、罗两军。今塔将军亡，诸将可恃独罗公，又资之远行，脱有急，谁堪使者？"曾国藩又何尝不知罗泽南的心思，但罗去意已决，他亦无可奈何，只得自为宽解："吾极知其然。然计东南大局宜如是，今俱困此无益。此军幸克武昌，天下大

① 《清史列传·大臣传续编七·罗泽南》卷四二，北京：中华书局，1987年，第3355—3356页。
② 曾国藩：《调派罗泽南一军取道崇通回剿武汉折》，《曾国藩全集·奏稿一》，第509页。

势犹可为，吾虽困犹荣也。"①曾国藩对罗泽南的心态、所思所想所求，显然颇为透彻。

罗泽南对自身前途的考虑，也是他从曾国藩军分离出去的重要原因。他在东征克复武、汉的一系列战役中，尤其在咸丰四年（1854年）八月会攻并克复武昌、汉阳的战斗中，曾立下大功。这一功绩为清廷所重视。九月五日上谕和九月十二日奉到硃批中，清廷奖励了一大批人，包括研究者常提及的"曾国藩著赏二品顶戴，署理湖北巡抚（旋除署抚），并加恩赏戴花翎"一事，"广西升用道李孟群，著赏加按察使衔，并赏给珠尔抗阿巴图鲁名号。候选知府罗泽南，著记名以道员用。候选知县李续宾，著以直隶州知州升用。并赏换花翎。游击杨载福，著以参将补用，并赏加副将衔"②。九月十五日上谕更实授罗泽南官位，"以宁绍台道晏端书为（浙江）按察使"，"所遗浙江宁、绍、台道员缺，著罗泽南补授"③。在湖北、江西军事方酣之际，清廷谕旨中并未有让罗泽南带职留湖北军营之意，该职务又是实授，按理罗泽南应只身前往浙江就任。清廷对罗泽南的这一提拔，显然包含着对湘军的分化。十月初七日，曾国藩为了军事上的需要，同时也不无破解清廷分化之意味，向清廷请示"惟现当剿办吃紧之际，该道为臣军中万不可少之员，不能即赴新任，仍恳皇上天恩，简员署理该缺，俾得并力东征，则感激

---

① 黎庶昌：《曾太傅毅勇侯别传》，《拙尊园丛稿》卷三，光绪十六年刊本，第5—6页。
② 《清实录·文宗显皇帝实录》卷一四四，"咸丰四年九月上"，第42册，第534页。
③ 《清实录·文宗显皇帝实录》卷一四五，"咸丰四年九月中"，第42册，第545、550页。

益无涯矣"①。此后，罗泽南随曾国藩征战虽屡立战功，却再未能升授实职，仅在咸丰四年（1854年）十月，"克田镇。捷闻，赏普锃额巴图鲁名号，加按察使衔"。咸丰五年（1855年）六月，"复义宁。上以泽南调度有方，身先士卒，赏加布政使衔"②。更有甚者，咸丰四年九、十月以后，曾国藩和清廷对罗泽南的官职问题似乎都很漠视：曾国藩在九月二十八日的《陆军克复兴国大冶水师蕲州获胜折》、十月初七日《陆军踏破半壁山贼营及水师续获大胜折》中都充分述及罗泽南的战功，而清廷似乎只是看到其他人的战功，对罗泽南则忽略了。③随后，曾国藩十月十五日《南路陆军斫断江中铁锁水师绕出贼前折》中充分列举了罗泽南的战功，但在所附请功人员名单中，却只有李续宾、彭三元、普承尧等人名字，而没有再列罗泽南的名字④，清廷对首功的罗泽南也只是赏赐"叶普锃额巴图鲁名号"⑤，并不像对李续宾、彭三元等人员还赏给职位。罗泽南在攻克田家镇一役中与杨载福、彭玉麟等都是战功卓著，可是曾国藩在奏折中并未保举他实职，而只是说"浙江宁绍台道罗泽南谋勇俱备，夺占半壁山，为此次第一功绩，应请赏加按察使衔"⑥，而清廷也就未重视他的"第一功绩"，只是"赏加按察使衔"，排名在

① 曾国藩：《代奏罗泽南谢恩折》，《曾国藩全集·奏稿一》，第291页。
② 《清史列传·大臣传续编七·罗泽南》卷四二，第3354、3355页。
③ 曾国藩奏折和清廷明谕中关于罗泽南的内容，参见《曾国藩全集·奏稿一》，第273—276、278—279、280—284、287—288页。
④ 曾国藩：《南路陆军斫断江中铁锁水师绕出贼前折》，《曾国藩全集·奏稿一》，第296页。
⑤ 《清实录·文宗显皇帝实录》卷一四九，"咸丰四年十月下"，第42册，第606页。
⑥ 曾国藩：《官军大破田家镇贼折》，《曾国藩全集·奏稿一》，第304页。

杨载福之后。①更有甚者，罗泽南部为主的濯港大捷后，曾国藩在十一月十一日专上《罗泽南濯港破罗大纲贼股片》，二十一日又上《官军濯港大捷浔郡江面肃清折》，备陈罗泽南及其所部的功绩，清廷却并未明谕嘉奖。②从此以后，罗泽南虽屡立军功，其尤著者如在咸丰四年（1854年）十一月下旬配合湖口水师屡获胜仗围逼浔城，咸丰五年（1855年）三月中下旬攻剿弋阳，连获大胜，克复县城，保全广信这一江西富饶之区和奏报必由之路，随即在三月下旬追剿广信股匪，迭获大胜，克复郡城，等等③，往往被清廷在嘉奖内容中疏漏不提，或只是获得上谕"按察使衔浙江宁绍台道罗泽南，著交部从优议叙"④等一语之奖励。直到咸丰五年八月，罗泽南等攻剿义宁，迭获大胜，克复州城，清廷才给予他"赏加布政使司衔"的奖赏。⑤罗泽南屡立战功，却因系曾国藩手下离不开的主力，迟迟不能得到实任官职。他不能不考虑自己的功名前途问题，显然，追随本集团的另一派系首领胡林翼更有前途。加之，正如许多学者指出的，湘军在江西虽屡有胜仗，但总的形势仍然是相持状态；加之罗泽南认为在战略上武、汉更具价值，此时太平军也举兵在湖北与清廷展开新一轮争夺，围攻武、汉。诸多因素的综合作用，终于

---

① 《清实录·文宗显皇帝实录》卷一四九，"咸丰四年十月下"，第42册，第619页。
② 曾国藩《罗泽南濯港破罗大纲贼股片》和《官军濯港大捷浔郡江面肃清折》备陈罗泽南及其所部功绩的内容，以及清廷《嘉奖濯港大捷九江江面肃清》明谕中只奖赏曾国藩等，而不对罗泽南及其所属做出任何奖励的内容，参见《曾国藩全集·奏稿一》，第348—353、356—357页。
③ 《曾国藩全集·奏稿一》，第362—371、373—374、443—447、458—461页。
④ 《转录明谕：饬奏保克复广信出力员弁兵勇》，《曾国藩全集·奏稿一》，第461页。
⑤ 《清实录·文宗显皇帝实录》卷一七四，"咸丰五年八月上"，第42册，第945页；曾国藩：《攻剿义宁克复州城折》，《明谕 嘉勉克复义宁州城并赏罗泽南等》，《曾国藩全集·奏稿一》，第491—497、498页。

促成罗泽南脱离曾国藩，回援湖北，依附于胡林翼。

其次，通过罗泽南决意回援湖北后，曾国藩、胡林翼、清廷围绕罗泽南部围攻武昌与回援江西决策上的博弈过程，可以看到湘军内部像曾国藩、胡林翼这样的领袖人物，也会为了自身利益，不顾别人的缓急，甚至请求清廷的支持，从而为清廷分化湘军集团提供了可资利用的机会。那么，别的湘军集团成员就更会将自身利益放在首位，其次才顾及集团利益，而这恰为清廷所趁，各个击破，以利于清廷控制。

咸丰五年八月，罗泽南执意离开江西赴援湖北，由此至咸丰六年（1856年）三月战死，基本上脱离曾国藩，而主要与胡林翼合作。曾国藩在这一事情的处理上，颇用了一番心思。既然罗泽南已经决定回援湖北，曾国藩看到无法劝解，为了不使这种分化激化成决裂，遂做出如下举措：第一，上奏主动要求调派罗泽南一军取道崇、通回剿武、汉，使罗泽南回援湖北，既符合清廷要求，即清廷九月初一日（1855年10月11日）上谕（曾国藩九月二十二日收到）明确要求罗泽南回援湖北："胡林翼奏金口兵溃，回剿岑山各勇亦因饷绌溃散，请仍饬罗泽南来鄂会剿等语。……此时武、汉贼情较为吃紧，著曾国藩仍饬罗泽南迅即带兵赴鄂会剿，冀可转败为功。谅曾国藩必能妥筹全局，速饬应援也"[1]，也符合他这个主帅意图，即曾国藩在《调派罗泽南一军取道崇通回剿武汉折》中所表示的："伏查骆秉章原奏，所称邻氛四逼者，西防黔匪，东防义宁。今义宁克复，黔匪亦靖，东西两路均可弛防。惟南路有两粤之

---

① 《清实录·文宗显皇帝实录》卷一七六，"咸丰五年九月上"，第42册，第964—965页。

土匪窜入永、郴，北路有鄂城之分支犯岳郡，二者相衡，北路更为吃重。令罗泽南一军，由崇、通横截而出仍自蒲、咸扫荡而下，则鄂贼不敢上犯岳州，是即所以纾湘省北路之忧也。湖北一省，钦差大臣西凌阿、总督官文两军，均在北岸，惟巡抚胡林翼一军向在南岸，近闻移师北渡，进扎汉阳，南岸极为空虚，设武昌之贼逸出，由紫防〔纸坊〕上犯蒲、咸，则勾结蔓延，为患方长。得罗泽南一军由崇、通截出，直捣武昌，是又所以救鄂省南岸之疏也。臣反复思维，权衡缓急，姑舍湖口而不攻，令罗泽南回剿武、汉，取道较便，而所全较广"，以在清廷、胡林翼、罗泽南面前显示这也是自己的意图，从而使罗泽南的行动具有合理、合法性。[①]第二，罗泽南在离开江西时，以所部湘勇兵单，要求增添一营，以壮其势而利远征。曾国藩从其请，将原属塔齐布的宝勇三营一千五百人拨归罗泽南，加上他原有的七营三千五百余人，所部共达五千人，全部为湘军的骨干，这即是曾国藩在奏折中所说的"罗泽南所统湘勇、训勇仅三千六百人，臣又在九江陆营拨参将彭三元、都司普承尧宝勇一千五百名，足成五千之数。其饷项由江西酌拨漕折捐输银两，交该道亲行赍带"[②]。第三，九月初五日曾国藩又上奏请饬罗泽南自行奏报军情，一方面表示为使朝廷尽快得到鄂省一带军情奏报，另一方面也使罗泽南感到曾国藩的器重，更增愧疚之心。曾国藩在该奏片中说："此时鄂事孔棘，我皇上盼望捷报愈速愈妙。胡林翼收集溃兵，尚在江北，能否与罗泽南文报常通，不为贼氛所隔，正未可

---

① 《曾国藩全集·奏稿一》，第510页。
② 曾国藩：《调派罗泽南一军取道崇通回剿武汉折》，《曾国藩全集·奏稿一》，第509页。

知。微臣愚见，拟令罗泽南自行具折，每遇开仗之后，迅速缮折奏报，专差由间道送至荆州，或送长沙交驿驰递，仰慰圣廑；较之由臣处转奏，可期速到一月。伏查《会典》定例，司道原有奏事之责。近岁各路粮台，均由司道专折奏事。罗泽南统领一军，尤应权宜办理。如蒙谕允，请旨饬下罗泽南，大小军情，自行奏报，庶慰我皇上盼捷急切之意。"[1]九月二十三日，曾国藩又上《鄂省军情由罗泽南径报或胡林翼转奏片》，虽然清廷"旨归胡林翼奏报"[2]，曾国藩笼络罗泽南的策略目的已经达到。第四，曾国藩上奏请求清廷在罗泽南克复武、汉后，立刻命其回援江西，实施他的战略。他说："一俟湘省北路肃清，武、汉剿办得手，臣仍飞调罗泽南前来会师，以图进取。"只是他当时绝未想到不久之后坐困江西的情势如此危急、窘迫。

罗泽南率领的这支湘军主力回到湖北，显然给胡林翼在湖北的军事行动以巨大的支持。翻阅胡林翼的文集，从咸丰五年（1855年）九月开始，到罗泽南咸丰六年（1856年）三月战死武昌城下止，胡林翼的奏捷之报，多与罗泽南有关。[3]正如学者们所言，在胡林翼面对太平军的打击、具有战斗力的部队不敷使用的情况下，罗泽南部回援湖北，使得胡林翼军事实力大大加强，因此，胡林翼将罗泽南倚为长城。

---

① 曾国藩：《请饬罗泽南自行奏报军情片》，《曾国藩全集·奏稿一》，第529—530页。

② 曾国藩所奏，参见《鄂省军情由罗泽南径报或胡林翼转奏片》，《曾国藩全集·奏稿一》，第538页。清廷谕旨说："嗣后罗泽南剿办情形，即著胡林翼奏报，毋庸交曾国藩转奏"，参见《清实录·文宗显皇帝实录》卷一七八，"咸丰五年九月下"，第42册，第997页。

③ 《胡林翼集》第1册，长沙：岳麓书社，1999年，第41—73、79—111页。

咸丰六年二月，江西吉安失陷，曾国藩向胡林翼求援。二月二十三日，胡林翼接到曾国藩求援信，他不好自己做出令罗泽南继续攻武昌、汉阳的决定，遂在三月初一日《陈奏水陆官军连日获胜疏》中向清廷奏报此事，意图由清廷来做这个决定。胡林翼在奏折中说："臣于二月二十三日，接准兵部侍郎臣曾国藩函开，吉安府城失陷，江省军事日形糜烂，急调罗泽南、李续宾提师回援等语。臣思首逆石达开扰害江西，与粤东流匪合并，顿益悍贼四五万人，而本境之匪附益更多。既已连陷江西州县，则南、赣、抚、建固属可危，浙、闽、湖南尤深远虑。东南大局所关，臣何敢以鄂中一省之事，而恝然不顾？且近年以来，各省招致兵勇多不可恃，自非罗泽南等速援，未易剿办也。"只看这一段，胡林翼仿佛处处为曾国藩着想。但是，下面一段却是胡林翼狡狯地借罗泽南的话来维护自身的利益："罗泽南之议，则曰：'武、汉为南北枢纽，视他省关系独大。上绾荆、襄，下控吴、皖，未可弃而不顾。'"接着，胡林翼借势陈说，道出了自己的真实意图："臣再四思维，南岸各军力攻八十余日，战士良苦，功隳垂成，遽行撤调则亦不足以激扬士气。且罗泽南之军，正月、二月饷项亏欠，江西库币亦竭，即令克日速援，而欠饷行粮，必应速为筹措。臣之水师火具已齐，湖南大炮已到，默计旬日之内，春汛初起，汉阳南岸嘴之沙渚可期涨溢，则贼舟难于闭藏，水贼或可烧而走也。臣等定计力图克复。如旬日无成，则鄂省战守，惟臣无可诿责，自当权其缓急，筹措饷项，先以数千赴援。"[1]胡林翼这种首鼠两端的策略，恰恰给了清廷大肆施展

---

① 胡林翼：《陈奏水陆官军连日获胜疏》，《胡林翼集》第1册，第101—102页。

手段，分化、打击湘军集团的机会。因此，清廷的表现比胡林翼和曾国藩更滑头，不仅促使胡林翼和曾国藩在这一问题上矛盾凸显，更为重要的是，清廷从湘军集团两位最高统帅身上，看到了在自身利益面前，他们并非铁板一块。那么，清廷以利益为诱饵，分化湘军集团的政策，就日益成形。关于清廷在罗泽南事件中的作用，从咸丰六年（1856年）三月初、中旬发出的上谕可清晰地看出。

　　清廷利用胡林翼为了自身利益，在湖北尤其武、汉未能肃靖的情况下，不愿放罗泽南回江西援救曾国藩的心理，将决定权授予胡林翼，这当然是表面现象，实际上清廷是暗操决定权，三月初（三月十四日送达）发出的上谕说："寄谕湖广总督官文等：曾国藩、文俊奏……所筹甚是。胡林翼如能于旬日之间攻克武、汉，则罗泽南一军即可回援江西；倘克复尚需时日，先行派兵分援，亦须仍由罗泽南等统带前往，方能得力。该督等务当权其缓急，不可稍存畛域之见，致误事机。"[1]三月中旬（三月二十二日送达）所发上谕则指示："前因曾国藩等请饬罗泽南回军援救江西，并胡林翼奏请暂留罗泽南，俟旬日以后，再行派兵赴援，当经谕令官文、胡林翼斟酌缓急办理。……著官文、胡林翼酌量情形，如武、汉贼势实已穷蹙，即照胡林翼前请，先派官兵数千名驰援江西，令罗泽南暂缓起程，以免功败垂成；若武昌急难克复，则罗泽南虽留无益，而江西省垣十分吃紧，即著官文等饬令该员统带原有兵勇，克日起程，回援江省，并设法迅速驰赴南昌，毋稍迟缓，致误事机。"[2]这就将胡林翼

---

[1] 《清实录·文宗显皇帝实录》卷一九二，"咸丰六年三月上"，第43册，第72—73页。

[2] 《清实录·文宗显皇帝实录》卷一九三，"咸丰六年三月中"，第43册，第83页。

放在了尴尬的位置，因为胡林翼如全然不顾自身利益，全力增援曾国藩，固然有利于湘军集团各派系之间的精诚合作，但却必然引起胡林翼派系内部的不满；而如果胡林翼顾及自身利益，不速援曾国藩，则湘军内部两大派系间的矛盾必然加剧。清廷打击曾国藩、分化湘军集团的现实已经造成。

不过，曾国藩主动上奏请调罗泽南回援湖北一事，确实对湘军集团内部人员起到迷惑、内聚的作用。李元度在《罗忠节公别传》中说："义宁既克，公上书曾侍郎，其略曰：武昌居吴楚上游，九江为豫章门户，今皆为贼据，崇、通等处群盗出没，江西之义宁、武宁，湖南之平江、临湘均无安枕日。欲克九江必繇武、汉下，欲克武昌必自崇、通入。曾公因奏派公回援武、汉，而以彭君三元、普君承尧所部宝勇隶之。"[1]似乎并未看到曾、胡、罗之间的矛盾，而且对曾国藩奏派罗泽南援鄂及调拨军队加强罗部之举表示赞赏。这从一个方面表明了清廷在罗泽南事件中所采取的策略，及其扩大湘军集团内部矛盾，分化湘军集团的效果，在一定程度上被曾国藩所采取的策略消解了一部分。

第三节　王鑫、罗泽南二案与晚清权力争夺的走势

如果说王鑫事件是清廷在湘军集团崛起初期所错过的利用湘军集团内部矛盾的好机会，那么罗泽南事件本来没有王鑫事件那样的好时机，并非典型的内部分裂事件，但清廷却极力利用湘军集团

---

① 李元度：《罗忠节公别传》，参见缪荃孙编纂：《清碑传合集·续碑传集》卷五八，上海：上海书店出版社，1988年，第2682页。

内部的分歧，以达到分化湘军集团的目的。而且，清廷全力实施这一策略，也确实收到一定的效果。通过对这两个典型案例的深入探讨，我们可以看到其中所涉湘军集团崛起后的分权以及清廷中央的反制对策问题。

对于湘军集团在太平天国战争中崛起，学界通常认为这造成了"清季兵为将有"并进而为"督抚专政"的状况。罗尔纲先生有典型论述："晚清兵为将有的起源，始于湘军，……所以会直接地影响到政治上去而牵动了一代的政局，却是由于湘军将帅得有总督、巡抚的地位，因为他们既擅兵柄，又握有地方上的财政、民政等权柄，于是他们便上分中央的权力，下专一方的大政，便造成了咸、同以后总督、巡抚专政的局面。……这种局面，咸、同后日益加甚，到光绪末年，朝廷一兵、一卒、一饷、一糈，都不得不仰求于督、抚。"[1]在这一观点的引领之下，学者们多认为在这场权力之争中是地方势力步步进逼、中央步步退让的单向过程。不可否认，罗尔纲为代表的观点看到了地方势力向中央争权及其所取得的成果的一面，这是其合理之处；但是，这一观点过分夸大了这一方面的状况，同时低估甚至忽略了清廷中央对地方势力进行反击和制约的一面。

对于曾国藩、胡林翼等湘军领袖而言，最初极力谋求统辖地方大权，是在战争的残酷形势下为了自身生存的需要，主观上还没有与清廷分权的意识。而清廷在湘军建立的初期，只是把它看作过去经常临时招募的练勇，并非要其担当镇压太平军的主力，只是作为经制的绿营兵力不足时的补充。清廷最初不重视湘军，而曾国藩编

<hr>

[1]　罗尔纲：《湘军兵志》，第217、227页。

练湘军却有建立不世功勋的雄心。因此，清廷对于统兵权、财税筹饷权、人事任免权虽不愿"下放"，但是在战时不得不下放部分权力的同时，采取多种手段对湘军集团实施制约。

然而，在王鑫事件和罗泽南事件之前或同时，清廷主要还是借助于传统的防范和压制手段。其一是利用满汉之别，以满蒙旗员来监视、牵制战区督抚和湘军。如曾国藩湘军编练初成，咸丰三年（1853年）十月"诏国藩督练勇援武昌、汉阳"，曾国藩认为湘军尚未练成，不应急于征用，并得到湖广总督吴文镕的支持，清廷却听信湖北巡抚崇纶奏报，严旨命吴文镕、曾国藩"不准以守候船炮造齐，致滋延误"①。又如，对清廷对湘军首领曾国藩等人深怀疑忌，迟迟不授予高级官职，而湘军中的满员塔齐布，一旦作战得力立予拔擢。塔齐布在曾国藩在长沙编练湘军时，投奔曾国藩而得重用，咸丰三年六月由守备升用游击后不久，就署理抚标中军参将。七月，塔齐布得曾国藩荐举由参将加副将衔开始，短短不到一年时间，因军功职衔不断上升，到咸丰四年五月（1854年）攻克湘潭后，塔齐布又加总兵衔，"以副将署湖南提督"②，六月实授湖南提督。清廷以满制汉的意图，不成想因为塔齐布虽快速跻身高位却仍忠心于曾国藩而没有达到，史载"塔齐布以都司署守备仅二年，超擢大帅……是时，依故事，提督列衔在巡抚前，曾国藩以事降黜，衔名又在巡抚后，而塔齐布仅事国藩，自比于列将"③。其二是利用

---

① 《清实录·文宗显皇帝实录》卷一一三，"咸丰三年十月下"，第41册，第770—771页。

② 王闿运：《湘军志·曾军篇第二》，《湘绮楼诗文集》，长沙：岳麓书社，1996年，第591页。

③ 王闿运：《湘军志·湖南防守篇第一》，《湘绮楼诗文集》，第566页。

地方督抚压制湘军。清廷只需强调地方大员的权力和职责，就可利用地方官员的权力意识，起到钳制湘军统兵大员的作用。如湘军起兵之初，以湖南巡抚骆秉章、湖南藩司徐有壬、湖南臬司陶恩培等督抚大员牵制曾国藩等湘军将帅，皆是如此。[①]而湖广总督官文对曾国藩、胡林翼等湘军将帅的监视和制约，则兼有满员监视汉员、督抚监视湘军将帅的两重因素。只是骆秉章虽对曾国藩侵夺自己的事权不满，最终却因自身在镇压太平天国战争中生死存亡关系而很快融入湘军集团，使清廷的意图受挫。但清廷在骆秉章等人分解湘军统兵大权问题上获得了新的经验，王鑫事件就是这一过程中的典型案例。

通过王鑫事件等典型案例，清廷开始利用战局的发展和湘军集团内部各派系因驻扎地区、用兵范围的差异而存在的利益差别，来分化以曾国藩、胡林翼为首的湘军派系。而罗泽南事件，则暴露出湘军集团内部主要人物之间的矛盾分歧，特别是湘军内部在战略认识上的差异，其中固然有湘军人员各自认识、思维本身的因素，但是清廷的战略认识对湘军集团成员的影响力不容忽视，因为这直接体现在军事部署、军队调派、粮饷供给以及人员安排、奖赏等前途利益问题上。清廷正是利用湘军集团主要人物之间的分歧，在人员调动上制造矛盾，逐步积累了以人事权分解军队控制权的经验。

从王鑫事件和罗泽南事件中，清廷看到了湘军集团并非铁板一块，内部各有派系，甚至曾国藩嫡系湘军因利益分歧，内部也是

---

① 王闿运：《湘军志·湖南防守篇第一》，《湘绮楼诗文集》，第565页。

矛盾重重。因此，从咸丰六、七年（1856—1857年）之后，随着战争进程湘军集团有功将领的职衔不断上升，清廷看到湘军部分将领获得地方管辖权已成为不可避免的趋势，为了不致形成尾大不掉之势，清廷一般要求湘军将领被授予地方官职后，须脱离自己的军队，其军队可自己指定人员接管。由于湘军体制导致非本系人员难以接手，因此清廷又利用在王鑫、罗泽南等事件中积累的经验，在湘军内部利用矛盾、制造分化，使接管原主军队的将领地位上升，甚至与原主相埒，升任地方大吏者虽掌有民财大权，却再也不能自如地驾驭军队，使行政权与军队控制权最大可能地分离。并且，湘军将领升任地方大吏者基本在有限的几个行省中轮转，使得湘军集团成员因权力制衡、利益而产生矛盾；又因原来的湘军上下级中职位相当者日众，往往互不能统属，为清廷进一步多方面实施分化、控制手段提供了方便，笔者称之为"众建督抚而分其力"[1]之策。同治元年（1862年）曾国藩幕僚沈葆桢升任江西巡抚后与曾国藩争夺厘金，导致清廷分解湘军行政财税权，并开始全面整顿厘金的行动，以及在同一时期分化湘军集团的李元度事件，就是这一策略下出现的典型案例。

从咸丰六、七年（1856—1857年）到同治四年（1865年），随着淮军集团逐步成形和清廷实施"以淮制湘"策略止，清帝主要是利用湘军内部派系分化、矛盾，辅以外部牵制手段，使统兵权不集中于一手，而是分散于众手。当时，湘军军事行动覆盖湖南、湖北、安徽、江西、江苏、浙江等省，清廷的政策在强调包括湘军

---

[1]　关于清廷实施"众建督抚而分其力"之策的情况，笔者有细致分析。参见邱涛：《咸同年间清廷与湘淮集团权力格局之变迁》，第106—168页。

在内的清军按照清廷的调遣和战略部署来行动的同时，为了进一步分化湘军集团，还在一些作为重要战区的省区将总督、巡抚、统兵大员叠床架屋、各不统属，并将湘军不同派系的部队掺入各战区，分属不同的督抚、将帅，分解湘军统帅的统兵权。清廷还利用湘军"各私其军"的体制特点，采取手段使湘军部队不集中于少数将帅手中，甚至在湘军派系基本成形的情况下，使湘军将领"各私其军"的状况日益突出而难以整合，清廷则借机对湘军内部派系区别对待，或重点打击，或为己所用。总体而言，晚清时期湘淮集团崛起，确实对清王朝的专制主义中央集权产生了巨大冲击，从太平天国战争开始，地方实力集团确实从高度集权的专制皇权中分得部分权力，以便在战时严酷环境中得以生存。但这场权力博弈，绝不只是地方势力步步进逼、中央皇权步步退让的过程，同时也是清廷中央不断进行有力反击和制约的过程；既要看到地方势力向中央争权的一面，也要看到清廷中央对地方势力进行制约和反击的一面。从而在清末新政前40多年形成这样一个权力格局：清廷中央仍掌控着行政人事、财税饷需、军队控制、外交、司法等权，而地方势力在这个范围内取得了较前更多的自主权，随着各种近代新权力因素的强势进入，包括地方在内各势力取得较前为多的权力和自主性，以适应新变化。这种集权与分权的斗争，交织纠缠，攻守进退，双向拉锯。应当说，晚清中央和地方达到了一种动态平衡的权力格局，中央能基本控制大局，而地方也获得较过去更大的权力自由度，但绝非以往的集权或外重、"尾大"局面，而是一种"内徙外移、上下互动"的动态格局。

第五章
咸同之际清廷与湘淮集团的江浙控制力之争

明清以降，江浙地区久为财赋根本之地。太平天国战争时期，清廷与湘淮集团对清政府所控制的最大税源地江浙地区的争夺，是晚清政治格局演变的重要内容。咸丰十一年（1861年），随着聚集清军绿营精锐的江南、江北大营再度崩溃，清廷不得不在依靠湘军对付太平军的同时，也企图从饷需等方面着手操控。而曾国藩出任两江总督，按规制统辖江苏、江西、安徽三省后，又受命节制浙江省军务，这就将原不属于两江地区的浙江省纳入自己的管辖范围，也使得对传统的江浙财赋之区控制与反控制的权力斗争，呈现错综复杂的局面。那么，当时这种激烈的权势争夺究竟呈现出怎样的状态，需要根据翔实的史料做出细化的研究。①

————————

① 关于这一问题，学界研究不多。本章研究时段之前时期围绕江浙地区权力的研究成果，主要有董蔡时《论曾国藩与何桂清争夺江浙地盘的斗争》，《浙江学刊》1985年第2期。此外，一些研究湘淮集团的论著对本章主题略有涉及，参见龙盛运《湘军史稿》，第283—291页，等等。笔者相关专著对这一问题做了初步的探讨，参见邱涛：《咸同年间清廷与湘淮集团权力格局之变迁》，第175—196页。本章的探讨即是在此基础上的拓展与深化。

第一节　同治元年前后围绕江浙巡抚职位的权力争夺

清咸丰十一年（1861年）下半年到同治元年（1862年），是湘淮集团在两江和闽浙地区对太平军作战的关键时期，也是清廷和湘淮集团对江浙财赋之区控制力争夺的一个关键时期。

按照曾国藩的意图，他总领两江、节制浙江，安徽、江苏、江西、浙江均由湘淮将领带兵进剿，并由湘淮人员出任四省巡抚，这样兵、饷合一，对于江浙战事就可统筹规划，与湖广地区也可协调如一（当时，湘军悍将李续宜在咸丰十一年八月起署、任湖北巡抚，十二月因李续宜回任安徽巡抚，湘军集团重要成员严树森接任湖北巡抚，湘军另一重要成员毛鸿宾于咸丰十一年二月起署、任湖南巡抚[①]）。在曾国藩的计划中，他决意利用战争形势，力推安徽由李续宜任巡抚，江苏由李鸿章带兵为抚兼筹饷，浙江由左宗棠带兵为抚，江西由沈葆桢任巡抚负责筹饷，这样就能从兵、饷两途确保规复江浙战事的顺利进行。[②]

但是，曾国藩等湘淮将帅这样的筹划和力荐，与清廷的权力版图、人事行政和对外交涉安排在很大程度上是不相符的。当时，

[①]　赵尔巽等：《清史稿》卷二〇四《疆臣年表八》，第7856—7859页。

[②]　曾国藩没有留下文献明确述其意图，但从他咸丰十一年到同治元年荐举这些省份督抚的奏折，可以看出其筹划的大致脉络。另外，曾国藩这一时期军事战略大局的考虑，与清廷奏对的内容，也可见其概貌。咸丰十一年六月初八日曾国藩的《复陈左宗棠军暂难援浙折》，既摆明军情实况，又暗含要挟之情，参见《曾国藩全集·奏稿三》，长沙：岳麓书社，1987年，第1586页。随后湘系要员毛鸿宾在七月十三日奏请授左宗棠以封疆重任，参见毛鸿宾：《通筹东南大局折》，《毛尚书奏稿》卷三，宣统二年刻本，第26—28页。

清廷外临第二次鸦片战争的沉重打击和英、法等西方列强扩大在华特权利益所造成巨大压力，内则因祺祥政变之后，遭受从中央到地方权力洗牌的压力。如何对待曾国藩集团当然是一个重大问题。当年，咸丰帝与肃顺对曾国藩集团实施的就是利用与压控并重的手段。辛酉之后，在绿营精锐损耗殆尽的情况下，新掌权的清廷中枢必须依靠江南的曾国藩湘军承担对太平军作战的军事重任，对曾国藩集团展示更为信任和器重之姿态，在危局中尤为紧要，然这种"器重"并非清廷对湘军集团武力和忠诚的绝对信任。正是在这种局面下，在江苏，清廷仍想利用江苏巡抚薛焕来牵制已任两江总督的曾国藩；在浙江，清廷暂时也没有撤换巡抚王有龄的打算。面对这种状况，湘军集团在江西、安徽人员眉目初定的情况下，顺势展开扳倒现任江浙巡抚薛焕、王有龄的"凌厉"攻势。

薛焕长期在江苏任职，从清道光二十九年（1849年）任江苏金山县知县开始，历任松江府知府、苏松太道、江苏按察使、咸丰九年（1859年）十一月擢江宁布政使，咸丰十年（1860年）闰三月调江苏布政使，五月升江苏巡抚兼署两江总督，在江苏有较强的控制力[①]。薛焕出任苏抚，是在曾国藩被任命为两江总督但尚未赴任之际，清廷用他牵制曾国藩的意图再明显不过。现有中外材料显示，薛焕其人确是清廷在江苏的一名干员，无论在组织武力攻剿太平军的军务方面，还是在筹饷、对外交涉等方面，都做得颇为突出，清廷颇为赏识，并在咸丰十年五月初一日（1860年6月19日）他出任江苏巡抚后不久，即在七月二十六日的上谕中因功赏给他头品顶

---

① 《大臣画一传档后编九·薛焕》，《清史列传》卷五三，第4190—4191页。

戴。①王有龄也长期任职于江浙。咸丰七年（1857年）六月，他由云南粮道迁江苏按察使，咸丰八年（1858年）二月迁江苏布政使，咸丰十年（1860年）三月迁湘抚，未赴任即署理浙江巡抚，次日即实授。②无论是从清廷中央的角度，还是从薛焕、王有龄力求巩固自身地位的角度，薛、王二人都是清廷在江浙制约曾国藩集团的力量。

曾国藩担任两江总督后，湘淮集团对江浙两省巡抚等军政要职，有着自己的战略要求。而当时的江苏巡抚薛焕、浙江巡抚王有龄长期盘踞江浙，颇有势力，对湘淮集团并不友善：薛焕屡屡拖延湘、淮军兵饷，王有龄在拖欠湘军饷糈之余还千方百计拉拢湘军将领李元度③，都成为清廷牵制、打击湘军集团的重要力量。因此，曾国藩等必欲去之而后快，他们寻找时机，展开了一轮轮猛烈的攻势。

这时战场形势的发展变化，以及清流御史的频频奏劾，给曾国藩集团提供了契机。咸丰十一年（1861年），湘军在江西、安徽、湖北与太平军激战，挫败了太平天国忠王李秀成和英王陈玉成的合军西征。四月至八月，湘军经反复争夺，更是攻克战略重镇安庆等地，陈玉成部大挫，退守庐州④，太平军南北呼应之势已失，李秀成只得率部退出江西，东进浙江，连克常山、临安、衢州、绍兴、萧

① 中国第一历史档案馆编：《清政府镇压太平天国档案史料》第23册，北京：社会科学文献出版社，1998年，第499页。
② 《清实录·文宗显皇帝实录》卷三一〇，"咸丰十年三月中"，第44册，第541—542页；钱实甫编：《清代职官年表》第2册，第1703—1704页；第3册，第1924—1926、2161—2162页。
③ 邱涛：《咸同年间清廷与湘淮集团权力格局之变迁》，第255—256页。
④ 赵烈文：《能静居日记》，台北：学生书局，1964年，第630—633页；《曾国藩全集·奏稿三》，第1461、1630页。

山等地，从九月下旬到十月初（11月4日）先后向杭州外围各县和府城发动进攻。①在这一时期的战争进程中，湘军的节节胜利和江浙一带清军的连连败退形成了鲜明对比。咸丰十一年（1861年）五月十八日，杭州将军瑞昌、浙江巡抚王有龄因督办浙江军务，连失郡县，谕命革职留任。九月，御史杨荣绪等奏劾江苏巡抚薛焕贪劣各款。②十月十六日，又有人上《请饬密查江浙抚臣能否胜任折》，提出"东南军务紧要，请严饬督兵大员速图进剿，并请密查江、浙抚臣果否能胜其任，以彰天讨而挽时局"。该奏折首先指出江浙在筹集粮饷方面的重要性及战争的破坏性："特是各省军务，皆宜迅速蒇事，而东南尤为紧要。何则？江、浙为财赋之区，地丁、漕粮甲于天下，海运、织造，国家之衣食资焉。自上年金陵贼焰窜踞苏、常，蔓延两浙，焚烧掳杀无孑遗。"随后将皇帝的期望和薛焕、王有龄的失职串联起来说：

> 我文宗显皇帝宵旰勤劳，特授曾国藩为两江总督，薛焕、
> 王有龄为江苏、浙江巡抚，固冀其速奏肤功也。乃至今一年有
> 余，曾国藩尚能整师而出，克复城池。而该抚等旷日持久，捷
> 奏无闻。一则久驻海滨，处偏隅以自固；一则专防省会，顾他
> 郡而未遑。岂仅以此塞责耶？抑将谋定而动耶？或曰非不欲进
> 攻也，兵不足也，饷不充也。然臣窃谓今日之贼，大半皆由于
> 裹胁，其迹易聚，而其心亦易离。果能奋勇进剿，尚可次第扑

---

① 华学烈：《杭城再陷纪实》，《中国近代史资料丛刊·太平天国》第6册，上海：上海人民出版社，1957年，第627页。
② 《大臣画一传档后编九·薛焕》，《清史列传》卷五三，第4192—4193页。

灭。若推诿于兵单饷缺而诿靡不振，岂迟之又久而兵可足、饷可充乎？恐迟之又久而兵愈老、饷愈竭也。[1]

这一点的厉害之处在于，薛焕升任江苏巡抚就在于其表现出的筹饷、筹兵、"保卫地方"的能力既为清廷所看重，又曾为江浙地方士绅社会乃至外人认可，而王有龄能由江苏布政使升任浙江巡抚，也是因其长期表现出的较为出色的筹饷能力。而该折则借薛、王二人长期形成的对供饷湘军的掣肘惯习，以两江总督的责权和皇帝的要求，正显出薛焕和王有龄二人得受重任之所长变而为履职无力之短像。这一奏折进而指出，江浙安危直接牵连上海这一中外汇聚的贸易与饷源地的安危，现在浙省四面皆贼，岌岌可危，万一杭城有事，上海岂能独安？该抚等虽势处万难，亟宜谋勇交资，力除逆焰。若再迁延日久，贼久踞财赋之区，征银索米，盗粮足而分股四出，臣恐时事之难图有日甚一日者，不可不早虑也。伏愿皇上一怒安民，严饬江苏、浙江抚臣会同两江督臣曾国藩，迅速进兵收复郡县，万不可托防堵之名而失进剿之实。至该抚等为大局所关，果否能胜其任？并恳饬议政王密查酌择。该奏折在强调薛焕、王有龄的畏葸、不胜其职，请求清廷查明之意后，又突出曾国藩的作用，并建议由曾国藩推荐能扭转江浙局面的江浙巡抚人选：

> 兵不论多寡，要在将帅得人。臣窃见用兵以来，惟楚兵最勇而善驭。楚兵者，惟曾国藩最著。曾国藩出师数载，凡有胜

---

① 《请饬密查江浙抚臣能否胜任折》，《曾国藩全集·奏稿三》，第1655页。

仗，从无虚饰捏报之语。此即忠直可靠之征也。现在东南军务需才孔亟，可否请旨专饬曾国藩于军营中择其智勇兼全、堪胜封疆将帅之任者，酌保数员，听候简用。①

这一奏折对曾国藩等湘淮将帅赞扬有加，对苏抚薛焕、浙抚王有龄则痛加指责，并建议由曾国藩于其营中择人取代薛、王二人，显然是站在湘军集团一边，为曾国藩的筹划助力。紧接着，在十月十七日，又有人奏上一折，以"浙省军务不振、疆地日蹙，请皇上另简贤员督办，以保危疆而维大局"为由，直接奏参王有龄、薛焕。该折称：

窃惟东南大局，固以克复金陵为要。而浙江与江苏省唇齿相依，尤为全局所关。若浙省疆吏得人，内守外攻，与楚军相为犄角，即可以制贼命而收全功。溯自上年瑞昌、王有龄督办军务以来，将及二载，府县纷纷失守，处处戒严，该将军等一筹莫展，几有坐以待毙之势。刻下贼氛日逼，宁、绍二郡危在呼吸。若宁、绍不保，即省城不能固守。浙省苟有他虞，贼势愈炽，曾国藩一军，独力难支，东南大势去矣！查瑞昌朴忠素著，惜乏智谋。始居将军之职，颇有令誉。继秉总统之权，竟

① 《曾国藩全集·奏稿三》，第1655—1656页。该奏折，曾国藩收录时只注明"咸丰十一年十月十六日抄寄"，未标明上奏日期，亦未说明何人所奏。清廷十月十六日上谕就此奏做出答复时，也没有明确此折上奏时间。不过，在咸丰十一年（1861年）十月十七日的上谕中明确说："昨因有人奏请密查江浙抚臣能否胜任，已谕令曾国藩悉心察看，据实具奏矣"，这就指出了《请饬密查江浙抚臣能否胜任折》是在十月十六日上奏的，参见中国第一历史档案馆编：《清政府镇压太平天国档案史料》第23册，第545页。

无胜算。王有龄但知理财，不娴将略。又不能选择贤才，讲求吏治。①

这是将理财、筹饷"能员"王有龄治下的浙江所处危局，归结于王有龄等人之无能。从后来曾国藩湘军坐视杭州城围、王有龄殉城来看，是要达到两重目的：一是王有龄死可为湘淮将帅让出浙江巡抚之位，但这还不足以让清廷任命湘淮将帅为浙抚，所以二是让清廷看到弹劾奏折所言非虚。该折还进一步说："竭数百万捐输易尽之脂膏，以养数万千骄惰不职之士卒，日复一日，终有财尽兵溃之时，况浙省统兵大将如张玉良等，皆拥兵观望，动辄挟制。本年四月间，金华失守，张玉良不但不肯剿贼，并且手执令旗，督率兵勇，恣情抢掠。万目共睹，哭声震野，该将军等岂无见闻！然竟不敢申明军律，一味优容，以致百姓畏兵同于畏贼。似此督率无方，岂能济事？"这就是将浙省将帅军事无能之状具体化。随即，该奏折建议："臣愚以为当今将才都在楚营，诚得如左宗棠者统率一军来浙，畀以封疆重权，与两江督臣曾国藩声气相通，谋定而战，互相援应，庶几浙省可保，郡县可复。可否……就楚营带兵大员内公举一人，请旨简授浙江巡抚，专督浙军剿贼；其现任巡抚王有龄，或另行简用，出自圣裁。"

同一奏折专门提及浙江巡抚王有龄、江苏巡抚薛焕等"其所信任属吏，皆系贪鄙之徒，但以掊克黩缘为事"②，故附有《奏参薛焕违旨拒解何桂清及不胜封疆重任片》，该奏片称："江苏巡抚薛焕，

---

① 这一奏折，转见《曾国藩全集·奏稿三》，第1657—1658页。
② 《曾国藩全集·奏稿三》，第1657页。

屡次奉旨派员押解何桂清到京严审，竟敢有意抗违，延不拿解，实属胆玩。复以收复苏、常专折保奏何桂清，显谓不准其保奏，该抚即无收复苏、常之日，迹近要挟，情尤可恶。现闻该抚在上海娱情古玩，不理军务，实不胜封疆重任。"这是要报何桂清任两江总督时与曾国藩湘军集团争夺江浙饷源地，当时陷湘军以窘境、困境、危境之恨。该奏片又称，"至总办粮台之金安清，声名狼藉，行止卑污，恃与薛焕拜认师生，侵蚀粮饷，兵民啧有怨言。应请旨一并查办"①，这就将素称筹饷、通商人才的江苏巡抚薛焕及其任用的办粮饷人员的劣迹牵连，公之于廷。

虽然目前缺乏直接证据来证明这些奏折的作者与湘淮集团的关系，故无法判断其是否有曾国藩等人的授意，不能径直将其作为湘淮集团攻击薛焕、王有龄等人的直接证据，但雪片般的奏劾之章起到了曾国藩等湘淮将帅所期望的作用。正如前面我们分析的，清廷在任命曾国藩为两江总督、钦差大臣之后，薛焕、王有龄作为清廷在江浙一带的两枚棋子，对湘军势力的发展和扩大在江浙的控制力，起着重要的牵制作用，是制约曾国藩、维护清廷中央权威的重要力量。且二人在军务、筹饷、行政等方面也表现出一定的能力，当然，这也与苏抚薛焕在上海与外人交涉颇称得力，浙抚王有龄在九月中下旬杭州周边府县连失、随即杭州被围，太平军兵临城下，无法临阵换帅有关系，所以在九月份参劾折奏上后，清廷并无动作。于是，曾国藩坚持一面让李鸿章加紧募练淮勇，却坐视李秀成威胁上海，一面令左宗棠率一支湘军稳固浙赣走廊，却借口兵、饷不足坐视杭州围城，十月

---

① 《曾国藩全集·奏稿三》，第1659页。

十六、十七两日连上的两折，"请饬密查江浙抚臣能否胜任"，以及再次奏参王有龄和薛焕，显与湘军集团加大的攻击力度相呼应，没有证据证明是湘淮将帅的怂恿，更显此为朝野之"共识"，这就更是迫使清廷在十月十六日接到奏折后，当天就对此奏折发出谕旨，"著曾国藩察看苏抚薛焕、浙抚王有龄能否胜任"，十月十七日又发上谕给曾国藩，要求他相机派军援浙并确查所参薛焕、王有龄各款，同于咸丰十一年（1861年）十一月十五日以廷寄的方式发给曾国藩。

清廷在十月十六日的上谕中称：

> 江浙所属郡县，为东南财赋之区，岂容任贼久踞！曾国藩驻军安庆，规取金陵，若得江浙两省抚臣并力进攻，自不难将被陷城池次第收复。薛焕前在苏州府任内，声誉颇著。惟该省军务正当吃紧，督带兵勇，或恐非其所长。且前据有人奏：该抚在上海偏隔自固，日享安福等语。如果属实，即不能胜此重任。浙抚王有龄颇有才具，前任苏藩时，虽尚能筹办军饷，惟于浙抚一缺，未知能否胜任？以上二员，均著曾国藩悉心察看，据实具奏。又另片奏：东南军务，需才孔亟，请饬曾国藩酌量保奏等语。该大臣久历戎行，见闻较广，著择其智勇兼全、堪胜封疆将帅之任者，酌保数员，听候简用。[①]

咸丰十一年十月十七日上谕称：

[①] 《清实录·穆宗毅皇帝实录》卷七，"咸丰十一年十月中"，第45册，第189—190页。

本日有人奏，浙省军务不振，请另简贤员督办一折。浙省贼氛日炽，宁、绍两郡情形，较为吃重，必得谋勇兼备大员统兵援救，可期渐有起色。鲍超追剿贼匪，已抵广信。如江西全境肃清，即著该总兵前赴浙江督兵进剿。左宗棠一军，能否可以抽拔？并著曾国藩相机筹办。王有龄叠被参劾，其平日不洽舆情，已可概见。著该大臣仍遵前旨，确切查明，迅速具奏。又有人片奏：江苏巡抚薛焕娱情古玩，不理军务。其总办粮台之金安清，声名狼藉，恃与薛焕拜认师生，任意侵蚀粮饷各等语。并著曾国藩秉公确切查明，一并据实复奏。①

清帝上述两道谕旨虽要求查明江苏巡抚薛焕、浙江巡抚王有龄是否胜任、有否情弊等问题，甚至要求曾国藩等推荐替代人选，但毕竟均未坐实。故在咸丰十一年（1861年）十月二十五日前后，又有参劾薛焕、王有龄的奏折，直指"牧令之贤否，全在督抚之得人。未有督抚实力整顿而牧令不知振作者也"。该折指出，苏抚薛焕已经不是那个筹兵、筹饷的干员了，"江苏省郡久陷，地方糜烂。臣闻抚臣薛焕安居上海，遍召画工，日写丹青以自娱，购买玩好珍物，无远不搜。自办理通商以来，广进贿赂，时犇金银赠遗权贵，以为固身之计。军务则不复一城，吏治则不办一事。大江南北，民生涂炭，不可问矣"。浙抚王有龄则不仅军务无能，还从一个理财能员变为聚敛贪婪之人，"浙江抚臣王有龄，自到任以后，失城无数，遍地皆贼。该抚不以克复为事，惟以暴敛为能，贪婪无厌，任

---

① 《清实录·穆宗毅皇帝实录》卷七，"咸丰十一年十月中"，第45册，第192—193页。

用私人，兵不加增而征税日益加倍。臣闻其捐输之入，作为三分：一济军饷，一充私橐，一为交结馈遗之用。该抚籍隶福建，离浙甚近，运金归里，舆论哗然。是以人心瓦解，而寇患日深"。奏折最后归结起来，"尤可诛者，该二员营私纳贿，宦橐丰盈，已足肥其身家矣。亦自知无平贼之才，只求参劾，以罢黜为福，得以安享余生。此极巧宦之变计，而为圣世所难容"。请求，"伏祈皇上垂念东南大局，关系非轻，严法律以惩治贪庸，简贤良以救民水火"[①]。

咸丰十一年（1861年）十一月初五日前后，有人又上呈参劾金安清的奏折，更加具体地指称他在"江北总办捐输。该员旋驻泰州，令人风示地方，向伊捐资投效，方得差委。于是牟利者争相贿赂，委员遂至百数十人之多，其余职员、生监希图渔利者又凡百数，四出需索，民不聊生。……窃思里下河南邻苏、常，西邻天、六，北邻徐、海，粤逆捻踪，三面逼近，民情时虞摇动。今复迫以贪虐，道路怨咨，情势汹汹，诚恐激而生变。应请旨饬下该省大臣，严行查办，据实参奏"。而且，此事仍将薛焕牵涉在内，"其（指金安清）经手安徽捐项，以多报少，至今款数未清，前经袁甲三奏请谕令该员赴皖核算。……该员不敢赴皖，潜至里下河地方避匿，复营求江苏巡抚薛焕，奏派江北总办捐输"[②]。显然，通过奏劾薛焕周围的人，目标还是直指薛焕，同时清除其身边势力。

当然，十月十六、十七日的参劾奏折能够产生显著效果，不能忽视清廷内部的变化。辛酉政变后，慈禧、奕訢掌权，加大重用在镇压太平天国中发挥作用的汉族官僚的力度，当月命曾国藩统辖四

① 此奏折，转见《曾国藩全集·奏稿三》，第1755—1756页。
② 此奏折，转见《曾国藩全集·奏稿三》，第1759—1760页。

省军务。当时，清廷面临的内外压力也是巨大的。对外在遭受英、法发动的第二次鸦片战争的沉重打击后，正面临英、法为首的西方列强要求扩大在华特权和利益的巨大外交压力；对内则因政变之后，从京师权力中枢到地方督抚大员，都需要重新洗牌。曾国藩是被慈禧、奕訢清洗的原权力中枢肃顺集团所器重的大员，那么在肃顺被杀后，如何对待曾国藩当然是一个重大问题。不过，当年咸丰帝与肃顺对曾国藩集团实施的就是利用与压控并重的手段，并非无条件的信任与推重，况且在这时绿营精锐损耗殆尽的情况下，新掌权的慈禧、奕訢等必须依靠曾国藩湘军承担对太平军作战的军事重任，北方中枢困难重重，对远在江南的曾国藩集团继续实施原有政策，甚至显出更为信任和器重之姿态，对于安抚内外危局，使曾国藩等汉族官僚能在危局中展现对清廷的"忠诚"，就尤为紧要。当然，这种"器重"的出发点，是需要他们的武力支撑，并不表明清廷对湘军集团武力和忠诚的绝对信任。

紧接着这一系列事件的是在咸丰十一年（1861年）十一月十五日清廷"准兵部火票递到咸丰十一年十月十八日内阁奉上谕"称："钦差大臣两江总督曾国藩，著统辖江苏、安徽、江西三省，并浙江全省军务，所有四省巡抚、提镇以下各官，悉归节制。浙江军务，著杭州将军瑞昌帮办。并著曾国藩速饬太常寺卿左宗棠驰赴浙江，剿办贼匪，浙省提镇以下各官，均归左宗棠调遣。"[①]同日，廷寄给曾国藩、闽浙总督庆端、福建巡抚瑞璸、江西巡抚毓科，再次明确曾国藩节制苏皖赣浙四省军务，饬即统筹兼顾，并命左宗棠赴

---

① 《清实录·穆宗毅皇帝实录》卷七，"咸丰十一年十月中"，第45册，第197页。

浙督办军务。① 显然这是问题的另一面，即清廷在湘淮集团夺取江苏、浙江巡抚之位的凌厉攻势面前，不为所动。但是，太平军发动的战局为曾国藩提供了有利条件和迫使清廷妥协的"权力"。

第二节　曾国藩的审慎与猛力出击

这一时期，太平军二次西征虽然失利，但在东线作战却获得重大进展。从1861年5月太平天国侍王李世贤率部攻入浙江，连克浙东、浙西重镇，到9月忠王李秀成由江西入浙，连战连捷，12月攻克杭州。在江苏一带李秀成展开军事逼压态势，再攻上海以切断清军饷源也迫在眉睫。清廷只能依靠湘淮集团做军事应对，不得不在江浙巡抚问题上做出妥协。

咸丰十一年（1861年）十一月二十日，清廷以廷寄的方式将咸丰十一年十月二十五日的上谕发给钦差大臣两江总督曾国藩："前因有人奏，江浙抚臣不洽舆情、玩视军务各节，业经谕令曾国藩秉公查奏。兹有人奏：江苏巡抚薛焕，自到任后，株守上海，莫展一筹，且收买宝玩，性耽曲蘖。并将丁忧候补盐运使金安清违制保奏，派伊劝捐。金安清于通泰设局，烜赫奢侈，逐户搜刮，怨声鼎沸。又有人奏，薛焕自办理通商以来，广通贿赂，时辇金银，赠遗权贵。浙江抚臣王有龄，不以克复为事，惟以暴敛为能各等语。江浙军务孔亟，全赖封疆大吏实力整顿，方能维持危局，保卫地方。如所奏情形，营私纳贿，惟顾身家，又安望其奠民生而扫贼氛

---

① 该廷寄，参见《曾国藩全集·奏稿三》，第1660—1661页。

耶？"该上谕要求"曾国藩将所参薛焕、王有龄、金安清各款，汇入前参各款内，一并秉公严密详查，据实复奏，毋稍徇隐。原折片著钞给阅看。曾国藩如果察看薛焕不能胜任，即遵奉前旨，迅速保奏数员，候旨简放。江苏巡抚现驻上海，所保之员，必得于军务、地方及外国事务均属相宜，方为妥协"①。

清廷随后又在咸丰十一年（1861年）十一月初五日发出上谕，于十一月二十二日廷寄钦差大臣两江总督曾国藩、安徽巡抚彭玉麟，令"曾国藩严密确查，汇并前案，据实参办"②。

曾国藩前后奉旨确查江苏巡抚薛焕、浙江巡抚王有龄，以及薛焕的部属金安清，相关上谕达四道之多，而曾国藩好像并不急于查清并回奏此事，以定事局。那么，他是要袒护薛焕、王有龄等人吗？当然不是。无论从所作所为还是其与湘军集团，尤其与曾国藩的关系来分析，薛焕、王有龄不仅不能在粮饷等方面支援曾国藩，反而多方给曾国藩以掣肘，薛焕耗费大量钱财组建洋枪队的同时，企图通过外国势力组建一支地方近代水师③，王有龄更是直接挖湘军的墙角，暗中拉拢李元度等。从曾国藩查访上奏的结论来看，曾国藩也绝不想保留这两位江浙抚臣与自己共事，而是必欲除之而后快。那么，是战事让曾国藩无暇查访参奏？似乎也不是，而且从战事的需要来说，清廷也终于准许曾国藩举荐适宜之人，后者应该尽

---

① 《清实录·穆宗毅皇帝实录》卷八，"咸丰十一年十月下"，第45册，第222页。
② 《清实录·穆宗毅皇帝实录》卷九，"咸丰十一年十一月上"，第45册，第243页。
③ 关于这一问题，国内外学者有所论及，参见［美］R.J.史密斯著，汝企和译：《十九世纪中国的常胜军——外国雇佣兵与清帝国官员》，北京：中国社会科学出版社，2003年，第14—15、30—55页；于醒民：《一八六二年亨利·华尔购买舰炮案》，《史林》1986年第2期。

快上奏才是正理。曾国藩之所以迟迟不上奏了结此事，主要原因还是奏参薛焕、王有龄的这些奏折，无论直接还是间接，与湘淮集团有关系，且都与他们谋求在战局中真正掌握江浙军政权力的战略部署有关，所以曾国藩在查看此前的参劾奏折上呈后各方面的反应，以决定自己的出手时机。我们再从曾国藩十一月二十五日回奏他查明事情原委的奏折——《查复江浙抚臣及金安清参款折》来分析，看看曾国藩的意图：

首先，曾国藩在奏折中将清廷所发出的四道上谕一一列出，固是显示他对朝廷谕命的尊重，更是在时间拖延较长的情况下要大家都看到参奏薛焕、王有龄一事的严重程度。[1]其次，在奏复薛焕、王有龄、金安清被参各人的情况时，表面上看似公正客观，对参折中的一些不确切之词，或一时无法查证之弹劾内容，都如实指出，不予确认。对二人某些方面的才能和政绩还予以肯定。但是，对参折中真正核心的部分皆予以坐实，结论也明显对被参者继续担任其职位不利。金安清在这一事件中，仅是为了坐实薛焕贪劣各款的附带被弹劾者，所以曾国藩对他的查证仅是简单说明参折内容"多相符合"。而薛焕、王有龄二人，则是真正的参劾目标。我们看看《查复江浙抚臣及金安清参款折》具体是怎么说的。

曾国藩在核查王有龄问题的奏折中，一开始肯定王有龄任江苏布政使时的"筹饷之才"，并似乎很能体谅他在担任浙江巡抚后的苦衷、困境，"臣查王有龄前任苏藩，其筹饷之才，为远近所推许。上年升任浙抚，适值金陵师溃、苏常并陷之时，败将逃兵，

---

[1] 曾国藩:《查复江浙抚臣及金安清参款折》,《曾国藩全集·奏稿三》,第1763—1765页。

萃于浙省，以万难整驭之卒，又素无统辖之权，时势之难，亦为远近所共谅"。但随即在奏折中就坐实其无能且贪婪之状：一是不谙军情，部署军务无方，"然使另练亲兵，裁汰疲卒，亦未始不可以主而制客，转弱而为强。王有龄不谙军情，但求速效，整理尚未就绪，即催令进围嘉兴，且言嘉郡即日可克。臣于去夏颇以为虑，曾奏明嘉兴师疲，恐生他变"；二是无能节制辖下兵将，奖罚无度，"厥后嘉兴果败，王有龄不能严参以治罪。严州贼退，又复冒奏以饰功。于是将领狎而生玩，兵勇败而转刁，遂成不可制之象矣。逮至本年金华之失，兰溪之陷，兵团仇杀而不能究，弁勇抢掠而不敢问。谕旨所询，动受张玉良等挟制，系属实在情形"；三是无抚缉官绅之能，从"筹饷之才"变为"筹饷毒瘤"，"今则贼氛环逼，饷项久亏，即使杭省幸而保全，而数万败军亦断非王有龄所能管辖。自去夏以来，浙饷月需三十余万，大率取之宁波、绍兴，输将不为不尽力，绅士不为不竭诚。乃王有龄奏参团练大臣邵灿，立予罢黜，其下委绅数人，皆革职永不叙用。其所参者，并非军旅之大端，但争体制之末节，以致宁、邵众绅，各怀公愤，痛恨次骨。外间相传有杭兵不许守绍，绍饷不准入杭之说。驯至绍郡沦陷，杭省围困，皆由官绅水火之所致。谕旨所询'舆论哗然'者，或由于此"；四是私党朋比，掊克夤缘，朘削中饱等情弊，"近年苏、浙官场陋习，以夤缘钻刺为能，以巧猾谲诈为才。王有龄起自佐杂微员，历居两省权势之地。往年曾带浙员赴苏，去岁又带苏员赴浙，袒庇私党，多据要津，上下朋比，风气日敝。其委员派捐，但勒限以成数，不复问所从来。委员既取盈于公数，又欲饱其私囊，朘削敛怨，势所不免。谕旨所询'属吏多贪鄙之徒，但以掊克夤缘为事’，证以臣之所闻，殆非无因”。在这道奏折最后，曾国藩还不忘显示一下他的客观公正：“至抄阅折内所称：捐输之人，作为三分：一济军饷，一充私橐，一为交结馈遗之用。该抚籍隶福建，运金归里等语。非调查卷宗，明察暗访，不能悉其底细。臣处相隔较远，道途久梗，尚无所闻。此遵查王有龄之大略情节也。”①

对薛焕，曾国藩采取了同样的策略，先是肯定清廷看重的薛焕此前展现的能力，“江苏巡抚薛焕，前在苏州府任内，颇著循声。在上海道任内，办理关税及外国事宜，亦臻妥协”。但随即在奏折中就强调薛焕出任江苏巡抚后剿贼不力，且信任之部多系朝廷禁用的广勇，纵兵扰掠，商民怨愤：及擢任巡抚，驻扎上海，陆续募勇四万余人，每月糜饷二十余万，不能专办一路之贼。江苏所存地方，惟镇江、扬州两处尚据形势，该抚未尝亲至两郡一行，又不能多济饷项以联声援。上年夏间，薛焕奏请通饬各路，禁用广勇。而该抚信任之曾秉忠、冯日坤等所部，多系广勇，纵兵扰掠，商民怨愤。曾秉忠之勇，抢劫洋船，酿成巨案；冯日坤之勇，在金山围杀绅首、团勇多名，目无法纪，薛焕莫可如何。沪城绅民，既畏贼踪之环逼，又虞兵勇之肆掠，日夕惊惶，不获安处。谕旨所询‘带勇非其所长，株守上海，莫展一筹，三十里外即有贼垒’等语，臣之所闻，大约相符。”该奏折又点明薛焕所援引之人“类多夤缘之辈”，并点明金安清等人的具体情状，自苏、常失陷，各县镇市流离转徙，萃于上海一隅，又为西洋各国交汇之所，人民如海，财货如山。中外商贾，文武员弁，肩摩毂击，昼夜喧嗔。地少员多，人

---

① 《曾国藩全集·奏稿三》，第1765—1766页。

浮于事，每有差委，不能不由营求而得。或并无可派之差，亦谋为位置之法，辄复添一捐目，给一委札。其官职较大者，如奏派金安清总办饷局，奏免前藩司蔡映斗、首府吴云失守罪名，且委吴云总办捐局。此数人素工应酬，不惬人望，其所援引之人，类多夤缘之辈。谕旨所询'官吏奔竞如常'，殆即此类也"。曾国藩奏折中最后还专门论及薛焕不思报效皇恩，在上海日享安富、娱情古玩，以及失银之案、馈遗之罪状："上海既繁盛异常，苏州之书籍、字画，自贼中贩卖而出，亦充积市肆之中。薛焕设立书画局，多延画工，购买名迹。谕旨所询'日享安富、娱情古玩'者，与臣之所闻相同。……风闻薛焕九年由臬司进京，途次有失银之案，在京有馈遗之情。"①

对于薛焕，曾国藩还特别痛恨他设立筹饷总局，在江苏办饷，严重阻碍了自己在两江地区筹饷的意图和举措，并且，薛焕并不积极供给曾国藩军的粮饷，而为薛焕在江苏具体办饷的人员是金安清。因此，他对为薛焕"总办饷局"的金安清也绝不放过："金安清才略颇优，而物议最劣，应请旨即行革职。撤去筹饷差事，不准仍留苏境。"②意谓有才无德不可用，再次剑指薛焕。清廷明谕允准，金安清"先行革职，并著吴棠押赴袁甲三军营销算款项"③。

曾国藩对王有龄、薛焕的处置建议是："苏、浙财赋之区，贼氛正炽，该二员似均不能胜此重任。应否降革之处，出自圣主

---

① 《曾国藩全集·奏稿三》，第1766—1767页。
② 《曾国藩全集·奏稿三》，第1767—1768页。
③ 《清实录·穆宗毅皇帝实录》卷一四，"咸丰十一年十二月下"，第45册，第389页。

鸿裁。"①

对于江浙抚臣的人选，曾国藩为首的湘淮集团已有针对战局和江浙权力控制格局的较为系统的考虑，尚在咸丰十一年（1861年）七月中旬，原江苏布政使署理湖南巡抚毛鸿宾就在奉旨统筹东南大局，审地势、察人才时，荐请授左宗棠封疆重任。②此前，奏参薛焕、王有龄的奏折，不排除湘淮将帅与上奏臣工有沟通，上折大臣已经具体地提到左宗棠可带一支湘军援浙江，并可代王有龄出任浙江巡抚的建议，咸丰十一年十二月（1862年1月）清廷命左宗棠速援杭州，并授权他调度节制浙江和援浙诸军，自行奏报军情。对更换浙抚之议则不予理睬。③对于江苏，清廷曾命曾国藩奏荐江苏巡抚："曾国藩如果察看薛焕不能胜任，即遵奉前旨，迅速保奏数员，候旨简放。江苏巡抚现驻上海，所保之员，必得于军务、地方及外国事务均属相宜，方为妥协。"④曾国藩随即保举李鸿章才堪重寄，可为江苏巡抚人选。但是，清廷根据自己的战略考虑，当时仅是这样安排的："道员李鸿章既据察看其才可胜重寄，著照所拟，即饬督带水军，并再由曾国藩拨给陆军六七千，驰赴下游。"显然，只是同意了曾国藩上奏中的部分内容，也即对清廷有利的部分，让李鸿章负责江苏援剿。而在江浙巡抚的配备上，清廷却以战局、对外交涉为由，暂不考虑二人的撤换问题：

---

① 《曾国藩全集·奏稿三》，第1768页。
② 中国第一历史档案馆编：《清政府镇压太平天国档案史料》第23册，第371页。
③ 曾国藩：《左宗棠定议援浙请节制广徽饶诸军并自行奏报军情折》，《曾国藩全集·奏稿三》，第1664—1666页；《清实录·穆宗毅皇帝实录》卷一二，"咸丰十一年十二月上"，第45册，第328页。
④ 《清实录·穆宗毅皇帝实录》卷八，"咸丰十一年十月下"，第45册，第222页。

曾国藩遵查王有龄各款，持论平允。惟王有龄困于危城，左宗棠尚须赴救，一时骤难更换。鲍超之军，仍著迅攻宁国，以牵贼势。薛焕被参各款，亦经该大臣查明得实。上海系僻处一隅，该大臣所筹苏抚应于镇江驻扎之处，于地势军情极得要领。道员李鸿章既据察看其才可胜重寄，著照所拟，即饬统带水军，并再由曾国藩拨给陆军六七千，驰赴下游。诚如所奏，北可联络淮、扬，南可规复苏、常，扼金陵之背，与该大臣搤吭之师，相为策应，实中机宜。薛焕现在办理通商等事，一俟可以移交，再降谕旨，或令其专办外国事宜，分别交替。①

对于曾国藩奏查复薛焕等人贪劣之情，清廷到了同治三年（1864年）四月在上谕提及时还说："至薛焕巡抚任内被参各款，前此业经曾国藩查明复奏，尚无实据。"②显然仍在祖护薛焕，表现出对迫于战局压力，顺湘军集团之请换苏抚的不甘。

湘淮集团还未达到由湘淮人物出任江苏巡抚的目的。虽仍无证据显示与湘淮集团有直接关系，但在同治元年（1862年）二月，又有御史再次奏参薛焕"不以军务为重，恣意营私"，三月十三日，清廷谕命曾国藩"将所参各款，秉公详查，据实具奏"③。至此，湘淮集团方才在这次权力斗争中收获一定胜果。同治元年三月，"上命道员李鸿章署江苏巡抚，焕以头品顶戴充办理通商事务大臣"。按制，江苏巡抚一般兼办理通商事务大臣，清廷虽然出于战局的考

① 《清实录·穆宗毅皇帝实录》卷一三，"咸丰十一年十二月中"，第45册，第344页。
② 《大臣画一传档后编九·薛焕》，《清史列传》卷五三，第4194页。
③ 《曾国藩全集·奏稿四》，长沙：岳麓书社，1988年，第2149—2151页。

虑，向弹劾薛焕的势力妥协，任命李鸿章署理江苏巡抚，但是并未给予李鸿章以江苏巡抚应得的所有权力，而是仍令薛焕分享部分权力。而接管江苏所有权力，包括通商权力，以与外国接触，获得外国势力在军械甚至人力上的支持，显然是曾国藩、李鸿章的盘算之一，因此，仍盘踞上海的薛焕，就是湘淮势力要进一步扫除的障碍。于是，"有言焕增兵糜饷及借兵外国为非者"，而在江苏，在曾国藩、李鸿章的排挤之下，薛焕诸事扞格，也不得不自请裁撤。同治元年五月十七日，上谕命曾国藩等人议商，曾国藩很痛快地在六月初六日上《议复兼摄通商大臣折》，进一步暗示清廷应撤换薛焕。[①]最终，清廷不得不在十二月"命焕来京，另候简用"[②]。而实际上，李鸿章执掌江苏一省权柄之后，所做的事情也是增兵、筹饷、借兵外国。

而作为江浙抚臣，薛焕和王有龄也没有坐以待毙，在为清廷的军务和筹饷方面也是竭力建功，以期扭转自身在权力斗争中的颓势。其实，在湘淮集团发动攻势之前，薛焕、王有龄就有许多针对湘淮集团的动作，企图分化、拉拢湘淮带兵将领。王有龄在此前，利用李元度战败被曾国藩奏参，有离心倾向之机，将他拉到自己手下，只是因受各种阻挠，李元度暂时无法率兵赴浙江。李元度事件发生后，王有龄知道曾国藩集团必然会寻找机会打击自己，把自己排挤出浙江。他自知职位难保，便努力在湘军中寻找接替自己的合适人选，并找到了左宗棠。王有龄对人表示："一年以来，失地丧师者屡矣，若再不知难而退，则大局不堪设想。近看各路统兵大员，

---

① 《曾国藩全集·奏稿四》，长沙：岳麓书社，1988年，第2358—2360页。
② 《大臣画一传档后编九·薛焕》，《清史列传》卷五三，第4193、4194页。

如左季高京堂，有胆有识，为贼所畏惧，能得其抚浙，则桑梓之邦军务定有起色。"① 当然，也不排除王有龄在太平军大军压境之下，想全身而退的想法，但这不是清廷的意图，清廷并未立即更换浙抚。

咸丰十一年到同治元年（1861—1862年）发生的这一场争夺，最终还是因战争形势推动，使湘淮集团一定程度上达到了目的：安徽由李续宜任巡抚；李鸿章任江苏巡抚，但是通商大臣仍由薛焕担任；王有龄战死后，左宗棠任浙江巡抚；江西是沈葆桢任巡抚。从面上来看，似乎曾国藩的筹划得以实现，但是，经过清廷长时间的阻挠，多方牵制下，四大巡抚的气势已经被消磨很多，在江浙地区的控制力争夺上还出现超乎曾国藩等人意料的复杂局面。

其实，清廷为应对可能到来的湘淮将帅占据沿江督抚职位的局面，预先也有所筹划。在咸丰八、九年（1858—1859年）之后，清廷在几个重点地区督抚人员中都做出安排，以牵制湘军集团。在湖广地区，由于胡林翼、骆秉章久居湖北、湖南巡抚，因此，清廷便以官文久居湖广总督之位，监视并牵制他们。两江地区，尤其在曾国藩任两江总督后，江苏巡抚为非湘系的薛焕，安徽巡抚则是根据战争形势，由湘军人物和清廷信重之员交替占据。江西本来也是由清廷安排的人员任巡抚，同治元年开始由沈葆桢担任江西巡抚。但是，这恰恰是清廷实施"众建督抚而分其力"② 等分化策略甚见效果的时期和地区——沈葆桢与曾国藩并不能协力同心，而是围绕筹饷等问题矛盾很大；沈葆桢之后任赣抚的刘坤一，与曾国藩等其他湘军派系也较

① 《王有龄致吴煦函》（1861年5月3日），太平天国历史博物馆编：《吴煦档案选编》第2辑，南京：江苏人民出版社，1983年，第48页。
② 邱涛：《咸同年间清廷与湘淮集团权力格局之变迁》，第138—154页。

为疏远。在闽浙地区，清廷显然对湘淮人物的性格、来历等情况摸得很清楚，明了左宗棠与前督抚大员陶澍、林则徐的关系，因而对左宗棠似乎比较信任一些。对此，曾国藩也是知道的，故在咸丰十一年（1861年）末杭州城破和王有龄死后，立即"密疏荐公（左宗棠）巡抚浙江"，就是想抢在清廷借机卖好之前拉拢左宗棠。同时，曾国藩致函左宗棠说："浙江竟于十一月二十八日失守，六十万生灵同遭浩劫，天乎酷哉！弟于二十五日复奏统辖浙江军务，已附片密请简阁下为浙江巡抚。无论是否俞允，目下经营浙事，全仗大力，责无旁贷。"[1]因此，闽抚和浙抚的安排也是着意为之。至于其他省份，如广西巡抚在咸丰十年（1860年）闰三月到同治元年（1862年）闰八月由刘长佑担任后，除同治六年（1867年）郭柏荫署桂抚，未成行即留署江苏巡抚外，长时期都是由非湘淮系人物担任，只是在同治十年（1871年）以后，清廷重新控制局面，才陆续由降调之刘长佑、严树森以及涂宗瀛等湘淮人物担任。[2]

第三节　同治二年以后围绕江浙督抚职位的权力斗争

清廷与湘淮集团围绕两江地区的权力之争，是双方在沿江省份控制力争夺的焦点之一。江南为财赋之区，也是攻剿太平天国的重要战区之一，先后担任江浙督抚的薛焕、王有龄、吴棠、乔松年、

---

① 罗正钧编：《左文襄公年谱》卷二，湘阴左氏光绪二十三年刊本，第44页；曾国藩：《复左宗棠》（咸丰十一年十二月十二日），《曾国藩全集·书信三》，长沙：岳麓书社，1992年，第2373页。
② 有关人员任职变迁的情况，参见钱实甫编：《清代职官年表》第2册，第1703—1718页。

马新贻等人与湘淮集团的权力争斗中，在各个时期均有典型事件。前述清廷及其在这一地区的代理人薛焕、王有龄与湘淮集团在江浙地区的斗争情况即是如此。吴棠和马新贻则是薛焕、王有龄之后，清廷在两江和闽浙陆续布置牵制湘淮集团的力量。

吴棠与慈禧太后有私谊。他长期在江苏任职，清道光二十九年（1849年）补江苏桃源县知县，咸丰十一年（1861年）擢江宁布政使，兼署漕运总督，督办江北粮台。其后，吴棠出任封疆之地皆是对湘淮集团很重要的江苏、广东、浙江、福建、四川等地。他在同治二年（1863年）十一月署江苏巡抚，四年（1865年）二月调署两广总督，五年（1866年）八月调补闽浙总督，同治六年（1867年）十二月调四川总督。[①] 在江苏作为战局重点，也是湘淮集团逐渐形成盘踞之势时，吴棠受命为江苏藩、抚，李鸿章署两江总督后，他代替李鸿章推荐的署抚刘郇膏，署理江苏巡抚，而清廷借机将湘淮人物调离，形成清廷控制江苏的局面。同治六年，吴棠又为清廷打击湘淮人物立功，"十一月，总督瑞麟疏劾益澧任性妄为，列款入奏，命闽浙总督吴棠查办。吴棠奏称：'蒋益澧久历戎行，初膺疆寄。到粤东以后，极思整顿地方，兴利除弊。惟少年血性勇于任事，凡事但察其当然，而不免径情直遂，以致提支用款，核发勇粮，及与督臣商酌之事，皆未能推求例案，请交部议处。'寻议降四级调用，上改为降二级，以按察使候补，发往左宗棠军营差委"[②]，湘系将领蒋益澧因此丢掉广东巡抚之职。《清史列传·吴棠传》也记载："六年十一月，以两广总督瑞麟疏劾广东巡抚蒋益澧、

_____

① 《大臣画一传档后编九·吴棠》，《清史列传》卷五三，第4202—4206页。
② 《大臣画一传档后编六·蒋益澧》，《清史列传》卷五〇，第3920页。

署藩司郭祥瑞等朋比各款，棠奉命赴广东会同将军庆春覆查得实，益澧等下部严议。"①

吴棠作为清廷牵制湘淮集团的重要棋子，在牵制湘淮集团揽权、打击湘军人物方面所起的作用，湘淮集团成员内心是很明白的。在湘淮集团掌控着战局的时候，为了不进一步引起清廷的疑忌，曾国藩、李鸿章等人对吴棠采取的主要是常规的防范措施。但随着国内战争的结束，湘淮集团的作用和地位难免呈下降趋势，而吴棠的举动无疑是雪上加霜，尤其是他不仅实施牵制，还逐渐站到打击湘淮人员的前列。因此，湘淮集团就不能容忍，开始对这一枚清廷的重要棋子实施打击。同治六年（1867年）十二月，吴棠调任四川总督后，同治八年（1869年）五月湘系云贵总督刘岳昭"疏劾棠眷属抵川时，役夫三千余名，仆从需索门包，属员致送规礼，荒谬贪污，物议沸腾等款"②，清廷谕令湖广总督李鸿章驰往确查。李鸿章先是迎合清廷打击湘军集团的策略，提升清廷对自己的信任度，在同治八年十月初三日（1869年）复奏说："吴棠自为江苏州县，有循吏之目，迨荐擢封圻，惕厉数省，官声尚好，僚属皆知，何至一旦有此悖谬之举，想在圣明烛照之中。然浮言之所由兴，则亦有故。近年川省官场习气，颇尚钻营，遇有大吏新任，多方尝试，稍不如意，则编造竹枝词等私行散布，……臣访闻吴棠履任后，广收呈词，严批痛斥，派员分赴各属查禁私设班馆，饬裁州县夫马局，捐费多用正途而少用捐班，此皆应行整顿之事，殊于贪官猾吏不便，遂造言腾谤以倾之，此等风气最为地方人心之患。……臣详查事实，密察舆论，该督被参各款，

---

① 《大臣画一传档后编九·吴棠》，《清史列传》卷五三，第4206页。
② 《大臣画一传档后编九·吴棠》，《清史列传》卷五三，第4207页。

毫无证据。"①于是清廷发出上谕："川省吏治防务，均关紧要。吴棠务当振刷精神，力筹整顿，毋稍瞻顾贻误。刘岳昭于所参吴棠各节，并未详查虚实，辄以传闻无据之词，率行入奏，实属不合，著传旨严行申饬。"②李鸿章也并未放过吴棠，"复以御史张沄等奏参道员钟峻等包揽招摇，棠任用之幕友彭汝琼系奉旨饬令回籍之员，经李鸿章查实奏入"③。清廷不得不下谕"著交部照例分别议处。寻吏部议，崇实、吴棠均照上司滥邀属员充当幕友进署办事私罪例革职。得旨，均著加恩改为革职留任"④。在这一事件中，李鸿章先打击了湘系，后又打击了吴棠，可谓一箭双雕。

马新贻长期在安徽战区任职，是在残酷的战争环境中"成长"起来的非湘淮系地方大员。他从道光二十七年（1847年）以进士分发安徽以知县即用，"咸丰二年补建平县知县。寻署合肥县知县。……（六年）十二月，补安庆府知府。七年七月，调庐州府"，后在署按察使任上革职留任。他追随袁甲三、翁同书等，并深得信任，"（咸丰）十年，钦差大臣袁甲三奏新贻督练助剿，著有微劳，请开复革职留任处分"⑤。咸丰十一年（1861年）二月，"翁中丞（翁同书）以公（马新贻）深得民心，为皖省第一贤员，特疏保奏，请开庐州府缺，以道员用，暂留军营差委"⑥。清廷"均从之"。可见，

① 李鸿章：《查复吴棠参案折》，《李文忠公全集·奏稿》卷一五，光绪三十一年金陵刻本，第45页。
② 《清实录·穆宗毅皇帝实录》卷二六九，"同治八年十月下"，第50册，第724—725页；《大臣画一传档后编九·吴棠》，《清史列传》卷五三，第4207页。
③ 《大臣画一传档后编九·吴棠》，《清史列传》卷五三，第4207页。
④ 《清实录·穆宗毅皇帝实录》卷二六九，"同治八年十月下"，第50册，第725页。
⑤ 《大臣画一传档后编五·马新贻》，《清史列传》卷四九，第3835页。
⑥ 马新祐编：《清马端敏公新贻年谱》，台北：台湾商务印书馆，1978年，第18页。

马新贻长期在八战之地安徽任职，这一时期清军在安徽的势力分为湘军、安徽巡抚翁同书、团练大臣袁甲三等三股，马新贻并未依附湘系，而是先后追随翁同书、袁甲三，清廷对他也是颇为眷顾，认为本身有一定实力，清廷能用以牵制湘系的人员。同治二年（1863年）三月，因"叠著战功"，马新贻以记名道擢升安徽按察使，九月迁安徽布政使。清廷甚至安排马新贻在巡抚李续宜开缺后统领包括湘军在内的安徽驻军："（同治二年）九月初一日安徽藩司马新贻奉旨暂统临淮官军。"[①]同治三年（1864年）九月马新贻升任浙江巡抚，从此就在湘淮集团经营颇力的江苏、浙江等省份任职。同治六年（1867年）"擢闽浙总督，七年七月，调补两江总督。八月，命充办理通商事务大臣"[②]。随即，马新贻就安插本系得力干员进入曾国藩湘系势力盘踞的两江权力系统，"十月，奏调候补道孙衣言、山东候补道袁保庆、安徽候补知县桂中行前赴两江备差委，得旨俞允"[③]。他熟悉安徽、江浙等战区情况，在战争中得到历练，又不依附于湘淮集团，显然是清廷在两江牵制、挤压湘淮势力的重要人选。但是，马新贻出任两江督臣仅两年，就在同治九年（1870年）"七月二十六日巳刻，校阅甫毕，由偏门步行回署，突有不识姓名人伪作跪状，持刃行刺，各将领奔救，已伤公胁肋。深入数寸，扶归正寝，至二十七日未刻薨逝"[④]，而因天津教案"外惭清议，内疚神明"，又困于直隶总督任上的曾国藩得以回任两江。不管马新贻

① 《清实录·穆宗毅皇帝实录》卷六二，"同治二年三月中"，第46册，第193页；黎庶昌：《曾文正公年谱》卷八，传忠书局光绪二年刊本，第23页。
② 马新祐编：《清马端敏公新贻年谱》，第65页。
③ 《大臣画一传档后编五·马新贻》，《清史列传》卷四九，第3837页。
④ 马新祐编：《清马端敏公新贻年谱》，第93页。

被杀是否与湘淮集团有关，但毕竟客观上给了正处于清廷严厉打压下的湘淮集团以喘息之机。

马新贻被刺杀后，大学士曾国藩由"久困之地"的直隶返任两江总督，协办大学士李鸿章由湖广总督调任直隶总督，浙江巡抚李瀚章署理湖广总督，不久实授，浙江巡抚由浙江布政使杨昌濬署理，不久也实授。至少在客观上，马新贻之死为湘淮势力重新占据江浙提供了机会，难怪清廷会疑心刺杀马新贻是湘淮势力的举动。

在马新贻事件上，清廷对湘淮集团的疑忌，可从曾国藩在这一时期的日记中看出：

> 同治九年八月初四日。接奉廷寄，马谷山被刺客戕害；余调两江总督，李少荃调直隶总督。……九月二十六日。巳正三刻，入养心殿之东间，叩谒皇太后、皇上圣安，旋即叩头恭谢天恩。西太后问曰："尔何日自天津起程？"对："二十三日自天津起程。"……问："尔右目现尚有光能视？"对："右目无一隙之光，竟不能视。左目尚属有光。"问："别的病都好了么？"对："别的病算好了些。"问："我看你起跪等事，精神尚好。"对："精神总未复原。"问："马新贻这事岂不甚奇？"对："这事很奇。"问："马新贻办事很好！"对："他办事和平、精细。"旋即退出殿门以外……。①

清廷疑心这是曾国藩等为重回两江的举动，必然会对湘淮集团

---

① 《曾国藩全集·日记三》，长沙：岳麓书社，1989年，第1771、1780、1786—1787页。

极力谋求长期占据两江地区产生极大的警惕，也必然会采取相应的牵制措施。

作为两江地区重要组成部分的安徽，是清军攻剿太平军和捻军的重点地区，湘淮集团渐成盘踞之势时，同治二年（1863年）十月，清廷任命乔松年为安徽巡抚，他所取代的原湘系巡抚唐训方则降调为布政使，后更以满员英翰为安徽布政使，使清廷能更有力地控制安徽的局面。随后在同治四、五年（1865—1866年），陕西成为攻剿捻军和回民起事的重要战区之后，清廷借军事不利，将陕西巡抚、湘军成员刘蓉降一级调用，因军事需要，只能命刘蓉暂署陕西巡抚，而在安徽局面进一步稳定之后，同治五年八月初，清廷命英翰为安徽巡抚，调乔松年任陕西巡抚[①]，取代刘蓉。乔松年到陕后，屡屡奏调员弁到陕差遣，以逐步肃清刘蓉在陕西经营起来的势力。[②]后清廷"以捻寇奔驰陕境，复诏蓉领军，助巡抚乔松年御之。十一月甲戌，蓉军方屯霸桥，捻寇卒至，湘军无统将，又闻其帅与新抚龃龉，固无战心"[③]。乔松年也上奏抱怨陕西兵勇作战不力，屡请调皖军赴陕，可见他与刘蓉的矛盾："各路统兵大臣必以为秦军纵不能杀贼，定可堵贼，其来援皆较缓。讵知秦中兵勇堵剿捻匪，已形吃力，倘回、捻交讧，则更不能支。……臣再三筹度，非急调淮皖大支劲旅来援，实不足以御侮折冲。"[④]随着乔、刘矛盾的激化，

① 乔松年：《谢调授陕西巡抚恩折》（同治五年八月二十二日），乔联宝编：《乔勤恪公奏议》卷一一，强恕堂光绪年间刻本，第45页。
② 乔松年：《恭报交卸皖抚赴陕履任并请带员差遣折》《调员差遣片》，《乔勤恪公奏议》卷一二，第1—2、4、12页。
③ 王闿运：《湘军志·川陕篇第十三》，《湘绮楼诗文集》，第756页。
④ 乔松年：《沥陈陕省危急情形请调大支劲旅折》（同治五年十一月廿一日），《乔勤恪公奏议》卷一二，第7—8页。

二人相互攻击。同治六年（1867年）正月，清廷回护乔松年，"降旨将刘蓉革职，令其毋庸留陕"①。

因此，乔松年在两江重地安徽和陕甘之陕西，既为清廷在战局中发挥作用，又为清廷钳制湘淮集团在安徽、陕西的控制力发挥重要作用。

第四节　清廷在同治初期江浙权力争夺中的攻守进退

两江地区，自攻陷太平天国天京后，已是曾国藩湘系控制的腹地，也是清廷必须重新掌控的财赋之地，故清廷的部署往往有多重目的。

同治四年（1865年）五月初三日，清廷为了剿捻的需要，命两江总督曾国藩"赴山东一带督兵剿贼"，"两江总督著（江苏巡抚）李鸿章暂行署理"也似乎顺理成章，其实是符合这时清廷"以淮制湘"思路的，也即多暗含了一重目的。仅仅四个月之后，九月初六日清廷又颁上谕，"曾国藩现在徐州调度，正当吃紧。若复令分兵进驻豫西边境，实有鞭长莫及之势。……但河洛现无重兵，豫省又无著名宿将可以调派。该处居天下之中，空虚可虑"，命李鸿章"亲自督带杨鼎勋等军驰赴河洛一带，扼要驻扎，将豫西股匪迅图扑灭"，而命清廷信任的漕运总督吴棠接替李鸿章的署理两江总督之职，"至两江总督事繁任重，李鸿章带兵出省，不可无人署理。吴棠办事认真，且在清淮驻守有年，于军务亦能整顿，即著吴棠署

---

① 《清实录·穆宗毅皇帝实录》卷一九四，"同治六年正月上"，第49册，第470页。

理两江总督"①。需要指出的是，吴棠署理两江总督一事，清廷并未谕命带兵在外的两江总督曾国藩议奏，而是清廷独断。

同治五、六年（1866—1867年）以后，清廷对包括湘淮督抚的封疆大吏的人事黜陟权力，逐步重新纳入清朝权力规制中。在两江地区，曾国藩在同治六年虽从剿捻前线返任两江总督，但背负剿捻不力的名声，威势顿减，更在同治七年（1868年）时被清廷调离盘踞达9年的两江总督之位，出任直隶总督，又并未像他的继任者李鸿章那样兼任三口通商大臣。两江总督由清廷信重人员马新贻担任，负责强力弹压湘军在两江的势力。两年后的同治九年（1870年），曾国藩返任两江总督时，已是一个背负天津教案处置不力骂名的衰惫老人，他作为湘淮集团精神领袖的形象已然死去，也不复凭借湘军在两江势力继续做强势督抚的精气，而只是清廷稳定湘系留住人员甚众的两江局面的一枚棋子而已。②至此，清廷在两江地区收复权力控制的部署，获得重大成效。

在浙江，浙江巡抚左宗棠在同治二年（1863年）三月升任闽浙总督后，由江苏布政使曾国荃升任浙江巡抚，留办江宁军务，即不赴浙抚任，仍负责围攻天京，而命左宗棠兼署浙江巡抚。同治三年（1864年）六月攻陷天京之后，曾氏兄弟中的曾国荃首当其冲成为清议、弹劾的对象，也是清廷收拾曾国藩嫡系湘军的首要对象。最

---

① 《清实录·穆宗毅皇帝实录》卷一三八，"同治四年五月上"，第48册，第236—237页；卷一五三，"同治四年九月上"，第48册，第586—587页。

② 《清实录·穆宗毅皇帝实录》卷二八三，"同治九年五月下"，卷二八四，"同治九年六月上"，第50册，第919、921页；《曾国藩全集·奏稿十二》，第6984、7013页。曾国藩在天津教案中备受打击的情况，参见邱涛：《同光年间湘淮分野与晚清权力格局变迁（1862—1895）》，北京：社会科学文献出版社，2018年，第141—169页。

终清廷允准曾国藩之"请求"，九月浙江巡抚曾国荃以病免职。[1]在此之前，同治二年三月左宗棠已升任闽浙总督，节制广东、浙江、福建三省军务。这时，清廷对镇压太平天国之后于左宗棠究竟是采取扶植还是压制政策尚未明确，故概不接受湘系或淮系的人员推荐，同治三年（1864年）九月初四日直接任命原安徽布政使马新贻为浙江巡抚，以牵制湘淮督抚。马新贻不仅在浙江巡抚任上是清廷牵制湘淮集团的棋子，后迁两江总督，更是清廷用来遏制留在两江地区的湘军势力的重要力量。[2]

同治五年（1866年），左宗棠由闽浙总督改任陕甘总督，承担起镇压陕甘回民起事和收复新疆的军事重任之后，清廷任命马新贻为闽浙总督，浙江巡抚则由李鸿章之兄李瀚章担任，利用这时已明显的湘淮派系矛盾消除左宗棠在浙江的势力和影响。后来，清廷在明确了扶植左宗棠的策略后，为使左宗棠安心在西北作战，保证其饷糈供给，才重新任命左系人员担任闽浙一带的督抚，同治八年十二月，左宗棠系的浙江布政使杨昌濬署理浙江巡抚，同治九年（1870年）八月初三日实授。而湘军曾国藩系在闽浙一带的影响和势力，则被基本肃清。[3]清廷在闽浙地区通过所谓"扬左抑曾"，为其对地方势力采取重点抑制政策，实施在湘淮集团内部重点抑制，打击实力与影响力最大的曾国藩嫡系的策略，而扶植湘军集团内部

① 《清实录·穆宗毅皇帝实录》卷一一四，"同治三年九月上"，第47册，第536—537页。
② 《清实录·穆宗毅皇帝实录》卷六一，"同治二年三月上"，第46册，第192页；卷一一四，"同治三年九月上"，第47册，第537—538页。
③ 《清实录·穆宗毅皇帝实录》卷二七二，"同治八年十二月上"，第50册，第772页；卷二八八，"同治九年八月上"，第50册，第981页。

左宗棠等其他派系，在湘军和淮军集团之间造成制衡均势，使他们各树一帜而不相统属，对确立"湘淮分立"、便于清廷操控的格局，迈出了重要的一步。

第六章
同光之际"湘淮分立"格局的调控路径

　　太平天国运动被镇压前后，清廷为了稳固自己的统治，已对依恃军功的地方势力采取重点抑制的政策。特别是随着太平天国和捻军战争后期淮军集团的逐步形成，"湘淮分立"格局的成形，无论这是清廷实施"扬淮抑湘"策略的结果，还是清廷采取"扬李抑曾"或"扬左抑曾"策略的结果，应从政策演变的动态过程来认识清廷策略的变化过程。①另外，过往研究有一些模糊认识：曾国藩湘军如此势盛，为何淮军一起，地方"尾大"之势就向淮系集团倾斜？清廷真的无法控制局面吗？确切说，清廷在仍需利用湘淮集团维护其统治的情况下，对其中实力和影响力最大的曾国藩嫡系采取抑制打击的策略，而对淮军集团和湘军集团其他派系，在一段时

---

① 龙盛运：《湘军史稿》，第289—293页；朱东安：《曾国藩传》，天津：百花文艺出版社，2001年，第231—250页；朱东安：《曾国藩集团与晚清政局》，第31—33页。学界对湘淮权力格局和调控路径的认识，往往将扶淮抑湘、扬淮抑湘、裁湘留淮、扶李抑曾、扶左抑曾等观点，与"湘淮分立"一起，笼统认为是清廷对湘淮集团的调控路径，而较少做出格局和调控路径的区分。而且，本章所谓"湘淮分立"格局，绝非简单的湘系与淮系分立而已。

期内轮动采取扶植策略，使他们各树一帜而不相统辖，取代曾国藩一人独尊的局面。本章依据史料，对这种在湘系之外扶植淮系，同时在湘系内部扶植与曾国藩矛盾较深的派系，结合各省区权力的布局，"湘淮分立"格局的成形过程，做出细化的研究。

第一节　同治时期李鸿章淮系势力稳步增长与
清廷在两江的部署

自咸丰十年闰三月（1860年4、5月间），清军绿营精锐组建的江南大营被太平军攻破后，清廷不得不在镇压太平军的地区倚重曾国藩、左宗棠、李鸿章等汉族官僚及其建立的湘军、淮军，也不得不授予一批湘淮将领以封疆大权。清廷中央集权专制统治一度受到较大冲击。但是，清廷在不得不倚靠曾国藩等汉族官僚武装力量支撑危局、反败为胜的过程中，并未坐视地方权势的扩张，而是采取了一系列政策措施，防范出现地方权重的局面。更重要的是，以慈禧为首的清最高统治集团颇能审度时势，根据不同局势采取相应措施，在太平天国战争各个时期不断寻找施展政治手段的震慑之机，尤其在攻陷天京前后的同治三年六月（1864年7月），曾国藩排斥李鸿章淮军、左宗棠老湘营等，独占攻陷天京的战功，但攻陷天京后一系列政治和军事态势的变化，使曾国藩面临艰窘局面，也使清廷与曾国藩湘军集团的关系骤然紧张，彼此均在揣摩对方的政治和军事意图，对清廷而言，时机亦骤现。

一、同治初期清廷利用湘淮内部矛盾实施"扶淮抑湘"策略

在镇压太平天国运动后，清廷与曾国藩集团之间战时政治妥协与和衷对敌的局面，因为强大敌人的消失而失去了平衡的支撑点。对曾国藩集团而言，在不可能叛清自立的前提下，就只能寻觅保住集团实力的途径。对清廷而言，则是在判定湘淮集团无法叛清自立或割据自立的情况下，以何种积极而稳妥的手段对付拥有精兵强将的湘淮集团，强化中央威权，收回中央专断权力。清廷反复权衡，决意对湘淮集团继续实施分化和区别对待策略。首先对付拥有12万嫡系精兵并占据江浙财赋之区的曾国藩、曾国荃兄弟①，利用攻陷太平天国天京后出现的新态势，力求在可控范围内最大程度打击其威势，以利规复中央权力。

在攻克天京的最后时刻，曾国藩、曾国荃为独占全功，排斥李鸿章淮军的增援计划，还拒绝左宗棠、刘长佑、刘坤一、沈葆桢等湘军其他派系分享战功，湘淮争利的矛盾已然深埋。清廷对此了然，并适时善加利用，为进一步分化湘军内部，"以淮制湘""以湘制湘"创造了条件。果然，这些策略很快就发挥了作用，并构成演变为"湘淮互制"策略的重要内容。清廷利用曾国藩嫡系湘军攻破天京后的疯狂抢掠烧杀行径，以清议极大地贬低了曾国藩十余年征战的"中兴之功"和"中兴名臣"的形象，以打击曾国藩的威望，

---

① 攻破天京期间，即同治三年六月，曾国藩为两江总督，曾国荃为浙江巡抚。曾氏兄弟有关任职情况，可参见钱实甫编：《清代职官年表》第2册，第1477、1707页。关于曾国藩湘军集团不可能叛清或割据自立的情况分析，参见邱涛：《咸同年间清廷与湘军集团权力格局之变迁》，第13—48页。

同时使得曾国藩大为"悚惕""戒惧"。[①]清廷还利用幼天王逃出天京而曾国藩谎报已将其在天京击毙一事，有意纵容和推动左宗棠、沈葆桢上奏揭露曾国藩谎报军情，使左宗棠、沈葆桢与曾国藩的矛盾进一步激化，对曾国藩形成更大的掣肘力量。[②]

此外，清廷显然看到并充分利用了湘淮集团各实力督抚之间财税控制权的矛盾，力求既有利于清廷进一步收回财权，以利中央调控支配军务开支，又能有效促使湘淮督抚之间围绕交叉重叠的财权不断加剧矛盾。攻陷天京前后，曾国藩总督两江并以钦差大臣督办苏、浙、皖、赣四省军务，当时整个湘军有30万之众，曾国藩直接控制的嫡系湘军（包括曾国荃部）也有12万人之多，他还控制着皖、赣、苏等省大部或一部分厘金，以及数省协饷。一般观点均认为其兵多、财足、权重。但是，清廷看透了曾国藩虽然控制着数省厘金等税饷，但这些均是消耗量，而非存量的实质——因其军队数量庞大，军费开支巨大，并无可以长久支撑的军饷积存，曾国藩即使有异心也不敢贸然叛清自立；同时，清廷经过长期的政治权力斗争，也逐步在相关省区人员的布置中使湘淮督抚职权重叠，造成两江总督曾国藩虽然控制着苏、皖、赣、浙等省厘金和协饷，却与这四省巡抚李鸿章、李续宜、沈葆桢、左宗棠矛盾重重，湘淮内部分

---

① 关于曾国藩、曾国荃嫡系湘军攻陷天京后烧杀奸淫掳掠的传言，晚清笔记史料和报刊多有记载。这一点，学者们也多有论及，参见朱东安：《曾国藩传》，第231—239页。

② 关于天京攻陷后湘军集团烧杀抢掠受清流派弹劾的情况，以及曾国藩兄弟与左宗棠、沈葆桢就幼天王事件而激化的矛盾，学者们多有涉及，参见龙盛运：《湘军史稿》，第427—428页；朱东安：《曾国藩传》，第248—250页；夏春涛：《天国的陨落：太平天国宗教再研究》，北京：中国人民大学出版社，2016年，第356—360页。

化制约力量越来越强。①

在江苏一省，李鸿章淮军虽然得到清廷一定程度的扶持，势力稳步增长，但无论在湘淮集团内部，还是在清政府职官系统内，身为江苏巡抚的李鸿章与两江总督曾国藩相比，仍处于弱势地位。因此，李鸿章在出任江苏巡抚期间，对曾国藩饷需要求在最初一两年是尽量满足的。另外，曾国藩也知道李鸿章接手江苏后肃清异己、培植势力的任务艰巨，起初的饷需要求虽多，但并不严苛，颇能体谅。为了有效控制江苏的赋税、厘金，进一步清算前江苏巡抚薛焕、前浙江巡抚王有龄（曾长期担任江苏布政使）等人的势力和影响，在下属要缺的人选方面，李鸿章煞费心机。担任苏松太道并署理江苏布政使的吴煦和担任苏松粮储道的杨坊，是薛焕开缺、王有龄战死后这一派势力的核心人物。李鸿章为控制江苏财政税收大权，实行关厘分途、以厘济饷的政策，奏撤部分府县官员，削弱吴煦手中掌握的财税权力，随后奏荐刘郇膏接替吴煦兼理江苏布政使、黄芳接替吴煦担任苏松太道，又荐举郭嵩焘取代杨坊出任苏松粮储道并负责捐厘总局，控制江苏财税权力。而李鸿章大力荐举郭嵩焘负责捐厘总局，就是将江苏财税中最重要的支援曾国藩军饷的工作交由郭嵩焘具体负责。郭嵩焘是曾国藩的亲家，李鸿章这样做，目的之一是在曾国藩催逼军饷超过承受力时，有一个有力的中间人，既能缓解自己的财税压力，又能避免发生与曾国藩公开决裂的情况。②即便如此，双方的矛盾也是日益滋长。曾国藩大力推荐李鸿章援沪并推荐李鸿章出任江苏

① 参见邱涛：《咸同年间清廷与湘军集团权力格局之变迁》，第237—253页。
② 对郭嵩焘在缓和曾国藩、李鸿章在江苏财税权力上的矛盾的作用，参见苑书义：《李鸿章传》（修订本），北京：人民出版社，2004年，第53—55页。

巡抚,一个重要目的就是保住上海饷源以极大地支持湘军。李鸿章刚刚抵达上海,曾国藩在已确知驱除薛焕后,就向李鸿章提出要求:"上海所出之饷,先尽沪军,其次则解济镇江,又次乃济敝处。"[①]曾国藩对李鸿章提供给湘军的军饷,实际上是有很高期望的,因此,他对李鸿章半年时间才协济曾军饷银九万两是很不满的。本来他不愿明确提出固定的协饷数额以免李鸿章尴尬,现在也不得不明确要求"每月酌提四万两,万不可减",即年供厘饷不少于48万两。二人对此已产生矛盾。另外,到同治元年(1862年)四月李鸿章通过密设厘卡等手段来尽可能多地征收厘金,使以上海为中心的苏松地区二百余里内每年征收厘捐能达到300余万两,月入逾25万两,与当时江西、湖北二省年征厘金不过100余万两相比,收入已是不少。[②]但这与曾国藩原来通过各方消息而认定江苏每月可得厘捐60万两、年收厘捐700多万两的期望,相差还是很远。这种差距,使得曾国藩对李鸿章的报告、解释不可能尽信,对李鸿章不能在军费上尽心支持自己,颇为不满。而且,李鸿章屡屡在奏折、书信等公私场合,表示上海一带所征之税厘没有传言中那么多,暗示自己无法满足曾国藩的索饷要求,当然也令曾国藩进一步产生不满。这种矛盾虽未公开化,但在暗中累积,已是愈演愈烈,以致在攻克天京后不久,曾国藩借李

---

① 曾国藩:《复李少荃》,《曾文正公书札》卷一八,传忠书局光绪二年刻本,第16页。

② 李鸿章:《复薛世香观察》,《李文忠公全集·朋僚函稿》卷四,光绪三十一年金陵刻本,第31页。江西厘金收数,在同治初年维持在100万—140万之间。同治七年为139万余两。参见罗玉东:《中国厘金史》上册,上海:商务印书馆,1936年,第292页;下册,第540页。湖广总督官文在同治二年的奏折称,湖北自举办厘金以来,每年抽收实数约在130万—140万两,参见席裕福、沈师徐辑:《皇朝政典类纂》卷九八,"征榷十六",上海图书集成局光绪二十九年铅印本,第7页。

秀成的供词，说"巡抚李鸿章到上海接薛焕巡抚之任，招集洋鬼，与我交兵。李巡抚有上海正关，税重钱多"[①]，向清廷发泄对李鸿章控制江苏财税权力，税重钱多，却不尽力供应曾军的不满。

在江西，曾国藩与前后两任巡抚沈葆桢、刘坤一在控制本省财权问题上也是矛盾重重，沈葆桢与曾国藩公开反目，可谓众所周知，也因此成为清廷切实整顿厘金为核心的财税控制权力的契机。

李鸿章出任江苏巡抚两年多后，同治三年（1864年）六月天京即被攻陷，江苏全境回复清朝的统治，加之清廷将阿思本舰队解散后收回的50万两白银作为曾国藩解散湘军的经费，以及李鸿章不与曾国藩公开决裂的策略，使得曾、李之间仍能维持表面和睦的关系。但李鸿章另立山头的意愿已经很强烈，需要的只是合适的时机。清廷在剿捻时期对曾国藩湘军集团的打压，则为李鸿章淮系集团彻底脱离湘系集团而自立提供了机会。

二、清廷扶植李鸿章势力增长与部署两江权力格局

同治朝初中期，清廷的一系列政策举措，迫使曾国藩不得不考虑战后自己的出路问题。由于儒家正统思想影响和湘军自身情况等因素，也使曾国藩的应对考虑，日渐趋于隐忍一途。对此，有学者论及："若是他在一开始便存有图功名谋富贵的想法，此时就绝没有这种如临深渊、如履薄冰的戒惧心情了。他在削平太平天国之乱，湘军声威达于极盛之时，毅然以'湘军作战年久，暮气已深'为理由，奏请将湘军裁遣归里，明白表示他无意挟军权以自重的态

---

① 罗尔纲笺注：《李秀成自述原稿注》，北京：中华书局，1982年，第279页。

度……他是事实上的湘军领袖，凡是湘军出身的将领，无论是执掌兵权抑或出任疆圻，都视他为精神上、思想上的领导者。而湘军在裁遣之后，被裁者多至数万，功名路断，难免有很多人感到心怀不满。曾国藩如果在此时请求解官回籍终制，皇帝当然不能不接受他的要求。但假如他在回到乡间之后，以一个在籍乡绅的地位，忽然被一群图谋不逞之人所挟制，并奉为领袖人物，即使曾国藩知所自处，对清朝政府来说，也仍然不是保全功臣之道。如果清政府怀有过分的恐惧，以为曾国藩之辞谢官职，正表示他有不愿继续为朝廷效力的意愿，那就更容易发生不必要的猜忌了。所以，曾国藩在此时一方面自动解除兵柄，一方面留在两江总督任上继续为清政府效力，决不轻言去留，毋宁正是使清政府绝对感觉放心的最好办法。"[1]说明曾国藩无论采取何种应对办法，均归于日趋隐忍，而李鸿章则得以迅速上位的状况。学者们这些论述，也反证出清廷仍能手握黜陟大权的现实。

正是迫于清廷的压力，淮军建立时，曾国藩就有以新建的淮军逐步取代湘军的考虑。正如学者所言："曾国藩当湘军攻下安庆，威震远近的时候，清廷则方疑忌交加，官绅则方同声歌颂，但是，他却已经看出了湘军的暮气侵寻，他在那样困难的环境里，不采取功成身退的短见，却以宏谋硕算，借李鸿章的手另创新军，以为他日代替的预备。结果淮军代湘军兴起，完成了所谓的'中兴大业'，清朝固靠曾国藩这一著先机的筹谋，而曾国藩在与清朝的矛盾中，

———————————

[1]　苏同炳：《中国近代史上的关键人物》（上），天津：百花文艺出版社，2000年，第30—31页。

也倚靠了这支军队做了护身符，保护了自己。"①他看到，湘军经过近十年的征战，暮气日深，已沾染上八旗、绿营积习，营伍缺额、吃空饷，战阵操练松懈，战斗力和军队纪律大不如前，借战争烧杀抢掠，在战场上败不相救、互不援应。曾国藩就不止一次叹息："近日各营弊端甚多，不仅缺额一事。鄂中积习有更甚于此间者。若军务不速完竣，正不知迁流之何极耳！"②他也深知，湘军虽然战斗力和军纪大不如前，但清廷对自己掌握数量达30万之众的湘军非常忌惮。因此，曾国藩一方面忧虑湘军军纪士气的败坏，另一方面又担忧清廷的警惧，故决定借亲信李鸿章之力重建一支人数较少、战斗力和军纪都更强的新的军队，以便战后取代湘军作为防卫国家的力量，作为保护湘淮集团利益的依靠。事物的发展总是利弊并生的。有学者指出："裁湘留淮就是他（指曾国藩）'以退让二字保全晚节'的主要措施之一。他认为裁湘留淮既可以消除清廷疑忌，又能借助淮军'以济湘勇之穷'，稳操兵权，从而保住自己在清朝统治集团中的地位。……李鸿章既窥见到清廷的用心，又看穿了曾国藩的真实意图，因而决定投双方所好，坐收渔人之利。"③曾国藩这种举措的出发点是利于自身，然也给清廷扶植李鸿章淮军，进一步压制曾国藩湘军提供了条件。不过，在起初一段时间内，曾国藩和李鸿章的利益基本还是一致的，就是让李鸿章在上海一带站稳脚跟，控制住局面。在军事方面，曾国藩希望用李鸿章的淮军，实现对江苏全境的恢复，并进而成为剿灭太平军的劲旅。因此，曾国藩

---

① 罗尔纲：《晚清兵志》第1卷，北京：中华书局，1997年，第10页。
② 曾国藩：《复左制军》，《曾文正公书札》卷二三，传忠书局光绪三年刻本，第7页。
③ 苑书义：《李鸿章传》（修订本），第53—55页。

和李鸿章都很注意处理好彼此的合作关系。同治元年十月二十五日（1862年12月16日），李鸿章在接到实授江苏巡抚的上谕后，当天就向曾国藩表示："十月二十五日……戌刻接奉廷寄，十二日奉旨补授苏抚，恩纶奖勖，非分宠荣。自顾何人，愧悚无地。此皆由我中堂夫子积年训植，随事裁成，俾治军临政，修己治人，得以稍有涂辙，不速颠覆，实不知所以为报，伏乞远赐箴砭，免丛愆咎。"[1]

　　清廷政治手段频出，促成曾国藩最终决定裁撤嫡系湘军。同治三年十月（1864年11月），清廷命曾国藩前往皖鄂交界处"督兵剿贼"，而委派江苏巡抚李鸿章署理两江总督，江苏巡抚则由清廷信重之员吴棠署理，使曾国藩"意殊寥落"，颇知内情的幕僚赵烈文亦感"事殊咄咄可怪"[2]。为"远权避谤"，曾国藩将自己亲统的12万自解兵权，其中4万湘军交由闽浙总督左宗棠统帅，又将确保浙赣走廊的3万嫡系湘军拨归江西巡抚沈葆桢统辖，自己不为遥制。[3]清廷知道左、沈二人与曾国藩矛盾深重，曾国藩这样做就是要让清廷放心。紧接着，曾国藩陆续裁撤曾国荃部5万名湘军，并在此前后无论是奏章还是书信中，屡屡强调曾国荃在围攻天京过程中积劳成疾，"心血过亏，困惫殊甚"，而"肝疾犹郁郁未已"，替曾国荃奏请开缺，回籍调养，使清廷放心于江浙财赋之区不为曾氏兄弟所

①　李鸿章：《上曾相》，《李文忠公全集·朋僚函稿》卷二，第37页。
②　赵烈文：《能静居日记》（三），第1460—1461页。
③　《清实录·穆宗毅皇帝实录》卷一一七，"同治三年十月上"，第47册，第601—602页；卷一一八，"同治三年十月中"，第47册，第614页；卷一一九，"同治三年十月下"，第639—641页。

把持。①清廷对曾国藩主动奏请裁撤湘军，尤其是曾国藩嫡系湘军，当然十分欢迎。因为曾国藩嫡系湘军的裁撤，不仅可以收到对当时权力格局变化直接而巨大的即时军政效果，而且对其他湘淮军队的留撤也起到示范作用，使得清廷能更有效地掌控应裁应留的其他湘淮军队伍。

李鸿章出任江苏巡抚后，采取不断扩编淮军的做法，对此清廷是容忍、有所放任的。李鸿章为稳定上海局面并规复江苏全境，自认不能依靠曾国藩的湘军，而必须依靠自己的淮军，但他当时拥有的13营淮军数量太少，必须扩军，而扩军之首要便是要为自己留足饷糈。同治元年至三年（1862—1864年）间，李鸿章通过让张树声、吴长庆回皖招募，就地取材、裁留原江苏巡抚薛焕所辖防军，收编太平军降众等方式，扩建淮军30余营。到同治二年三、四月（1863年5月）间，他控制的淮军已达4万人，"敝军水陆接续召募，现已四万人"②。到同治三年九月（1864年10月）淮军更激增到7万人，"敝部水陆七万人，忙时有益，闲时多愁"，"而欠饷无着"，"拟酌撤二万，留最得力兵将，以备海防"③。"愁"的是军饷和军队的管束问题。虽然这是清廷采取扶植李鸿章淮军的策略，但也是有限度的，不会令其大肆扩张。战后对李鸿章淮军，清廷也曾打算适度裁撤，李鸿章自己也做好了裁撤的准备。当然，李鸿章对清廷的说法，又与朋僚之间有所区别，也是在同治三年九月"李鸿章……

---

① 《清实录·穆宗毅皇帝实录》卷一一〇，"同治三年七月下"，第47册，第437页；曾国藩：《复杨岳斌》（同治三年七月二十七）、《复郭嵩焘》（同治三年八月十九），《曾国藩全集·书信八》，第4652—4653、4698页。
② 李鸿章：《复吴仲仙漕帅》，《李文忠公全集·朋僚函稿》卷三，第22页。
③ 李鸿章：《复吴仲仙漕帅》，《李文忠公全集·朋僚函稿》卷五，第32页。

另片奏苏省饷需艰窘情形，拟于陆军六万人内，分别裁撤酌留三万人，以资扼守"①。但是，剿捻战事使清廷不得不加强"扶淮"策略，在"裁湘留淮"的过程中，由于清廷的权术控制和剿捻、回的军事形势，直接促成了"湘淮分立"局面。这在客观上也为李鸿章改变思路提供了条件。李鸿章逐渐跳出一开始因地位、功勋、实力不够，不敢完全脱湘自立，停留于"吾师（曾国藩）暨鸿章当与兵事相始终"的窠臼，发展出脱离曾国藩自立、独建殊勋的思路。

在镇压捻军的过程中，清廷不断在寻找机会进一步打击曾国藩势力。剿捻军事局面稍有不顺，清廷就毫不留情地打击曾国藩、扶植李鸿章，直至以李鸿章取代曾国藩剿捻统帅的职位，进一步制造曾、李矛盾。天津教案期间，清廷把李鸿章从战局已定的剿捻前线调任直隶总督，既是对法交涉期间政治军事形势造成的督抚调任的需要，又是在曾国藩的权势和精神领袖形象崩塌的情况下，对李鸿章施以利用和钳制并用的策略。李鸿章被迫只能接受，并表现出甘于依附清廷的姿态和行动以固位。他极力表现愿以淮军为朝廷效忠、拱卫京畿、恪遵朝廷调遣的态度；曲意回护慈禧太后信重的人员，竭力交结与逢迎内廷。李鸿章在奉命调查云贵总督刘岳昭参劾四川总督吴棠的事情上，就很能体察慈禧太后的用心，为慈禧太后的信员、四川总督吴棠开脱。②正是由于李鸿章的"偏袒"，吴棠稳

① 《清实录·穆宗毅皇帝实录》卷一一四，"同治三年九月上"，第47册，第530页。

② 同治八年五月云贵总督刘岳昭弹劾吴棠的情况，可参见《大臣画一传档后编九·吴棠》，《清史列传》卷五三，第4207页。李鸿章奉旨查处的情况，参见李鸿章：《查复吴棠参案折》，《李文忠公全集·奏稿》卷一五，第45页；《清实录·穆宗毅皇帝实录》卷二六九，"同治八年十月下"，第50册，第724—725页。

居四川总督任直至光绪元年十二月病免。[①]种种迹象表明，李鸿章由江苏巡抚调任湖广总督并督师剿捻，直至他调任直隶总督前，在清廷的着力部署下，湘淮权力制衡关系已经发生新的变化。

同治三年（1864年），在清军攻陷天京并逐步平定太平军余部之后，清廷的军事重点转移到剿捻方面。不过，捻军起义与太平天国起义相比规模小许多，因此清廷在重点照顾战区各省的同时，还有余力处理原来由湘淮督抚占据的战区各省之权力格局，从同治三、四年至同治六、七年间，发生了一系列事关湘淮集团的重大人事黜陟事件。这可以看作在大规模战争平息前后，清廷与湘淮军功集团在人事黜陟权力上一次重要的较量。这一权力斗争的重点，从清廷的角度讲，就是在打击曾国藩势力后，在淮系起势之际，进一步调整权力格局，在湘淮之间建立均势，并部署钳制势力，以利于朝廷凌驾其上并加以操控。

在两江地区，自攻陷太平天国天京以来，这里已是曾国藩湘系控制的腹地，也是清廷必须重新掌控的财赋之地，故清廷的部署往往有多重目的。同治四年五月初三日，清廷为了剿捻的需要，命两江总督曾国藩"赴山东一带督兵剿贼"，其职由江苏巡抚李鸿章暂署也似乎顺理成章，"两江总督著李鸿章暂行署理"，符合这时清廷"以淮制湘"的思路，这实际上就多暗含了一重目的。仅仅四个月之后，九月初六日，清廷又颁下上谕，"曾国藩现在徐州调度，正当吃紧。若复令分兵进驻豫西边境，实有鞭长莫及之势……但河洛

① 《大臣画一传档后编九·吴棠》，《清史列传》卷五三，第4202—4206页；《大臣画一传档后编五·蒋益澧》，《清史列传》卷五〇，第3920页。笔者对吴棠与慈禧的关系及其任职作用有分析，参见邱涛：《咸同年间清廷与湘淮集团权力格局之变迁》，第190—192页。

现无重兵，豫省又无著名宿将可以调派。该处居天下之中，空虚可虑"，命李鸿章"亲自督带杨鼎勋等军驰赴河洛一带，扼要驻扎，将豫西股匪迅图扑灭"，而命清廷信重人员、漕运总督吴棠接替李鸿章的署理两江总督之职，"至两江总督事繁任重，李鸿章带兵出省，不可无人署理。吴棠办事认真，且在清淮驻守有年，于军务亦能整顿，即著吴棠署理两江总督"。[①]需要指出的是，吴棠署理两江总督一事，并未命带兵在外的两江总督曾国藩议奏，而是清廷的独断。

同治五、六年（1866—1867年）以后，对包括湘淮督抚在内的封疆大吏的人事黜陟权力，又逐步重新纳入清廷的权力黜陟规制中。在两江地区，曾国藩在同治六年虽从剿捻前线返任两江总督，但背负剿捻不利的名声，威势顿减。更在同治七年（1868年），被清廷调离盘踞达9年的两江总督之位，出任直隶总督，但并未像他的继任者李鸿章那样兼任钦差三口通商大臣（后改称钦差北洋通商大臣）。两江总督由清廷信重人员马新贻担任，弹压湘军在两江的势力。两年后的同治九年（1870年），曾国藩再次返任两江总督时，已经是一个背负天津教案处置不力骂名，"外惭清议，内疚神明"的衰惫老人，他作为湘淮集团精神领袖的形象已经死去，也不复有凭借湘军在两江势力继续做强势督抚的精气，而只是清廷稳定

---

① 《清实录·穆宗毅皇帝实录》卷一三八，"同治四年五月上"，第48册，第236—237页；卷一五三，"同治四年九月上"，第48册，第586—587页。

两江局面的一枚棋子而已。①至此，清廷在两江地区收复权力控制的部署，收到重大成效。

在两江地区所属的江苏，李鸿章担任江苏巡抚（同治元年三月至同治六年正月）的大部分时间里，这里是太平天国战争的主要战场。他在控制江苏一省的人事行政和以上海为核心的财税区方面，很快就显示出能力并取得实际控制权。李鸿章刚刚替代薛焕出任江苏巡抚时，由于当时的上海道、署江苏布政使吴煦等人长期把持江苏省的财税征控权力，又无法在短时间内将其清除，因此，李鸿章实行"关厘分途"。他一方面将吴煦等人把持的财税控制权分解，自己控制当时可以完全支配的厘金，解决了淮军的饷糈来源问题②；另一方面，江海关洋税等国家正税仍由吴煦等管理，这是身为苏松太道的吴煦分内之责，如此可暂时不激化矛盾，有利于李鸿章争取时间来整顿江苏行政人事和财税权力格局。清廷在江苏布政使和按察使的任命上，虽然因战局需要多任命湘系人员担任：同治元年二月（1862年3月）任命浙江按察使曾国荃为江苏布政使，因他忙于战事，由吴煦署理；同治二年三月十八日（1863年5月5日），曾国荃迁浙江巡抚，清廷又命湘系人员万启琛接任江苏布政使，同年十二月（1864年1月）万启琛调任江宁布政使后，清廷任命刘郇膏担任江苏布政使，直至同治五年四月（1866年5月）丁忧。其间，同治四年四月廿九日（1865年5月23日）李鸿章调署两江总督，同

---

① 《清实录·穆宗毅皇帝实录》卷二八三，"同治九年五月下"，第50册，第919页；卷二八四，"同治九年六月上"，第50册，第921页。《曾国藩全集·奏稿十二》，第6984、7013页。关于曾国藩在天津教案中备受打击的情况，参见邱涛：《同光年间湘淮分野与晚清权力格局变迁（1862—1895）》，第141—169页。
② 《李文忠公全集·朋僚函稿》卷一，第49页。

治五年十一月（1866年12月），李鸿章授钦差专办剿捻，故清廷先后以刘郇膏、郭柏荫担任江苏布政使，护理江苏巡抚，直至李鸿章在同治六年正月十一日（1867年2月15日）调任湖广总督。这一时期，江苏按察使先后由刘郇膏和郭柏荫担任，但在李鸿章试图控制江苏财税、少供湘军而多顾淮军的情况下，这种安排显然是清廷有意利用湘淮内部矛盾做出的。随着李鸿章在江苏的控制力逐步增强，同治六年正月（1867年2月）清廷将李鸿章调离江苏，命他出任湖广总督，李鸿章基本未到任，而是奉命督师剿捻。不过，清廷出于扶植他压制曾国藩的目的，任命他的兄长李瀚章署理湖广总督，保证了李鸿章在湖广的实际控制力，主要是保证他剿捻的饷糈来源。即便如此，清廷还是对李鸿章有所限制，这也可从李鸿章对他督师剿捻时湖广地区权力局面的不满中得到印证。

同在两江地区的江西，巡抚更替中的动与静，很能体现这一时期清廷的权力调控路径。从咸丰十一年十二月（1862年1月）到同治四年五月（1865年6月），江西巡抚由曾国藩荐举的沈葆桢担任。但是，沈葆桢上任后，在江西财税的控制权上，与曾国藩的矛盾不断加剧，终于在同治二年（1863年）因江西厘金的征收和调用问题，公开决裂。[①]而在这一事件中清廷看似妥协的处理方式，却成功地分化湘系内部派系、人员互制，从而为清廷实施"湘淮互制"策略，确立"湘淮分立"格局助力。同治三年（1864年），江西巡抚沈葆桢因江西军务紧急，奏请将该省牙厘茶税改归本省抽收支用，如果窒碍难行，即请分提一半，以应急需，奉旨允行。同

---

① 关于这一问题，参见邱涛：《咸同年间清廷与湘淮集团权力格局之变迁》，第237—253页。

年，曾国藩派军赴援江西，最终在清廷调解和表面妥协之下，将赣省应解皖省厘金协饷拨充该援军的方式，使江西厘金始得全数归本省收支。①

同治四年（1865年）四、五月间，与两江总督曾国藩因江西财税控制权问题发生矛盾的沈葆桢，在屡次请求开缺，又屡屡未被清廷允准而是慰留之后，终于"请假回籍省亲丁母忧"②，而离开江西巡抚一职。同治四年五月，接替沈葆桢出任江西巡抚的，是湘军中与曾国藩系相对较为疏离的派系首领、广西布政使刘坤一。然而，刘坤一自此之后在江西巡抚职位上近10年无升迁，但又并非盘踞江西而清廷无法调动。③

第二节　清廷在湘军集团腹地和浙、广财赋之区重布权力格局

两湖地区为湘军腹地，湖北、湖南巡抚为湘军将帅所久踞。四川总督一职在太平天国战争中后期开始，就逐步被湘淮将帅占据。两湖、四川日渐成为晚清权力格局中湘军之腹地，当然也是清廷侧目并要打破之重点。浙江是传统的财赋之区，闽浙也是镇压太平军的重要战场，浙江巡抚和闽浙总督是晚清权力格局中的要缺，权力争夺中

①　沈葆桢：《江西税厘仍归本省经收折》，吴元炳辑：《沈文肃公政书》卷三，"奏折"，光绪七年吴门节署印本，第1—4页；席裕福、沈师徐辑：《皇朝政典类纂》卷九八，"征榷十六"，第2—3页。
②　《江苏巡抚吴元炳光绪五年十一月二十四日奏稿》，《沈文肃公政书》卷首，第3页。
③　欧阳辅之编：《刘忠诚公遗集》卷首，宣统元年刻本，第8—9页。

的必争之地。广东历来是清廷财税重要供给地，又是镇压太平天国运动期间饷糈的重要出处，两广督抚历来是各省督抚中的要职，清廷要在全国重新掌控权力格局，两广督抚显然是一大重点。围绕这些重要职位的权力争夺和人员安排，"湘淮分立"格局初露端倪。

一、清廷在两湖、四川湘军腹地重布权力格局

湖南为湘军老巢，湖南巡抚也是湘系人员久踞之位，当然也是清廷侧目并要打破之重点。

同治二年五月（1863年7月），湘系湖南巡抚毛鸿宾升任两广总督后，清廷谕命湘系湖南布政使恽世临担任湖南巡抚。①然而，仅仅过了一年多时间，同治四年二月（1865年3月），两广总督毛鸿宾因过去在湖南巡抚任上考察、任命官员失察，连带现任湖南巡抚恽世临一同受到处分，毛鸿宾终被革职，恽世临被处降四级调用，加上其他处分，亦照例革职。顷刻之间，湘军集团两大督抚相继去职。②这种以旧时的施政措施不当、荐举人员有过失，事隔多年追究、免职的情况，在湘淮集团对太平天国作战时期是不大可能出现的。

同时，清廷降旨广东布政使"李瀚章补授湖南巡抚"③，即湖南巡抚恽世临被革职后，清廷在同治四年二月（1865年3月）调淮系领袖李鸿章兄长、广东布政使李瀚章担任该职。一方面李瀚章原在

---

① 《清实录·穆宗毅皇帝实录》卷六八，"同治二年五月下"，第46册，第368—369页。

② 《清实录·穆宗毅皇帝实录》卷一三一，"同治四年二月下"，第48册，第93页；卷一三七，"同治四年四月下"，第48册，第209页。

③ 该上谕转见《毛尚书奏稿》卷一六，宣统二年刊本，第59—60页。

广东负责厘金等财税的征收工作，将他调离，有利于清廷清理广东财税，也有利于瑞麟掌控两广财税权力格局。另一方面，李瀚章虽然出身于湘系，但他毕竟是安徽人，不是湖南人，又是李鸿章的哥哥，此举至少有利于打破湘系对湖南的垄断性控制，利用湘淮内部矛盾，实施湘淮互制，有利于清廷加强操控。

清廷在湘军势力重镇湖北和四川的权力争夺，亦显示清廷长袖善舞之政治手腕与功力。

湖北巡抚一职，从咸丰年间到同治初年的巡抚胡林翼、严树森，在上一直受到湖广总督官文的监视和压制，在下则受到身为湘军集团成员、却亲附官文的庄受祺等湖北司道的掣肘、牵制。[①]同治三年（1864年）四月，在湖北镇压太平天国起义的战事基本平息后，湖北巡抚严树森遭到湖广总督官文及受官文笼络的湖北司道的上下挤压，被参劾降为道员，由清廷信重的原广东布政使吴昌寿接任。同治四年四月初五日（1865年4月29日），吴昌寿调任河南巡抚后，先后出任湖北巡抚的郑敦谨、李鹤年皆非湘淮系人员。郑敦谨曾与胡林翼关系较为亲近，但胡林翼在咸丰十一年（1861年）九月死后，湘军中的胡林翼系日趋瓦解，故清廷对郑敦谨等与胡林翼曾经较亲近之人员，没有太多顾忌。[②]

同治五年正月（1866年3月），湖北巡抚李鹤年接替被参劾之吴昌寿改调河南巡抚后，曾国荃改授湖北巡抚。[③]同治五年八月

---

① 胡林翼：《致庄惠生方伯》《致严渭春阁丹初》，《胡文忠公全集》下册，上海：世界书局，1936年，第843—844页。

② 赵尔巽等撰：《清史稿》卷二〇四，《疆臣年表八》，第7856—7865页。

③ 钱实甫编：《清代职官年表》第2册，第1708—1709页。同治四年六月，"病愈"之后的曾国荃被任命为山西巡抚，未到任。

（1866年9月），曾国荃参劾湖广总督官文，致使官文在同治六年正月被革去湖广总督的职务。清廷在失去掌控湖北权力格局的干将之后，同治六年十月（1867年11月）将湖北巡抚曾国荃"病免"，由广西巡抚郭柏荫改授湖北巡抚接替他。[①]

与此同时，清廷也很注意在日益成长为湘军腹地的四川逐步展开操控性布置。四川总督一职，原湖南巡抚骆秉章自咸丰十一年七月二十日（1861年8月25日）升任后，本想乘川湘接壤之便，以及自己长期在湖南担任巡抚之职建立的基础，形成以自己为主的湘军腹地川湘一体的局面。但是，他离开湖南后就与"倚国藩自重"的继任湖南巡抚毛鸿宾关系极为不洽，使在四川的骆秉章企图维持与曾国藩、左宗棠相互援应的局面，都遭遇了很大的困难。同治六年十二月（1868年1月）骆秉章死后，清廷立即派慈禧太后信任、重用的人员吴棠出任四川总督，而且在此后数年间无论湘淮集团成员如何奏参，始终不予撤换。清廷从而掌控了四川地区的权力格局。[②]后来，清廷又利用"湘淮互制"，在吴棠病休后，先后任命李瀚章、丁宝桢为四川总督，安抚四川一省湘系实力的同时，又充分利用湘淮矛盾埋下伏笔。光绪年间任命刘秉璋等任四川总督，即利用刘秉璋属于淮系，却与湘系较为亲近，有益于安抚四川的湘系实力，但他毕竟又身属淮系的身份，对实施"湘淮互制"策略有利；又利用刘秉璋与李鸿章矛盾较为突出的因素，限制李鸿章淮系势力的扩张，这些因素，均有利于"湘淮分立"格局的确立。

---

① 魏秀梅编：《清季职官表附人物录》，台北：《"中研院"近代史研究所史料丛刊》（5），1977年。

② 《清实录·穆宗毅皇帝实录》卷二一九，"同治六年十二月中"，第49册，第879—881页；钱实甫编：《清代职官年表》第2册，第1476、1479页。

二、清廷在闽浙地区的权力黜陟与部署

在闽浙地区，浙江巡抚左宗棠在同治二年（1863年）三月升任闽浙总督后，由江苏布政使曾国荃升任浙江巡抚，留办江宁军务，即不赴浙江巡抚任，仍负责围攻天京，而命左宗棠兼署浙江巡抚。同治三年（1864年）六月，曾氏兄弟攻陷天京之后，曾国荃首当其冲成为清议、弹劾的对象，也是清廷收拾曾国藩嫡系湘军的首要对象，最终清廷允准曾国藩之"请求"，浙江巡抚曾国荃以病免职。

此前，同治二年三月左宗棠升任闽浙总督，节制广东、江西、福建三省军务时，以及清廷镇压太平天国之后，下一步对左宗棠究竟是采取扶植还是压制政策尚未明确，故概不接受湘系或淮系的人员推荐，同治三年九月初四日（1864年10月4日）直接任命原安徽布政使马新贻为浙江巡抚，以牵制湘淮督抚。马新贻不仅在浙江巡抚任上是清廷牵制湘淮集团的力量，后迁任两江总督，更是清廷部署来遏制留在两江地区的湘军势力的重要棋子。[1]

同治五年八月（1866年9月），左宗棠改任陕甘总督，承担起镇压陕甘回民起事和收复新疆的军事重任之后，清廷任命马新贻为闽浙总督。浙江巡抚则由李鸿章之兄李瀚章担任，以此消除左宗棠的影响。后来在明确扶植左宗棠的策略后，为使左宗棠安心在西北作战，保证其饷粮供给，才重新任命左宗棠系人员担任闽浙一带的督抚。同治八年十二月（1870年1月），浙江布政使杨昌濬署理浙

---

[1] 《清实录·穆宗毅皇帝实录》卷一三，"同治二年三月上"，第48册，第236—237页；卷一五三，"同治三年六月上"，第48册，第586—587页；卷一一四，"同治三年九月上"，第47册，第537—538页。

江巡抚，同治九年八月初三日（1870年8月29日）实授。而湘军曾国藩系在闽浙一带的影响和势力，则被基本肃清。①清廷在闽浙地区通过所谓"扬左抑曾"，为其确立"湘淮分立"格局中更深刻、便于清廷操控的局面，迈出了重要的一步。

三、利用两广督抚之争压制曾国藩系、扶植左宗棠系

在两广地区，曾国藩系两广总督毛鸿宾以旧错免职，清廷代之以满员或湘系政敌。

同治二年五月（1863年7月），湘系要员、湖南巡抚毛鸿宾升任两广总督。②然而，仅仅过了一年多时间，同治四年二月（1865年3月），两广总督毛鸿宾因过去在湖南巡抚任上考察、任命官员失察而受到处分，降一级调用，又因他此前曾被处以"革职留任"处分，加上此次处分，照例革任。③这种以旧时的施政措施不当、荐举人员有过失，事隔多年追究、免职的情况，在湘淮集团对太平天国作战时期是不大可能出现的。同时清廷"降旨令吴棠署理两广总督、李瀚章补授湖南巡抚。……吴棠未到任以前，两广总督著瑞麟暂行兼署"④。四月，清廷谕命吴棠留任漕运总督，两广总督仍由满洲正蓝旗出身的广州将军瑞麟兼署，并于同治五年八月（1866年9月）实授。这显然一方面有利于清廷对两广的控制，另一方面也

---

① 《清实录·穆宗毅皇帝实录》卷二七二，"同治八年十二月上"，第50册，第772页；卷二八八，"同治九年八月上"，第50册，第981页。
② 《清实录·穆宗毅皇帝实录》卷六八，"同治二年五月下"，第46册，第368—369页。
③ 《清实录·穆宗毅皇帝实录》卷一三一，"同治四年二月下"，第48册，第93页；卷一三七，"同治四年四月下"，第48册，第209页。
④ 该上谕转见《毛尚书奏稿》卷一六，宣统二年刊本，第59—60页。

可用瑞麟强力钳制署广东巡抚郭嵩焘，以在两广财税、饷糈方面的强势来控制湘淮二系。[1]

当清廷在两广地区任命满员瑞麟代替湘系总督毛鸿宾时，在广东则一度由曾国藩湘系或淮系人员担任抚藩，控制财税权力。同治二年六月（1863年8月）署理广东巡抚的郭嵩焘先后做过曾国藩和李鸿章的幕僚，故在湘、淮两系均有深厚的关系。郭嵩焘早年与湘系首领之一的左宗棠关系颇为密切，甚至结为姻亲，但在同治三年（1864年）以后，两人关系趋于恶化。[2]湘军攻陷天京后，太平军余部散布南方各省，左宗棠以钦差节制闽、广军务，为了战争，需要广东筹饷，而郭嵩焘显然不配合。因此，左宗棠也想要安置本系人员控制广东权力。而郭嵩焘本就亲附曾国藩、李鸿章，疏远左宗棠，加上二人已经交恶，所以无论清廷还是左宗棠，都在寻机赶走郭嵩焘。

同治三年，在湘淮集团成员郭嵩焘署理广东巡抚、毛鸿宾担任两广总督之时，两位湘系督抚同城，虽也有矛盾，但尚能共事。二人因为将"捐廉助饷"所得的"交部从优议叙"的奖励，请求"一体移奖子弟"，被清廷一同处以"革职留任"处分，毛鸿宾更是在同治四年（1865年）二月再加以旧错，很快开缺回籍，由广州将军瑞麟署两广总督。郭嵩焘虽然留署粤抚，但也于同治四年二月上《革职留任谢恩疏》，对这一情况都有交代。[3]

瑞麟籍属满洲正蓝旗，在当时全国各省区督抚汉人日多的情况

---

① 钱实甫编：《清季重要职官年表》，第135—136页。

② 关于左宗棠、郭嵩焘结怨的情况，参见黄濬：《花随人圣盦摭忆》，上海：上海书店出版社，1998年，第100页。

③ 参见郭嵩焘：《郭侍郎奏疏》卷六，光绪十八年刻本，第14—16页。

下①，他早就对强势崛起的新贵——湘淮集团颇为不满，他担任两广总督后所节制的广东巡抚恰又是湘淮系干将郭嵩焘，对其实施打压是很正常之事，而郭嵩焘当然不会屈从于瑞麟。在这种情况下，到同治四年七、八月间，郭嵩焘与瑞麟的不和就已经表面化、公开化，郭嵩焘处处受到瑞麟掣肘，又被御史弹劾，遂称病请辞。郭嵩焘所上《奏请开缺另简能员接任广东巡抚疏》内容很简单，就是称自己"多病蹇讷，难期裨益地方，请旨俯准开缺，另简能员接任广东巡抚"②，显然为负气之词。清廷趁机大做文章，在八月二十一日（1865年10月10日）的上谕中称：

> 本日据郭嵩焘奏，沥陈多病蹇讷，恳请开缺，另简能员接任一折。览其另片所奏，一系沥言广东军务贻误之由，……词意均涉负气。……除将折片内所陈各事宜交左宗棠另行查办外，郭嵩焘以运司擢署巡抚，将及两年，委任不为不专，如果粤东军务吏治实有贻误为难之处，该署抚不妨据实陈奏，请旨遵行。至御史潘斯濂所陈各节，有关民生利病，朝廷岂能不

---

① 同治四年时，全国设总督的八个地区和漕运、东河总督中，仅有湖广总督官文、两广总督瑞麟为满人。

② 《郭侍郎奏疏》卷八，光绪十八年刻本，第40—41页。一些笔记材料说得很明白，如《国闻备乘》"同城督抚不和"条说："郭嵩焘权粤抚，不一年，见事权尽被总督侵夺，戚然不安，疏请罢抚院"，参见胡思敬：《国闻备乘》，上海：上海书店出版社，1997年，第3页。左宗棠奏折所言，亦证笔记材料所记不虚："督臣之于抚臣，虽有节制之义，然分本等夷，彼此当以协恭为尚。如宋臣韩琦、范仲淹、富弼、欧阳修之在朝堂，遇有意见不合则力争之，退则依然朋友之素，此和而不同之君子也。若必以相忍为和，则树党养交，弊从此起，臣下之利非朝廷之利。臣愚以为臣下意见不妨时有，而是非要不可不明，此自在圣明之权衡酌夺而已"，参见左宗棠：《复陈广东军务贻误情形折》，《左宗棠全集·奏稿二》，长沙：岳麓书社，1987年，第303页。

问。该署抚如果办理得宜，亦不妨剀切直陈，何至以无可自效、谬思整顿等词冒昧入奏，殊失立言之体。且该署抚从前并无陈奏病状折件，乃因负气之故，辄请开缺调养，哓哓置辩。此风断不可长。①

郭嵩焘紧接辞粤抚折后所呈奏的《缕陈粤东大局情形片》②上达后，同治四年八月二十一日（1865年10月10日）清廷所颁另一道上谕说："郭嵩焘奏请准开缺一折，另奏广东军务约有数误，请将督署幕友徐灏摈退，请饬左宗棠督办镇平贼匪，并复奏御史潘斯濂条陈各片。郭嵩焘与瑞麟意见不合，致多掣肘，何妨据实陈奏，乃竟称疾乞退，殊失和衷之道。"③先对郭嵩焘严加诘责，随即命左宗棠访查此事。当时，左宗棠受命节制广东、江西、福建三省军务。④故清廷命他"即著就近将郭嵩焘所参各节，确切访查，该署督抚因何不协，究竟为公为私？据实复奏"，并说"左宗棠秉心公正，谅不肯稍涉偏徇，代人受过"。⑤所以，左宗棠在复奏中议及这一重要人事问题，也是从军务角度出发，旁及其他各节，对当事双方都是责之不吝其辞。

① 《清实录·穆宗毅皇帝实录》卷一五二，"同治四年八月下"，第48册，第547页。
② 《郭侍郎奏疏》卷八，光绪十八年刻本，第42—46页。郭嵩焘在奏折中，将"广东军务江河日下之势"、"吏治败坏"、幕友"盘踞把持"等问题一一奏上。
③ 《清实录·穆宗毅皇帝实录》卷一五二，"同治四年八月下"，第48册，第548页。
④ 左宗棠节制广东等三省军务，可参见左宗棠：《复陈近日贼情恳收回节制三省各军成命折》，《左宗棠全集·奏稿二》，第272—274页。
⑤ 《清实录·穆宗毅皇帝实录》卷一五二，"同治四年八月下"，第48册，第548页。

同治四年九月十八日（1865年11月6日），左宗棠在《复陈广东军务贻误情形折》中说：

　　臣于粤军将领长短，素无所知。初见瑞麟抄者咨会，以方耀、卓兴为粤中大将，意其不能战，或尚能守。不图其骄与怯俱贻误一至于此！郭嵩焘所陈数误，自系实在情形。……瑞麟于方耀、卓兴贻误种种情形，不据实奏参，又从而徇之纵之，此不能为瑞麟解者也。臣察广东军事之误，盖不止郭嵩焘所陈数端。方贼之在闽也，谕旨屡敕粤军在闽者归臣调遣。而前督臣毛鸿宾，恐臣调令深入，空粤境之防，奏请留粤调遣。……江、粤事均一体，岂有调粤军入闽不顾粤境之理？使方耀于贼窜大埔折扑永定之时，稍能不分畛域……汪逆不能越永定以至武平，更何能越武平以犯镇平乎？……臣前因郭嵩焘虑贼将入粤，奏请敕娄云庆兼防江、粤之交，而两省分济其饷。广东立予奏驳，遂止不行。致平远、镇平被贼窜入，此又一误也。郭嵩焘勤恳笃实，廉谨有余，而应变之略非其所长。臣曾以圣明在上，遇事宜慷慨直陈相勖，而郭嵩焘复函以时艰同值，宜委曲以期共济，颇以臣悻直为非。兹因粤事贻误已深，忧惧交集，始侃侃直陈，而已无及矣。谕旨责其负气，责其不据实陈奏而称病乞退，是郭嵩焘咎由自取，早在圣明洞鉴之中，臣亦不敢因亲好私情稍涉回护也。幕友徐灏劣迹，臣无从查知，不敢置喙。……皇上察广东军务之误，则知瑞麟之误，察瑞麟之误，则知幕友徐灏之误。①

单看左宗棠复折，尚不能充分体会其中深味。不过，结合以下材料，就很可体会其中意味深长的内涵。

其一，《清史稿·郭嵩焘传》中就有这一段话颇为明白："初，毛鸿宾督粤，事皆决于幕僚徐灏，瑞麟继至，灏益横。嵩焘衔之，上疏论军情数误，劾逐灏，并自请罢斥。事下左宗棠，宗棠言其迹近负气，被呵责。左、郭本姻家，宗棠先厄于官文，罪不测，嵩焘为求解肃顺，并言于同列潘祖荫，白无他，始获免，至是宗棠竟不为疏辨。嵩焘念事皆由督抚同城所误，逾岁解职。"②黄濬在《花随人圣盦摭忆》中，为我们提供了这一条线索，他认为由此可见左宗棠偏狭，对与自己有怨之姻亲郭嵩焘，丝毫不加回护，当然，还有派系因素的作用，使左宗棠欲在广东借郭嵩焘与署两广总督瑞麟的矛盾激化之机，孤立郭嵩焘，"孤其势，促其行"。结果，郭嵩焘很快被罢职。③而且在复奏同日，左宗棠还上《请将访查事件另行派员查办折》，表示："郭嵩焘各折片，谕交臣就近访查，据实复奏，臣与郭嵩焘生同里闬，且与臣胞兄儿女姻亲，应请回避。伏恳简派妥员查办，以昭核实。"④一方面，可见左宗棠对重要人事问题的小心谨慎，表明整个局势与同治三年（1864年）以前湘淮督抚放言人事的形势已经不同。另一方面，当然更是因为他与郭嵩焘交恶，不愿出面为郭嵩焘疏辩。

---

① 《左宗棠全集·奏稿二》，第299—303页。
② 《清史稿》卷四四六《郭嵩焘传》，第12474页。
③ 黄濬:《花随人圣盦摭忆》，第101页。
④ 《左宗棠全集·奏稿二》，第304页。

其二，郭嵩焘在此前后有一封给上海道丁日昌的密信，透露出对左宗棠的行为颇多不满。该信中称：

> 弟于子美（淮军将领郭松林）、少铭（淮军将领杨鼎勋）两军门，望之至殷，约之至夙，意谓贼势西窜，此军必由粤境跟追，早属惠潮（嘉）道张寿泉，储峙军食，以俟其至，并妥为迎护照料，嗣接段小湖信，言须粤中公牍，以定行止，即星夜具咨移之，另专足赍信往迎，前后三辈，军米及支应委员，亦已早抵潮州，忽闻左帅有奏调此军北剿捻逆之信，又以一书与左帅，辨证得失，请仍由潮州进发，各函均未达览，得小湖捻六日厦门回信，美帅已前赴上海，铭帅亦旦夕行矣。此军自初奉派援闽，鄙人即决计邀其赴粤，初以分军为请，继以便道入粤为期，始终不得一望见其麾节，真非意想所及。左帅会江浙各军入闽剿贼，仍假苏军之力，数千里浮海转战，一收廓清之功，由闽达粤，比邻相接，而迫以浮海南归，竟一朝命督之，若惟恐其一入粤境，使此贼速了者，竟莫测其所以用心，而前后具报军情，随时咨报，独此一节，隐秘为之，至今未一咨示折稿，尤使人念之茫然。小湖谓粤事急，此军仍可复来，此所不敢以请于伯帅（指李鸿章）者，特以私商之阁下，求赐酌画，如小湖之议，尚属可行，再以上达于伯帅，筱翁（指李瀚章）委员来粤迎致此军，日昨始赴潮州，左帅此举，辜数省之望，遗累无穷，深所不解。[1]

---

① 黄濬：《花随人圣盦摭忆》，第99页。

这封信是同治四年（1865年）三、四月间所写，所言广东军事，与左宗棠奏折中所言为同一事，但是二人对广东军情失误的责任问题，则是两种不同的说法。比较起来，左宗棠所做确实不妥。因为，左宗棠说"臣前因郭嵩焘虑贼将入粤，奏请敕娄云庆兼防江、粤之交，而两省分济其饷。广东立予奏驳，遂止不行。致平远、镇平被贼窜入"，这是郭嵩焘之责。但是，广东督抚可以上奏请求清廷裁定军饷供应问题，左宗棠却不能因此而公然命军队不援粤，并把军情失误的责任推给郭嵩焘。另外，郭嵩焘信中说得很明白，他几次给左宗棠去信，请求援粤，左宗棠都置之不理。左宗棠为清廷任命的督办广东、江西、福建三省军务的钦差大臣，他如此作为，责任当然应在他，而左宗棠却把责任全部推给郭嵩焘，从中也可看出清廷的用意和左宗棠控制广东的心意。当然，还有一个核心关键就是郭嵩焘与肃顺有关系，为慈禧太后和恭亲王所久忌。原先因郭嵩焘有军功，更因为正受清廷倚重的曾国藩等人大力保举，才让郭嵩焘出任方面大员，但仍有所压制，因而一直是让他署理广东巡抚，并未实授。

其三，左宗棠想安排本系人员出任广东巡抚，一个证据是左宗棠奏折中专门说道："郭嵩焘勤恳笃实，廉谨有余，而应变之略非其所长。臣曾以圣明在上，遇事宜慷慨直陈相劝，而郭嵩焘复函以时艰同值，宜委曲以期共济，颇以臣悻直为非。兹因粤事贻误已深，忧惧交集，始侃侃直陈，而已无及矣。"含有指责郭嵩焘不称职之意。另一个证据就是从本事件的结果来看，清廷于同治四年十月十二日（1865年11月29日）下旨："瑞麟、郭嵩焘以督抚大员同城办事，自当和衷商酌。乃瑞麟与郭嵩焘商办之事，未能虚心体察，郭嵩焘因瑞麟未经允从，负气上陈，所见殊小，均著传旨严行申饬。倘经此次训诫之后，不思公忠为国，力改前非，必将瑞麟、郭嵩焘重治其罪。"[1]似乎是各打五十大板，并无偏向。但实际上，清廷在同治五年二月（1866年4月）即"命署广东巡抚郭嵩焘来京，以浙江布政使蒋益澧为广东巡抚"[2]。而广州将军、署两广总督瑞麟旋于同治五年八月（1866年9月）实授两广总督。[3]蒋益澧是湘军中左宗棠系的亲信干将。蒋益澧出任广东巡抚后，左宗棠马上派康国器、关镇平两军入粤。

当然，清廷对左宗棠的用心非常明白，但这也符合清廷罢斥与曾国藩、李鸿章关系密切的郭嵩焘，扶植左宗棠系来压制曾国藩系、制衡李鸿章淮系的意图。为了达到排挤曾国藩湘系和李鸿章淮系对两广的把持的目的，也为了镇压广东的太平军余部的军事需要，清廷暂依左宗棠的意思，任命左系健将抚粤。但是清廷很明白，还有旗员瑞麟在广东钳制，有利于清廷控制广东格局。因此，清廷对左宗棠加于瑞麟身上的罪责，根本就置之不理。左宗棠辞差之后，所派查办此事的钦差大员，就是慈禧太后的亲信吴棠，故瑞麟虽有政事、军事失误之责，却不仅坐稳署粤督之位，而且很快实授。而左宗棠系的粤抚蒋益澧在广东军事平息后，很快在同治六年十一月（1867年12月）就被瑞麟参劾，降二级调用，被罢去粤抚之职。而广东的权力格局，也就此改变了镇压太平天国革命时期的局面，重新为清廷完全掌控。蒋益澧之后的广东巡抚，很长一段时期皆非湘淮系中人。从同治

---

① 《清实录·穆宗毅皇帝实录》卷一五七，"同治四年十月中"，第48册，第654页。
② 《清实录·穆宗毅皇帝实录》卷一七〇，"同治五年二月下"，第49册，第81页。
③ 《清实录·穆宗毅皇帝实录》卷一八三，"同治五年八月下"，第49册，第281页。

六年十一月至光绪九年九月，长期连续占据粤抚职位的李福泰、张兆栋、裕宽，皆不隶属湘淮系，这作为一个重要的迹象，很能说明清廷重视广东这一财赋之区的巡抚人选。同治十年四月，因李福泰改任广西巡抚近半年，广东巡抚一直由两广总督瑞麟兼署，故清廷曾重新起用刘长佑任广东巡抚，但很快在六月就借李福泰病故之机，将刘长佑改为广西巡抚，而以漕运总督张兆栋为广东巡抚。可见清廷不让湘淮系人员染指广东巡抚一职的决心。①

第三节　同治时期清廷和湘军集团在京畿与西北的权力争夺

直隶、山东、河南等京畿、近畿重地和中原腹地，历来是清廷权力的重中之重。但是在镇压捻军起义期间，因军务和筹饷的需要，湘淮系人员进入这些省份任职，部分湘淮军也进驻了这些省份。西北地区历来是清代军机要地，对西北地区的控制，也历来颇受重视。那么，镇压太平天国运动后期以来，在京畿和陕甘地区，清廷是如何部署权力控制的？

一、清廷与湘军集团在直隶、山东、河南的权力争夺

（一）清廷在直隶地区直接操控权力格局

在京畿腹地的直隶地区，同治元年十二月（1863年2月）刘长佑被任命为直隶总督之前，直隶总督一职皆非湘淮人员担任。自同治二年三月直隶总督刘长佑正式上任以来，清廷对刘长佑的黜陟显示出

---

① 有关人员任改情况，可参见钱实甫编：《清代职官年表》第2册，第1710—1724页；《大臣画一传档后编九·吴棠》，《清史列传》卷五三，第4206页。

极强的控制力。同治六年十一月（1867年11月），清廷以剿盐枭不力的"罪名"，将刘长佑革职，而实际上当时直隶枭匪已经被剿灭得差不多了。接替刘长佑者，则是不久前刚在湖广总督位上落职的官文，且在官文接任后一两个月内，剿直隶枭匪就奏功。[①]

此后，无论是在同治七年七月（1868年9月）清廷调被后人目为强势督抚之首的曾国藩到直隶任总督，还是同治九年八月（1870年8月）调李鸿章代替曾国藩任直隶总督长达25年，实际上，直隶始终在清廷直接操控之下，曾、李皆不能改变这种局面。[②]曾国藩担任直隶总督近两年，在涉及藩臬提镇的处置上，均无任何所谓割据势力、强势督抚的决断权，还很快被清廷借天津教案处置不当一事调离，以致身败名裂、湘军乃至中兴名臣的精神领袖形象损毁殆尽，不及两年便抑郁而终；李鸿章在甲午战后被清廷借机轻易调离直隶总督之位。从这两个事件中可以看到，没有盘踞或割据的现象出现。[③]

（二）僧格林沁之死与山东权力格局的调整

山东为近畿省区，清廷当然会高度重视对这一省份的控制力。山东巡抚阎敬铭在同治元年十月（1862年12月）受命署理、同治二年十一月（1863年12月）实授，与同治三年八月实授的山东布政

① 邓辅纶、王政慈编，王獬重编：《刘武慎公年谱》卷二，光绪二十六年刻本，第61页；《清实录·穆宗毅皇帝实录》卷二一九，"同治六年十二月中"，第49册，第870—874页。
② 魏秀梅编：《清季职官表附人物录》，第356—357页。对于这一问题，笔者有专门分析，参见邱涛：《咸同年间清廷与湘淮集团权力格局之变迁》，第31页。
③ 《曾国藩全集·奏稿十》，第6226—6285页；《清实录·穆宗毅皇帝实录》卷二七一，"同治八年十一月下"，第50册，第762—764页。曾国藩在天津教案中备受打击的情况，参见邱涛：《同光年间湘淮分野与晚清权力格局变迁（1862—1895）》，第141—169页。

使丁宝桢同属湘系，二人的私交和合作关系均好，还结成了儿女亲家。[1]故他们控制的近畿省份山东，更令清廷侧目。但是，由于剿捻战争的需要，加上二人皆能实心办事，清廷不宜随意加以打击或贬谪，因此一直在寻找合适时机来打击或收服他们。清廷此间任命的山东按察使是淮系干将潘鼎新，就是要利用湘淮分立的状况来牵制阎敬铭和丁宝桢。在剿捻战争中，僧格林沁在同治四年四月（1865年5月）战死山东，给清廷重振中央控制军队的事务以沉重打击。清廷十分恼怒，同时也认为找到了打击阎敬铭、丁宝桢的良机。

僧格林沁死讯传到京城后，给事中孙楫奏参山东巡抚阎敬铭、布政使丁宝桢对僧格林沁剿捻"不为援应"，致使"亲王殉难"。同治四年六月初八日（1865年7月30日），清廷上谕中说："有人奏，僧格林沁在山东督师剿贼，经四十余州县，阎敬铭安坐省城，不为援应，并饬州县不准支应口粮。该亲王函致该抚赴曹助剿，该抚借防河为名，竟往东昌。迨该亲王殉难，疾驰回省，将家眷装扮民妇，送往署齐河县知县李均署中。……丁宝桢在曹县防堵，迄未与僧格林沁会合，亦从未获一胜仗。所部勇丁，在济宁焚抢，肆无忌惮。……以上各情是否属实，有无其事，著曾国藩详细严密访查，据实具奏，毋稍徇隐。原折片著钞给阅看。"[2]七月，御史朱镇奏劾山东抚藩称："山东巡抚阎敬铭、布政使丁宝桢办贼情形，种种纰缪，实出情理之外。……如阎敬铭之怯懦无能，丁宝桢之养勇贻害，若再令其久膺疆寄，滥厕我行，非特不能合力剿除，且恐贻误

---

① 唐炯编：《丁文诚公年谱》，光绪二十七年刻本，第8—9页。
② 《清实录·穆宗毅皇帝实录》卷一四四，"同治四年六月上"，第48册，第395页。

大局。相应请旨，即予严遣，以励军心。其山东抚、藩，并请迅简贤员，以资协力。"[1]清廷在七月初五日发出上谕："以上所奏该抚等措置失宜各情，如果属实，殊负委任。即著曾国藩按照所参各节，确切查明，据实具奏，毋稍徇隐。"[2]

在剿平太平军后不到一年，连续两道参折并两道上谕，足见清廷的急迫心态，眼看有一个机会，便抓紧不放。面对这种情况，同治四年十二月二十八日（1866年2月13日），曾国藩上《查复山东抚藩参款折》说：

> 原折称僧格林沁在山东督剿，经四十余州县，阎敬铭不为援应，该亲王函致该抚赴曹助剿，该抚借防河之名，竟往东昌等语。查僧格林沁今年督师山东，……共历十七州县，其中虽有数县再过者，然实无四十余县之多，马步诸将现在臣处，言之甚详。僧格林沁亦无缄致该抚赴曹助剿之事，诸将皆略知之。……至东昌防河，系遵奉屡次寄谕，先期奏明而往。……至将家眷装扮民妇送往齐河县署，则臣历询往来各员，皆称未闻此说。……其各牧令请饷接济大营，该抚驳斥一节。查山东协饷五万两，按月批解，丝毫无误，户部有案可稽。即该亲王身后粮台尚余银二十余万，亦足为饷项无绌之证。……原奏所称山东布政使丁宝桢带勇扰民一节。四月初二日，其部将战贼于大泛口。十二日，丁宝桢亲自截贼于滕县之临城驿，杀伤过

① 该折片由军机处遵旨抄寄给奉旨查办此事的曾国藩，参见《曾国藩全集·奏稿八》，长沙：岳麓书社，1990年，第5089—5090页。
② 《清实录·穆宗毅皇帝实录》卷一四七，"同治四年七月上"，第48册，第446页。

当。十三日，与僧格林沁相遇于道，颇加慰劳，饬令暂回济宁防守。原折所称始终未与贼遇，并未与该亲王接见者，殆系传闻失实之词。该司带勇恩多于威，诚不免于骚扰，然并无淫掳重情及畏楚勇甚于畏贼之谣。逮僧格林沁殉节以后，各路败兵游勇，齐集济宁，凡他营不法之案，亦或归咎于该司部下。丁宝桢深为愤悒，郁郁恒不自得。阎敬铭亦重其才而思全其名，将所部改隶他将，饬回藩司本任。该司心地光明，办事结实，山东官民实无闲言。此访查藩司丁宝桢之梗概也。①

最后，曾国藩建议："藩司丁宝桢功多过少，众望允孚，似应免其置议……署齐河县知县李均贪鄙妄为，似应即行革职……。巡抚阎敬铭应如何量予处分之处？恭候钦定。"

由于曾国藩针对参折所举事项一一反驳，清廷也明白阎敬铭、丁宝桢虽有小的失误，但并无可予革职的大错，这次参劾并非改变山东权力格局的机会，故改变策略，以收服其心为主。同治五年正月初四日（1866年2月18日），清廷发出上谕：

> 阎敬铭并无奉有僧格林沁函令赴曹助剿不肯往援情事，其赴东昌防河，本系先期奏明，并非借此意存趋避。当僧格林沁殉难曹州时，该抚即驰回省垣，以致军心不免惶惑；至谓其将家眷装扮民妇，送往齐河县署，则并无此说；山东应解僧格林沁协饷，阎敬铭按月接济，并无所吝。原参称其于僧格林沁战

---

① 《曾国藩全集·奏稿八》，第5083—5087页。

殁后，佯为不知，奏请添设帮办，故示先见，亦属失实。惟与齐河县知县李均系属姻亲，该员有在省城开设店栈之事，该抚毫无觉察，转将该员列入贤员，屡登荐牍，实属非是，阎敬铭交部议处。至山东布政使丁宝桢带兵剿贼，俱奉僧格林沁札委而行。原参各节多系传闻失据。……丁宝桢著免其置议。……寻吏部议，阎敬铭应照滥举匪人例降二级调用。该抚本有革职留任处分，请照例革任。得旨：著加恩降为三品顶戴，仍留山东巡抚之任。①

阎敬铭本属胡林翼一系，并非曾国藩嫡系，胡林翼死后，他与湘军各主流派系已较疏远。经受这一打击后，就更与曾国藩湘军集团日显疏离，而趋附清廷。最终，曾国藩在好不容易保全他之后，又因其疏离集团之故，在同治五年十一月（1866年12月）借故将他参革，同月，清廷命丁宝桢"署巡抚"，同治六年二月（1867年3月）实授丁宝桢山东巡抚②，淮系将领潘鼎新任山东布政使，同时升授满员文彬为山东按察使。就此，清廷将湘系人员把持山东抚藩的局面加以改变。清廷在山东制造湘淮分立，离间湘军其他派系与曾国藩系之间关系的目的已经达到。

面对清廷在山东抚藩问题上的发难，湘军集团多认为僧王战死，乃其骄兵奔驰、战略失误所致，与山东抚藩并无直接关系。处于军功鼎盛时期的曾国藩集团当然不愿受这一口窝囊气，恰同治四

---

① 《清实录·穆宗毅皇帝实录》卷一六五，"同治五年正月上"，第49册，第3—4页。
② 《丁文诚公年谱》，第9页。

年（1865年）八月御史刘毓楠、贾铎、丁浩等上奏参劾河南巡抚吴昌寿"调度无方"，"瞻徇情面，难望整顿吏治"，"吴昌寿许州督师，未接一仗，陈州请救，未发一兵，暨马兵在汴骚扰等情"，以及总兵张曜"纵兵殃民"。[1]对这一参折，清廷在八月十四日（1865年10月3日）即下旨说："该御史等所奏，如果属实，于军务吏治大有关系。著曾国藩将吴昌寿、张曜被参各节，严密访查，据实具奏，毋稍徇隐。刘毓楠等原折，著钞给阅看。"[2]

（三）清廷和湘军集团在河南的权力争夺

河南乃清廷剿捻重地，中原腹地、近畿地区，曾国藩受命为钦差大臣后，节制直隶、山东、河南三省剿捻军务，他要寻求胜机，必然要竭力控制这三省的军政事宜。而河南巡抚恰是湘淮集团政敌吴昌寿，他在胡林翼死、严树森被降道员之后任湖北巡抚，是清廷加强在湖广钳制湘军集团的重要棋子，现在又是清廷在河南钳制曾国藩的一枚棋子，曾国藩自然想要去之而后快。很快，就有御史奏参吴昌寿，不排除与湘淮集团有关系，一是参劾的奏折对吴昌寿在湖北巡抚任上的表现评价很糟，对他任河南巡抚后吏治败坏、迁延军务奏参甚力，同时又对曾国藩赞扬有加；二是曾国藩为钦差大臣，有御史弹劾河南巡抚，按例往往会降旨命钦差大臣查核复奏，便于曾国藩操控。果然，清廷前后两次下旨，都是要曾国藩严密访查。同治四年十二月二十八日（1866年2月13日），曾国藩上《查复吴昌寿张曜参案折》复奏道：

---

① 该奏折清廷命抄给曾国藩阅看，参见《曾国藩全集·奏稿八》，第5078页。
② 《清实录·穆宗毅皇帝实录》卷一五一，"同治四年八月中"，第48册，第535页；《曾国藩全集·奏稿八》，第5076页。

查本年六月，捻匪自雒河分股西窜。……当捻党游弋许州之时，吴昌寿即议赴许，因闻后贼踵至，未卜所向，迟疑不决。苏廷魁、陈国瑞从容劝请，吴昌寿旋即赴许，而贼已先后飏去，无从接战。陈州被围，府县迭次请救，均未得达。逮绅士袁保恒等专马到汴，该抚随即派兵往援，而贼去已三日矣。是赴许之稍缓，初非有意逗留；救陈之稍迟，实因文报梗阻。惟所称马兵骚扰一节，系属实情。省城鼓楼街、南北土街各饭馆、客店大半关闭，舆论与原奏相符。……该抚威信未孚，莫能禁止。①

就在同一天，曾国藩还上《密陈阎敬铭吴昌寿情形不同片》，提出："吴昌寿才识平常，而颇以知兵自诩。驾驭诸将，语乏实际。陈国瑞、张曜均不愿为之用，先后辞去。其余将领亦皆离心离德，纪律更为废弛。……目下该省气象，官与绅不和，兵与民不和，将与帅不和，藩司与臬司不和，皖军与豫军不和，戾气所积，为患方长。臣新年赴豫，系属客官，兵事或可代商，吏事义难越俎，恐不能有所挽回。若皇上另简贤明知兵之员抚绥豫省，主持一切，实属大局之幸。"随即希望清廷以"前任河南巡抚严树森""仍抚河南"。其次，他认为"阎敬铭治事极勤，条理秩然，清操自矢，……不失为封疆之贤员耳"②。清廷得到曾国藩的回奏后，在同治五年正月初四日（1866年2月18日）的上谕中宣布："吴昌寿著交部议

---

① 曾国藩：《查复吴昌寿张曜参案折》，《曾国藩全集·奏稿八》，第5073—5075页。
② 《曾国藩全集·奏稿八》，第5093—5094页。

处"，同治五年正月上旬由吏部议以降调处分，并为清廷允准。①而山东抚藩当时的处置是略予惩戒，皆未变动。表面上看，似乎曾国藩占了上风，但实际上并非如此。在河南，虽然钳制曾国藩系的一枚棋子被挪掉了，但是接任者李鹤年仍是清廷钳制湘淮系的棋子，对于清廷控制河南并无实质性的损失。而在山东，阎敬铭虽被曾国藩保住，但他与曾国藩的关系已进一步疏离。

二、清廷在陕甘地区重新部署，掌控西北大局

对于西北地区，清廷着眼于镇压捻军和西北回民起义的战局，以曾国藩为钦差大臣、剿捻总指挥，同时陕西巡抚、陕甘总督也由湘系人员担任。一般认为，在同治初年西北权力格局尽归湘军集团掌握。然而，湘军集团真能长久控制西北地区权力格局？

（一）借陕西巡抚刘蓉的黜陟调控西北权力格局

刘蓉长期辅佐四川总督骆秉章，咸丰十一年九月（1861年10月）曾署理四川布政使，同治元年二月（1862年3月）实授四川布政使，熟悉川陕一带情况，又是湘系重要人物，故清廷在一年多之后任命他督办陕西军务，不久授陕西巡抚，希望能对陕西攻剿捻、回有利。清廷重用刘蓉，还有另一方面的意图，就是企图拉拢并利用他牵制四川总督骆秉章。同治二年（1863年）六月，湖广总督官文奏："刘蓉晓畅戎机，勇于任事。刻下石逆成擒，川省军务得手，即于滇、黔各匪环伺川疆，得骆秉章指挥调度，想能次第荡平。应令刘蓉独当一面，俾资展布。如蒙天恩予以疆寄，令督办陕南军

---

① 《清实录·穆宗毅皇帝实录》卷一六五，"同治五年正月上"，第49册，第2页。

务，与荆州将军多隆阿各张一帜，必能绥靖边疆。"①七月，清廷下旨命刘蓉督办陕南军务，寻实授陕西巡抚。然而，任职仅两年，陕西巡抚刘蓉就被降调。同治四年（1865年）刘蓉的去职，起因是翰林院编修蔡寿祺参劾他贿赂、攀附中枢重臣以求获得高位。本来，蔡寿祺是慈禧太后用以打击恭亲王奕訢的一枚棋子。不料蔡寿祺因与刘蓉有旧怨，几道参折都将刘蓉一并带入，恰好清廷在任命湘军将领杨岳斌为陕甘总督后，也在考虑撤换陕西巡抚刘蓉，任命清廷信重之员出任陕抚以牵制杨岳斌，于是借此大做文章。

清廷在接到蔡寿祺奏参刘蓉的奏折后，命倭仁等问讯此事，随后在同治四年三月十六日（1865年4月11日）的上谕中说："前据倭仁等奏，遵旨查讯翰林院编修蔡寿祺折内紧要条件一折。据称于本月初六日将蔡寿祺原折内所称'挟重赀而内膺重任，善夤缘而外任封疆'之紧要二语，传到蔡寿祺面加讯问，当据供称，薛焕、刘蓉行贿夤缘系得自传闻，应否查办，伏候圣裁等语。朝廷登进人才，岂容纳贿行私，致滋物议。薛焕、刘蓉或内跻卿贰，或外任封疆，均系朝廷大臣，如于蔡寿祺所参不行查办，何以重名节而振纪纲。著薛焕、刘蓉各将所指行贿夤缘一节，据实明白回奏，以凭查办。倘敢有一字欺饰再经查出，定行从严治罪。"②清廷明知蔡寿祺所参刘蓉的问题系"得自传闻"，并无实据，却抓住不放，大做文章。

刘蓉在同治四年四月初二日（1865年4月26日）上《附陈蔡寿祺挟嫌构陷疏》，奏明咸丰十一年（1861年）蔡寿祺在四川"当逆

---

① 《大臣画一传档后编五·刘蓉》，《清史列传》卷四九，第3906页。
② 《清实录·穆宗毅皇帝实录》卷一三三，"同治四年三月中"，第48册，第141页。

氛扰攘之时，自刻翰林院编修关防，征调乡勇，收召匪目陈八仙等为门徒，聚众横行，不受地方官节制，其举动实涉荒唐。……臣尝对众宣言该编修系奉旨驱逐回籍之员，如复逗留滋事，将不能更事姑容"的情况，并指出屡屡听得众人"传述蔡寿祺口出怨詈之言，固知其将有夸张为幻之事，今果自上封章，造作传闻无据之词，巧肆弹射，此固从古小人罗织构陷之常情，不足深怪"。该折进一步指出，"臣自受任川藩、晋擢陕抚以来，计所纠参道府州县前后四十余员，其中颇多声势显赫、性情狡黠之伦。臣非不省汉人'白璧不可为，庸庸多后福'之语，姑务含容徇隐、取悦流俗，顾念遭逢殊遇，不敢稍涉瞻徇，虽明知异时报复相寻将至，卒受中伤而有所不暇顾"[1]。同一天，刘蓉还上《明白回奏恩赐查办疏》说：

> 臣以湘楚诸生，志安贫贱。……身受两朝特达之知，超越非常，实属儒生旷世之遇。惟自惭经术迂疏，知识暗陋，无以仰称朝廷破格录用之意，旦夕凛凛，怯且与汉之樊英、晋之殷浩同贻笑于将来。……至于出处大节，固共信其无他。……且臣自起草茅，未趋朝阙，于皇上左右亲贵之臣，未尝有一面之识；即政府枢密之地，亦未有一缄之达，秉义持律，硁硁自守，则其志匡公室，义绝私交，不特心可鉴诸神明，亦且迹无涉于疑似。夤缘之谤，将何自来？而蔡寿祺肆口诋诃，遽至如此，其为诬罔，不辨可明。伏祈皇上严加查察，推究根由，如其果涉暧昧之情，颇著交纳之迹，即请严治臣罪……。其或仰

---

① 刘蓉：《附陈蔡寿祺挟嫌构陷疏》，《刘中丞奏议》卷八，光绪十一年思贤讲舍校刊本，第38—40页。

荷圣明，……尚无亏于大节，亦乞圣主天恩，悯臣孤危，放归田里，俾遂还山之愿，长为击壤之民。①

但是清廷自有其政治意图，对刘蓉的自辩并不优容。刘蓉奏折入朝后，清廷颁发上谕称："朝廷听言，必期详审。刘蓉、薛焕既被指参，岂能不加讯问？转致大臣名节，无由共白。今刘蓉折内，有请放归田里等语，词气失平，殊属非是。总之黜陟进退，朝廷自有权衡，非臣下所能自便。刘蓉所请，著毋庸议。"②

对于清廷屡屡使用借御史清议来打击大臣的手段，湘淮集团内部人员自同治元年（1862年）以来身受亲历不止一端。而此次蔡寿祺所参"其刘蓉善于夤缘"各情，清廷也不得不承认系"得自风闻，并无实据"③。因此，湘淮人员也都想就刘蓉被参一事，据理力辩，予以回击。奉命参与查办此事的骆秉章为刘蓉辩冤于前，有节制刘蓉之责的陕甘总督杨岳斌也力挺于后。杨岳斌在同治四年（1865年）九、十月间专上《具陈陕西抚藩被议片》说："陕西大乱甫平，边防又亟，若令骤易生手，情形不熟，布置未免需时。且刘蓉为甘省筹饷筹粮，不遗余力，今一旦解任以去，于臣殊失指臂之助，且兹据该省绅士、候选道雷致福等联络公禀，金以刘蓉为福星为长城，因援颍人借留寇恂、苏人三留项忠、秦人数留陈镒故事，历陈下情，恳请转奏前来。即兹舆论之允孚，颇觉臣言之非妄。谨

---

① 刘蓉：《明白回奏恩赐查办疏》，《刘中丞奏议》卷八，第35—38页。
② 《清实录·穆宗毅皇帝实录》卷一三七，"同治四年四月下"，第48册，第213页。
③ 《清实录·穆宗毅皇帝实录》卷一三六，"同治四年四月中"，第48册，第201页；卷一三七，"同治四年四月下"，第48册，第213页。

缮录以闻。"①

清廷一计不成，又生一计。寻御史陈廷经奏参刘蓉奏折言辞失仪，"放言高论，妄自尊大，请旨严行治罪，以为大臣之轻量朝廷者戒"。清廷旋颁发上谕"以刘蓉于明白回奏之件，语多过当，有乖敬慎，交部议处。寻部议应比照言官条奏失体，降一级调用。诏如所请"②。清廷在同治四年（1865年）八月原是命"陕西巡抚刘蓉降调，擢四川按察使赵长龄为陕西巡抚"，但为陕西军务考虑，同时考虑到如此黜陟不合法度，恐损朝廷权威，遂在稍后又改为"前任陕西巡抚刘蓉著照部议降一级留任"③。赵长龄后在同治五年（1866年）正月改授山西巡抚。在这种情况下，清廷看到不宜立即使用严厉手段来处置，派瑞常、罗惇衍驰赴陕西查办并察看刘蓉品行才具，平日居官声名，民情是否爱戴，办理军务吏治是否合宜。随后，清廷颁发上谕，命"刘蓉著带革职留任处分，署理陕西巡抚"④。刘蓉在受此打击后心气难平，坚辞署陕西巡抚任，专办军务。清廷也借机"顺遂"刘蓉的请求，经过调整，俟安徽局势稳定后，以朝廷信员、安徽巡抚乔松年接替刘蓉为陕西巡抚，刘蓉仍留陕办理军务。不久，刘蓉、乔松年之间矛盾激化。刘蓉失去地方大权，也就失去了饷需支持，军事屡屡失利，清廷就毫不客气，施展奖惩黜陟之权，痛斥并贬黜刘蓉。清廷在同治五年十二月下旬颁发上谕："前署陕西巡抚刘蓉，以获咎之员，特令署理巡抚。嗣后允其

---

① 《杨勇悫公遗集·奏议》卷五，问竹轩光绪二十一年刊本，第42—43页。
② 《大臣画一传档后编五·刘蓉》，《清史列传》卷四九，第3908页。
③ 《清实录·穆宗毅皇帝实录》卷一五〇，"同治四年八月上"，第48册，第508、517页。
④ 《大臣画一传档后编五·刘蓉》，《清史列传》卷四九，第3909页。

开缺，暂留陕西办理军务，倚任不为不专。乃屡谕该前署抚出省督剿，置若罔闻，以致官军挫失，捻势愈张，贻误地方，实堪痛恨！刘蓉著即革职，毋庸再留陕西。"①将刘蓉彻底逐退。

（二）在陕甘地区以左宗棠系取代曾国藩系势力

随着太平军余部陆续被剿灭，清廷军事行动的重点转移到陕甘、豫鲁等捻军和回民起义军活动的重点地区。在这种情况下，清廷在西北各行省不得不安排能战的湘淮将领充任督抚，以利于军事行动，同时，清廷必须整合现有督抚，做出相应安排。因陕甘地区仅设有陕甘总督和陕西巡抚两职，同治三年五月（1864年6月），杨岳斌被任命为陕甘总督（因募兵未到任，同治四年到任），这时刘蓉位居陕西巡抚已近一年。到同治四年四、五月间杨岳斌募勇完毕后正式赴任时，刘蓉治理陕西已有两年。清廷为了钳制湘淮集团在陕西、甘肃的势力，决定将刘蓉从陕西调走，如前述最终是借蔡寿祺奏参刘蓉，将他降革并很快免职，同时安排清廷信重之员乔松年担任陕西巡抚，以钳制陕甘总督杨岳斌。

同治五年八月（1866年9月），陕甘总督杨岳斌由于掌控西北战局不力，因病开缺，清廷出于战事的需要，以闽浙总督左宗棠调授。②在闽浙地区，清廷原准备肃清左宗棠的影响力，在同治五年八月左宗棠调任陕甘总督之初，由清廷的信重人员吴棠接任闽浙

① 《清实录·穆宗毅皇帝实录》卷一九三，"同治五年十二月下"，第49册，第465页。
② 以上督抚任免调动情况，所参考材料前已有征引。杨岳斌病免一事，可参见他在同治五年八月所上《谢赏准开缺调理折》，《杨勇悫公遗集·奏议》卷一〇，第52—53页。

总督，浙江巡抚也是清廷用以牵制湘淮集团的人员马新贻。①但清廷很快就认识到保证左宗棠在西北作战的军饷供应的重要性，在闽浙地区特地安排与左宗棠关系较好的湘军集团人员出任督抚。与此同时，清廷对左宗棠势力仍实施牵制政策。从同治六年至光绪八年（1867—1882年），李瀚章、杨昌濬、梅启照、陈士杰等湘系人员出任浙江巡抚的同时，闽浙总督先后是马新贻、英桂、张之万、李鹤年等清廷用以钳制湘淮督抚的人员，只是在局面为清廷掌控后，才在光绪二年（1876年）任命湘淮人员何璟出任闽浙总督，而且福建巡抚也多非湘淮人员。

　　由上可见，同治四年（1865年）以后，随着全国性战争的结束，清廷逐渐摆脱了四面楚歌、不得不在战争区域全面依赖湘淮集团的境地，而在福建、江西、广东剿平太平军余部，在陕西、甘肃、新疆平定回民起义，在以河南、山东为主的战场上剿平捻军三个点上，能够较为自如地调整人员。同治四、五年至同治六、七年显然是清廷和湘淮集团势力消长的一个重要时期。这一时期，在湘军集团的传统势力范围——两湖和四川地区、两江地区、闽浙地区，以及两广地区和新的军事区域西北，和直隶、山东、河南等京畿地区，清廷对地方权力格局进行了全面的调控。

　　清廷通过这一系列的动作，使曾国藩、左宗棠、李鸿章在内的湘淮集团成员顿感悚惕和戒惧，并基本上把湘淮集团所能控制的事权限制到了一定的范围：或者使这一定范围内的事权在湘淮集团内部的重要督抚间转移，形成湘淮集团内部督抚间的矛盾与制

---

① 　以上督抚任职情况，可参见钱实甫编：《清代职官年表》第2册，第1478—1479、1709—1710页。

衡；或者从湘淮督抚转移到其他督抚中，形成第三方制衡力量，从而使全国各行省的控制大权重新为清廷所掌控。而落实到同治朝中后期和光绪初年，清廷这一系列权力格局的新部署，通过"湘淮互制""以湘制湘""扶左抑曾""左、李互制"等手段，为"湘淮分立"的局面初步搭建起了框架。

第四节　同光之际李鸿章的权力沉浮与淮系集团权势变迁

对李鸿章出任督抚后的控制力问题，学界一般都很强调清廷"扶李抑曾""扶淮抑湘"策略，有学者由此认为李鸿章权力非常之大，甚至说权势大到"控制了中央政府的国防、外交实权"的程度。[①]但是，清廷"扶李"和"抑曾"究竟到了一个什么程度？李鸿章的权力或者说控制力究竟如何？现有的研究成果在定性和定量说明方面，尚存在欠缺。研究者历来认为清廷防范、压制曾国藩甚于李鸿章，但这并不能表明清廷对李鸿章就不时时提防，这实际上是一个动态的、不断变化的过程。客观看待这一问题，"扶淮""扶李"都是相对的，清廷全面"扶淮"的时间非常短暂，"抑湘"主要是针对曾国藩系，随着曾国藩"威望"的迅速下降及其老迈，以及李鸿章在剿捻期间表现出的强劲势头，使清廷迅速将"扶淮抑湘"的策略调整为"湘淮互制"，从而促使"湘淮分立"制衡格局的形成。

---

① 朱东安：《曾国藩集团与晚清政局》，"前言"，第1页。

一、在同光政争旋涡中李鸿章的权力变迁

李鸿章自同治元年（1862年）三月授江苏巡抚、出任封疆大吏以来，历任各地督抚的职权和控制力的变化，究竟有没有获得超越一般督抚的控制力，以及他是否成为一个不仅握有地方实权而且控制全国政局的人物，很值得深入研究。

（一）李鸿章的职权和参与内政外交决策的控制力问题

同治元年（1862年）三月至同治六年（1867年）正月，李鸿章担任江苏巡抚的大部分时间里，江苏是太平天国战争的主战场，而他很快就展现出控制江苏省人事行政和以上海为核心的财税区方面的能力。

李鸿章刚刚替代薛焕出任江苏巡抚时，当时的上海道、署江苏布政使吴煦等人长期把持江苏省的财税征控权力，又在短时间内无法立即将其清除，因此，李鸿章实行"关厘分途"。他一方面将吴煦等人把持的财税控制权分解，自己控制当时可以完全支配的厘金，解决了淮军的饷糈来源问题[1]；另一方面，江海关洋税等国家正税仍由吴煦等管理，这是身为苏松太道的吴煦分内之责，如此可暂时不激化矛盾，有利于李鸿章争取时间来整顿江苏行政人事和财税权力格局。清廷在江苏布政使的任命上，虽然因战局需要在同治元年二月（1862年3月）至同治五年四月（1866年5月）先后任命湘系人员曾国荃（吴煦署理）、万启琛、刘郁膏担任江苏布政使。其间，同治四年（1865年）四月李鸿章调署两江总督，直至李鸿章在

---

[1] 《李文忠公全集·朋僚函稿》卷一，第49页。

同治六年正月（1867年2月）调任湖广总督，清廷又以刘郇膏和郭柏荫先后担任江苏布政使，护理江苏巡抚。这一时期，在李鸿章试图控制江苏财税、少供湘军而多顾淮军的情况下，这种安排显然是清廷有意利用湘淮内部矛盾做出的。随着李鸿章逐步增强在江苏的控制力，清廷在同治六年正月（1867年2月）将李鸿章调离江苏，命他出任湖广总督。在湖广总督期间，李鸿章基本未到任，而是奉命督师剿捻。不过，清廷出于扶植他压制曾国藩的目的，任命他的兄长李瀚章署理湖广总督，以保证李鸿章控制湖广和剿捻的饷糈来源，同时仍对他有所限制。

李鸿章在剿捻期间表现出的强劲势头，隐然有超越权威下降的曾国藩之势，由于淮军势盛已超过刚刚大规模裁撤的湘军，清廷遂由"扶淮抑湘"，逐步变为"湘淮互制"。一个重要表现就是，李鸿章虽然通过剿捻军事胜利，获得太子太保、协办大学士的尊荣地位，但这些毕竟是"虚衔"，而未授予他军机大臣、总理衙门大臣等实权职务，而且位居南北督抚之首的直隶和两江两个总督职位也不让李鸿章染指，仍命他回任湖广总督。直隶总督由"剿捻败将"曾国藩担任，两江总督则由资历功绩无法与李鸿章相提并论的清廷信重人员马新贻担任，清廷同时严命因剿捻军务进入京畿地区的淮军迅速撤回黄河以南。李鸿章在实际权力上与剿捻之前相比，并无实质性扩张。这一时期，李鸿章明显感觉到清廷的疑忌和压制，自己无力改变这种局面。他能做的，一是致函两江总督马新贻，表示自己不贪图权势，愿解甲归田之意，"弟为养此军，平中原之贼，而冒中外之不韪，吾人之怨仇，今幸勾当已了，撤军归农是吾素志，此后扁舟垂钓，不复与闻军事，可告无罪"，但同时他又对马新贻说："或谓宜留骁健，以备后患。涤相亦请留二万余人，未知主人翁能不惮烦否？"[①]显然是希望马新贻能为淮军精锐之保留，在慈禧太后面前说这句话——当时马新贻奉清廷之命，与曾国藩、李鸿章一同议定淮军的裁留问题。二是李鸿章在京城陛见停留期间，非常留心探测最高统治层对湘淮集团的意向，如他揣测"内意虑左帅难了西事，欲留敝军以作后劲"，再如他"侧闻天语，……内意必欲吾师坐镇畿疆，入都后必有不可中止之势"，[②]等等。显然，李鸿章并未能真正跻身于决策层，他只能去揣测形势，一切仍须由清廷中央政府决定。

在剿捻军务基本结束后，清廷已逐步将对待湘淮两大集团的策略调整为"湘淮互制"，并对李鸿章采取一定的压制手段。不过，在具体对待曾国藩和李鸿章二人的问题上，清廷仍优先压制曾国藩。在天津教案的处理过程中，以慈禧太后为首的最高统治集团，借机打击中央统治集团内的对手奕䜣和地方实力人物曾国藩，只是因为两江总督马新贻被刺这一意外事件，导致留居江南的湘军旧部群情不稳，需要曾国藩回任两江以稳定局势。故清廷在天津教案的处理接近尾声时，于同治九年八月初三日（1870年8月29日）任命李鸿章为直隶总督。李鸿章遂于八月二十五日奉命率领淮军约25000人到达天津，正式接替曾国藩直隶总督的职位，以应对"内忧外患"的局面，拱卫京畿。清廷在任命李鸿章为直隶总督的同时，谕命淮军大支部队随同李鸿章一道负责京畿保卫，这显然是曾

---

① 李鸿章:《复马谷山制军》,《李文忠公全集·朋僚函稿》卷八，第51页。
② 李鸿章:《复丁稚璜宫保》《复曾相》,《李文忠公全集·朋僚函稿》卷八，53—54页。

国藩没有获得的信任。但也不能过度解读为清廷的信任和忌惮，因为天津教案时，盛传法、俄派舰队威胁京畿，清廷这是为了护卫京畿的应急之举。

大家对李鸿章有权重势大的认识，一个重要原因就在于李鸿章似乎既掌握军队，又长期担任直隶总督，晚清重大的内政、外交事务和洋务新政事业等无不留下他的身影。但人们往往忽略具体做事的职任和决策权力之间是有距离的。李鸿章出任直隶总督后，还获任曾国藩未曾兼任的钦差北洋通商大臣（三口通商大臣裁撤后改设）[①]，他是否由此获得超越督抚权限的控制力呢？实际上，李鸿章在中央统治集团的地位，以及他对直隶人事行政和北洋通商事务的控制力，都处于一种尴尬的状态。李鸿章一直希望能通过最可靠的途径在中央最高权力层获得一条畅通的"快车道"。在辛酉政变后一段时间内，慈禧太后和奕訢之间形成的合作执政，以及奕訢对曾国藩、李鸿章等人的"倚畀"，使李鸿章似乎抓住了这个快速增强权势的良机，但随着慈禧太后与奕訢很快由合作关系演变为对最高权力争夺的关系，随着清廷对湘淮集团的政策迅速由"扶淮抑湘"演变为"湘淮互制"，直隶总督李鸿章在尴尬的处境中寻找出路是很艰辛的。同治九年（1870年）八月，李鸿章担任直隶总督、钦差北洋通商大臣，同治十三年十二月（1875年1月）授地位最崇高的文华殿大学士，仍留任直隶总督前后长达25年之久，可谓位极人臣、督抚之首。但是，李鸿章始终未能进入清廷最高决策层成为军

---

① 宝鋆等修：《同治朝筹办夷务始末》卷七七，第32—34页，故宫博物院，1930年。《清实录·穆宗毅皇帝实录》卷二九三，"同治九年十月下"，第50册，第1051—1052页。

机大臣。[1]即便是总理衙门大臣，李鸿章也是在光绪二十二年九月（1896年10月）已被免去直隶总督之职后才得以出任。在此之前，李鸿章虽能参与一些军国大事，尤其是对外交涉事件，但他并非最高决策集团的成员，这就决定了他影响清廷最终决策的能力是很有限的。由于他出任负责北方外交通商事务的钦差北洋大臣，后来又出任总理衙门大臣，后世学者多认为他把持清朝的外交大权，因此有必要具体分析他在清朝外交、洋务决策和运作中的实际地位、权力问题。

总理衙门是晚清政府最高外交通商洋务机构，从咸丰十年十二月（1861年1月）设立以来逐渐承担了原来由军机处掌管的外交通商事务。不过，在体制上总理衙门（简称"总署"）与南北洋大臣、各省将军督抚并无直接的上下级关系，总署不能直接命令指挥他们，只能通过咨札等方式提出建议、指示，并且总署的建议、指示和南北洋大臣、将军督抚是否执行的决定，都必须奏报清帝，由军机处协助清帝做出最终决策，允准后方可实行。当然，由于总署管理大臣地位崇高，一般由亲王、郡王、大学士担任，所以实际上总署的地位高于南北洋大臣、各省将军督抚和中央各部院衙门，他们给总署的咨文，一般都署上"咨呈"。而且，自同治朝以来总理衙门大臣也多是由军机大臣兼领。据统计，在晚清咸丰、同治、光绪三朝所有60名总理衙门大臣中，同时又充任军机大臣的有19人。[2]尤其是在恭亲王奕訢主政时，他既是领班军机大臣，又是总署管理大臣，在一定程度上较有利于协调军机处和总理衙门的

---

① 钱实甫编：《清季重要职官年表》，第47—50页。
② 魏秀梅编：《清季职官表附人物录》，第30—43、312—327页。

事务。但这种状况并未持续下去。甲申易枢后，慈禧太后为了分重臣之权，进一步巩固自己独揽大权的无上地位，一般情况下不再让一人同时总管军机处和总理衙门。礼亲王世铎担任领班军机大臣期间，一直不兼领总署，庆亲王奕劻管理总理衙门时也一直未入军机处，其入值军机处是在总理衙门改为外务部（光绪二十七年六月）后两年，即光绪二十九年。①光绪皇帝的生父醇亲王奕譞虽然非常积极参政，但是慈禧始终没有让他入值军机处或管理总理衙门，而是另设海军衙门让他管理，使其势力终究难有大的发展，同时也将李鸿章的军权进一步限制在可调控的范围内。因此，在这种背景下，李鸿章无论是在直隶总督、北洋大臣的职掌，还是慈禧太后遏制权臣的政术等角度，其职权范围必然受到很大的限制。

李鸿章长期担任直隶总督兼北洋通商大臣。北洋大臣是负责北方地区对外交涉的，它与负责外交、通商事务和洋务新政的总理衙门之间，究竟是何种关系呢？根据光绪朝《清会典》记载，"（北洋大臣）凡交涉之务，则责成于关道，而总其大纲，以咨决于总署"，"通省交涉洋务事件，统归关道管理，地方官遇事禀闻，由关道禀总督，以咨商总理衙门定议。各国领事有事，则会商关道，大者禀总督，剖断不决者，咨呈总理衙门"，"凡大事则奏陈请旨"，"急事用电奏，由总理衙门代陈"②。可见专制皇权不允许任何中央行政部门直接指挥地方督抚、通商大臣，一切权力高度集中于皇帝（包括掌握皇权的慈禧太后、恭亲王），总理衙门和北洋大臣之间，

---

① 钱实甫编：《清季新设职官年表》，北京：中华书局，1961年，第8—13页；《清季重要职官年表》，第47—50页。
② 《清会典（光绪朝）》卷一〇〇，北京：中华书局，1991年，第910页。

并非严格的上下级关系，总理衙门一般不能直接指挥北洋和南洋大臣，凡事均用咨商的办法。有学者认为，李鸿章任直隶总督兼北洋大臣期间，实际成为总理衙门的总外交代表，许多重大的对外交涉事件，他参与其间，而且往往唱主角。[①]这种观点没有区分李鸿章在总理衙门决策中所处地位和在执行总署决策中的地位之间的差别。

首先，李鸿章能够参与许多重大对外交涉的决策，并非是因为他垄断了清廷的外交大权，而是与总理衙门实行的初期决策方式有关。由于总理衙门所办理的外交和洋务通商事宜，是"千年未有之变局"，没有任何成例可循，新事务、新情况随时都可能出现，仅仅依靠几名总理衙门大臣显然远远不能妥善处理。因此，总理衙门在处理许多重大问题时，在做最终决策前往往广泛征求京内部院大臣和京外各省督抚的意见。这种"广咨众议"的方式，是总理衙门决策程序的重要环节，从总理衙门成立之初就开始采用。当然，具体运用的频繁程度和深入程度，与总署管理大臣有密切关系，在恭亲王奕訢管理总理衙门期间，这种决策方式运用得很多。由于李鸿章在外交问题上很早就表现出超群的能力，因此总理衙门较多征求他的意见，这是李鸿章给世人留下他把持晚清对外交涉大权的印象的重要原因。实际上，总理衙门征求京内外大臣的意见，尤其是地方督抚、洋务大员的意见，不仅仅局限于李鸿章，曾国藩、左宗棠、沈葆桢、丁日昌、刘坤一、张之洞等人也是经常被"广咨"的对象。

其次，这种总理衙门的初步决策必须提交御前会议，或军机大

①　吴福环：《清季总理衙门研究》，乌鲁木齐：新疆大学出版社，1995年，第32页。

臣、总理衙门大臣参加的廷议等最高决策层做最后的决策。是同意还是否定李鸿章等人的意见，并非李鸿章等人所能决定，也不能反映李鸿章在外交最高决策上的权力和影响力的大小，而只能说明李鸿章办理外交事务能力的大小。

再次，李鸿章直接参与了许多重大对外交涉，说明他是清廷外交决策的重要执行者。在甲申易枢之后，随着慈禧太后独揽大权，作为总理衙门管理大臣的奕劻，唯慈禧太后之命是从，虽然总理衙门仍然实行"广咨众议"的决策方式，但是无论是频繁程度还是深入程度，与恭亲王奕訢主政时相比已大大不同。往往是清廷做出决策，由李鸿章等来执行，这也决定了李鸿章此后更多的是承担清廷外交决策执行者的角色。因此，在洋务运动中作为北洋大臣的李鸿章与总理衙门的关系，以及李鸿章的地位，正如左宗棠在一份奏折中总论总署与南北洋大臣关系时所作的精详概括："洋务关键，在南北洋通商大臣，而总理衙门揽其全局。"[1]

在洋务运动中，李鸿章"表现"出巨大的影响力，但如果李鸿章等人在各省开展的洋务新政没有在中央得到以恭亲王奕訢为首的总理衙门的支持，很难兴起。总理衙门虽然最初只是负责通商事务谈判的机构，但很快就成为清廷中央政府负责整个"洋务"的主要协调、初步决策机构，凡事关外交、对外通商、传教，以及涉及西方事务的新计划，皆由总理衙门管理。诸如仿效西式军队训练，建立军事工业、造船厂、开矿、兴建铁路、派遣留学生、兴办近代海军，总理衙门或者直接制订计划，或者给予兴办此项事业的地方

---

[1] 左宗棠：《遵旨密陈折》，《左宗棠全集·奏稿三》，长沙：岳麓书社，1989年，第481页。

第六章 同光之际"湘淮分立"格局的调控路径 217

督抚以支持，因此李鸿章等人兴办洋务事业的成败，除了他们自身具体兴办之活动外，在决策层面和经费支持等方面很大程度上取决于总理衙门的政治力量和支持程度。正如奕訢所言：练兵、筹饷，"臣等所办之事乃不得已之事，然终不敢因时之无如何，事之不得已，而苟且迁就，稍弛其平日雪耻之志。即如同治五年，奏请选练直隶六军，以为京师四壁防护，并非臣衙门本职，而毅然为之。所定章程，悉皆破格吁求恩允，期在必成。此外如购洋枪、置洋炮、办机器、造轮船，凡力所能及，有益于战事者，无不随时筹划，以冀一日之自强"①。李鸿章等人兴办的洋务事业，无论是编练新式军队、筹建海防舰队，还是兴办军事民用工业，其经费多由清廷从国家财税中拨给。洋务新政在晚清财政拮据的状况下时时受困于经费的短缺，而顽固守制派以及李鸿章的政敌也每每借口洋务新政耗费资财，对李鸿章等人兴办的洋务事业加以阻挠、责难。在这种情况下，如果没有总理衙门的大力支持，奏请朝廷拨给洋务经费，李鸿章、左宗棠等人的洋务事业恐怕难以兴办。江南制造总局、福州船政局、天津机器局等洋务企业的创办续办经费，以及光绪年间的海防、派遣留学生经费，当总理衙门未能大力支持时，往往久拖不决，甚至不了了之，而总理衙门一旦竭力奏请，多能获得清廷同意，并由总理衙门会同户部指拨经费。如光绪六年十一月（1880年12月），李鸿章、刘铭传等奏请大规模修筑铁路，顽固派和李鸿章

---

① 宝鋆等修：《同治朝筹办夷务始末》卷六四，第18页。《海防档》甲，"购买船炮"（三），927页；《海防档》乙，"福州船厂"（二），台北："中研院"近代史研究所编印，1957年，第385—386页。

等人的政敌纷纷反对。①如果说李鸿章拥有洋务新政操控大权，那应该仍能得以实行。但实际状况是此事由于李鸿章没有得到总理衙门的支持，奕訢、文祥等人在复奏时既不表示支持，也不愿出面主持，清廷也就没有允准，李鸿章等的建议最终不了了之。李鸿章作为清廷特命钦差办理北方地区外交通商事务的北洋大臣，在总理衙门"广咨众议"决策体制下②，能够参与到总理衙门的初步决策过程中，也确实在晚清内政、外交上占有重要地位，但他不是军机大臣，也不是总理衙门大臣，基本不能参与清廷最高决策，对清廷最高决策的影响力是有限的，他主要还是清廷（包括总理衙门）决策的建议者和执行者，而不是决策者。

（二）在慈禧和奕訢权力斗争漩涡中的直隶总督李鸿章

直隶总督，历来是疆臣之首。同治九年（1870年）八月初三日，李鸿章担任直隶总督、钦差北洋大臣，此后无论是在同治十一年五月（1872年6月）他被授予武英殿大学士，还是在同治十三年十二月（1875年1月）晋授地位最崇高的文华殿大学士，仍留任直隶总督达25年之久。但可谓位极人臣、督抚之首的李鸿章始终未能进入清廷最高决策层、成为军机大臣。即便是总理衙门大臣，李鸿章也是在光绪二十二年九月（1896年10月）之后才得以出任，而这时他已经被免去直隶总督的职务。③李鸿章及其淮军在镇压太平天国和捻军起义过程中所起的作用，使他得到清廷的信任，能在京

① 中国史学会主编：《中国近代史资料丛刊·洋务运动》第6册，上海：上海人民出版社、上海书店出版社，2000年，第137—166页。
② 总理衙门决策初期的广咨众议体制，学者多有涉及。如吴福环：《清季总理衙门研究》，第102—105页。
③ 钱实甫编：《清季重要职官年表》，第47—50页。

畿重地直隶长期担任总督重职。此外，清廷对待他与对曾国藩还有不同。曾国藩虽然在晚年也仍为清廷所信任，但是，湘军裁撤人员和其他官员的各种事情，都很容易归咎于他这位湘军领袖身上，容易令清廷敏感，故清廷始终对曾国藩颇有顾忌，也时刻要利用机会打击这位湘军领袖，以削弱湘军集团的凝聚力。淮军集团虽然处于发展过程中，但清廷知道淮军集团的凝聚力和道义感与湘军集团相比，有不小差距。淮军各派系虽然都以李鸿章为统帅，但主要不是基于道义，更多是基于功利，只要清廷在功利上做好工作，必能有效控制淮军集团。

其一，在慈禧、奕訢政争中，慈禧、奕譞集团对李鸿章有一个由打到拉的策略演变过程，决定了李鸿章在这一时期的权力浮沉。

在西方列强的支持下，慈禧和恭亲王奕訢发动辛酉政变，推翻顾命大臣制度，实行太后垂帘听政和恭亲王以"议政王"名义辅政的体制。奕訢以议政王名义掌管军机处一切政务和新成立的总理衙门。在这种体制形成的初期，慈禧尚缺乏治理国家的政治经验，还不可能独揽大权，需要依赖恭亲王奕訢辅政。恭亲王虽然力图独揽内外大权，实际统治清王朝，但是他毕竟只是议政王，"不是摄政者，最后的决定权不在他的手里"①。因此，即便是在同治朝的头几年奕訢政治上最得势的时期，清朝最高权力格局仍是慈禧和奕訢这两个当权者"在谨慎地相互监视着"合作执政的格局。②双方的权力斗争多在暗中较劲，没有公开化。这种"平衡"局面随着太平天

---

① 马士：《中华帝国对外关系史》第2卷，上海：上海书店出版社，2000年，第67页。

② 马士：《中华帝国对外关系史》第2卷，上海：上海书店出版社，2000年，第67—68页。

国战争的结束，随着慈禧太后政治经验的增长和双方矛盾的不断积累，越来越难以维持。同治四年三月初七日（1865年4月2日），慈禧太后就借日讲起居注官、御史蔡寿祺攻击奕訢重用汉人不当、揽权纳贿的奏折，颁发上谕"恭亲王著毋庸在军机处议政，革去一切差使，不准干预公事"[①]。按照慈禧的私心，不排除想借此将恭亲王"退不复用"的意思，但不论是宗室亲贵、部院大臣，还是各省督抚，对这种突然降临的"亲贤重寄，决裂至斯"的局面和上谕中列举的恭亲王的罪名颇为惊骇，因此"枢臣比留，亲藩疏请"，纷纷提出若"骤易执政，即恐危中外之心，屡黜宗臣，又虑解天潢之体"。慈禧太后也虑及这一层面的问题，同时还顾及西方列强对奕訢的支持——奕訢"夙主和约，颇得夷情，万一戎狄生心，乘端要劫，朝无可倚，事实难图"[②]。为了安抚各方面，慈禧在四月十四日（1865年5月8日）又谕命"恭亲王著仍在军机大臣上行走，无庸复议政名目，以示裁抑"。通过这一事件，慈禧向中外展示了自己无上的威权，削弱了奕訢势力，同时也进一步摸清了奕訢的势力状况，为她进一步分化瓦解王公亲贵大臣创造了条件。

同治朝前期，醇郡王奕譞是依附并信服其兄长恭亲王奕訢的，因此在同治四年三、四月间慈禧太后突然罢免奕訢后，他立即上疏"极言恭邸之材为政府所不可少"[③]。但是在这一事件后，奕譞开始主动参与政事并看到权力格局的变化，同时慈禧着力在王公大臣中培植制衡恭亲王的力量，也为奕譞创造了机会。醇王奕譞既为道光皇

---

① 陈义杰整理：《翁同龢日记》第1册，北京：中华书局，1989年，第379页。
② 李慈铭：《越缦堂国事日记》，沈云龙主编：《近代史料丛刊续编》第595辑，台北：文海出版社，1974年，第160页。
③ 陈义杰整理：《翁同龢日记》第1册，北京：中华书局，1989年，第382页。

帝第七子、咸丰皇帝和恭亲王奕訢的弟弟，又是慈禧的妹夫，在辛酉政变中为慈禧上台立过大功，因此在同治三年以郡王加亲王衔，同治十一年晋爵醇亲王，其间迭被授予都统、御前大臣、领侍卫内大臣等职，并会同奕訢管理神机营事务。[①]他的地位虽一直不如恭亲王奕訢，但是"负气敢任事"，也是想有一番作为的。同治朝中后期开始，醇亲王越来越表现出"疾其兄（恭亲王）之专权，久有眈眈之意"的姿态，并逐渐得到慈禧的扶植。恭亲王奕訢在遭此罢免的折辱后，表面上事慈禧"自是益谨"，但也在伺机反击。双方在此后的一段时间里，各有所得。慈禧借是否设立天文算学馆之争，进一步打击了奕訢的威望；而奕訢则在两宫之一的慈安太后和同治皇帝的支持下，借助地方督抚的力量，在处置违制的慈禧亲信太监安德海问题上，予慈禧以反击。双方在权力斗争上互有攻守的局面，促使慈禧加强了扶植醇亲王的力度，也更重视笼络地方督抚的工作。

随着李鸿章代替曾国藩，越来越为主持军机处和总理衙门的恭亲王奕訢所"倚赖"，逐渐在中央和地方形成奕訢与李鸿章将相呼应的态势。[②]慈禧在亲贵中也加强了扶植醇亲王牵制恭亲王，在军机处用李鸿藻牵制恭亲王的力度，并且由奕譞和李鸿藻着意笼络湘系领袖左宗棠，力图形成奕譞、左宗棠联合，以制衡奕訢、李鸿章的联合。慈禧还通过李鸿藻引领的清流势力，来牵制奕訢、李鸿章的联合力量。从同治末年开始至光绪前期，李鸿章一直很有不安于位的危机感。慈禧针对奕訢、李鸿章的政治手段所形成的政潮时有

① 《清史稿》卷二二一，第9107页。
② 刘体仁：《异辞录》卷二，太原：山西古籍出版社，1996年，第22页。

出现。

同治十一年（1872年），御史李宏谟以直隶政务日繁，尤其直隶河工繁重，奏请添设直隶巡抚。清廷并未驳回，而是命军机大臣会同吏部议奏。这就不同寻常，因为李鸿章出任直隶总督兼北洋大臣刚刚两年，虽然有永定河溃决之事而遭到朝廷训斥，但各项事业呈现上升趋势，这时候有人奏请添设直隶巡抚，以分权牵制李鸿章，对此李鸿章洞若观火，他在致朋僚信函中明白道出："直省添设巡抚，言者三条，细按均未著实。吏治须藩臬帮助，巡抚只多一办例稿之人，即多一意见掣肘之人。军务本总督专责，巡抚无兵亦不知兵，从何策应？河工虽钦差大臣防护，亦不能不溃决。……若为复设三口游说，更为诡诈难测，官民皆穷，万万供养不起。"但是，清廷竟然命军机大臣和吏部合议此事，这显然令李鸿章对此事的结果会如何，有一种自己不能主动掌握的感觉，因此，他只能说说"私幸议准，即常驻津门，作一局中闲人"①这种言不由衷的话。参与会议的吏部根本无视李鸿章的"权重"，主张批准此奏，"添设保定巡抚"，而参与会议的军机大臣一方，由奕訢集团的重要成员文祥出面"力持不可"，此事才作罢。②可见决断此事之权完全在中央枢机，地方实力集团影响有限。而慈禧太后之所以不独断添设直隶巡抚，一方面是中央奕訢集团实力尚存，还不到决战时刻；另一方面，李鸿章的办事能力和时刻表现出的"乖巧"，使慈禧决定对李鸿章采取又打又拉的策略，并不想一棍子打死。

此事尚未完全平息，重修圆明园的争端又起。重修圆明园之

---

① 李鸿章：《复孙竹堂观察》，《李文忠公全集·朋僚函稿》卷一二，第33页。
② 李鸿章：《复沈幼丹船政》，《李文忠公全集·朋僚函稿》卷一三，第12—13页。

议，早在同治四、五年就不断有人提起，皆因军务繁重而没有得到允准。慈禧归政同治皇帝后，就迫切地想重修此园以作为撤帘之后的怡情之地，亲政之初的同治皇帝也想以此表示对太后的"孝养"之意，并使太后无暇干政，故在同治十二年九月（1873年10月），亲政不久的同治皇帝就以颐养太后的名义颁布了重修圆明园的硃谕，对此奕䜣、李鸿章等官员颇不以为然。当时，清王朝刚刚从太平天国起义、捻军起义等农民反抗的风暴中挣扎过来，西北军情不断，国家疲弊已极，国家银库无此财力重修圆明园，强行重修，必然导致搜刮民脂民膏，人民不堪重负，有可能再次揭竿而起，重蹈战乱。御史沈淮、游百川率先上疏力请缓修圆明园，同治皇帝的师傅李鸿藻也苦谏缓修，均遭同治皇帝斥革。慈禧对重修圆明园更是一意孤行，同治皇帝秉承慈禧的意旨，警告群臣如有再奏请缓修者定必严惩。奕䜣和李鸿章等人虽反对修园，但一时也不敢再出头拦阻。他们深知负责园工的内务府人员必然会借机贪渎，因而等待时机。果然，同治十三年七月（1874年9月）发生了负责替内务府采购木料的候补知府李光昭虚报木材价值一案，李鸿章趁机上奏请示处置办法，将此事公开，为恭亲王奕䜣、醇亲王奕譞、军机大臣李鸿藻等共同劝谏慈禧太后、同治皇帝同意停修园工，提供了极其重要的支持。[1]慈禧太后和同治皇帝在万般无奈之下妥协，皇权权威受到一次重大打击，慈禧太后等不会不予反击。就在谕命停修园工的同一天（七月二十九日），军机大臣们刚拟完停修园工谕旨，"硃

---

[1] 陈义杰整理:《翁同龢日记》第2册，北京：中华书局，1989年，第1060页；李宗侗、刘凤翰:《清李文正公鸿藻年谱》上册，台北：台湾商务印书馆，1981年，第211—212页。

谕一道封下，交文祥等四人"，"数恭邸之失，革去亲王世袭及伊子载澂贝勒也。文祥等请见不许，递奏片请改不许，最后递奏片，云今日俱散值，明日再定"①。这一切都说明，慈禧太后和同治皇帝都明白，阻修圆明园工程的一切重大活动，幕后主持人都是恭亲王奕䜣。经过大臣们的多方劝谏，七月三十日（1874年9月10日）正式下发的硃谕以"自朕亲政后，恭亲王于召对时，言语诸多失仪，加恩革去亲王世袭罔替，降为郡王，伊子载澂革去郡王衔贝勒"②。然而仅仅过了一个晚上，前一天由同治皇帝硃谕革去奕䜣父子的爵位，第二天由慈禧出面加恩赏还，"两宫皇太后御宏德殿宣谕诸臣，念恭亲王有任事之勤，一切赏还"③。并在同一天（同治十三年八月初一日）明发上谕："朕奉慈安端裕康庆皇太后、慈禧端佑康颐皇太后懿旨：皇帝昨经降旨，将恭亲王革去世袭罔替，降为郡王，并载澂革去贝勒郡王衔。在恭亲王召对时，言语失仪，原属咎有应得，惟念该亲王自辅政以来，不无劳勋足录，著加恩赏还亲王世袭罔替，载澂贝勒郡王衔一并赏还。"④慈禧这种对王公大臣恩威并施的手段，使用得已炉火纯青，以奕䜣为首的王公大臣被慈禧玩弄于股掌之间，对她更是惊惧有加。清朝统治权力的重心进一步向慈禧太后倾斜，并随着同治皇帝病死、年幼的光绪皇帝即位，慈禧重新"垂帘听政"而最终定局。李鸿章虽然在这一次政潮中牵涉相对较少，处置李光昭案也颇为得宜，还因为在这些政潮发生时对外交

① 《翁同龢日记》第2册，第1062页。
② 《翁同龢日记》第2册，第1062页。
③ 《翁同龢日记》第2册，第1063页。
④ 《清实录·穆宗毅皇帝实录》卷三六九，"同治十三年八月"，第51册，第890—891页。

涉风波不断，尤其是同治十三年（1874年）发生的日本侵扰台湾事件以及了断这一场危机的中日谈判，都需要李鸿章参与处理，故没有受到处分。但是，奕訢在这一系列政潮中的沉浮，必然对李鸿章控制权力产生极大的负面影响。而醇亲王在这次政潮中差一点被同治帝革职[1]，慈禧的翻云覆雨，使醇亲王更惧于慈禧力量和手段的可怕，亦愈加趋附于慈禧，逐步被慈禧扶植为压制恭亲王集团的力量。

同治帝病死后，慈禧为了继续垂帘听政、独揽大权，力排众议，册立醇亲王奕譞四岁的幼子载湉为帝。光绪皇帝年幼，慈禧在独掌大权的同时，扶植醇亲王势力，"结党相倾"，以进一步压制而使"恭王之势渐孤"[2]。这一时期，左宗棠对奕訢信重李鸿章的不满，使其成为醇亲王奕譞用以培植抗衡奕訢、李鸿章联合力量的重要棋子。光绪六年（1880年）前后，左宗棠因为在西北作战中屡建殊勋，声望达到一个顶峰，而李鸿章却牵涉崇厚使俄误国事件之中而备受牵连斥责，声望处于一个低潮时期，直隶总督之位很不稳。

同治十年（1871年），沙俄趁我国新疆发生战乱，出兵占领伊犁地区，并在与总理衙门的交涉中声称是代中国收复，一旦中国政府号令可达伊犁，定然奉还。其实，沙俄政府认为中国政府根本没有能力击败阿古柏入侵、收复新疆。沙俄没有料到，左宗棠率领清军经过艰苦卓绝的战斗，在光绪四年（1878年）收复了新疆。沙俄不愿交还伊犁，百般推托，要求清廷派员交涉有关事宜。出使人选经奕訢集团的重要成员、军机大臣沈桂芬和直隶总督李鸿章力

---

[1] 对于醇亲王等人被革职的谕旨最终未颁发的情况，学者有所论及。如宝成关：《奕訢慈禧政争记》，长春：吉林文史出版社，1980年，第241页。

[2] 胡思敬：《审国病书》，南昌退庐，1923年，第1页。

荐，由前任三口通商大臣崇厚担任。然而崇厚丧权误国，签署了出卖大量国家利权的《里瓦基亚条约》，遭到以清流派为代表的各方势力的一致谴责。而作为崇厚的荐主，奕訢、李鸿章等人及其所持的妥协论调也备受谴责。在这种情况下，慈禧、奕譞认为，这是一个打击甚至瓦解奕訢、李鸿章联合势力的好时机，他们认为己方在地方督抚中作为联合对象的一个最佳人选就是左宗棠。左宗棠作为湘系集团的领袖，收复新疆名动中外，与淮系集团首领李鸿章积嫌甚深，在对外政策上反对李鸿章的妥协乞和，主张对外"锋颖凛凛向敌"，如果扶植他主持内外事务，对外有利于应付在伊犁交涉中态度蛮横的俄国，对内又可以牵制甚至取代奕訢和李鸿章。在慈禧太后和醇亲王奕譞的支持和策动之下，光绪六年（1880年）七月，清流派御史邓承修上奏弹劾以奕訢为首的军机大臣泄沓失职，请饬调左宗棠进京，"委以军国之大柄，使之内修政事，外揽兵权"[1]。这一奏议立即得到慈禧太后的允准。光绪七年正月廿九日（1881年2月27日），左宗棠离开西北征战十几年的陕甘总督之位，调京入阁办事。进京后不久，即被任命为军机大臣、总理衙门大臣，管理兵部事务。当时甚至传说左宗棠入京是"明代沈相（指因病开缺的军机大臣沈桂芬），暗倾恭邸"，又说"清议诸臣以外交事素不惬鸿章所为，知宗棠持议与鸿章左，益扬左以抑李"。[2]但是，奕訢集团在军机处和总理衙门的实力毕竟雄厚，在左宗棠明确倒向政敌一方的情况下，奕訢集团在军机处和总理衙门对左宗棠处处掣肘，即

---

① 邓承修：《时局艰危请饬调辅臣入赞枢密折》，《语冰阁奏议》卷二，民国七年（1918年）邓氏铅印本，第1—2页。

② 秦翰才：《左宗棠逸事汇编》，长沙：岳麓书社，1986年，第52、78页。

便是左宗棠"有所建白，亦为同僚所尼，多中辍"，使左宗棠虽有辅佐清帝"一振积弱之势"的雄心，却"丝毫难于展布"。[①]在地方上，直隶总督李鸿章等虽然表面上表示与左宗棠合作，在暗中却多加贬斥。李鸿章屡屡在给督抚大吏或京中大员的书信中散布左宗棠"于枢廷政务、各省情形不甚了澈，所建练旗兵、借洋债、兴畿辅水利、加洋药税厘诸议，似属救时要政，却近老生常谈，恐有格于时势不能尽行之处"，并称左宗棠之见识能力"中朝赞襄未必有益"。[②]连曾经寄望于左宗棠的一些清流人物如张之洞、张佩纶等也指责左宗棠"浮夸""行径粗率"。慈禧太后和醇亲王奕譞也看到左宗棠显然已成众矢之的，正如左宗棠在书信中所透露的，"前之集矢合肥者，今又以弟为众射之的矣"[③]。而左宗棠自己因"衰惫"没能从容应付此种艰危局面，没有表现出令慈禧、奕譞满意地对付奕䜣集团、李鸿章的能力。最终，慈禧连考虑让左宗棠接替李鸿章直隶总督职位的意图都打消了。光绪七年九月初六日（1881年10月28日），左宗棠在仅仅担任军机大臣、总理衙门大臣八个月后，就被外放两江总督兼南洋大臣。这次政潮表现出几个值得重视的问题：一是李鸿章直隶总督之位不稳是很明显的；二是左宗棠秉政中枢的能力有限，不得不外放，而慈禧将他外放为两江总督兼南洋大臣，在近代海军建设逐渐实施的情况下，仍体现出以左宗棠牵制李鸿章、"湘淮互制"的意图；三是左宗棠在入值军机、总署后，因为亲附慈禧太后、醇亲王奕譞而为恭亲王势力大肆排挤的情况，使

---

① 徐珂：《左文襄公见畿而作》，《清稗类钞》第7册，北京：中华书局，1986年，第3358页。
② 李鸿章：《复丁稚璜宫保》，《李文忠公全集·朋僚函稿》卷二〇，第10页。
③ 左宗棠：《答杨石泉》，《左宗棠全集·书信三》，第718页。

慈禧进一步看到恭亲王在遭遇几次打击后，其集团在朝廷仍势大，这实际上推动慈禧加速寻机彻底清算恭亲王集团的步伐。这才有了后来的"甲申易枢"，在该事件中，不只是打击恭亲王一人，而是将其集团势力整个从军机处清除出去，并促成李鸿章彻底脱离奕訢集团转而投靠慈禧太后、醇亲王。

其二，李鸿章的心理和行动上有一个由支持奕訢集团到彻底依附慈禧、奕譞集团的演变过程，奠定了李鸿章在这一时期的权力格局。

李鸿章对慈禧、奕譞针对自己的掣肘裁抑，颇为不满，同时他对于慈禧太后对自己实施又打又拉的政治手段也心知肚明。但是，慈禧太后对他又打又拉的政治手段在这时并无一个明确的指向，使李鸿章对自己是否应该投向慈禧太后无法做出一个明确的决断，加之慈禧太后此期政治斗争的重点还是指向恭亲王奕訢，因此李鸿章的政治立场即便想要做一个大的转变，马上脱离恭亲王集团，一方面不见得能轻易做到，另一方面也未见能立即得到慈禧太后的信任。何况，李鸿章本意恐怕还是希望慈禧太后和恭亲王维持一种均势，自己左右逢源，从中获得最大的政治利益。这一系列的因素决定了李鸿章在通常情况下仍然维持与恭亲王的联合，希望恭亲王集团有与慈禧太后维持均势的力量，对慈禧太后则保持若即若离的姿态。有学者认为他的"实力足可除清廷自立有余"[①]。但实际上，他的权力、能力、人脉和所能控制的军事、行政和财政资源，都远远

---

① 苑书义：《李鸿章传》（修订本），第192页。

达不到这个地步。①因此，李鸿章只能在"勤勤恳恳服侍皇室，决不另有他图"的前提下，寻找于己有利的途径。李鸿章与慈禧太后、醇亲王集团，与恭亲王集团的关系，就在这种摇摆不定中迎来了中法战争和"甲申易枢"。

"甲申易枢"，确实是李鸿章从奕訢集团转向慈禧太后、醇亲王奕譞集团的重要标志性事件，这一事件使慈禧太后彻底清除了奕訢集团在军机处和总理衙门的势力，从而结束了太后垂帘听政与亲王辅政之间的合作执政与相互制约的局面，慈禧太后得以独揽大权。随后，慈禧太后通过任命无权力根基的礼亲王世铎领班军机、庆亲王奕劻管理总署，又让奕譞牵制他们，达到维护和巩固自己大权独揽地位的目的。对于李鸿章而言，这一政局突变也使他必须无条件地依附慈禧太后、醇亲王奕譞集团。李鸿章正是这样做的。也因此，当"甲申易枢"后，有人弹劾李鸿章有"六可杀"之罪时，慈禧太后和醇亲王并没有像罢斥奕訢集团那样惩罚李鸿章，反而是护佑有加。不过，慈禧太后、醇亲王奕譞对李鸿章集团的策略虽有变化，但也不过从既利用又打击的策略转变为既倚重又牵制的策略，并继续实施"湘淮互制"的政策。正如奕譞所说："湘淮素不相能，朝廷驾驭人才正要如此。似宜留双峰插云之势，庶收二难竞爽之功。否则偏重之迹一著，居奇之弊丛生。"②正因如此，在李鸿章趋承慈禧太后、逢迎醇亲王奕譞"以为固宠求容之地"后，清廷在他掌握军政财实权上虽大加制约，但是在荣誉地位上不吝赏赐，甚至

---

① 对于这一点的相关分析，可参见邱涛：《咸同年间清廷与湘淮集团权力格局之变迁》，第24页。
② 奕譞此语，可参见《历史档案》1984年第4期。

在同治十三年十二月（1875年1月）授予他地位最崇高的文华殿大学士，光绪二十年（1894年）又赏戴只有少数满族贝子、额驸才能享受的三眼花翎。

　　李鸿章从依附恭亲王奕訢变为依附慈禧太后、醇亲王奕譞，一个重要表现就是对慈禧太后不顾国家财政紧张的现实，屡屡修筑园工以图享乐的行为，由抵制转变为谄媚献资。同治十二年（1873年），慈禧太后和同治皇帝不顾群臣反对，执意重修圆明园。奕訢等中央重臣反对修园受挫时，李鸿章虽然没有公开反对修园，但他是支持奕訢的。他曾在给陕西巡抚邵亨豫的信中说："四方甫定，而土木游观之工，纷然并举，民力几何，徒增忧喟。"①同治十三年（1874年）七月，还借查办负责替内务府采购木料的候补知府李光昭虚报木材价值一案，为最终迫使慈禧太后和同治皇帝在七月二十九日同意停止修园，间接提供支持，当然，这也使李鸿章直隶总督职位处于风雨飘摇之中的状况更加明显。"甲申易枢"之后，李鸿章迅速向慈禧太后、醇亲王奕譞集团靠拢，在园工问题上的态度也发生重大转变，曲意逢迎慈禧太后靡费修园。从修三海工程到修颐和园工程，李鸿章不断为慈禧太后提供资金，不仅积极献策并主持以海防捐的名义筹款，为慈禧太后修建园工，甚至不惜从海军购买船械的款项中挪用经费。如光绪十二年五月（1886年6月），李鸿章给醇亲王的信中就明白道出挪用海军船款的内容："昨奉大咨，以奉宸苑修三海工程款不敷用，奏准于发存汇丰银行生息船款内，暂提银三十万两解钧署转交。"②李鸿章自甘心依附慈禧、奕

---

① 李鸿章:《致陕抚邵亨豫》,《李文忠公全集·朋僚函稿》卷一三，第23页。
② 《李文忠公全集·海军函稿》卷一，第20页。

讙之后，对奕譞孜孜以求的"三大政"，尤其是兴办园工、大练海军全力支持。奕譞"兴办园工以希宠也，大练海军以强国也"①，而"希宠"对奕譞而言是根本，李鸿章也非常清楚。因此在"大办园工"与"大练海军"发生矛盾时，李鸿章不惜借海防敛钱，甚至挪用海军军费为慈禧太后修建颐和园，以求"献媚宫闱"。

李鸿章对慈禧太后垂帘听政的态度发生重大转变。光绪初年，直隶总督之位不稳的李鸿章一面重金笼络清流悍将张佩纶、吴大澂等人，以图改变自己成为"集矢之的"的局面，同时他又寄望光绪亲政或许能使自己改变处境，"但冀因循敷衍十数年，以待嗣皇亲政，未知能否支持，不生他变。焦悚莫名"②。而趋附慈禧之后，他对太后听政、光绪亲政问题的态度则发生了根本转变。光绪十二年（1886年），慈禧太后宣布次年光绪亲政，已经与奕譞建立密切关系的李鸿章担心慈禧撤帘、光绪亲政必然导致光绪皇帝的生父奕譞"引嫌辞逊"，自己曲意逢迎而与奕譞建立起的关系，特别是由此在朝中已经获得的政治利益，会随着这位靠山的隐退而大损，而且慈禧太后的意志极难把握，有奕譞为自己折冲和护持，当然比自己直接面对慈禧太后更为有利。因此，李鸿章竭力建议奕譞采取"权宜尽善之方"。光绪十二年六月十五日（1886年7月16日），他在给奕譞的信中说："昨读初十日懿旨，亲政在迩，将复旧制。窃虑撤帘之后，殿下势将引嫌辞逊。目今时势多艰，解事者少，任事者尤少。设局外群言庞杂，多方挠感，徒令掣肘寒心。连日筹思大局，

① 刘体仁：《异辞录》卷三，太原：山西古籍出版社，1996年，第49页。
② 李鸿章：《复鲍华潭中丞》，《李文忠公全集·朋僚函稿》卷一五，第10页。

寝食俱废。"①奕譞在李鸿章的参与策划下，奏请慈禧太后从缓归政或改为训政，最终"懿旨俯允训政数年"，而奕譞也得以仍旧"以尊亲参机密"。当李鸿章的献计变为现实后，他立即在六月二十七日（7月28日）致函醇亲王奕譞表示祝贺，奉承奕譞"非殿下回天之力，不能有此转圜"，甚至说"远近臣民，额手相庆。鸿章私衷忭慰，更不待言"。②

二、李鸿章在官吏任免和军队控制方面的权力

（一）淮系将帅出任文武官职与李鸿章的权力关系

李鸿章作为直隶总督，在直隶官员的任免问题上拥有发言权，甚至拥有很大的荐举权力，并多为中央接纳，这都是官员权力范围内的正常现象。我们在这里需要讨论的是，他在推荐淮系成员出任督抚问题上的影响力，以及在一些重要地区、重要官员任命问题上究竟拥有多大的权力。学者们多认为，李鸿章在举荐淮系成员出任封疆大吏方面，作用巨大。如谓"李鸿章在牢牢控制淮军的同时，大力举荐亲信将领出任封疆大吏，以期遥相呼应，巩固权势，影响朝局。按清制，各省督抚与提督并称封疆大吏。李鸿章举荐张树声、刘秉璋、潘鼎新、刘铭传为督抚。……可见淮系势力之大，影响之广"③。这种观点恐与实际情况颇有出入。

显然，我们首先需要对淮系将领出任督抚情况作一分析。淮系集团重要成员出任督抚的，实际上不只前引观点提及的两广总督张

① 《李文忠公全集·海军函稿》卷一，第31页。
② 《李文忠公全集·海军函稿》卷一，第31页。
③ 苑书义：《李鸿章传》（修订本），第169—170页。

树声、四川总督刘秉璋、广西巡抚潘鼎新、台湾巡抚刘铭传四位，此外还有江苏巡抚丁日昌、福建巡抚王凯泰、河南巡抚钱鼎铭、山东巡抚李元华、江西巡抚（后任广东巡抚）刘瑞芬、江西巡抚李兴锐、山东巡抚（后任两江总督）周馥、广西巡抚（后任河东河道总督）倪文蔚等十几人。而揆诸史料，他们中多数升任督抚与李鸿章的荐举有点关系，但并不密切。清廷通过军机处、兵部、吏部等中央权力机构，以各种常规措施辅以非常规手段来加强对勇营及其将领的控制力，其中一个重要手段，就是通过授予这些勇营将领文武官职，满足他们对权势地位的渴望，达到控制勇营和控制这些将领的目的。

同治元年三月至同治六年（1862—1867年）正月，李鸿章担任江苏巡抚。在此期间，清廷从李鸿章身边调走的淮军重要将领有以下几位：其一是刘铭传，同治四年七月（1865年9月），铭军统帅刘铭传被任命为直隶提督，这并非李鸿章推荐，甚至不是李鸿章所愿意的，而是清廷为了加强直隶防务，由礼部侍郎毛昶熙奏准，同治四年至同治五年十一月间，刘铭传再次调防，奉清廷之命随曾国藩剿捻。其二是潘鼎新，同治四年八月（1865年9月），潘鼎新补授山东按察使，此前他已奉清廷之命率部驻扎山东济宁。这也是清廷为了山东剿捻军务以及牵制湘系山东抚藩阎敬铭、丁宝桢的需要，与李鸿章是否推荐无直接关系。①其三是刘秉璋，他虽是淮军成员，但与李鸿章"意见殊不相惬"。同治二年（1863年），刘秉璋统带良字营，吴长庆的庆字营也一直配属于刘秉璋系统。同治四

---

① 《清实录·穆宗毅皇帝实录》卷一五二，"同治四年八月下"，第48册，第551页；卷一九七，"同治六年二月下"，第49册，第535页。

年，刘秉璋随曾国藩督师剿捻，同治五年四月（1866年5月）清廷授予他江苏按察使之职，同治六年二月（1867年3月）清廷授予他山西布政使之职。[1]刘秉璋上述任职与李鸿章并无直接关系，相对而言，与曾国藩荐举的关系更多一些。

同治六年正月至同治九年（1870年）八月，李鸿章升任湖广总督，其间先后督师剿捻、赴黔督师、赴陕督军。同治六年二月廿六日（1867年3月31日），湘系山东布政使丁宝桢升任山东巡抚，淮系将领潘鼎新擢山东布政使。同治六年二月（1867年3月），刘秉璋出任山西布政使，请求解除自己的兵柄，良军由吴长庆代统。就在此期间，淮军留防的几个重要将领先后被迫辞去官职。除了在湖北跟随湖广总督李鸿章的湖北提督郭松林外，在陕西一带督师的直隶提督刘铭传因西北军务纠纷辞职，山东藩司潘鼎新被清廷谕命赴左宗棠军营听候调遣，他因不愿赴左营而请辞。这一系列的变故，以致李鸿章发出"旧部日渐零落，势难再兴"[2]的慨叹。可见此时淮系无论集团还是成员个人，都远未形成清廷无法控制的"军阀"。

同治九年（1870年）八月开始，李鸿章担任直隶总督，前述三位淮军重要将领的职位升迁是否由这位"督抚之首"来决定呢？李鸿章在八月初奏请将同治八年四月因病免职的刘铭传起复到天津帮办军务。九月，刘铭传就赶到直隶沧州铭军大营，加紧练兵，但清廷并未"遵"李鸿章所请，而是在十月初谕命刘铭传应诏赴京陛

① 刘秉璋：《襄办军务谢恩疏》《谢授山西布政使疏》，《刘尚书（秉璋）奏议》卷一，光绪戊申江宁刊本，第4、6页。
② 李鸿章：《复曾相》，《李文忠公全集·朋僚函稿》卷九，第16页。

见，旋即命他督办陕西军务。① 后在清廷镇压陕甘回民起义后期、收复新疆军务初期，他密劾左宗棠，因清廷对左宗棠的器重，他受到自己推荐代统铭军的曹克忠等人奏参，受革职处分，长期赋闲。中法战争期间，刘铭传被起用负责台湾防卫，并取得抗法保台战争的胜利，台湾设省后被任命为第一任台湾巡抚，光绪十七年三月廿七日（1891年5月5日）开缺。那么，潘鼎新呢？同治十二年四月（1873年5月）潘鼎新进京陛见，李鸿章奏荐他"于各省地势民情阅历甚深"②，堪任封疆重任，但是清廷未予理会。一年后，即同治十三年（1874年）四月，潘鼎新转授云南布政使，光绪二年九月（1876年10月）才实授云南巡抚，旋因与云贵总督刘长佑发生矛盾，光绪三年（1877年）八月召京，免职。光绪九年五月，潘鼎新署理湖南巡抚，光绪十年二月（1884年3月）实授广西巡抚，中法战争前期任中方前敌统帅，在战争初期遵从清廷中央要求积极备战的命令，而没有听从李鸿章要他积极求和的命令，后因战败被革职。至于与李鸿章不和的淮军将领刘秉璋，同治十一年六月（1872年7月）授江西布政使，光绪元年八月初二日（1875年9月1日）他升任江西巡抚，光绪四年七月廿二日（1878年8月20日）丁母忧开缺。③ 光绪八年十二月（1883年1月），刘秉璋再出，被授予浙江巡抚，光绪十二年五月（1886年6月）升任四川总督。④ 刘秉璋历任

---

① 《清实录·穆宗毅皇帝实录》卷二九二，"同治九年十月下"，第50册，第1037页。

② 李鸿章：《潘鼎新入都片》，《李文忠公全集·奏稿》卷二一，第26页。

③ 刘秉璋：《到江西布政使任谢恩疏》《谢授江西巡抚疏》，《刘尚书（秉璋）奏议》卷一，第8、10页。

④ 刘秉璋：《谢授浙江巡抚疏》《谢授四川总督疏》，《刘尚书（秉璋）奏议》卷二，第1页；卷四，第32页。

封疆大吏，与李鸿章并无直接的关系。

　　淮系将领升任督抚后，与李鸿章疏离甚至矛盾日趋尖锐的情况，并不少见。同治元年（1862年）开始，张树声率树军在江苏南部和浙江西部对抗太平军，同治四年十一月十二日（1865年12月29日），张树声出任直隶按察使，驻防大名，第二年夏移防山东张秋。同治九年七月（1870年8月）授山西布政使、护理山西巡抚。同治十年十二月（1872年2月）授漕运总督，正月（1873年2月）实授江苏巡抚，同治十三年九月（1874年10月）丁忧免职。光绪五年正月（1879年2月）授贵州巡抚，旋于闰三月十三日调广西巡抚，同年十一月十五日（1879年12月27日）升任两广总督。他担任两广总督期间，对李鸿章的操控就非常不满。当李鸿章不安于直隶总督之位时，光绪八年三月初二日（1882年4月19日），清廷就命张树声代替李鸿章，署理直隶总督兼北洋大臣，他虽于光绪九年六月初十日（1883年7月13日）回两广总督本任，但李、张矛盾已不可挽回。①

　　而且，李鸿章推荐淮系将领出任封疆屡屡不受的情况，却是很明显的。淮军重要成员潘鼎新出任封疆大吏的曲折，就是一个很好的例证。同治十二年四月（1873年5月），李鸿章奏荐山东布政使潘鼎新堪任封疆，但是清廷未予理会。②直到光绪二年九月（1876年10月）潘鼎新始授云南巡抚。中法越南交涉局面日趋严重时，李鸿章奏荐潘鼎新出任前敌统帅、广西巡抚，清廷未予采纳，而是在光绪九年五月命他署理湖南巡抚，后因广西巡抚徐延旭兵败，清

---

① 《清史稿》卷四四七，第12496—12497页。
② 李鸿章：《潘鼎新入都片》，《李文忠公全集·奏稿》卷二一，第26页。

廷才于光绪十年二月（1884年3月）任命潘鼎新为广西巡抚，统率前敌各军。从中可见，李鸿章在推荐淮系重要成员出任督抚问题上有一定的影响力，但这种影响力主要在于他推荐的人员任事能力符合清廷需要，才能奏效。又如淮系后期的重要成员周馥，长期在李鸿章幕中办理文案，后又长期在北洋任职，在光绪十四年出任直隶按察使。其后李鸿章多次密荐不售。光绪二十五年二月（1899年3月），周馥奉旨入京召见，李鸿章密奏荐举他出任河东河道总督，但终不为清廷采用，李鸿章为此抱怨说："吾推毂天下贤才，独周君相从久，功最高，未尝一自言，仕久不迁。今吾老，负此君矣。"当年八月，清廷授周馥四川布政使，将他调离李鸿章势力范围。等到光绪二十六年九月（1900年10月），李鸿章由两广总督调任直隶总督后，参与同八国联军议和时，清廷为了替年迈神衰的李鸿章配备一名得力助手，才将周馥调任直隶藩司。到周馥出任他的第一任封疆之职——山东巡抚时，已是光绪二十八年四月二十一日（1902年5月28日）的事，此时李鸿章已经去世半年多了。[1]

至于在以往的研究成果中认为李鸿章控制两江督抚藩臬和上海道的任命权的观点，笔者已有专文指出，有材料证明多数情况下他的影响力和控制力是有限的。[2]

那么，其他未能出任督抚藩臬的淮军将领的任职问题如何呢？经过太平天国战争后期和镇压捻军起义的战争，淮军重要将领大多

① 马其昶：《清授光禄大夫陆军部尚书两广总督周悫慎公神道碑文》，闵尔昌纂录：《碑传集补》卷一五，上海：上海书店出版社，1988年，第29页；周馥：《周悫慎公自著年谱》卷上，1922年秋浦周氏校刊本，第24、37—38页；卷下，第3、5—6页。
② 参见邱涛：《咸同年间清廷与湘淮集团权力格局之变迁》，第32—36页。

获得较高的武职，而随着清廷整顿绿营，并将湘勇、淮勇成建制地编入防军、练军序列，原来临时军队性质的勇营实际上开始成为清朝武装力量的一个重要组成部分。淮军高级将领的任命，虽然是由李鸿章向清廷推荐，清廷也多是允准，但所有程序都是按清朝制度办理，最后的实际任命是由清廷以谕旨委任，并且有绿营体制内的"提督""总兵"的官衔。湘淮军下属的营官队长虽然还是按照湘淮军队的旧制，由统领负责招募选定，但是能够升任营官之将领，一般有兵部授予的绿营体制内的"副将""参将""游击"等官衔，或者是获有记名武职的所谓候补资格。因此，淮军将领固然与其首领李鸿章仍保留旧的上下级关系，但在思想上，淮军的部队和官员日益受到清规制的约束，为皇朝服务的意识日益增强，超过了旧的淮军集团意识。

虽然在剿捻期间及其后一段时间之内，淮军仍按照原来的建制存在，但到同治末年和光绪初年，随着淮军将领较多地出任督抚、藩臬、提镇，淮军实际上也逐渐步入分散驻防各地的局面。在淮军各系统中，掌握军队者可能因未能升居高位最终也丧失了对军队的直接控制权，身居高位者多数不能再直接控制原有军队，武职多纳入清朝经制系统为清廷掌管防汛，少数仍旧掌管军队者也多处于清廷的掌控之下。关于李鸿章淮系集团将领出任绿营提督、总兵，并按照清廷要求其离开勇营原职调往他省绿营的情况，我们可以其首领位列督抚各军，按照其在淮军内的系统作一分析。

李鸿章亲军系统提镇任职情况。李鸿章亲军营，主要由两江总督曾国藩督标亲兵营拨给李鸿章所部，以及李鸿章江苏巡抚抚标营两部分组成，随着亲兵营将领积功，出任提督、总兵者实际都离开了亲兵营，调任他省。李鸿章亲兵营将领均担任武职。黄中元在李鸿章担任湖广总督期间，于同治七年（1868年）出任湖北宜昌镇总兵，李鸿章调任直隶总督时，他离开亲兵营，仍任宜昌镇总兵原职，到同治十三年（1874年）去职。[①]李胜在李鸿章担任直隶总督期间，同治十二年（1873年）被清廷任命为湖南绥靖镇总兵，光绪六年（1880年）署理湖南提督，光绪十四年（1888年）病死。[②]罗荣光在天津教案发生后，同治九年七月（1870年9月）随新任直隶总督李鸿章调防天津，以记名提督衔署理大沽协副将，十二月实授，到光绪十四年十一月（1888年12月）才被清廷授为天津镇总兵，这算是李鸿章留在身边的亲兵营将领，光绪二十六年三月（1900年4月）授甘肃新疆喀什噶尔提督，同年病死。[③]

　　同治三年（1864年）三月，松军（武毅军）统领郭松林在江苏、浙江一带作战时，被授予福山镇总兵之职。天京攻陷后，他被授福建陆路提督，先后被李鸿章派往闽广协助左宗棠追剿太平军余部，后又随曾国藩剿捻，因伤回籍。同治六年（1867年）重出，随李鸿章剿捻，他所统带的松军和武毅军已经是淮军三大主力之一。剿捻军务完毕后，郭松林随出任湖广总督的李鸿章到湖北。同治八年（1869年）四月，清廷任命郭松林为湖北提督。同治九年（1870年），李鸿章奉命督师援陕，郭松林率军随行，后李鸿章被授直隶总督，刘铭传督办陕西军务，旋武毅军一半拨归刘铭传统带。郭松林率剩余的武毅军返回湖北提督本任。

① 卞宝第等编纂：《湖南通志》第3册，上海：商务印书馆，1934年，第3426页。
② 李鸿章：《李胜请恤片》，《李文忠公全集·奏稿》卷六九，第27页。
③ 《清史稿》卷四六七，第12769—12770页。

台湾巡抚刘铭传系统任职情况。淮系铭军一系，除统领刘铭传曾任封疆外，多担任提镇武职。刘铭传在同治四年七月（1865年9月）授直隶提督，参与剿捻，后谕命督办陕西军务，同治十年（1871年）四月，他遵旨密陈左宗棠军情，与左宗棠交恶，同治十一年（1872年）被奏参革职。同治十三年（1874年），铭军有瓦解遣散的危机，经李鸿章奏请派刘盛藻接统，得以保存。光绪十年（1884年），中法战争爆发后清廷起用刘铭传督办台湾事务，取得抗法保台的胜利。光绪十一年九月（1885年10月），清廷任命刘铭传为台湾巡抚，光绪十七年三月廿七日（1891年5月5日）因病开缺。①

刘铭传被革职赋闲期间，铭军一些将领接连出任他省绿营提镇。铭军右军统领唐殿魁在同治五年二月（1866年3月）因剿捻军功，被清廷任命为浙江衢州镇总兵，同治六年正月（1867年2月）调广西右江镇总兵，旋即战死于尹漋河之役。②其弟唐定奎接统铭军右军六营多年后，到同治十三年八月（1874年9月）才被清廷授予直隶正定镇总兵，不久因率兵援台抗击日本侵扰，升任福建陆路提督。光绪十年（1884年），唐定奎病假回籍，旋因中法战争力疾复出，战后开缺，光绪十三年正月（1887年2月）病死。

光绪元年（1875年），刘盛藻回籍守制，由记名提督、铭军将

① 《清实录·穆宗毅皇帝实录》卷二九二，"同治九年十月下"，第50册，第1037页；《清实录·德宗景皇帝实录》卷一八五，"光绪十年闰五月上"，第54册，第580页；《清史稿》卷四一六，第12077—12079页。
② 方浚颐：《唐殿魁墓志铭》，缪荃孙编纂：《续碑传集》卷六八，第1—2页，上海：上海书店出版社，1988年；《沤西淮军人物》，黄山书社，1992年，第129—138页。

领刘盛休接统铭军。刘盛藻于光绪十年授布政使衔浙江按察使，未及一月病卒。[1]刘铭传任台湾巡抚后，光绪十三年，刘盛休授河南南阳镇总兵，奉命驻防大连，光绪十七年调任河北镇总兵，仍驻大连。在甲午中日战争中因畏葸无能，被开缺回籍。[2]铭军将领徐邦道在光绪六年（1880年）被授予直隶正定镇总兵，调防天津军粮城。[3]

潘鼎新鼎军系任职情况。潘鼎新一系，除他本人曾任封疆外，部属多任提镇武职。潘鼎新追随李鸿章，成为鼎军统领，在同治四年（1865年）八月奉清廷之命率部驻扎山东济宁，授山东按察使，同治六年二月（1867年3月）擢升山东布政使。[4]李鸿章出任直隶总督后，同治十二年四月（1873年5月），奏荐潘鼎新堪任封疆重任，但清廷未予理会。[5]光绪二年九月（1876年10月）才授云南巡抚，旋免职。光绪九年五月廿三日（1883年6月27日），潘鼎新署湖南巡抚，光绪十年二月（1884年3月）实授广西巡抚，为中法战争前期的中方前敌统帅。潘鼎新一些部将也被清廷调任他省提镇。他在山东担任布政使期间，作为鼎军将领的潘鼎立并未担任山东武职，同治六年（1867年）二月授安徽皖南镇总兵，并于同治九年（1870年）赴本任。[6]原属淮军程学启开字营统系的将领王永胜，在

---

① 刘秉璋：《奏浙江按察使刘盛藻生平战绩疏》，《刘尚书（秉璋）奏议》卷二，第56—57页。
② 郭骏声：《刘盛休家传》，《刘氏宗谱》卷一六，民国三年家刻本，第6—12页。
③ 《清史稿》卷四六一，第12720页。
④ 《清实录·穆宗毅皇帝实录》卷一五二，第48册，第551页；卷一九七，第49册，第535页。
⑤ 李鸿章：《潘鼎新入都片》，《李文忠公全集·奏稿》卷二一，第26页。
⑥ 《清实录·穆宗毅皇帝实录》卷一九六，"同治六年二月上"，第49册，第517页。

同治三年三月（1864年4月）被清廷任命为江西南赣镇总兵，随李鸿章在江苏、浙江作战。参与剿捻军务完毕后，王永胜回江西南赣镇总兵本任，光绪七年（1881年）因军务废弛、军纪败坏，被清廷革职。

刘秉璋良（庆）军系统将领出任督抚提镇情况。刘秉璋虽是淮军成员，但与李鸿章"意见殊不相惬"。同治四年，刘秉璋随曾国藩督师剿捻，同治五年四月（1866年5月）授江苏按察使，开始出任藩臬一级文职。后李鸿章代替曾国藩督师剿捻，同治六年刘秉璋自请解除兵柄，由吴长庆代统。刘秉璋在光绪元年八月（1875年9月）升任江西巡抚，开始跻身督抚一级，光绪八年十二月（1883年1月）任浙江巡抚，光绪十二年五月（1886年6月）升任四川总督。光绪元年（1875年）八月刘秉璋任江西巡抚后，良（庆）军将领吴长庆升任直隶正定镇总兵，由两江总督沈葆桢奏请留防江南，暂缓赴任。光绪六年（1880年）刘秉璋丁忧在籍，吴长庆升任浙江提督，十月调任广东水师提督，未赴任即奉命移防山东登州。[1]当刘秉璋重新出任浙江巡抚后，吴长庆先后驻扎朝鲜和北洋（奉天金州），光绪十年（1884年）吴长庆病死。[2]光绪十三年（1887年），刘秉璋任四川总督时，良（庆）军将领曹德庆被清廷授予江苏狼山镇总兵，留防吴淞口，光绪十六年（1890年）赴本任。

张树声树军系统将领出任督抚提镇情况。同治元年（1862年）开始，张树声率领树军在江苏南部和浙江西部对抗太平军。张树声在同治四年十一月（1865年12月）出任直隶按察使，开始担任藩

---

① 《清史稿》卷四一六，第12089—12090页。
② 李鸿章：《吴长庆请恤折》，《李文忠公全集·奏稿》卷五〇，第26页。

枭一级文职。同治十年（1871年）授漕运总督，同治十二年（1873年）授江苏巡抚，张树声开始跻身督抚行列，光绪五年（1879年）正月授贵州巡抚、旋调广西巡抚，同年升任两广总督。光绪八年（1882年）三月，张树声署理直隶总督兼北洋大臣，次年六月回两广总督本任。光绪十年四月廿八日（1884年5月22日）开两广总督缺，旋病死。①同治三年（1864年）十月，当张树声的树军仍在江苏一带作战时，树军将领张树珊被清廷任命为广西右江镇总兵，因战事需要留驻镇江。同治四年（1865年）后，张树珊跟随曾国藩、李鸿章剿捻，旋战死。树军将领张树屏所部在剿捻战事结束后被裁遣，同治九年七月（1870年8月）张树声担任山西布政使后，经山西巡抚李宗羲同意，命张树屏新募树军六营剿"流贼"。光绪四年（1878年），清廷任命张树屏为山西太原镇总兵，光绪九年（1883年）调任大同镇总兵，光绪十三年（1887年）卸任。树军将领滕嗣林在同治十二年（1873年）张树声担任江苏巡抚时，被授任苏松镇总兵，后调任浙江崇明镇总兵。②树军将领滕嗣武长期跟随李鸿章，在李鸿章担任湖广总督期间，他在同治八年（1869年）被清廷任命为湖北郧阳镇总兵，同治十一年（1872年）病死。③

勋军统领杨鼎勋，同治四年（1865年）授江苏苏松镇总兵。同治五年（1866年）调赴河南剿捻，在战败之后因李鸿章、曾国藩为之掩饰，向清廷奏报是胜仗中稍遇挫折，旋升任浙江提督，又调湖南提督，同治七年（1868年）病死于沧州防所。

①　《清史稿》卷四四七，第12496—12497页。
②　刘士先等编纂：《麻阳县志》卷七，同治年间刊本，第70页。
③　《清史稿》卷四三一，第12315—12316页。

淮军首领李鸿章和淮军各支统领对所属淮勇的统兵权,通过清廷授予淮军各级将领绿营提镇官职并大多调往他省而被分解(一般没有完全剥夺,而是仍令他们继续统领其中一部分),清廷以此掌控淮军将领和各支勇营。

(二)李鸿章在淮军存留和驻防调配上的权力问题

在镇压太平天国起义之后直至甲午战争时期,由于湘军的大规模裁撤以及湘淮军驻防区域的划分,淮军在清朝国防中所占据的地位确实日益超越湘军。但是,李鸿章的淮军军力是不受清廷控制而不断增强的吗?李鸿章能够依靠淮军实力而拥有越过清廷来决定淮军存留和驻防区域的权力吗?情况并非如此。李鸿章出掌直隶后,在淮军的控制体制方面有几个重要问题须作一一辨析。

1.李鸿章在淮军留存方面的权限

根据清朝规制,一旦战争结束,八旗必须返回驻防区,绿营必须返回汛地,战时作为临时军队增募的团勇必须解散归农,统兵将帅各归建制。因此,太平天国运动被镇压之后,除清廷明令保留者外,湘军大部裁撤。淮军也面临或裁撤或留防的问题。学者们都很重视这一时期李鸿章在淮军存留问题上所施展的政治手段,认为这是此后淮军超越湘军的重要环节。

不可否认,在镇压太平天国起义的战争进入最后阶段时,李鸿章就与曾国藩对湘淮军的关系问题多方探讨。曾国藩根据清朝定制大量裁撤湘军,是后来淮军受清廷倚重的重要原因。[①]但这并不意味着李鸿章在淮军的存留问题上就有决定性权力。李鸿章确实如学

① 这一问题,研究湘淮问题的论著多有论述。如王尔敏:《淮军志》,第345—346页。

者们所说，施展了许多政治手段企图完整保留淮军。他除了与曾国藩反复商讨以淮军承替湘军来应付此后的淮军北渡、剿苗沛霖等军事问题外，还提出大局构想"留湘淮勇以防剿江南北"[①]。曾国藩也频频向李鸿章表明自己主张留淮军以定两淮的决心，力主李鸿章不要主动请求裁撤，不要"轻议裁汰"[②]。曾国藩主张保留淮军，当然符合李鸿章的心愿；但是，这毕竟只是他们二人的筹议，并非清廷最终的决策。而且，李鸿章也明白曾国藩虽然威望正隆，却也备受清廷猜忌，他主张保留淮军的建议不一定会被清廷接受。因此，李鸿章又向各层面的京朝官员寻求支援。他重视御史建议的作用，希望通过御史奏议改革军制，痛陈旧军制的弊端，以避免淮军被分散补充绿营汛地兵额，而力求保留淮军的编制。为此，他在九月给御史陈廷敬的信函中说："盱衡当时兵将，靖内患或有余，御外侮则不足，若不及早自强，变易兵制，讲求军实，仍循数百年绿营相沿旧规，厝火积薪，可危实甚。……兵制关立国之根本，驭夷之枢纽，今昔情势不同，岂可狃于祖宗之成法。必须……革去分汛，化散为整。"[③]同一天，他又致函总理衙门大臣薛焕，利用他对江苏的眷顾、保全之情，希望后者能奏请朝廷"即时变易绿营旧制，选留劲旅"[④]。这些材料，一方面说明李鸿章积极谋划能成建制地保留淮军，但另一方面，他的这些政治运作基本属于外围工作，并不能对中枢决策起决定性影响；这也说明李鸿章对淮军留存与否并无多少

① 李鸿章：《上曾相》，《李文忠公全集·朋僚函稿》卷五，第28页。
② 曾国藩：《复李鸿章》，《曾国藩全集·书信七》，长沙：岳麓书社，1994年，第4756页。
③ 李鸿章：《复陈筱舫侍御》，《李文忠公全集·朋僚函稿》卷五，第34页。
④ 李鸿章：《复薛觐堂侍郎》，《李文忠公全集·朋僚函稿》卷五，第35页。

发言权，更无决定权，他力图对中枢决策施加影响的活动，并不是指望淮军完全保留，而是希望被清廷明令保留的那部分淮军不被分散到各绿营汛地。也正因为李鸿章实际上对淮军是否留存没有决定权，所以他虽极愿淮军留存，但又不得不在同治三年（1864年）八月上奏自请裁撤，以释清廷的猜忌。李鸿章在《陈明苏省兵饷片》中说："江西余氛未殄，有鲍超、左宗棠各军分头追剿，自应无需添兵。臣军暂守境上，如一两月后贼无回窜信息，当分别裁撤，酌留洋枪炸炮队三万人，以备海防而资控守，藉可节省饷需。"①很明显，李鸿章首先准备的是按照军务平定后勇营裁撤的规矩，做好了裁撤部分淮勇的准备。他向清廷说明淮军驻守江苏的情况，同时说明将自己手中近7万人的淮军裁撤一半以上，然后希望以海防等名义，保留战斗力强、装备最好的一部分淮军留防。这必须得到清廷的同意。显然，这些情况表明李鸿章并不具有控制"中央政府国防的能力"，淮军得以成建制保留，完全是清廷根据当时追剿太平军余部和剿捻军务需要做出的决定。湘军大部裁撤后，除分防相关各省者外，余下的主力多随左宗棠在闽广一带追剿太平军余部，剿灭捻军就必须依靠淮军，若留下的淮军全然如绿营那样分散编入各汛地，必然迅速腐化，不能保持战斗力。因此，淮军最终得以成建制留防，是清廷面对客观时局做出的必然决策。当然，这一决策的做出仍需各方面因素促使其水到渠成。

此后，李鸿章地位虽有很大上升，但淮军的留与撤在一般情况下仍非李鸿章所能决定。剿捻战事平息后，淮军再次面临大规模裁

---

① 《李文忠公全集·奏稿》卷七，第29页。

撤的局面。虽然李鸿章频繁与曾国藩、马新贻商量能否尽可能多保留淮军精锐，但是，清廷显然并未被李鸿章以疆事为借口所打动。最终，李鸿章为了尽可能避免清廷的疑忌，同意裁撤马步50营。淮军之所以最终得以保留75营近4万精锐，与当时的局势有密切关系，湘军大部皆随左宗棠征战西北，预留驻防各地的湘军显然不能承担京畿和东南防务，清廷需要保留相当数量、成建制的淮军来承担这些防务。当时，直隶、山东一带，虽然捻军被镇压下去，但局势不稳，而且因对外交涉的形势需要，故清廷允准曾国藩、李鸿章的建议，在直鲁交界的张秋一带，留防20余营铭军（但是清廷也不让其长期留防，而是在一段时间以后，将铭军调往陕西一带驻防，另调他支淮军留防），以供新任直隶总督曾国藩调遣之用。庆、勋两军20余营驻防江苏，由清廷信重的新任两江总督马新贻调遣。而李鸿章则仅带郭松林武毅军一部、周盛传盛军一部和亲军枪炮队19营人马回任湖广总督。此外保留的淮军还有回任山东藩司的潘鼎新，因分防鲁境的需要，清廷允准留驻鼎军7营。再加上驻防山西的树军和驻防江苏的其他淮军，就构成所保留的淮军全部。

李鸿章移督直隶后，为了拱卫京畿和驻防江苏、湖北、山西、陕西、直隶，淮军人数还略有增加，达到45000人。光绪二年（1876年）开始再次裁勇，到光绪五年（1879年）淮军留存79营近4万人。[①]光绪六年至光绪十年间（1880—1884年），淮军因为中俄伊犁交涉等局势需要而略有增加，局势缓和后又准备裁撤，但因为

———————————

① 《李文忠公全集·奏稿》卷三二，第21—22页；卷三七，第50页。

"直隶需办边防，特谕毋庸议减"①，因此比光绪五年前后的79营，增加2营1000余人。②中法战争期间，淮军奉清廷之谕命增募备战，一度扩展到132营，但战后立即大加裁撤。第一次就裁去31营，留下101营，此后还逐年裁撤。李鸿章在光绪十七年四月（1891年6月）说："光绪十一年，特奉懿旨饬各省裁勇以增旗兵加饷，当时新募勇营一律裁减，岁节部饷九十四万八千两，实为大宗。自十一年裁定以后，未增一营。"③光绪十七年四月（1891年6月），清廷为了筹饷，由户部奏拟的筹饷办法中有"南北洋停购外洋枪炮、船只、机器两年"，即所谓"部议停购船械"，以及包括淮勇海防各营在内各省防营一律裁减一成人员的意见。八月，李鸿章提出："醇贤亲王巡阅北洋复命，具疏亟称陆军将领虽属可恃，犹以分布各隘，力量未厚为言。其时威、大两海口尚未设防，今则均已移军填札。布置愈广，兵力愈单。现又须遵旨续筹胶州、烟台等处防务，将来如何分拨屯驻，尚待妥筹。此既未能添募，何可更议裁撤。今若就各营统裁一成，每岁所省无多，而有关于畿防海防及营制军实者甚大。此查明北洋防营现难裁减之实在情形也。"④在这种情况下，清廷也认为海防不仅不能削弱，反而应该增强，李鸿章意见较为切实，清廷遂同意了李鸿章的请求，但只是同意北洋海防各陆营

---

① 李鸿章：《复奏停购船械裁减勇营折》，《李文忠公全集·奏稿》卷七二，第36页。

② 《刘坤一遗集》第1册，第577、582页。《李文忠公全集·奏稿》卷四二，第54页。

③ 李鸿章：《复奏停购船械裁减勇营折》，《李文忠公全集·奏稿》卷七二，第37页。

④ 李鸿章：《复奏停购船械裁减勇营折》，《李文忠公全集·奏稿》卷七二，第37页。

和水师不裁减，其他各省淮军仍相应裁减。

从上面的情况可以看到，李鸿章虽在少数情况下能够影响清廷裁撤淮勇的决策，但绝大多数情况下都是清廷主动决策决定淮军的裁留问题，李鸿章在这一问题上并不能左右清廷决策。

2. 李鸿章在淮军驻防调配方面的权限

清廷根据军务乃至政治需要变更淮军防区，对此李鸿章有一定的影响力和控制力，但他并不能违背清廷的意志。淮军驻防省区及其变化情况，主要还是由清廷根据需要来做出决定。

（1）镇压太平天国起义时期淮军驻防区域由军务决定并须经清廷确认

淮军初建时人数约13营6500人，加上淮扬、太湖水师，"不过万人"。到同治二年（1863年）淮军护定上海之后，李鸿章为了分路进剿苏州、常州和浙江的平湖、乍浦等地，大力扩充淮军。到同治二年夏间，"陆军六万人募练甫齐"①。到同治三年（1864年）七月，李鸿章淮军先后收复江苏南汇、青浦、嘉定、常熟、太仓、江阴、无锡、苏州、宜兴、常州，以及浙江平湖、乍浦、海盐、嘉善、湖州，安徽广德等二十余府州县，到剿灭太平天国之初，淮军已有6万余人（如果将淮扬水师、太湖水师计入，水陆各军有7万余人），并遵清廷谕命，派所部分援浙、皖、闽，追剿太平军余部。同治三年（1864年）八月，李鸿章在奏折中明确说明淮军驻守江苏的情况，并说明按照军务平定后勇营裁撤的规矩，做好了裁撤部分淮勇的准备。

---

① 李鸿章：《陈明苏省兵饷片》，《李文忠公全集·奏稿》卷七，第28页。

但是，清廷是否确认也是非常重要的。在追剿太平军余部期间，以左宗棠湘军为主，李鸿章淮军也有大支入闽广一带追剿，但并没有获得驻防闽广的委任，这就是清廷利用左宗棠湘军与李鸿章淮军的矛盾，有意用左宗棠湘军制约淮军驻防区域的扩展。同治四年正月（1865年2月），淮军除郭松林、杨鼎勋部8000人自上海从海道增援福建，协助左宗棠攻剿太平军余部外，其余淮军各部均留防江苏境内。这是按照清廷明令行事，而并非湘淮将帅自行商量的。同治三年十二月二十一日（1865年1月18日），李鸿章收到清廷谕旨："著李鸿章于苏省防兵内酌量抽拨炮队赴闽，归左宗棠调遣。"十二月二十六日（1月23日），又明令淮军刘铭传"统带所部，星速赴闽，听候左宗棠调遣"。李鸿章显然对派淮军入闽归左宗棠调度并不愿意，故行动没有清廷要求的那样快。清廷随即又在同治四年正月二十日（1865年2月15日）谕令"李鸿章即筹划军装口粮，令刘铭传等分队入闽，并催令赶紧部署起程，毋任观望"[①]。面对清廷严催，李鸿章不敢怠慢，在同治四年正月二十九日（1865年2月24日）奏上《派兵由海道入闽折》，一方面说明原奉旨准备调派的"刘铭传、周盛波等二十四营人数较多，据报正月初进扎皖豫交界之三河尖，离苏已千余里，若再调回由苏赴闽，远道既易疲乏，师期必致迟误。且豫省捻逆飘忽无常，暂留该军驻淮河上游，堵扼回窜，于局势似亦相宜"。说明原委后，李鸿章又诚惶诚恐地表示"惟闽贼日肆披猖，叠奉谕旨酌量抽拨，又准左宗棠咨函商催，臣何敢推诿。仅就苏省防兵内就近调拨。查有奉旨饬令赴任之福建

---

① 《清实录·穆宗毅皇帝实录》卷一二五，"同治三年十二月下"，第47册，第743、757页；卷一二七，"同治四年正月中"，第48册，第35页。

陆路提督郭松林统带松字营楚勇七营，遇缺题奏提督杨鼎勋统带勋字淮勇六营，均系洋枪队训练精整，历年转战苏常嘉湖等处，所向有功，应饬赴闽协剿，并令记名总兵曹仁美带护卫营并归郭松林统领，记名提督黄中元带亲兵二营并归杨鼎勋统领，以厚兵力"[①]。

同治四年四月二十四日（1865年5月18日），剿捻统帅僧格林沁被捻军击毙于山东曹州，清廷命曾国藩继任剿捻统帅。由于当时湘军大部遣散，曾国藩只能以少量湘军配大支淮军，他统带的湘淮部众主要有：先是统带淮军铭、盛、鼎、树四军约27000人，湘军8000人；后又招入淮军李昭庆马队2000人，杨鼎勋所统勋、松、桂三军1万人，刘秉璋所统庆字营、荣字营、常字营6000人，刘士奇所统奇字营3500人，吴毓芬所统华字营2000人，王永胜所统开字营5500人，再加上铭军添募的新营数千人，调动淮军近6万人。留防江苏的淮军，在旬月之间，由近7万人变为不足1万人。我们知道，曾国藩在指挥剿捻的过程中，并不能自如地指挥淮军。那么，这些淮军为什么又调到了曾国藩手下呢？很重要一点就是这种调动是清廷决定的，李鸿章及淮军各部不能公然违背谕旨。到李鸿章代替曾国藩出任剿捻统帅之时，淮军人数又略有扩充，合马步水师约在7万人以上。[②]但是，在镇压捻军后，淮军立即大加裁撤75营。[③]其驻防区域随军务和李鸿章出任湖广总督，扩展到湖北和陕西两省。

（2）剿捻战争结束后清廷直接操控淮军驻防区域

同治七年七月（1868年9月）曾国藩调任直隶总督后，清廷谕

①　《李文忠公全集·奏稿》卷八，第3页。
②　周世澄：《淮军平捻记》卷一一，光绪三年上海申报馆仿聚珍版，第6—8页。
③　《李文忠公全集·奏稿》卷一四，第49—50页。

调淮军一部驻防京畿，并与相关督抚商议，决定刘铭传任直隶提督、所部铭军20余营留驻山东张秋，由曾国藩负责管辖调遣；潘鼎新回任山东布政使，其鼎军也奉谕留7营驻防山东境内。在江苏，董凤高部凤字4营、吴长庆部庆字马步11营留驻徐州；刘玉龙的开花炮队留驻下关；段喆部勋字5营沿江布防。李鸿章回任湖广总督之时，经奏准自带武毅军5营、盛军马步炮队14营，进驻湖北境内。有学者据此认为："剿捻战役以前，淮军仅有江苏一省防地，及至平捻以后，则已分防四省。直隶、山东为畿辅重地，江苏、湖北为财赋之区，淮军得此优厚地利，为今后立足之资。"①这一观点强调李鸿章的"苦心经营与政治运用"，似乎李鸿章由此势力骤增，其观点有片面性。李鸿章的个人因素固然重要，但亦须在符合清廷旨意的范围内来运用，是受清廷约束的。

同治九年八月（1870年8月），李鸿章被任命为直隶总督后，率领一支淮军到直隶，拱卫京畿。②有学者认为，这是湘淮集团实力督抚有拥兵自重之嫌的典型案例。但实际上这完全是受清廷指令行事。从同治三年（1864年）起，淮军各营时常奉清廷的谕旨，从一个省调到另一个省驻防。至于淮军进驻直隶和山东，如前述是清廷信重的安徽巡抚英翰、左都御史毛昶熙，以及湘军统帅、陕甘总督左宗棠率先提出建议。清廷允准，其目的也不过是要有一支战斗力强的部队拱卫京畿而已。无论是刘铭传还是潘鼎新，显然都没有因为掌握一支军队就控制了京畿，即便李鸿章率大支淮军出任直隶总督后，也没有达到控制京畿的地步。

---

① 王尔敏：《淮军志》，第353页。
② 《李文忠公全集·奏稿》卷一六，第34、48、50页。

（3）在驻防区趋稳的情况下，清廷根据局势来调控淮军驻防区域和军队留存数量

在李鸿章出任直隶总督后，淮军驻防地有所变化，一度退出山东防务，而增加山西、陕西防区。淮军防区由此前的直隶、山东、湖北、江苏，变为直隶、江苏、湖北、山西、陕西。

驻防畿辅的淮军又有变化。同治九年八月（1870年8月），原来随湖广总督李鸿章驻防湖北的周盛传的盛军、唐仁廉的仁字营马队和丁寿昌新募乐字营2营，约有13000余人，随新任直隶总督李鸿章一起进驻直隶，代替原驻防直隶的刘铭传铭军，而铭军马步28营则担任援陕军务。原驻山东的潘鼎新鼎军7营，则已于同治八年奉旨遣散。

留防江苏的淮军，主要是庆军8营、刘玉龙的开花炮队1营（原驻防江苏的段喆勋军5营，裁并3营，同治九年初调入湖北，并入西征军。董凤高的凤字军已改为徐州防军，不再计入淮军序列）。湖北防区，则仍由郭松林原带回湖北的武毅军马步10营负责，旋马队裁撤1营，步队裁撤2营。驻防陕西方面，刘铭传铭军马步28营、郭松林武毅军步队10营、徐邦道马队2营，共计40营2万人。山西防区，同治九年（1870年）六月起由张树屏新募树字6营驻防。需要注意一个问题，江苏、山西两省淮军军饷，归入地方支发奏销之列。[①]湖北驻防的湖北提督郭松林武毅军步队5营、马队2营4200余人，其军饷归后路粮台发给，不在楚军之列。[②]

---

① 《李文忠公全集·奏稿》卷一六，第18、26、31—34、48—51页。

② 李瀚章著、李经畬等编：《合肥李勤恪公政书》卷五，沈云龙主编：《近代中国史料丛刊》第15辑，台北：文海出版社，1967年，第491—493页。

同治十年（1871年），随着左宗棠湘军专领西北军务，李鸿章淮军大部退出西北（主要是陕西）。同治十年，援陕西的淮军撤回16营，移防江苏。同治十三年（1874年）日本兵侵我国台湾时，沈葆桢受命赴台办理，李鸿章即拨从陕西回防江苏的16营淮军中的13营，随沈葆桢应援台湾。随即，李鸿章奏请清廷允准，将留在陕西的各营淮军悉数撤回，分驻江苏、山东接应。于是，淮军防区就以闽、台易陕西。

　　光绪年间，淮军防区大致固定。直隶地区主要驻扎在保定、天津等地，有盛军、仁军33营。山东，主要在济宁驻扎铭军17营，光绪二年（1876年）移驻张秋。江苏，驻扎徐州有铭军13营、武毅军马队5营，沿江留防有庆军8营、开花炮队1营（光绪二年，开花炮队并入庆军，沿江留防的就变为庆军10营），吴淞海口由武毅军步队5营驻防。湖北，武毅军马步7营驻防。山西，树军6营驻防，军饷均由地方奏销。驻防五省的淮军共有95营、47000余人。①

　　光绪二年至四年底（1876—1878年），清廷再次明谕裁勇，但由于淮军的作用，只裁减了1营，淮军仍有94营，其中李鸿章直接指挥的有81营，分防直隶、山东、江苏三省，另有驻防湖北的武毅军7营，驻防山西的树字6营。光绪四年（1878年），清廷又命淮军裁减15营，因此到光绪五年（1879年）之后，淮军共有79营，其中李鸿章直接统率的淮军有66营，分防湖北、山西等省的有13营。

　　光绪六年（1880年），在中俄伊犁交涉中，为备战而增募的是湘军，淮军并无大的增添。伊犁问题解决后，新增的湘军被裁撤，

---

① 《李文忠公全集·奏稿》卷二一，第27—28页；卷二三，第27—28页；卷二七，第13页；卷二九，第30页。《刘坤一遗集》第1册，第371—372页。

淮军驻防区域又稍有变动。原驻防江苏的庆军10营被清廷分解，其中6营由吴长庆统带移驻山东登州，余下4营由曹德庆接统仍留江防。原驻湖北的武毅军马队2营调防直隶，不过仍由湖北供饷。同时，清廷命将驻防徐州的淮军马队5营裁减为3营。这一时期，李鸿章直接统辖的淮军为70营，分防直隶、江苏、山东。其余驻防湖北、山西的淮军也减为11营。光绪八年，吴长庆统带的庆军6营奉清廷之命开赴朝鲜，李鸿章直接管辖者降为64营。

光绪九年（1883年），原由李鸿章直接管辖的留防江苏的淮军，奉清廷之命改由南洋大臣直接统御，饷需亦由南洋大臣经理，均改归江南防营支销，由两江总督奏报，不再列入淮军专饷之内。有学者分析，这与左宗棠出任两江总督兼南洋大臣，并趁李鸿章、李瀚章兄弟均丁忧回籍，趁机夺回对这部分淮军的统御权有关，此说法确有道理①，但如果不是清廷借机整顿淮军的统御权，左宗棠也不可能有利用这种机会的可能性。同年，清廷以中法越南交涉局势危急，将长期驻防吴淞的淮军吴宏洛5营调赴广东，归两广总督张树声节制，吴淞防务由左宗棠亲军恪靖营接替。这也是清廷借左宗棠之手，逐步清除李鸿章在江苏的势力。

中法战争期间，淮军大量增募，达到132营，但这都是军务需要的临时措施。中法战争结束后，淮军就被大量裁减和移防。已被革职的前广西巡抚潘鼎新病故，其鼎军5营遣散。驻广东淮系各军，吴宏洛军在战时增为6营，战后仍裁并为5营，而且其中4营调防澎湖，1营留防广东，分解吴宏洛的统领权；蔡金章4营全部遣

---

① 王尔敏：《淮军志》，第358—359页。

散；杨安典炮队2营减半，留1营驻防广东；王孝祺部暂留4营。留防广东的淮军共计6营。驻防台湾的淮军，在战后大加裁撤，主要留有刘朝祜3营2哨、苏得胜3营、王贵扬4营、章高元炮队1营，以及从广东调来的吴宏洛4营，计有15营2哨。浙江方面，原属浙江巡抚、淮系旧将刘秉璋的驻浙淮军，在刘秉璋调任四川总督后，全数遣散。不过因战事刚刚停息，淮军仍留有101营。[①]光绪十一年（1885年）之后，各地驻防淮军勇营数量仍在不断裁减，如留防广东的王孝祺部原暂留4营，其后陆续裁减到仅留1营。

从淮军防区的变化和相应的裁撤情况可以看出，淮军各部统领权通过将领的升调分解以及清廷调控下的防区调换，实际上逐步实现了清廷计划中的由淮军将领统领军队，但指挥权掌控在清廷的局面。

三、李鸿章淮系势力在财税控制方面的权限

（一）围绕江苏巡抚李鸿章财税控制权力的斗争

晚清各常规税项中，省区之间的协饷，各省督抚很难自行办理，均须清廷指拨调配。即便在太平天国战争期间，曾国藩、李鸿章这样的实力督抚，同样没有掌握协饷的主动权。淮盐课厘方面，清廷命令盐课完全供江北驻军都兴阿部及其后任富明阿部军费；战事平息后也是由清廷中央控制，故没有像厘金收入那样掀起针对李鸿章财税权限的政潮。

在厘金的控制力方面，同治元年（1862年），李鸿章就任江苏

---

① 《李文忠公全集·奏稿》卷六三，第50页；《刘壮肃公奏议》卷八，光绪三十二年排印本，第9—10页；《张文襄公全集》卷一一，北平楚学精庐民国二十六年（1937年）刻本，第24—26页。

巡抚之初，当时江苏大部为太平军所占据，或为双方战场，因此李鸿章所能有效控制的饷源地主要是中外商贾云集的港口——上海。而沪饷有两大来源：关税和厘金。当时的税制情况和江苏行政财税权力格局是这样的：厘金作为一种临时税饷，在当时由各省区和统兵大员报请中央批准设立，可根据情况随设随征，也随时可撤并。在镇压太平天国运动期间，厘金基本上由地方大员奏明清廷后自筹自用；而关税属于国家正税，有经制的管理制度。李鸿章担任江苏巡抚之初，实际把持上海财税权力的是署江苏布政使、苏松太道吴煦，他是前任巡抚薛焕任用之员。李鸿章刚到上海，对上海税饷的征收使用情况还不熟悉，尤其是对作为国家正税的上海关税的具体征用情况不了解，而吴煦又意图牵混蒙蔽，因此李鸿章为了解决最为急迫的淮军军饷问题，决定先抓住专供军务需要的厘金，而关税问题等立稳脚跟、熟悉情况后再做处置。李鸿章指出，"关税开销，一时实难清厘"，"如今暂与划分界限，中国军饷，全指捐厘；外国供支及镇饷，俱指关税。以后该道再有亏垫架空，不能归咎于军饷"。[1]他采取的措施是"关厘分途"，即作为国家正税的海关洋税，仍由负有专责的苏松太道吴煦管理，而厘金的征收支用，则从吴煦手中分出，由李鸿章另派薛书常管理："现派薛守总办厘局，饬将月款十余万全行解局，呈候批驳，方伯不得过问。"[2]根据现有材料统计，从同治元年四月（1862年5月）到同治三年六月（1864年7月），厘金收入为640余万两，平均每个月的厘金收入为20余万

---

① 《李文忠公全集·朋僚函稿》卷一，第37、49页。
② 《李文忠公全集·朋僚函稿》卷一，第37页。

两。①这与李鸿章报告曾国藩的数字"沪中厘税月仅二十余万"②，大抵相当。当然，每月20余万两的厘金收入，应当看作是李鸿章征收厘金收入的最低线，厘金的实际收入应略高于此数。

李鸿章在上海一带饷源的最大两项就是厘金和洋税。洋税征收涉及外国人，李鸿章不可能随意增减，而使用则由中央统一调配，涉及洋税的控制能力只是李鸿章如何向中央奏请分留以及分留多少的问题。但是，厘金方面征用权力的争夺就不同了。由于战后清廷开始清理厘金，并以厘金清理和军需报销为切入点，大力收回财权。在这样的大背景下，加之李鸿章当初为了征收厘金以供支军需，搜剔严苛，淞沪士绅多有怨谤，而且李鸿章利用战时体制控制江苏财权，在战后更加引起朝廷的疑忌。因此，在战后不久的同治四年（1865年），围绕李鸿章在江苏的财税控制权力，尤其是征收厘金的权力问题，很快就掀起了一个不大不小的政潮。

同治四年闰五月，两位江苏籍京官——内阁学士殷兆镛、给事中王宪成先后弹劾李鸿章在江苏苛敛厘捐等，岁入达银四千万两，甚至说"江苏捐务有粪担捐、妓女捐之目，并云恃功朘民"③。对于这样的弹劾，清廷明知夸大的成分居多，仍在五月十九日发出上谕要求"究竟可得若干，如何开支，著李鸿章造册报部核销"④。可见这一政潮表面上是江苏籍京官对李鸿章在江苏大搜厘金的不满，实

---

① 《李文忠公全集·奏稿》卷九，第4、13页；卷八，第43—44页；卷七，第30—31页。中国史学会主编：《中国近代史资料丛刊·洋务运动》第3册，第473—474页。

② 《李文忠公全集·朋僚函稿》卷一，第10页。

③ 赵烈文：《能静居日记》（三），第1588页。

④ 《清实录·穆宗毅皇帝实录》卷一三九，"同治四年五月中"，第48册，第302—303页。

际上是他们为迎合朝廷力图掌握全国厘金收支大权的意图，而想以李鸿章控制的江苏厘金权力为一个突破口发起的冲击。面对这种情况，李鸿章一面指责殷兆镛、王宪成，"以恃功朘民相讥，又以岁收四千万耸听，未免意存倾陷"[①]，一面在同一奏折中又将江苏自军兴以来的收支概况作一汇报：

> 姑就江苏情形论之，向称财赋最盛。以地丁、漕粮、盐课、关税四者为大宗。自咸丰三年贼陷金陵，江南北大军云集，分两台供支，苏宁两藩司进款各顾一面，不相通融。和春、张国樑统兵七八万人，月饷五六十万，上海税捐及苏藩司丁粮正款已足敷用，尚不借厘金之力，而其时绅士把持，议论纷繁，当事亦未能认真兴办。自苏、常叠陷，仅存上海一隅，藩库丁漕丝毫无收，薛焕招集兵勇四万余人，仅资沪关税项，幸汉口、九江尚未开关，洋税月收三十余万，仍不足用，乃扩充厘局以增益之。臣于同治元年四月接署抚篆，随带水陆各营仅及万人，将薛焕旧部裁汰简练。合之华尔常胜军亦不过四万人，以入抵出，欠缺无几。旋值汉、九开关，沪税递减，仅足养洋兵及分济镇江一军。而臣军攻剿日急，添募愈多。至二年夏间水陆已增至七万余人，饷无所措，不得不专恃厘捐，乃将沪厘大加整顿，并仿照上游楚军办法，克复一处即酌添卡局，以济军需，……一征一验相隔或五七十里，实无十里、五里设卡重征之事。照上海定章，每千钱取三十、四十不等，实无十

---

① 李鸿章：《复奏殷兆镛等条陈江苏厘捐折》，《李文忠公全集·奏稿》卷九，第2—3页。

钱抽三之事。由浙沪至苏或捐两次或捐三次，按成本之轻重、货色之高下，刊章共守。亦无绸缎须捐八九次，木料须捐五六次之事。……查苏省出入各款，缘奉上年七月初十日上谕，各处办理军务未经报销之案，准将收支款目总数分起开列清单奏明存案，免其造册报销。臣即钦遵办理，业于本年二月十七日将苏沪军需第一案收支款目开单具奏，兹又将第二案收支各款另折陈奏，均系实收实放，毫无捏饰。综计先后单开如厘捐一项，自元年四月至二年六月止共收银三百四十九万余两，又另单自元年十月至二年六月止共收银八十八万七千余两，又自二年七月至三年六月止共收银二百六万二千余两。此其已报达部者，计两年有零，共收厘捐银六百四十余万两，数目不为不巨。江楚各省厘金每年各不过百数十万两，兹于苏松二百余里内岁收厘捐将三百万，办事不为不力，自苏、杭、金陵克复，东南腹地肃清，商贾四散，不尽聚于上海，亦不尽走苏境，厘金日以减色，目今衰旺牵算，月不过二十万。……至如何开支，其三年六月以前经臣分案驻款胪列，固可一目了然，嗣后当遵旨报部汇销。[①]

李鸿章在上奏为自己辩冤的同时，不得不按照清廷上谕要求，将江苏捐款收支情况造册报部核销。同治四年六月初一日（1865年7月23日），李鸿章同时奏上《陈明租捐丈田清理民房情形片》和《军需第二案收支款目折》，将江苏租捐及军需收支款目情况，按照中

---

① 李鸿章：《复奏殷兆镛等条陈江苏厘捐折》，《李文忠公全集·奏稿》卷九，第2—5页。

央户部报销的要求整理奏报清廷。[1]不仅如此，七月李鸿章奏报《向荣等所收厘金收支数目片》，八月又奏报《淞沪旧案军需款目折》和《扬镇粮台收支总数折》[2]，将江苏自军兴以来重要的财税收支、军饷开销等账目一一奏明清廷。无论李鸿章对江苏官绅的弹劾做出什么样的反击，都只能是局促于被动的地位，而实际上清廷清厘并掌控江苏财税权力大局的目的已经完全达到。有的学者认为李鸿章在这次斗争中获胜[3]，显然是对清廷清理和控制各省财权的全局谋划与李鸿章、殷兆镛等人的具体争斗之间的大小轻重关系并未能切实把握之故。

至于海关洋税，属于国家正税，由苏松太道具体管理是经制正途，而当时的苏松太道吴煦是前任巡抚薛焕任用的人员，对李鸿章并不顺服，李鸿章担任江苏巡抚之初，江苏关税的控制情况较为复杂。同治元年六月十四日（1862年7月10日），李鸿章在给曾国藩的书信中就明确说："沪饷出入，业与吴方伯三令五申，总不肯报出细账。"七月十九日（8月14日）和二十六日（8月21日），李鸿章另两封信中又说："吴公所呈账目，牵前搭后，五色迷离，多不可信。""该道系钱谷猾幕出身，会计最精，弥缝最巧。每称血诚为公，决不稍从撙节，只在挪借名下高下其手，令人捉摸不测。"[4]因此，李鸿章要真正控制江苏关税权，必须解决苏松太道的人选问题。而且，李鸿章一就任苏抚，就遇到扣除四成海关洋税支付英法赔款的问题。因为清政府在第二次鸦片战争中战败，根据中英、中

---

① 《李文忠公全集·奏稿》卷九，第8—13页。
② 《李文忠公全集·奏稿》卷九，第25、41—46页。
③ 王尔敏：《淮军志》，第245—246页。
④ 《李文忠公全集·朋僚函稿》卷一，第37、47、49页。

法《北京条约》，中国向英法两国支付赔款，"应于通商各关所纳总数内，分结扣缴二成"①。英法各二成洋税，合计起来须扣除各海关四成洋税，也就是说关税收入只剩余六成。再者，李鸿章就任之初还遇到汉口、九江分税问题：从咸丰十一年十一月起至同治元年十一月汉口、九江开关前，所有两口海关洋税均由上海江海关代征并提解湖北和江西，因此江海关必须扣除为汉口、九江两关代征之税，再加上前任巡抚薛焕从苏松太道吴煦手上动用大批税款，因此，李鸿章必须在江海关税收减少的情况下，筹还前任动用之代征洋税。同治元年四月至同治三年六月（1862年5月至1864年7月），江海关洋税收入（包括代征汉口、九江两关洋税）为2067000余两，平均每个月76000余两。②

海关洋税属于正税，在一般情况下，督抚必须奏明朝廷方能截留，而且这种截留或者是因战时体制的需要，或者是因临时紧急情况，一般不可能是长期的。另外，督抚留用海关洋税，必须有较为充分的理由，无论是事先奏明还是事后补奏，都必须得到朝廷的允准，否则将受到责罚或补交截留之款。李鸿章在战时因军务紧急、饷糈紧张而临时截留关税，一般是援引过去的成例，"江海关征收洋税，咸丰七、八、九等年，均尽数解交苏省筹饷局，汇拨军饷。是在苏常未失时已不能循例解部"，"咸丰十年冬间，曾经前抚臣薛焕奏明，请将上海关税厘捐，尽数提充本省饷需"，并特地声明这

---

① 贾桢等纂：《咸丰朝筹办夷务始末》卷六七，北京：中华书局，1979年，第2505、2508页。
② 《李文忠公全集·奏稿》卷九，第4、13页；卷八，第43—44页；卷七，第30—31页。《中国近代史资料丛刊·洋务运动》第3册，第473—474页。

是"已奏明有案，并非擅自动拨"。[1]

（二）李鸿章在剿捻时期和湖广总督任内的财权

剿捻之役开始后，无论是曾国藩统带大部淮军剿捻，还是李鸿章自己督师剿捻，供给剿捻之师的军饷控制格局已经发生重大变化。

首先，虽然参与剿捻的湘淮各军军费开支来源仍是厘金、关税等项，但显然已经与以前的所谓自筹有重大区别，实际都必须是奏报朝廷来决定来源、数量。同治六年五月廿九日（1867年6月30日），曾国藩幕僚赵烈文在日记中记道："目下淮军正饷杂支，及中堂办公经费，均归其所管之后路粮台支放，每月约需三十七八万两，所指进款，以沪厘为大宗，每月十六万两，沪之中国关四万两，苏省牙厘二万两（因坐支淮扬、太湖两水师及抚标口粮等，故其数甚绌），地丁二万两，共止二十四万两，不足之数，系沪之洋关税包补，所缺尚多。中堂现提淮北票盐预厘（即如西楚各案每引预缴之二两）十万两。又奏定洋税拨解部款之四成（两国赔偿军费，原系各海关按扣四成，去岁已扣足，据总理衙门奏将此项解充部库），酌留二成，计又得四十万两，藉此可以弥补。其撤存及另招之湘军，归金陵粮台支放。款项无多，所指进款，则以运库课厘之半及皖省牙厘为主，出入相当。"[2]我们具体分析一下就可以知道，在这些财权中，无论是上海的中国关还是洋关的税收、地丁以及解充部库的二成洋税，都是中央直接控制的正税。而江苏厘金在同治五年（1866年）经李鸿章奏明征支情况后，也完全处于中央的调控之下。

---

[1] 《李文忠公全集·奏稿》卷三，第72页；卷一，第33页。
[2] 赵烈文：《能静居日记》（三），第1870—1871页。

捻军起义被镇压下去之后，李鸿章回任湖广总督，除了按照清廷的要求大量裁撤淮军以缩减开支之外，他以湖广总督身份管理湖广地区财税，可以为淮军筹措部分军饷。不过他在湖广动支厘金，主要是用作遣撤淮军。他在给曾国藩的信中就说："鄂事叠年署任，因循弗振。水陆五十余营，积欠二百余万，仍沿湘军旧例，全数议补，乃可裁撤。入款则关税丁漕只供京协及旗绿兵饷。所拨济军需者，每岁不过川厘百万，货厘百万耳。"[1]这也是奏定清廷允准的款项。另外就是李鸿章已经离开的财赋之区江苏仍可能继续供应的款项。研究者多注意李鸿章个人的所谓"政治运用""操纵两江人事"的可能性以及与两江督抚的关系等问题。这些问题的讨论固然重要，但我们更应该注意以下因素：其一，清廷为控制和维持裁留的淮军，朝命保留淮军在江苏等地的饷源情况。其二，淮军在剿捻军务结束之后，按照清廷的部署，实际上已经实行分区驻防，江苏是主要驻防地之一。当时驻防江苏境内扬州、苏州、吴淞、徐州、上海等地的庆军、铭军、武毅军、凤字营、洋炮队等，享用驻防地区的饷源，显然是顺理成章的事。不过，这些淮军调往别省之后，往往也是食用驻防地供饷，归入地方支发奏销之列[2]，或者在有军务时由专门的粮台供饷。如在湖北驻防的湖北提督郭松林武毅军步队5营、马队2营共4200余人，随李鸿章剿捻，其军饷归后路粮台（又称北征粮台，专供淮军之饷）发给。[3]铭军随曾国藩调防直隶后仍食用江苏供饷，并不是因为李鸿章的影响，而是曾国藩专门奏

---

① 《李文忠公全集·朋僚函稿》卷九，第3页。
② 《李文忠公全集·奏稿》卷一六，第18、26、31—34、48—51页。
③ 周世澄：《淮军平捻记》卷一一，光绪三年上海申报馆仿聚珍版，第16—18页。

请，并得到清廷允准，以及中央户部和两江地方的同意。

（三）李鸿章在直隶总督任内的财权

李鸿章在同治九年（1870年）八月调任直隶总督后，淮军大支调防京畿。一般认为李鸿章淮军在直隶拥有"顺利而稳定"的饷源，如有观点认为，"淮军之所以能有稳定的饷源，主要在于有可靠的饷地主人，其次则是基于防务的需要。两者均系于李鸿章个人的政治运用。……李鸿章既重视两江、湖广的饷地，自不免以政治运用而操纵两江、湖广的人事变动。李鸿章所抱持的宗旨，一则尽可能求同系同派之人出任两处督抚，一则多方结好两地方主人，使成为同道"[①]。关于李鸿章是否能影响两江督抚的任命问题，我们在前面已有论述，结论是除了极少数情况（如沈葆桢出任两江总督）外，李鸿章并不能对清廷委派人选产生重大影响。而且，淮军饷源较为稳定并非李鸿章政治运用的结果，而是清廷从湘淮军驻防的需要出发，主动维持其稳定的供饷。从以下分析可以看到，李鸿章财权的自由度是在清廷允许的正常范围之内。

李鸿章从同治九年调任直隶总督开始，对淮军饷源和用款历年皆向清朝廷和中央户部做正常的奏销。从用款来源看，同治九年以后，由于是清廷允准的奏定饷源，因此颇为固定，主要包括各省协饷、江海江汉两关洋税、厘金、湖北军需局供饷、苏藩库款等。[②]

首先，我们分析一下淮军饷需所占清廷财税收入的比重，可以发现，淮军用款数额在清廷财政收入中的比重是在逐步下降的。

---

① 王尔敏：《淮军志》，第252—253页。

② 《李文忠公全集·奏稿》卷一五，第59页；卷一六，第43页；卷一八，第22页；卷四八，第3页。

同治九年四月至同治十年十二月（1870年5月—1872年1月），在这不足两年的时间里，淮军入款额为700余万两，平均年入款390余万两，约占当时清廷财政收入的1/12。此后清朝财政收入逐年增加，而淮军用款则呈持续下降的趋势。同治十一年（1872年）淮军入款380余万两。同治十二年正月至同治十三年六月（1873年2月—1874年7月），在这一年半时间里，淮军入款550余万两，平均年入款为360余万两。同治十三年七月至光绪元年十二月（1874年8月—1876年1月）的一年半时间里，淮军入款570余万两，平均年入款约370余万两。光绪二年（1876年）淮军入款为370万两左右。[①]光绪三年至光绪十年间（1877—1884年），淮军入款在李鸿章奏销案中没有具体数字，但应当是比同治年间300余万两的数字略有减少，每年平均入款数在250余万两左右，所占清廷财税收入的比重则随清廷岁入的增加而逐年降低。光绪十一年（1885年），淮军入款为190余万两[②]，当年清廷岁入为7700余万两[③]，淮军入款仅占2.5%。光绪十二年至光绪十八年（1886—1892年），淮军年入款均在160余万两左右，而这一时期清廷平均岁入约为8400余万两，淮军入款占整个岁入的1.9%。[④]

---

① 《李文忠公全集·奏稿》卷二一，第30—31页；卷二五，第40—41页；卷二七，第16—17页；卷二九，第33—34页；卷三二，第35—36页。
② 《李文忠公全集·奏稿》卷五四，第33页。
③ 《清朝续文献通考》卷六六，"国用四"，上海：商务印书馆，1936年，第8227页。
④ 这两项统计数字，根据《李文忠公全集·奏稿》卷五七，第9—17、41—42页；卷五八，第15—27、48—49、51页；卷六〇，第35—36页；卷六三，第50—51页；卷六六，第35—37页；卷六九，第35—39页；卷七三，第29—32页；卷七五，第31—35页；卷七七，第40—42页。《清朝续文献通考》卷六六，"国用四"，第8227—8228页。

其次，我们分析一下同治九年至光绪十一年（1870—1885年）淮军入款构成成分。如前所述，淮军入款的来源主要包括以下三种类型：一是国家经制正税拨款，这是朝廷允准、户部直接掌控的，包括江海江汉两关洋税、藩库款、部拨专饷；二是来源虽复杂，却是清廷通过经制的协款制度调拨，由清廷直接掌控的，包括各省协饷、军需局款、拨还军火价值等；三是厘金，它包括两项，一是由户部直接控制的两淮盐厘，另一项则是督抚负责收支的厘捐。我们通过分析可以看到，同治九年四月至同治十年十二月淮军入款中厘金（包括两淮盐厘和各省厘捐）为270余万两，占整个淮军入款700余万两的38.6%；同治十一年（1872年），厘金入款170余万两，占整个淮军入款380余万两的44.7%；同治十二年正月至同治十三年六月厘金收入为250余万两，占整个淮军入款550余万两的45.5%；同治十三年七月至光绪元年十二月，厘金入款280余万两，占整个淮军入款570余万两的49.1%；光绪二年（1876年），厘金入款170余万两，占整个淮军入款370余万两的45.95%；光绪十一年（1885年），厘金入款84万两（包括松沪厘局、江苏牙厘局、两淮盐厘入款），占整个淮军入款190余万两的44.2%。可见超过一半的淮军军费皆出自国家经制税项，而即便在厘金中，属于国家经制税项的两淮盐厘也占其中大部，如光绪十一年淮军厘金入款84万两中，两淮盐厘就占了70万两。[1]

这种状况说明淮军军需供应基本控制在清廷中央政府手中，而且淮军军费比例的下降，表明了清廷编练由中央控制的军队所需费用挤占了原淮军用款，以及淮军不断裁减的状况。

---

[1] 《李文忠公全集·奏稿》卷五四，第33页。

湘淮军队的军费来源和控制使用机制,历来都是学者们争论湘淮军队受国家控制还是私人控制的重要内容和根据。19世纪70年代以来,淮军的用费主要来自朝廷的调拨,主要来自上海海关关税、汉口关税、江苏和江西的厘金,此外少量来自江苏、江西、安徽、湖北、浙江、山东、四川和山西藩库正税的协饷。一些省的督抚藩臬可能与李鸿章私人交往密切,有派系渊源,或较好的共事关系,如两江总督曾国藩、湖广总督李瀚章等。但是,清廷对于稽查资金的拨、续、停,以及总督巡抚的人事调动,拥有绝对的权力。①

另外,需要对李鸿章在洋务事业特别是在近代军事工业中的财权问题,作一分析。

在李鸿章兴办的洋务企业中,军事民用企业均有。民用企业虽然创办资金有国家财政拨款,但也有大量的民间募股,而李鸿章主持的江南制造总局和金陵机器局等军事工业全部是官款,对于分析李鸿章在国家财政税收权力格局中的地位和影响力,更具典型意义。

江南制造总局的经费,创办之初在军需项下通融筹拨。同治六年(1867年),两江总督曾国藩奏请在江海关解部四成洋税酌留二成案内,"以一成为制造轮船之用"。同治八年(1869年),两江总督马新贻又奏请将酌留的江海关二成洋税"全数作为制造之用"。这项经费来源是由国家掌控的关税。而且,其数量的增减均由清廷中央控制。②江南制造总局建立新厂,也多是由清廷中央户部控制的经费向下拨给。光绪十八、十九两年(1892—1893年)江南制

---

① 一些突出的事例,可参见《李文忠公全集·奏稿》卷一七,第8、21、30—31页。

② 《江南制造局记》,《中国近代史资料丛刊·洋务运动》第4册,第147页。

造总局设立无烟栗色火药两厂，光绪二十一年（1895年）设立炼钢厂，其开办经费约四十万两，均为两江总督刘坤一奏准，由中央户部拨银。三厂的常年经费每年二十万两，其来源最初是"在江海关税厘项下拨解"，光绪二十五年（1899年）改为"由江苏各司、关道、局分筹拨济"。光绪二十九年（1903年），署理两江总督张之洞奏建新厂，其开办经费和常年经费也均是来自中央控制的经费，从光绪三十年（1904年）开始，"奉饬二成洋税以一成作新厂经费，按月由江海关扣提存储，以一成解本局"①。

金陵机器局自同治四年（1865年）开办以来至光绪四年（1878年），"历年用款均于淮勇军需报销案内另册专案附奏请销"，也就是说经费的拨与用，均按照清朝户部规制。同治十三年（1874年）建的乌龙山机器局，"所用款项汇入江防炮台案内附销"，"该二局制造经费，俱截至光绪四年底止，分案造册报部准销"。光绪五年（1879年）正月起，乌龙山机器局并入金陵机器局，其常年额定经费"酌定每年由江海关拨银五万两、江南筹防局拨银三万、扬州淮军粮台拨银二万，共银十万两"②。这些都说明，李鸿章创办的军事工业，其经费来源和奏销也是由中央政府掌控的。

第五节　西北作战与清廷对左宗棠的"扶"与"抑"

随着太平天国和捻军起义被镇压下去，晚清中央和地方的权

① 《江南制造局记》，《中国近代史资料丛刊·洋务运动》第4册，第147页。
② 《光绪九年三月初五日两江总督左宗棠等奏》，《中国近代史资料丛刊·洋务运动》第4册，第185页。

力斗争，也由服从大局的相对隐忍转为激起一次次的政潮。即便是在湘淮集团内部，在战争结束后，那种服务于整个湘淮集团的思想也逐步淡化。不仅湘淮集团分立为湘系和淮系两大支，而且湘系和淮系内部的小集团也日趋分立，相互之间权力争夺状况日趋激烈。"湘淮分立"后小集团意识的强化，给了清廷分化操控湘淮格局，乃至整个地方权力格局以新的机会。

一、清廷在战局变化中关注强化"湘淮互制"的时机

在湘系被压制、淮系逐渐强势，而同一时期未见别的地方势力崛起的情况下，清廷通过数年的考察，决定扶植左宗棠湘系来制衡李鸿章淮系。这一策略实施的时机，就是在剿捻军务后期、西北战事继起时。而左宗棠在西北之役所获得的巨大成功，使他在地位和声望上一度压过李鸿章，清廷实施"湘淮互制"策略、确立"湘淮分立"格局的条件逐步成熟。

在镇压太平天国起义后期的数年内，尤其是在剿捻时期，清廷为了尽可能地削弱曾国藩湘军集团的力量，采取"扶淮抑湘"的策略。在实施"扶淮抑湘"策略的初期，曾国藩系湘军除鲍超部追剿闽粤一带太平军余部外，大部被裁减。曾国藩、曾国荃嫡系湘军各部一年之内陆续裁撤6万余人，拨归左宗棠的4万湘军也裁撤一半；驻扎皖南和皖北的刘松山部15000人未裁撤，随后一部约5000余人随曾国藩剿捻；原留防南京的湘军16营近万人，被裁撤12营6000余人，只留防4营。曾国藩督师剿捻时期，所率湘军只有1万人左右，而淮军则被清廷倚重为剿捻的主力，李鸿章淮军近5万人本拟裁撤2万余

名，旋因剿捻军务保留4万余人，并随着剿捻军务需要不断增募①。

曾国藩督师剿捻历久无功，奏请另派大臣接统剿捻军事，清廷立命李鸿章接署钦差大臣，代替曾国藩主持剿捻，不及一月即命李鸿章正式主持剿捻，曾国藩回两江总督本任。清廷的"扶淮抑湘"策略也达到一个高峰。李鸿章淮军人数因剿捻需要迅速增至7万人。②而这时的湘军集团，曾氏兄弟皆受压制，刘长佑和刘坤一系也不受重用，左宗棠虽被清廷授予钦差大臣、陕甘总督，但在攻剿西捻军的军事行动中仅协助前敌统帅李鸿章，承担在咸河以北拦截捻军和承担部分运河河防的任务。左宗棠参与剿捻较迟，很想后来居上。但是，清廷"扶淮"策略的功效已现：同治七年七月初十日（1868年8月27日），当李鸿章剿捻军务取得决定性进展的时候，清廷授予他协办大学士（留任湖广总督）始，到同治十三年十二月（1875年1月）被授予地位最崇高的文华殿大学士，仍留任直隶总督；而也正是在这一时期，湘军精神领袖曾国藩被调离两江，在号称督抚之首的直隶总督职位上被局限权力，最终因天津教案而神明内疚，返两江后郁郁而终。

剿捻战争，使清廷得到机会扶植相对弱小的李鸿章淮系，来制衡相对强大的曾国藩湘系。但正如前述，看似风光无限的李鸿章在接任直隶总督后，却进入了权力斗争的漩涡中，不能全由自主地浮沉着，清廷不会听任淮系如太平天国战争时期的曾国藩湘系那样壮大，它在利用李鸿章削弱曾国藩系的同时，不断尝试着制衡李鸿

① 张曜编：《山东军兴纪略》，中国史学会主编：《中国近代史资料丛刊·捻军》第4册，第91页；周世澄：《淮军平捻记》，《中国近代史资料丛刊·捻军》第4册，第112页。
② 王尔敏：《淮军志》，第352页。

章的手段。慈禧太后利用中央统治集团内的清流派，作为既打击最高统治集团内的政敌，又制约湘淮集团为代表的地方实力集团的手段，是其一；扶植别派势力来制衡淮系，并在各派系内部不断制造分化，又是其一。而在湘系明显受到压制而显式微、淮系逐渐强势的情况下，决定实施扶植湘军集团左宗棠系来制衡李鸿章淮系这一策略，是清廷在这一时期必然的权力手段，其时机就是在剿捻军务结束之期和西北战事继起之际。这一次，清廷起用左宗棠负责西北军事。正是左宗棠西北之役的军功，使他获得与李鸿章相当的地位与声望，也使"湘淮互制"的条件成熟。

　　左宗棠负责攻剿陕甘捻回，大体是在李鸿章主持征剿捻军期间。总体而言，这一时期李鸿章的功业和声望上升的速度均明显超过左宗棠。剿捻之役使李鸿章获得极高的地位和声望，淮系集团的军事政治实力也处于优势。但是，随着左宗棠在西北镇压回民起义军务的展开，湘军势力的主流从曾国藩向左宗棠转移，并获得清廷的支持，有重新获得发展的趋势。从李鸿章和左宗棠在主持军务期间所掌控的兵力来看，李鸿章淮军包括剿捻前线用兵和驻防直隶、江苏、山东、湖北、陕西之淮军，共约7—8万人。[①]而左宗棠在镇压西北回民起义和收复新疆时，所统率的湘军及其他军系在内的总兵力也在7万人以上。可以说，在李鸿章和左宗棠主持军务时期，清廷都给予同等的支持。不过，在剿捻军务完毕后，李鸿章淮军总数从7万余人裁撤为3万余人，处于被清廷相对抑制的时期，需要

----

① 台湾学者王尔敏估计淮军在剿捻时期的兵力为6、7万人，参见王尔敏：《淮军志》，第352—353页；台湾学者李恩涵认为淮军剿捻总兵力在8万人以上。参见李恩涵：《同治、光绪年间湘淮军间的冲突与合作》，台北：《"中研院"近代史所集刊》第九期，注释2，1979年，第321页。

寻找新的机会；而湘军则有征战西北的良机，关键是左宗棠及其湘军能否紧紧把握住这一良机。

左宗棠湘军在把握机遇重获发展的过程中颇有曲折，几乎失去清廷的支持。同治九年正月（1870年2月），左宗棠军在金积堡之役中受到重大挫折，湘军悍将刘松山阵亡。回民军从宁夏和甘肃东部重新占据陕北地区，并有东进关中之势。左宗棠能否平定西北，一时在清中枢大受质疑，包括醇郡王奕譞在内诸多朝臣都主张以李鸿章淮军取代左宗棠湘军来平定西北。[①]清廷也曾谕命原拟赴贵州督办军务的湖广总督李鸿章统军改赴陕西督办"援剿"回民军，又命直隶提督刘铭传率铭军28营约15000人驰援陕西。

这一时期，湘系集团和淮系集团就西征统帅问题产生很大的分歧、争论和斗争。湘军将领、江西巡抚刘坤一对金积堡之役后朝臣对左宗棠的攻击和清廷有换帅之意图极为不满，他认为："关辅肃清，则陇右当迎刃而解，太冲（左宗棠）先劳后逸，与其事相始终，不惟其功足多，其情亦属可悯，乃因小有旷持，遂群起而议之，未免不恕。以西事之难，而使柱史代将，亦未必立收全效，其他更无足道也。"[②]左宗棠当然对清廷这种决策倾向有不满，但他并未直接向清廷发出怨言，而是在竭力挽回陕甘局势的同时，明确向李鸿章表示自己不会主动让出指挥权："晚不早避贤路，无以对朝廷，无以对天下。然若遽思诿卸，此中又无以自处。审度再四，惟有静听朝命而已。"[③]而且，左宗棠在向清廷奏陈或与京城内外大员

---

① 《左宗棠全集·书信二》，长沙：岳麓书社，1996年，第211页；《李文忠公全集·朋僚函稿》卷一二，第30页。
② 《刘坤一遗集》第4册，第1688页。
③ 左宗棠：《答李少荃伯相》，《左宗棠全集·书信二》，第197页。

论及接替他指挥西北军务的人选时，绝口不提李鸿章，而认为以盛京将军都兴阿为督办、直隶提督淮军将领刘铭传为帮办较为适宜。他在致袁保恒函中就说："求其妥适，或直夫将军（都兴阿）继此席，省三（刘铭传）为之帮办，庶几可乎！"[1]李鸿章则批评左宗棠不下令从前线退兵是"刚愎无礼，恐自取败"，并认为左宗棠"马队无步队支持，一战而败"。[2]左宗棠在努力挽回局面，但他没有主动权；李鸿章有机会，但他也没有主动权，均须听候清廷的决断。

决定西北军务统帅人选的因素是很复杂的。对清廷来说，金积堡之败，使左宗棠能否胜任主持西北军务之责，大受怀疑。但清廷决定继续观察，更重要的是，清廷出于造成制衡力量的政治需要，除非万不得已，不会让剿捻后实力大升的李鸿章有更建殊功的机会。清廷尤其是最高统治者慈禧太后虽然迫于压力，命李鸿章"援剿"，但迟迟没有颁下让李鸿章取代左宗棠主持西北军务的谕命，因此李鸿章这时的身份相对于左宗棠而言是"帮手"而非"主帅"。李鸿章有代替左宗棠主持西北军务的可能，但是西北军务之复杂、困难，使李鸿章与淮军众将均心存极大的畏难情绪，故李鸿章迟迟不能下决心接受这一任务。正因如此，李鸿章行动迟缓，到同治九年五月（1870年6月）才抵达潼关，随即逗留不前，近一个月之后才从潼关往西进驻西安。这时，局势又发生了新的变化，天津教案风云突变，中法有开战之虞，清廷有命李鸿章淮军拱卫京畿的可能。在李鸿章看来，拱卫京畿建功当然更有利于自己进入权势上升的"快车道"。正是这些考虑使李鸿章虽然有取代左宗棠主持

---

① 左宗棠：《与袁筱坞学士》，《左宗棠全集·书信二》，第211页。
② 《李文忠公全集·朋僚函稿》卷一一，第34、37页。

西北军务的可能，但仍然随时准备抽身赶赴直隶。他在给左宗棠的书信中多次表示，"俟贵军捷书之至，即请撤军南归"，又说"鄙人暂住咸京，遥相犄角，惟盼前敌稳住，仍责令一手经办"，[①]就很明显地展示出他的心态。同治九年六月二十七日（1870年7月25日），李鸿章率军进驻西安，六月廿八日（7月26日），清廷命李鸿章带郭松林一军驰赴京师，并起用回籍养病的刘铭传统带铭军速赴直隶军营备战。[②]李鸿章七月初七日（1870年8月3日）在西安接到上谕后，当即率军赴京畿，很快就接任直隶总督。此后，李鸿章以直隶总督率淮军大部驻防京畿，地位不断上升，同治十一年六月（1872年7月）被授予武英殿大学士。

而左宗棠也重新站稳主持西北军务位置，湘军大部随左宗棠征战西北，屡建殊功，终在同治十二年九月（1873年11月）将嘉峪关以内的回民军镇压下去，左宗棠也在十月（1873年12月）被授予协办大学士。左宗棠是一个志大才大之人，在镇压太平天国的战争中，他虽然功勋卓著，但是他自己并不满意其功勋不仅比不上曾国藩，且与湘淮军诸多将帅如李鸿章、曾国荃、刘长佑、刘坤一等相比也不算突出的状况。在剿捻中，李鸿章因清廷之扶植，得收全局之功，而左宗棠仍只是陕甘局部之劳。他对曾国藩、李鸿章的功勋虽然不服，却也无奈，他一直在寻找机会满足自己收全局之功的抱负。这是他不辞劳苦，接连征战陕甘、新疆的一个重要原因。

清廷扶植以左宗棠为代表的湘系势力，从长远的政治目的来说，是为了在地方权力上形成湘淮制衡、中央掌控的局面；从当时

---

① 《李文忠公全集·朋僚函稿》卷一二，第12、13页。
② 陈义杰整理：《翁同龢日记》第2册，第785页。

的军事目的来说，就是要维持其在西北的统治。那么，清廷是如何扶植左宗棠的呢？

二、清廷在人员调派和军队募练、控制方面支持左宗棠

在太平天国战争结束后，清廷开始大力整顿、裁撤勇营，并在此基础上形成了勇营分区驻防和维持定量的原则。当然，有重大战事时，清廷允许某些统兵将领按要求数量增募编练勇营，但也严格控制。当时，清廷为左宗棠根据西北军务增募军队提供方便，还命令一些其他系统的军队增援西北，即便不愿去也得去，这一方面显示对左宗棠的器重、支持；另一方面，也是对左宗棠所指挥军队的构成起一个牵制作用，便于清廷中央的操控。

在镇压太平天国运动时期，左宗棠所统带的湘军人数最多时达到4万余人，在追剿太平军余部战斗基本完成之后，陆续裁撤过半。但是，随着左宗棠征战西北，清廷授予他增募军队的权力，当然，清廷同时也很注意军队组成的安排，以制约左宗棠。左宗棠征战西北期间，所统带的军队人数最多时达到12万人左右，除了最初直辖的11000余名楚军外，左宗棠所指挥的清军组成比较复杂，主要包括湘军、皖军、豫军、蜀军、鄂军等。

镇压太平天国起义后，湘军士气、军纪日益涣散，在镇压捻军起义时就已经不愿征战北方，这是曾国藩、李鸿章剿捻主要依靠淮军的一个重要原因。同样，当左宗棠远征西北时，初期尚有淮军在陕西参与对捻回作战，后因刘铭传与左宗棠结怨、铭军几乎发生大规模哗变的危险之后，左宗棠就少用淮军参与西北作战。随着左宗棠日益深入陕甘，愿意跟随其远征的湘淮军很少。左宗棠曾经考虑

在湘军中挑选得力营官哨官到西北，在陕甘招募兵勇，练成新军；但是，实际上除了刘松山、董福祥在甘肃土勇中募得3营，按照楚军的编制练成"董字三营"，后来又将固原投降的回民挑勇编练成"旌善营"3营外，左宗棠统带的军队仍多为从各地征调的湘军等军队。在征调这些军队的过程中，清廷给了左宗棠很大的支持。

清廷对左宗棠奏调统兵和筹饷、营务等重要人员，多予支持。为左宗棠总理营务的有三名得力人员，即王开化、杨昌濬和刘典。同治五年八月（1866年9月），左宗棠被授予陕甘总督以后，九月即向清廷奏请将丁父忧开缺的浙江按察使刘典派充帮办陕甘军务、署理甘肃按察使，统带亲军营1500人。[①]刘典后又加带楚军5营。同治六年正月（1867年2月），左宗棠奏准"甘肃按察使刘典著开缺，赏给三品卿衔，仍留二品顶戴，帮办左宗棠军务。甘肃按察使缺著张岳龄补授"[②]，调派署江西吉南赣宁道张岳龄率所部平江营3营1500人，到甘肃补授甘肃按察使。对于左宗棠身边重要的总理营务处人员杨昌濬，清廷俯顺左宗棠所请，派充陕甘总理营务，后为使左宗棠安心在西北作战，保证其饷糈供给，很快任命杨昌濬为财赋之区浙江布政使，同治八年十二月（1870年1月）又命杨昌濬署理浙江巡抚，同治九年八月初三日（1870年8月29日）更是实授杨昌濬浙江巡抚之职。[③]左宗棠还奏请调派了一批筹饷、营务人员。如

---

① 左宗棠：《请简派帮办军务大员以资赞助折》《署甘肃按察使刘典业已服阕片》，《左宗棠全集·奏稿三》，长沙：岳麓书社，1989年，第134—136、348页。
② 《左宗棠全集·奏稿三》，第373—375页。
③ 《清实录·穆宗毅皇帝实录》卷二七二，"同治八年十二月上"，第50册，第772页；卷二八八，"同治九年八月上"，第50册，第981页。

左宗棠担任骆秉章幕僚、主持湖南军政事务期间，主持湖南军需局的湖南补用道王加敏"任劳任怨，承办军需"，颇得其赏识。后来在毛鸿宾担任湖南巡抚期间，藩司恽世临以王加敏经手军需局用款有误而予以参劾革职。[①]左宗棠担任浙江巡抚后，起用王加敏总办粮台；转任闽浙总督期间，又命他督办闽浙总粮台。[②]同治六年正月（1867年2月），左宗棠奏请派王加敏总办陕甘后路粮台。[③]同治十年正月（1871年2月），左宗棠奏请将委办金积堡机要各务有功的已革布政使衔山西按察使陈湜开复原官原衔，并得到清廷允准。[④]

同治六年正月以后，左宗棠奏调广东等地广东陆路提督高连陞、吴士迈宗岳军等15营、7000余人，携带"于香港购办上好洋枪二千杆及枪药、铜帽"交高连陞带解前来，以济急需。[⑤]此外，左宗棠又奏请新编练的楚军和马队有魏光焘、陈湜、董福祥等部33营和旌善马队5旗。[⑥]征战西北期间，奉清廷谕命归左宗棠指挥的其他各支湘军包括：刘松山老湘军步队18营、马队5营，约9700人；刘厚基湘果军马步3000人；蒋凝学统带湘军杨岳斌旧部安字营，杨占鳌统带湘军杨岳斌旧部仁字营和义字营。这一时期，左宗棠统带的各支湘军总计达到7万人左右。

随后，左宗棠调派非湘军系统军队的，清廷也予以支持——这

---

① 王闿运：《湘军志·湖南防守篇第一》，《湘绮楼诗文集》，第578页。
② 左宗棠：《道员王加敏请照原保开复并赏给二品顶戴片》，《左宗棠全集·奏稿三》，第120—121页。
③ 左宗棠：《请派道员总办陕甘后路粮台片》，《左宗棠全集·奏稿三》，第381页。
④ 《左宗棠全集·奏稿五》，长沙：岳麓书社，1991年，第9、12页。
⑤ 左宗棠：《调广东陆路提督高连陞随同征剿片》，《左宗棠全集·奏稿三》，第375页。
⑥ 秦翰才：《左文襄公在西北》，长沙：岳麓书社，1984年，第64页。

类军队对左宗棠还能起到牵制作用。归左宗棠指挥的蜀军、皖军、鄂军、豫军和旗营，约有5万人左右。主要包括：黄鼎统带的蜀军步队20营，约1万人；郭宝昌卓胜军步队11营、马队6营，约7000人；张曜统带的豫军嵩武军步队12营、马队2营，约6500人；宋庆统带的豫军毅军步队14营、马队2营，约7500人；西安将军库克吉泰马队1300人；此外还有穆图善、雷正绾等统带鄂军，金顺统带礼字英字营，成禄统带旗营，范铭统带黑头勇。①

左宗棠统带的这些军队，包括作战部队和防护运输路线的军队。从其统带的军队成分来看，并非全是湘军；即便是湘军，左宗棠嫡系的楚军加上增募也只有4万人左右，其他派系湘军有近3万人。由此可见，清廷这样安排，既支持左宗棠增募楚军，但同时又在总量上加以限制；既保证左宗棠指挥军队的总数量，又使左宗棠远征西北的军队成分复杂化。清廷这样做，既使左宗棠在作战中有近4万嫡系可供驱驰，保证左宗棠直接指挥时的战斗力；又通过军队构成复杂化来制约左宗棠，特别是通过穆图善、成禄、金顺等满蒙旗员来监视和制约左宗棠，也确实起到一定的效果。

三、清廷对左宗棠西征饷银的支持和掌控

左宗棠远征西北期间，清廷在保障左宗棠军饷供给的同时，强调朝廷对财税和军饷供给的掌控权力，也很能体现清廷这一时期在实施"湘淮互制"策略过程中，对左宗棠湘军"扶植"与"抑制"交相作用的情况。

---

① 秦翰才：《左文襄公在西北》，长沙：岳麓书社，1984年，第64—66页。

（一）左宗棠西征饷银的常规来源和奏销问题

左宗棠平定陕甘、收复新疆，前后共经历14年的时间，支出巨额军饷。根据学者研究估计，清廷镇压西北回民起义所花费的军费开支约为一亿一千八百余万两。[①]这个数字基本可信，因为左宗棠先后有四起奏销案对这14年的军费开支有一个勾画。根据左宗棠四起奏销案，14年间其所统各军（不包括穆图善、金顺、成禄自行造报之款）共获得清廷调控下的军费供支10123万两，再加上穆图善、金顺等军不归左宗棠造报，而由他们自行造报的1000余万两军费，与学者估算数额基本一致。陕甘、新疆地区多贫瘠之地，仅靠这些地区的财税收入，根本不可能负担这么巨大的军费开支。左宗棠远征西北的军费开支，基本来源于各省协饷、举借外债，这些均靠清廷运用中央调控全国财税的权力来调拨。对左宗棠军历年军需供给所涉及的财税权力控制问题，需作一具体说明。

1.左宗棠军历年军需供给的来源

同治十三年六月二十九日（1874年8月11日），左宗棠上奏第一起西北军务开支奏销案："一切饷项支发，自（同治）五年十月初一日起，统截至（同治）十二年十二月底止""共收银四千五十九万八千一百四两五分六厘九丝四忽，此入款之实数也"。同治五年十月（1866年11月）至同治十二年十二月（1874年2月）这八年军务4059万余两军费主要来源是哪些呢？左宗棠说得很清楚："收款以奉拨部帑并各省关协饷为大宗，其次则捐输、税厘、丁课及商号挪借、各营兵勇截旷、台局扣收平余诸杂款"等。

---

① 这一数字根据彭泽益对清咸同年间军费开支的研究，参见《中国社会科学院经济研究所集刊》1981年第3辑。

从这些来源来说，"奉拨部帑"是中央户部控制的款项，协饷是中央以其统筹全国财税的权力来统一调拨。从左宗棠办理的这一起奏销案中可以看到，当时山东、四川、福建、浙江、广东、湖北、湖南、江苏、安徽、江西、山西、河南、直隶各省均按照清廷要求提供了协饷，计2800余万两。由中央直接控制的江海关、闽海关、江汉关、粤海关、浙海关等解送的协饷220万两左右，由户部给照而掌控的各省各种捐输得款750余万两，余下近300万两就主要来自税厘、丁课等。[①]从上述军费来源可以看出，左宗棠军需开支主要款项来源是由清廷掌控的，同时也可见清廷对保障左宗棠军费供给的重视。

光绪五年四月十一日（1879年5月31日），左宗棠奏报第二起西北军务军需奏销案。这一起军需奏销案的时间起讫为"同治十三年正月起截至年底关陇肃清止"，"共管收银八百二十八万七千六百四十五两七钱六分六厘二毫一丝六忽四微，此入款之实数也"。同治十三年这一年的828万余两军费，其来源左宗棠说得很清楚："以奉拨部帑并各省关协饷、商号挪借及前次开单实存饷银为大宗；其次则捐输、税厘、丁课、各营兵勇截旷、台局扣收平余诸杂款"等。其中，户部筹拨"西征军饷银一百万两"；山东、山西、河南、四川、福建、湖北、安徽、广东、湖南、江苏、江西、浙江、陕西等省协饷400多万两；江海关、浙海关、粤海关、闽海关协饷近30万两；商号挪借款项220余万两；其他捐输、税厘、丁课等共

① 上述统计数字的来源，参见左宗棠：《遵旨开单报销折》，《左宗棠全集·奏稿六》，长沙：岳麓书社，1992年，第66、68—75页。

计近70万两。^①

左宗棠奏报的第三起军需奏销案，是在光绪五年十一月初八日（1879年12月20日）上报的，系"光绪元年正月初一日起至三年十二月底止军需收支款目"，"共管收银二千六百七十四万五千九百二十一两五钱九分六厘一毫五丝九忽六微，此入款之实数也"^②。

左宗棠奏报的第四起军需奏销案是在光绪八年六月初四日（1882年7月18日）上报的，为"光绪四年正月初一日起，截至六年十二月底止"的收支款目，"共管收银二千五百六十二万九千九百二十七两九钱六分二毫一丝二忽四微，此入款之实数也"^③。

当然，清廷在保证左宗棠军需的同时，不可能放弃对军需的掌控权力，因而要求左宗棠严格军需报销。

2. 左宗棠西北军需奏销的时限问题

左宗棠从同治五年八月被清廷任命为陕甘总督以来，直到同治十二年十二月（1874年2月），才开始办理第一次西北用兵饷需报销。如果按照清代奏销制度，肯定是不符合一个会计年度奏销一次的要求。但是，这并不能说明清朝的奏销制度已经被破坏，中央在这项制度上的权力下移。不可否认，自从太平天国起义爆发后，清代奏销制度确实受到一定的冲击：因为军费开支浩大，各项军费拨款往往不能按期拨付，各项支出往往因各种原因不能及时、准确收

① 左宗棠：《同治十三年分军需收支款目开单报销折》，《左宗棠全集·奏稿七》，长沙：岳麓书社，1996年，第327、328—334页。
② 左宗棠：《光绪元年正月初一日起至三年十二月底止军需款目报销折》，《左宗棠全集·奏稿七》，第440页。
③ 左宗棠：《光绪四年正月初一日起至六年十二月底止甘肃新疆军需报销折》，《左宗棠全集·奏稿八》，长沙：岳麓书社，1996年，第105页。

集，也不能按年奏销。曾国藩、胡林翼、李鸿章、左宗棠等在镇压太平天国战争期间，就往往是数年奏销一次，甚至存在战后一并奏销的情况。但是，这种冲击并未达到使清代奏销制度崩溃、"名存实亡"的地步。我们要看到，这只是战时的特殊情况；战后，曾国藩、李鸿章等人在一般情况下都能按照清代经制，一年奏销一次。[①]清廷在战时情况下适度改变原来的硬性规定，着眼于掌控财税权力大局，对负责军务的实力督抚不能按年奏销的，只要他们能够在军务完毕时按照户部要求办理奏销案，一般予以通融，但并非完全放任。即便左宗棠这样长期远征西北的督抚，也必须专折奏请清廷允准他不按年奏销军需的特殊做法。

左宗棠一共四次办理西北军务军需开支奏销案。由于他不是每年一报，而是将数年军需汇成一案奏销，因此，每次奏销之前都要专折奏请清廷批准他的汇销案。

左宗棠上报第一起西北军务开支奏销案是在同治十三年六月二十九日。此前，同治十二年十二月初十日（1874年1月27日），左宗棠就专折请求将关陇饷需"汇为一案，仰恳天恩，准其援照两江、贵州成案，开单报销，俾得核实办理，庶事归简易，得免欺事之愆"[②]，并得到清廷允准。同治十三年六月遵旨开单报销后，户部在核准报销的同时，要求左宗棠将"自同治十三年正月以后军需用款，应照例章，按半年奏报一次"。后经左宗棠奏请，清廷同意"同治十三年正月以后军需报销不拘成例，改作一年开单奏报

---

① 这一点，查阅曾国藩和李鸿章等人的文集中一系列的奏折，即可明了。
② 左宗棠：《关陇饷需请汇归一案报销折》，《左宗棠全集·奏稿五》，第555页。

一次"。①

左宗棠第二起和第三起奏销案分别是在光绪五年四月十一日（1879年5月31日）和十一月初八日（12月20日）上报的。此前的光绪四年四月初二日（1878年5月3日），左宗棠专提《关陇新疆肃清军需款项请分作两案报销折》一折，他首先对没有按照户部要求一年奏报一次的原因做出说明：

> 关塞用兵，所有饷需、军械、军装、军火均由各省转运采制，而军粮巨款，亦须由产粮处所采购。款目既繁，程途绝远，凡有调度，非预于一年、半年之先函牍频催，不能应手。每前局起解文报久已到营，比经各台局层递接解转运前来，已在一年、半年之后，行查销算，难以克期清结，势有固然。即如前岁借用华商巨款，至去冬洋款借到，始能分起还清。又归化城、包头镇设立采运局，由北路草地用驼转运巴里坤，往返万余里，自光绪元年开办，二年秋攻克乌鲁木齐等城，就近古城一带，官民屯垦，可以采运供支，即撤包、归之局，三年夏秋间，始据包、归局员造费总报到营，即其明证。所以不能按年划清开单报销者，用兵于荒远阻绝之区。转运设于水陆万里、数千里之外，所有款目均率前搭后，界画难以限年截清，各台局造报请销，展转行查，亦需时日，较之各处军营办理情形，迥不相同。兹幸皇威遐畅，天戈所指，逆焰潜消。军事既平，亟应清厘报销，以备稽核。②

---

① 《左宗棠全集·奏稿七》，第95页。
② 《左宗棠全集·奏稿七》，第95—96页。

随即，左宗棠请求将陕甘和新疆军需开销情况，分作两案汇销："谨拟自同治十三年正月起，截止年底关陇肃清止，汇为一案；自光绪元年奉旨督办新疆军务起，截止三年十二月底回疆肃清之日止，汇为一案。伏恳天恩，俯准不拘年分，作为两案，仍照前次开单报销，以重公款而昭核实。"①

左宗棠西北军需奏销第四案是在光绪八年六月。此前的光绪六年十月初五日（1880年11月7日），左宗棠专折奏请将光绪四年正月起至六年九月底止军需款项请仍照前案开单报销。在奏折中，左宗棠再次对未能按年奏销做出说明："窃维臣军收支款项，未能拘定成案，按年划清报销者，用兵于荒远阻绝之区，转运设于水陆万数千里之外，款目均牵前搭后，界画难以限年截清。新疆辟地日广，捍卫藉资器械，办事需员，克复城池，随地安插户口，时事不同，势难划一各情形，迭经陈明在案。"因此，他在奏折中说："臣现在钦奉恩旨'来京陛见，以备顾问'，克日交卸起程，经手事件亟应结清，方免缪辀。各营局饷账，均饬截至本年九月底止，逐款移交刘锦棠接管，以清界限。所有自光绪四年正月起至六年九月底止军需收支各款，请仍照前案开单报销，以归简易。"②

左宗棠在奏销案中不能严格按照户部要求一年开单奏报一次，固然是因为军机大事所导致的必然延误，清廷的宽宥，一方面表现出清廷对他的倚畀、照顾，另一方面是出于战时条件的客观因素和"湘淮互制"的政治运作，而并非听任中央财政权力下移。相反，

① 左宗棠:《关陇新疆肃清军需款项请分作两案报销折》，《左宗棠全集·奏稿七》，第96页。
② 左宗棠:《光绪四年正月起至六年九月底止军需款项请仍照前案开单报销折》，《左宗棠全集·奏稿七》，第595页。

清廷虽然在战时迁就左宗棠奏销案的特例，但它通过左宗棠每次奏销必须专折奏请，达到一种特殊情况特殊处理的效果。我们看到，与此同时曾国藩、李鸿章等人在自己的两江、直隶辖区内，都必须按照户部的要求一年甚至半年开单奏销一次，是较为规范的。另外，左宗棠这种特殊情况的发生，也并未影响到清廷对左宗棠军需开支的掌控能力，后者仍必须按照要求奏销。而且，这种奏销并非走形式，而是必须经过严格核查，左宗棠就曾因为光绪元年正月至三年十二月的奏销案中出现"笔误"而奏请处分①。

3. 左宗棠军需奏销案遵循清朝规制的细节问题

左宗棠必须按照户部办理奏销案的规制，明确说明每一笔"收"和"支"的情况。其在西北军务的四起奏销案中，既对总的收支数额做出报告，同时还必须列出细目。

左宗棠第一起西北军务开支奏销案将同治五年十月初一日（1866年11月7日）至同治十二年十二月底（1874年2月16日）的军费收支情况做出说明，饷银收数为"共收银四千五十九万八千一百四两五分六厘九丝四忽，此入款之实数也"。这笔饷银的支出情况："共支银四千一十四万八千五百三十两九钱二分二厘五毫七丝七忽二微，此出款之实数也。以出抵入，尚存银四十四万九千五百七十三两一钱三分三厘五毫一丝六忽八微，应归十三年正月起以后支用造报。而欠发十二年年底以前之款，各营军饷，则实欠银八百二十五万九千八百二十两零二钱零二厘三毫二丝六忽；各营伤亡弁勇恤养，则实欠银三十八万七千二百九十六两三钱二分七厘。又，入

---

① 左宗棠:《收支款目笔误自请议处片》,《左宗棠全集·奏稿七》,第505—506页。

款项下列收挪借商号银九十八万九千三百四十两，均系实欠应还之款，应统俟十三年正月起以后收到协饷陆续拨还，另案造报，以清起讫。"紧接着，他就将每一笔"收发军饷"，一一列出。[1]

左宗棠在第二起军需奏销案中将同治十三年正月初（1874年2月17日）至年底的收支情况做出详细说明。首先，他明确列出这一起军需奏销案中全部收入总数额："共管收银八百二十八万七千六百四十五两七钱六分六厘二毫一丝六忽四微，此入款之实数也。"其次，列明支出总数额："共支银八百一十七万八千九百八十二两九钱六分七厘三毫七丝八忽六微。此出款之实数也。以出抵入，当存银一十万八千六百六十二两七钱九分八厘八毫三丝七忽八微，应归光绪元年正月以后支用造报。"[2]随后，左宗棠在该奏销案中将每一笔收支细目一一开列，供户部核销。[3]

在第三起西北军需奏销案中，左宗棠将光绪元年正月初一日（1875年2月6日）至三年十二月底（1878年2月1日）的军需收支款目做出说明："共管收银二千六百七十四万五千九百二十一两五钱九分六厘一毫五丝九忽六微，此入款之实数也。……共支银二千六百四十五万二千六百三十两九钱三分八厘六毫二丝五忽二微。此出款之实数也。以出抵入，应存银二十九万三千二百九十两六钱五分七厘五毫三丝四忽四微，归光绪四年正月以后支用造报。"[4]

---

① 左宗棠：《遵旨开单报销折》，《左宗棠全集·奏稿六》，第66—67、68—78页。

② 左宗棠：《同治十三年分军需支款目开单报销折》，《左宗棠全集·奏稿七》，第327页。

③ 左宗棠：《同治十三年分军需支款目开单报销折》，《左宗棠全集·奏稿七》，第328—334页。

④ 左宗棠：《光绪元年正月初一日起至三年十二月底止军需款目报销折》，《左宗棠全集·奏稿七》，第440页。

在第四起西北军需奏销案中，左宗棠将光绪四年正月初一日（1878年2月2日）至六年十二月底（1881年1月29日）的收支款目做出说明："共管收银二千五百六十二万九千九百二十七两九钱六分二毫一丝二忽四微。内除拨发甘肃藩司、嵩武军张曜、伊犁将军金顺、哈密办事大臣明春、乌鲁木齐都统恭镗借支饷银，应由其自行列收报销；又山东藩司崇保借支养廉，应俟山东拨还，再作正列支；又由江苏、浙江、广东、湖北、福建等省划还节次借用洋商及华洋各商本银，又拨还节次挪借各商号银两，总共七百七十三万三千五百一十五两六钱六分四厘九丝四忽七微外，实管收银一千七百八十九万六千四百一十二两二钱九分六厘一毫一丝七忽七微。此入款之实数也。……共支银一千七百七十三万八千九百六两七钱六分三厘四毫八丝六忽一微。此出款之实数也。以出抵入，应存银一十五万七千五百五两五钱三分二厘六毫三丝一忽六微，应归光绪七年正月以后支用，另归甘肃、新疆报销。"[1]

在第三和第四这两起奏销案中，在对收支总数做出说明后，左宗棠又按照户部规制要求，将每一笔收支细目一一列出，供户部核销。[2]

（二）清廷"特许"左宗棠借洋款供西征饷需

清廷在财税饷需上对左宗棠的支持，还表现在它特许左宗棠向洋商大笔借款。而支借洋款，正是因为协饷等途径供应的一部分饷需因"程途遥远，水陆数易"，不能如期解至，导致左宗棠军因

---

① 左宗棠：《光绪四年正月初一日起至六年十二月底止甘肃新疆军需报销折》，《左宗棠全集·奏稿八》，第105页。
② 《左宗棠全集·奏稿七》，第442—451页；《左宗棠全集·奏稿八》，第106—114页。

"待饷之故，遇事牵制"，这当然对清廷关心的西北军务不利。因此，清廷同意左宗棠大量举借外债，以缓解军饷供应的危机。

左宗棠第一次举借外债，是在同治六年三月奏请，得到清廷允准后举借银120万两，利息按月一分三厘，期限从同治六年七月至十二月。同治六年三、四月间，各省协饷由于路途遥远等原因解运迟缓，左宗棠请求借外债以应急需。他向清廷请求，按照江苏苏松太道为防守上海向俄日举借外债的成例办理，并在同治六年三月十八日（1867年4月22日）的奏折中说：

> 闻外国每遇有兵事，贷兵饷于众商，指税项归款，商情乐从，事亦易集。中国仿照行之，未为失体。兹当陕甘饷需艰窘之时，较前此苏州、福建奚啻倍蓰！与其入秦后因待饷之故，遇事牵制，坐失机宜，曷若筹借巨款，一气贯注，所损者微，而所益者大。比饬臣军上海采办转运局委员、福建补用道胡光墉，试就上海洋商议借银一百二十万两，照江苏办过成案，由关税项下拨还。……计闽海关代借银二十四万两，粤海关代借银二十四万两，浙海关代借银四十二万两，江汉关代借银一十二万两，江海关代借银十八万两，均由各关监督出付印票，并由督抚臣加盖关防，给洋商收执，在本年七、八、九、十、十一、十二等月各关关税项下拨还洋商。除江海关本系应协甘饷外，其余各关代借银两，仍由各该省藩司按月拨交各关，以清款项。所有息银、汇费，应请旨准由臣分别报销。……似此设法筹借，在各省仍只按月应协之款，并未提前；在各关旋垫旋收，并无增损；在各督抚臣只经手过目，并

无烦劳；在陕甘费十余万两息银，先得百二十万两应手之现饷，相其缓急，通融撑节，集事可速，调度可灵。[①]

清廷旋即于三月二十五日（4月29日）颁谕允准。[②]

左宗棠第二次举借洋款是在同治六年十二月十五日（1868年1月9日）奏请，当月二十八日（1月22日）得到清廷允准。左宗棠本奏请"筹借洋商银二百万两"，但清廷通盘考虑后，决定将其原拟借款银200万两划分为两个出处，一半提用海关洋税，一半向洋商借用。清廷还命两江总督曾国藩"先由应解部库四成洋税项下提出银一百万两，飞速解交左宗棠军营支用；其一百万两由各海关出具印票，由各督抚加盖关防，交胡光墉、应宝时向洋商借用"[③]。这笔借款期限是同治七年三月至十一月，指定江苏江海关监督代借洋商银15万两，浙江浙海关监督代借洋商银35万两，福建闽海关监督代借洋商银20万两，湖北江汉关监督代借洋商银10万两，广东粤海关监督代借洋商银20万两，分别由江宁藩司、浙江藩司、福建藩司、湖北藩司、广东藩司"于七年三月至十一月，连闰十个月应协甘饷项下拨还"[④]。

左宗棠第三次举借外债是在同治十三年奏报清廷，并得到清廷允准，数额为300万两银。光绪元年三月初一日（1875年4月6日）

① 左宗棠：《遵旨宽筹饷项以支危局折》，《左宗棠全集·奏稿三》，第407—408页。
② 该上谕附录于《左宗棠全集·奏稿三》，第410—411页。
③ 清廷同治六年十二月二十八日上谕，附录于《左宗棠全集·奏稿三》，第576—577页。
④ 左宗棠：《饷项将罄请催江南等省协饷并援案借用洋款折》，《左宗棠全集·奏稿三》，第571—573页。

由怡和洋行支拨100万两，四月十五日（5月19日）由丽如洋行支拨200万两，"每年加利银一分零五毫，均从交银之日起算"，期限三年，每半年还本付息一次，"每六个月一期，利银随本银照数算给"。其还款"归粤、苏、浙三省协甘饷项如数划还清款"，并以三省海关即粤海关、江海关、浙海关名义代借。[1]

左宗棠屡次举借洋款，在朝臣中已多非议。为了收复新疆军务之需，左宗棠又提出借用洋款1000万两以备应用。此议一经提出，不仅舆论大哗，清廷也颇多疑忌。光绪二年初，清廷为此命相关各省督抚就借用洋款供给西征饷需一事发表意见，两江总督沈葆桢等复奏认为"筹议关外饷需，碍难借用洋款"。左宗棠在接到光绪二年二月初七日（1876年3月2日）清廷上谕后，专折"复陈借用洋款并催解协饷"，指称自己提出借用洋款，实属迫不得已之举，"臣之奏借洋款，原因各省关应协款项积欠成巨，陈陈相因，驯至洋防议起，照常年又减至一半以外，频催罔应，计无复之，万不得已而有此请，非不知借用洋款非正办也"。左宗棠认为朝廷应该算国家利益的大账，"夫西征用兵，以复旧疆为义，非有争夺之心。借千万巨款济目前急需，可免悬军待饷；十年计息所耗虽多，而借本于前，得以迅赴戎机，事之应办者可以速办，如减撤防军以省靡费，筹设新制以浚利源，随时随处加以收束，计十年中所耗之息可取偿于十年之中"，"平心而言，借用洋款实于中国有益无损。泰西各国兴废存亡，并非因借债与不借债之故，其理易明。即以现在局势言之，臣非先后借用洋款，则此军不能延至今日"。作为一种

---

[1]　左宗棠：《筹借洋款议》，《左宗棠全集·奏稿六》，第207页。

妥协，左宗棠提出将自己原来奏报应举借洋债1000万两之数，改为400万两，并"请旨敕下两江督臣，即代臣借洋款四百万两，迅解来甘"[①]。

最终，清廷满足了左宗棠的要求，光绪二年三月初一日（1876年3月26日）颁发上谕称："左宗棠前议借洋款一千万两以备应用，因耗息过多，现请减借用四百万两，系为节省经费、顾全大局起见。唯现当大举深入，酌发欠饷，预备行粮，需款甚巨，恐不足以资周转。该督既以肃清西路自任，何惜筹备巨款，俾敷应用，以竟全功？加恩著于户部库存四成洋税项下拨给银二百万两，并准其借用洋款五百万两，各省应解西征协饷提前拨解三百万两，以足一千万两之数。"[②]在众多非议、责难面前，清廷的支持是左宗棠得以实现第四次借款500万两、第五次借款350万两、第六次举借400万两洋款的决定性因素。[③]而左宗棠畏于朝臣督抚的非议，在清廷允准借洋款500万两之后，旋即在光绪二年四月奏请缓借洋款，"待来年始行议借者，一则迟借一年，可省一年息耗，一则明年议借，隔年始还，一期两次，彼时臣前借之三百万两本息已悉数还清，界限分明，各省关协饷从后年拨还借款，亦不致于稍形迫促"[④]。他关于借款等问题的奏折，对支付利息等问题总认为是小事，及时供应军饷以利于西北军务是大事，现在却如此细致地考虑借款支付利息

① 左宗棠:《复陈借用洋款并催解协饷折》，《左宗棠全集·奏稿六》，第422—425页。
② 清廷光绪二年三月初一日上谕，附录于《左宗棠全集·奏稿六》，第427页。
③ 参见《左宗棠全集·奏稿六》，第694—696页;《左宗棠全集·奏稿七》，第155—159页;《左宗棠全集·奏稿八》，第26—28页。
④ 左宗棠:《钦奉恩谕拟缓借洋款折》，《左宗棠全集·奏稿六》，第463页。

的问题，可见当时朝野对他屡次举借洋款的非议之大。左宗棠在此时虽在相当程度上得到清廷支持，但如果稍有差池，清廷的支持态度随时可能改变。因此，左宗棠仍持戒惧、谨慎的态度。在第五次借款时，他本来的打算是举借本国商人的款项，"停借洋款，以息群疑"，只是因为"洋商之闻风坚请附于华款出借"，左宗棠同意英国"汇丰洋行……自请以洋款一百七十五万两附入华款出借，合成三百五十万两，不居洋款之名"。①

清廷允许左宗棠举借洋款是西北军务急需，属于特例，它绝不轻易允许地方官员擅借洋款，违者必受惩处。如光绪三年二月（1877年3月），总理衙门奏称接到日本国使臣森有礼的札咨并另据总税务司赫德报告，候补道许厚如在上海与日本领事商借洋款。清廷当即命两江总督沈葆桢查明此事。经沈葆桢派员访查得知，许厚如系伊犁将军金顺派令守领沪饷委员，这是未经请旨擅自议借洋款。清廷当即颁下上谕，明确重申"借用洋款，必须奏明请旨办理"，并将许厚如定罪为"在沪招摇撞骗"，命两江总督查明情况，"即行奏请革职，严行审讯，按律惩办"，并命金顺迅速奏明实情，又命陕甘总督左宗棠"就近查明此事是否有因"。②

第六节　清廷确立和巩固"湘淮分立"局面的重大举措

清廷针对以湘淮集团为代表的地方实力集团的策略由"扶淮抑湘"向"湘淮互制"成功过渡之后，一个重要环节就是在具体的政

---

① 左宗棠：《筹借商款以济要需折》，《左宗棠全集·奏稿七》，第157页。
② 此事原委和清廷有关上谕，附录于《左宗棠全集·奏稿六》，第596—597页。

治运用中确保它进入常轨。这样，无论左宗棠、李鸿章这些湘淮首领如何，清廷也能继续维持湘系集团和淮系集团相互制衡的局面，从而使"湘淮分立"格局进入一个新的阶段。

一、塞防海防之争与清廷对湘系、淮系决策的影响

19世纪七十年代，晚清政府内部发生了关于塞防、海防的国防政策争论，清廷的基本态度很明确，它既不会放弃对东南海防的建设，也不会放弃对西北疆土的捍卫。但是，在清政府财力有限的情况下，确有以何为急务的问题。李鸿章等人的海防主张，战略眼光是不可否认的，但他们以本位利益，主张放弃新疆，必不能为清廷所接受。本来，朝臣之间就塞防、海防问题展开争论，是正常情况，但同时我们也必须看到清廷在这场政策争论中的政术诉求是多方面的，这就决定了"塞防海防之争"不单纯是一场国防政策的争论，也是清廷"湘淮互制"策略确立和全面实施的重要环节。其实，清廷中央统治集团无论慈禧一派，还是奕訢一派，在对待地方势力，具体到湘淮集团问题上，都会实施"湘淮互制"策略。只不过在一段时期，由于清廷中央最高统治集团内部的权力斗争，在光绪六、七年（1880—1881年）以后至甲申易枢前，逐渐出现了慈禧集团和恭亲王集团各自偏重一方的局面。但在此前后，无论是慈禧集团还是恭亲王集团，都没有专倚一方，而是在湘淮之间制造分化制衡的态势。

（一）西北、东南边疆危局及参与决策各派系的权力斗争

19世纪六七十年代，英俄两国争夺中亚地区的斗争日趋激烈，而我国以新疆为主的西北边疆地区，就成为他们争夺的重点之一。

同治四年（1865年），在英国的支持和怂恿之下，中亚浩罕国的军事首领阿古柏，趁我国西北地区发生大规模回民动荡之机，入侵我新疆地区，到同治九年（1870年），阿古柏已在新疆天山南北盘踞成一股势力，并建立了所谓"哲德莎尔"政权，企图长期控制新疆，对新疆各族人民实行残暴的殖民统治。

沙皇俄国当然不会让英国独占新疆利益。同治十年（1871年），沙俄出兵占领我国新疆伊犁，为进一步夺取整个北疆做准备。清廷得知消息，由总理衙门向俄国发出照会，质问其出兵占领伊犁的理由，俄国诡称是代中国收复失地，等中国政府的号令一旦可达伊犁，定然奉还。实际上，它认为中国没有收复新疆的能力。对此，除了以实力说话，别无他途。

同治十二年（1873年）肃州之役结束后，清政府镇压陕甘回民起义进入尾声，随即将西北部分军队转入收复新疆的准备工作中。清廷派广东陆路提督张曜率所统河南嵩武军14营屯驻哈密；命原乌里雅苏台将军金顺将本部与原乌鲁木齐提督成禄旧部合为一军，从肃州（今甘肃酒泉）出关，屯驻巴里坤；命原驻巴里坤的乌鲁木齐都统景廉率所部进驻古城。三路进军的态势由此形成，三军合计1万多人。同治十三年七月（1874年9月），清廷任命景廉为钦差大臣，督办新疆军务，金顺为帮办大臣。八月，清廷又任命陕甘总督左宗棠督办粮饷一切转运事宜，并率军进入新疆境内。九月，以户部左侍郎袁保恒为帮办。

就在西北军情进入严重局面之时，东南沿海也出现严重危机。同治十三年三月（1874年4月），对台湾觊觎已久的日本，为了在与法国、美国争夺台湾控制权的角逐中占得先机，趁琉球渔民与台湾山地人发生冲突之机，借口琉球为其属国，出兵进攻台湾，遭到有力抵抗，最后在美国的调停之下，向清政府索要50万两白银作为军费赔偿之后，从台湾撤兵。[1]日本对台湾的这次军事入侵，凸显了东南海防日益严重的危机。

这种西北和东南同时面临严重危机的情况，以清政府此时有限的财力和军力，如何应对，孰轻孰重，孰先孰后，统治集团内部必然存在不同意见，所谓"塞防海防之争"的出现有其必然性。[2]这时，同治帝病死，四岁的光绪皇帝刚刚继位，真正掌控中央大权的是两宫皇太后和恭亲王一系势力。恭亲王势力此时在与慈禧太后的争权斗争中已处于下风，不过因政权体制，仍主持政府（包括军机处、总理衙门等）的初步决策。

俄国在近代西方列强欺凌中国的过程中，虽然抱着对中国最贪婪的领土野心，但表面上多以"调停者"的身份和姿态出现。从第二次鸦片战争开始，到1870年6月的天津教案等，俄国驻华公使都在表面上充当中国政府和其他列强之间的调停人。这就给了清政府对外交涉重要决策者和执行者恭亲王及其派系人物以为俄国是可以作为联合对象的印象，并不自觉地在外交路线上出现"亲俄"的倾向。而已经出任直隶总督兼北洋大臣的李鸿章，这时在权力格局上相对更靠近恭亲王一系，也支持恭亲王亲俄的路线。加上李鸿章与左宗棠

---

① 日本在1874年入侵台湾事件，记述和研究成果颇多，如连横：《台湾通史》，北京：商务印书馆，1983年，第63页；王芸生：《六十年来中国与日本》第1卷，北京：生活·读书·新知三联书店，1979年，第64—65页。

② 关于晚清"塞防海防之争"的问题，已有的研究成果立论的出发点和角度，大多是从两种观点代表的爱国或卖国、战略的合理性与不合理之处等方面来加以探讨，都是很有意义的。不过，已有成果较少从清廷在这一争论中所持态度对晚清政局和派系权力斗争的影响这一角度来思考和分析。

之间的派系矛盾，以及他任职的地域等因素（李鸿章任江苏巡抚、署理两江总督时，兴办洋务事业多在东部沿海，他调任湖广总督、直隶总督后，主持的洋务事业仍多保留于沿海地区），使得这时的李鸿章在沿海危机突出的情况下，自然以专重东南海防为主。但是，李鸿章提出"新疆不复，于肢体之元气无伤；海疆不防，则腹心之大患愈棘"①，则体现出李鸿章战略意识的偏狭，以及为了本位利益，不顾国家整体利益、不顾中国领土主权的错误倾向。

　　李鸿章在京畿地区利用所部淮军拱卫京畿的重要地位作为后盾，充分发挥他在政治上"拼命做官"、争取权力的权谋手段，竭力求取当时合作执政的慈禧太后和恭亲王的知遇，又多方联络京城有力的王公大臣，竭力巩固他的直隶总督、北洋大臣职位。在清廷中央，他与恭亲王奕訢集团建立起密切关系；在地方权力上，李鸿章淮系集团的重要成员也开始逐步出现在一些省区的军政要职上，清廷一段时间的"扶淮抑湘"策略，就是要使原来弱势的淮系与相对强大的湘系制衡，以便于中央操控。左宗棠在私下就说过："楚、淮两军不相浃洽，天下共知共闻。推原其故，皆由于立意调停者私心揣度，从中搆掇致之。"②清廷在湘淮已现抗衡之势的情况下，当然也不会让淮系彻底压倒湘系而出现独大的局面，因此，由"扶淮抑湘"策略转换为"湘淮互制"策略的时机已经成熟。而且，在淮系首领李鸿章受到倚重的同时，湘系集团也出现了一个合适的首领左宗棠。曾国藩去世后，在湘淮两系首脑人物的地位比较上，李鸿章相对占据上风。同治朝后期到光绪朝初期（特别是同治十二、三

---

① 李鸿章：《筹议海防折》，《李文忠公全集·奏稿》卷二四，第19页。
② 左宗棠：《与谭文卿》，《左宗棠全集·书信二》，第465—466页。

年），清廷既不能通过诸如防军、练军等方式消除湘、淮军，且还需继续利用湘淮军维护统治的情况下，这是对湘淮集团政策由"扶淮抑湘"转变为"湘淮互制"的重要时期，当然也是"湘淮分立"格局成形的重要时期。李鸿章和左宗棠虽然在功业上大致相当，不过李鸿章以武英殿大学士、直隶总督、钦差北洋大臣，位居枢要地区、官居督抚之首，仍稍占上风；而左宗棠则以协办大学士、陕甘总督身处边陲，对全国性重大政策决策的影响力显然弱于李鸿章。但也必须看到，左宗棠当时在西北率7万多湘军精锐为清廷镇压陕甘的回民起义，收复新疆地区的重任也有待左宗棠去完成，左宗棠能顺利收复新疆，则其功业和地位声望与李鸿章分庭抗礼，将成为必然。对于这一点，清廷和左宗棠是非常明白的，李鸿章也很明白。正是在李鸿章、左宗棠国防观念的差别，利益问题的纠葛和清廷政策的制约下，塞防和海防的论争必然是权力和利益掺杂的产物。

同治十三年至光绪元年（1874—1875年），清廷同时面临西北陆疆和东南海疆危机的时候，影响决策的因素主要有哪些呢？就清廷中央最高决策层而言，慈禧太后与恭亲王系之间掺杂着权力斗争的决策权控制，最高决策层内部的派系因素，使慈禧和恭亲王在做出决定时，又受自己所倾向的统兵将领和督抚意见的影响。就地方督抚（包括部分统兵大员）而言，其意见当然是综合了自己对国家安危和发展方向的认识，以及自己的政策意向、派系和集团利益等因素，而形成的观点。相关实力督抚影响决策的权力及其派系因素，也影响着最终决策。当然，清政府财力和列强各国的影响，权力的内外互动也决定着最终决策的侧重点。

（二）湘淮两系在塞防海防之争中的利益冲突与清廷的政治操控

在塞防海防之争中，当时主要有以下几种意见：李鸿章主张的海防论，左宗棠主张的塞防海防并重论，以及王文韶、丁宝桢等主张的塞防论，此外还有彭玉麟、英翰主张的江防论。这几种观点的代表人物之所以侧重点各不相同，除了对国防重点认识的差异外，个人和集团利益以及权力争夺也是非常重要的因素。清廷也利用这场争论来加强对湘淮两系的操控。

1. 海防塞防之争体现清廷全面实施"湘淮互制"策略的状态

李鸿章利用日本出兵侵扰台湾事件，奏请大办海防，并请求清廷停止左宗棠积极筹划的收复新疆的军事行动，将经费移作建立近代海军及东部省区开展的各项事务之用。这与李鸿章的权力范围有关系。首先，就湘淮军驻防区域和湘淮勇营的保存与发展来看，身为湘淮领袖的左宗棠和李鸿章必然会产生相左的意见。李鸿章在天津教案处置结束前夕接任直隶总督，率淮军拱卫京畿，使得淮军在剿捻军务结束被清廷命令裁撤后，精锐仍得以保留。但是，随着国内局势的平稳，淮军仍面临被进一步裁撤的可能。而且，在清廷的政策和挤压手段下，淮军陆师进一步扩展的可能性更是极小，因此，李鸿章力图通过扩建海防力量来增强淮系军力。随着同治十三年（1874年）日本侵略台湾，清廷命北洋大臣李鸿章调拨淮军"洋枪队三千人"，会同南洋大臣李宗羲调拨2000人随沈葆桢赴台，李鸿章将同治十年（1871年）从陕西撤回、移防江苏的淮军13营拨归沈葆桢指挥援台。①同时，清廷考虑到淮军大支部队援台，原驻防的江苏等地兵力空虚，密谕"各省沿海口岸甚多，亟应一体设防，联络声势，以期有备无患"。李鸿章趁机提出"甘省现早肃清，陕境防务已松"，而又以"日本藉番拓地，悍不旋师，恐是中外构乱之始。无论苏浙江海，各阅防兵单薄，即北洋二千余里，口岸林立，亦多空虚。若另募新军，实在无此饷力"为由，奏请清廷"敕下陕西抚臣，速饬记名臬司刘盛藻统率陕防武毅铭军马步二十二营，星夜兼程拔赴山东济宁及江南徐州一带，择要驻扼，以备南北海口策应"。②清廷同意将驻防陕西援应西北军务的淮军20余营全数撤往江苏、山东一带驻防。这样，在同治十三年（1874年）前后塞防海防之争起来时，淮军大部已驻防沿海省份，主要为驻防直隶保定、天津等地的盛军仁军33营，驻防在山东济宁（光绪二年移驻张秋）的铭军17营，驻防江苏徐州的铭军13营、武毅军马队5营，驻防江苏沿江一带的庆军8营，驻防江苏吴淞海口的武毅军步队5营，以及驻闽台各军。驻扎湖北和山西军队数量不多，主要是武毅军马步7营、树字6营。③而当时湘军的部署，大部在西北、内地，只有少量还驻防于两江、闽台一带。这样就形成了湘淮在塞防海防论争中的利益格局。而且，自日军侵扰台湾以来，特别是丁日昌、李鸿章大力鼓吹筹海防弃塞防之论后，左宗棠西北军饷中出自东南沿海一带省区的协饷解送到西北者大量减少。同治十三年七月（1874年8月），左宗棠在给陕西巡抚邵亨豫的信中说："台湾防务有沈幼丹料

---

① 李鸿章：《派队航海防台折》，《李文忠公全集·奏稿》卷二三，第27—28页。
② 《李文忠公全集·奏稿二》卷二三，第28页。
③ 李鸿章：《淮军军需报销折》，《李文忠公全集·奏稿》卷二七，第13—15页。

理，自可稳固。惟沿海七省同时办防，纷请停解协饷，陇军将委之沟壑。而关外粮运一委之陇，从何措手？"①在给李筱轩的书信中，左宗棠说："惟甘饷所恃大宗，东南为重。今一旦顿失二百余万之入，又责以出关粮运巨款之出，海疆虽可无虞，边事实苦无措。"②因此，左宗棠必然会积极参与到这一论争中。如前所说，它不仅是国防大计的论争，也关系到左宗棠西征饷需的当务之急。如果清廷同意了李鸿章专重海防、放弃塞防的主张，不仅国土将大量沦丧，而且湘军也将失去立足之地。

另外，在同治末年至光绪初年的直隶和两江权力格局中，清廷一直很注意"湘淮互制"策略的部署。在直隶，李鸿章自同治九年（1870年）八月担任直隶总督以来，虽颇有不安于位的窘境，但毕竟持续担任着直隶总督。而两江总督曾国藩在同治十一年二月（1872年3月）死后，关于两江总督的接替人选问题，就引起一番争夺。清廷先是以湘军集团成员、前山西巡抚李宗羲继任两江总督，旋即将漕运总督、淮系将领张树声改任江苏巡抚，在湘淮之间制造一种相互牵制的态势。而且，李宗羲之后在光绪初年继任两江总督的刘坤一、沈葆桢、左宗棠等人都是湘军集团成员。这样，清廷就在南北督抚之首的直隶和两江的权力格局上布下了"湘淮互制"的长期态势。而且，同治十三年七月十二日（1874年8月23日），清廷将左宗棠由协办大学士晋升为大学士，同年八月八日（1874年9月18日）专授东阁大学士，这既是为奖赏左宗棠平定陕甘的大功，更是在李鸿章声望地位上升期间，给李鸿章以有力的牵制。而李鸿章虽在同

---

① 左宗棠：《答邵汴生中丞》，《左宗棠全集·书信二》，第466页。
② 左宗棠：《答李筱轩》，《左宗棠全集·书信二》，第474页。

年十二月再升授文华殿大学士，但确实倍感压力，并增强对左宗棠的戒心。

同治十三年至光绪元年这一时期，清廷同时面临着新疆外患和东南沿海日本侵扰台湾的军事局面，在最高统治集团和朝臣督抚中都存在不同意见，但局势的发展使清廷认为西征急于海防的态度是很明确的，对此，李鸿章也是很清楚的。同治十三年十二月十八日（1875年1月25日），正当海防塞防之争处于风口浪尖的时候，李鸿章在给友人的信中说："鄙人所有请缓西征裁军匀拨之议，然亦知其不能行也。"①而左宗棠一旦成功，则将为清廷"湘淮互制"策略的现实可行性投下一个最重的砝码。过去，由于左宗棠远征西北，清廷许多涉及沿海的重大问题皆未让左宗棠参与决策，左宗棠也说过："远在西陲，不获遥参朝论，深以为耻。"②但这次筹议海防问题，清廷除李鸿章等沿海督抚议奏外，还特命僻处西北多年的左宗棠参与议奏，其意图可见一斑。

2. 清廷通过李鸿章、左宗棠等围绕塞防海防论争的活动来评估湘淮两系在朝廷决策中的影响力，以及实施"湘淮互制"的可操控性

李鸿章和左宗棠在塞防海防之争中，为了自己筹划的国防大计以及集团利益，不仅进行了国防大计的正面交锋，而且出现了清廷乐于见到的李鸿章、左宗棠之间相互进行人身攻击，以及湘淮集团围绕国防政策的派系利益冲突的情况。

清廷有意放任李鸿章和左宗棠在奏议中公开发表相互对立的

---

① 李鸿章：《复龚蔼人观察》，《李文忠公全集·朋僚函稿》卷一四，第38页。
② 左宗棠：《答刘克庵》，《左宗棠全集·书信二》，第563页。

意见，这对清廷的最终决策有利。李鸿章极端地否定塞防的意义，而主张片面的海防论，如在《筹议海防折》中强调，"总理衙门陈请六条，目前当务之急与日后久远之图，业经综括无遗，洵为救时要策。所未易猝办者，人才之难得，经费之难筹，畛域之难化，故习之难除。……历代备边多在西北，其强弱之势，客主之形皆适相埒，且犹有中外界限。今则东南海疆万余里，各国通商传教，来往自如，麇集京师及各省腹地，阳托和好之名，阴怀吞噬之计，一国生事，诸国构煽，实为数千年来未有之变局。轮船电报之速，瞬息千里；军器机事之精，工力百倍；炮弹所到，无坚不摧；水陆关隘，不足限制，又为数千年未有之强敌"，为自己主张弃新疆之说做铺垫。在具体讨论到"总理衙门原奏紧要应办事宜"时，李鸿章将"丁日昌续奏各条并入"，详细陈奏，说：

原奏筹饷一条，近日财用极绌，人所共知。欲图振作，必统天下全局通盘合筹而后定计。新疆各城自乾隆年间始归版图，无论开辟之难，即无事时岁需兵费尚三百余万，徒收数千里之旷地，而增千百年之漏卮，已为不值。且其地北邻俄罗斯，西界土耳其、天方、波斯各回国，南近英属之印度，外日强大，内日侵削，今昔异势。即勉图恢复，将来断不能久守，屡阅外国新闻纸及西路探报，喀什葛尔回酋新受土耳其回部之封，并与俄英两国立约通商，是已与各大邦勾结一气，不独伊犁久踞已也。揆度情形，俄先蚕食，英必分其利，皆不愿中国得志于西方。而论中国目前力量，实不及专顾西域，师老财庸，犹虑别生他变。曾国藩前有暂弃关外、专清关内之议，殆老成谋国之见。今虽命将出师，兵力饷力万不能逮，可否密谕西路各统帅但严守现有边界，且屯且耕，不必急图进取，一面招抚伊犁、乌鲁木齐、喀什葛尔等回酋，准其自为部落，如云贵粤蜀之苗瑶土司、越南朝鲜之略奉正朔可矣。两存之则两利，俄英既免各怀兼并，中国亦不致屡烦兵力，似为经久之道。况新疆不复，于肢体之元气无伤，海疆不防，则腹心之大患愈棘。孰重孰轻，必有能辨之者。此议果定，则已经出塞及尚未出塞各军，似须略加核减，可撤则撤，可停则停，其停撤之饷，即匀作海防之饷。否则只此财力既备东南万里之海疆，又备西北万里之饷运，有不困穷颠蹶者哉。[1]

面对李鸿章专重海防、放弃西北广大领土的国防观念，左宗棠则持反对意见。他说："窃为时事之宜筹、谟谋之宜定者，东则海防，西则塞防，二者并重。"[2]对于李鸿章力持放弃新疆，左宗棠反驳说："盖立国有疆，制置方略，各有攸宜也。……以南北两路而言，北八城广而南八城狭，北可制南，南不能制北。……今若画地自守，不规复乌垣，则无总要可扼，即乌垣速复，驻守有地，而乌垣南之巴里坤、哈密，北之塔尔巴哈台各路，均应增置重兵，以张犄角，精选良将，兴办兵屯、民屯，招徕客、土，以实边塞，然后兵渐停撤，而饷可议节矣。届时户部按其实需经费，酌拨各省协饷，严立程限，一复道光年间旧制，则关内外或可相庇以安。若此

---

① 李鸿章：《筹议海防折》，《李鸿章全集·奏稿》卷二四，第18—19页。
② 左宗棠：《复陈海防塞防及关外剿抚粮运情形折》，《左宗棠全集·奏稿六》，第188页。

时即拟停兵节饷，自撤藩篱，则我退寸而寇进尺，不独陇右堪虞，即北路科布多、乌里雅苏台等处恐亦未能晏然。是停兵节饷，于海防未必有益，于边塞则大有所妨。"[①] "论者拟停撤出关兵饷，无论乌鲁木齐未复，无撤兵之理，即乌鲁木齐已复，定议划地而守，以征兵作戍兵，为固圉计，而乘障防秋，星罗棋布，地可缩而兵不可减，兵既增而饷不能缺，非合东南财赋通融挹注，何以重边镇而严内外之防；是塞防可因时制宜而兵饷仍难遽言裁减也。"对李鸿章等主张将"停撤出关之饷""匀作海防之饷"的观点，左宗棠说："夫使海防之急，倍于今日之塞防，陇军之饷，裕于今日之海防，犹可言也。……合计入关度陇，每年牵算，所获实饷不满五百万两，而应出之款不下八百余万两。"[②]言外之意，西征之饷尚有巨欠，怎么可能撤停出关兵饷匀作海防之饷呢？同治十三年（1874年），左宗棠在与友人书信中就说，"各省积欠陇饷已二千三百余万"[③]，就很能说明问题。

李鸿章和左宗棠除了正面交锋之外，还通过个人和派系关系在湘淮两系督抚中间大肆活动，联合支持自己的力量，寻求更多的支持者。李鸿章不仅力图使淮系成员支持自己的主张，还在湘系寻找支持者。他给丁日昌去信说："惠示议复总署六条大稿，披读再四，逐条皆有切实办法，大意似与拙作一鼻孔出气，而筹饷条内推及陆路电报、公司银行、新疆、铁路，用人条内推及农商受害须停止实

---

① 左宗棠:《复陈海防塞防及关外剿抚粮运情形折》，《左宗棠全集·奏稿六》，第191页。
② 左宗棠:《复陈海防塞防及关外剿抚粮运情形折》，《左宗棠全集·奏稿六》，第189—190页。
③ 左宗棠:《答李仲云》，《左宗棠全集·书信二》，第492页。

职捐输，此皆鸿章意中所欲言而未敢尽情吐露者。"[1]同时，李鸿章又积极联合受命处理日本兵侵台湾问题的沈葆桢，希望沈葆桢全力支持自己的海防论，他还推举沈葆桢统率海防事务，并达到与沈葆桢互推为海防统帅的默契程度。光绪元年正月（1875年2月），李鸿章在给沈葆桢的信中说："复陈海防疏，条条实对。兵船一节尤探讨入微，自道甘苦，钦伏莫名。统帅乃推及不才，惶悚万状。公自谓于船政一无所知，执谦过分。弟于海防则真一无所知矣，冬月初曾撮拾上陈，毫无是处，久思录呈，苦无确便，兹谨抄奉教正。其推戴执事，实出至诚，非敢互为标榜也。"[2]他又联合与左宗棠素有积怨并在同治五年（1866年）被左宗棠奏劾革去广东巡抚职的湘系重要成员郭嵩焘，攻击左宗棠在排挤清廷派往西北的乌鲁木齐都统景廉和户部侍郎、帮办西征粮台袁保恒。郭嵩焘此时重出，刚被授任福建按察使，心中"与左公积憾"[3]，他还认为新疆为无用之地，左宗棠之所以力主收复新疆，不过是为了个人功业，而不顾其后，"思之悚然"。李鸿章除了联结湘系支持自己或反对左宗棠的势力之外，为了使淮系势力一致反对左宗棠，还不惜对集团内持不同意见者大加斥责、威逼利诱。时任江西巡抚的淮军将领刘秉璋支持左宗棠的意见，李鸿章当即去函指责说："敝处复议海防一疏，实缘身任其事，不得不斟酌时势，启发聩聋，明知当世人才不能准行，亦断不能办到，但既灼见真知，亦须留此空言以待后之作者。庸众无识，横加訾议。固无足怪。执事从军数年，当有阅历，洋务即毫无

---

① 李鸿章:《复丁雨生中丞》,《李文忠公全集·朋僚函稿》卷一五, 第6页。
② 李鸿章:《复沈幼丹节帅》,《李文忠公全集·朋僚函稿》卷一五, 第1页。
③ 左宗棠:《答谭文卿》,《左宗棠全集·书信二》, 第509页。

探讨，事理当略加揣度。乃大肆簧鼓，实出期望之外。"[1]当时，在籍调养的淮军大将、前直隶提督刘铭传也支持收复新疆，并主张对俄作战，收复伊犁，他还致函李鸿章，明确反对和议，主张以西北塞防为急务，李鸿章当即复函痛责："左相拥重兵巨饷，又当新疆人所不争之地，饰词欲战，不顾国家全局，稍追古今者，皆视其奸伪，而来书意欲鄙人效颦，未免有违素志。"[2]

面对李鸿章等人的排抵，左宗棠当然是毫不相让，也多方交结京内外官员以为自己的助力。同治十三年十月（1874年11月），左宗棠在给总理衙门大臣的信中就说："现在用兵乏饷，指沿海各省协济为大宗，甘肃尤甚。若沿海各省因筹办防务急于自顾，纷请停缓协济，则西北有必用之兵，东南无可指之饷，大局何以能支？谚云：'扶起东边，倒却西边。'斯言虽小，可以喻大。且即海防言之，凡所筹画，宜规久远。始事之时，即悉索以供，不留余力，设此后厘税衰减，经常之费又将何出？"[3]左宗棠在给陕西布政使谭钟麟的信中说：

> 楚、淮两军不相浃洽，天下共知共闻。推原其故，皆由于立意调停者私心揣度，从中撺掇致之。若肯说几句实话，楚、淮两军之帅共办一事，何致彼此互起猜嫌？李相以淮军久驻秦中，本可不必，弟所以不肯调用者，以淮军异帅，自分彼此。……平心而论，淮军置之无用之地积年，费饷何下千万？

① 李鸿章：《复刘仲良中丞》，《李文忠公全集·朋僚函稿》卷一五，第3页。
② 李鸿章：《复刘省三军门》，《李文忠公全集·朋僚函稿》卷一九，第34页。
③ 左宗棠：《上总理各国事务衙门》，《左宗棠全集·书信二》，第485页。

若节此虚糜，以饷我饥军，岂不两利？李相固不肯言，而党李相者亦不言之，岂非俟楚军饥溃见仇者快耶？自古用西北之甲兵者，必济以东南之刍粟。弟自东南而西北，所见所闻亦然。及身当西北艰危至极之处，而所为顿异。李相不能谅之，旁人不能谅之，即同局之人亦复因有所受命不肯说一句实话，吁！可异矣！①

　　左宗棠还借解送西北之饷减少，趁机让景廉、金顺等满蒙将军、都统等奏请朝廷拨饷，以为反驳李鸿章撤西北兵饷论调的助力："近因台湾用兵，闽、粤、苏州正办防务，纷纷请停协饷。弟之饷源已截去二百余万，无可设法，不但关外粮运万难兼顾，即关内留存各营亦不免悬釜之忧。若尊处与朗斋不及早咨奏，部中得所藉口，延不筹拨，弟固无能为力，尊军饷事别无指望，似亦自入窘乡耳。"②此后，左宗棠又在给新被任命为陕西巡抚的谭钟麟的信中说："海防新说，都中亦不韪之。谕旨垂询，正以塞防牵连及之，非为海防专设。某公前议，枢邸曾以见示，弟已作函复去。近得补帆中丞书，似亦有所见，或者前书已抄发耶？某公乡评不高，于海国情实素本无所闻见，乃竟侈口而谈。当事录以入告，盖欲笼沿海之饷养洋枪队耳。"③
　　李鸿章、左宗棠除了各自交结助力之外，私下里也有不少针锋相对的举动。光绪元年六、七月间，左宗棠在给沈葆桢的信中

①　左宗棠：《与谭文卿》，《左宗棠全集·书信二》，第465—466页。
②　左宗棠：《与金和甫都统》，《左宗棠全集·书信二》，第468页。
③　左宗棠：《答陕抚谭文卿中丞》，《左宗棠全集·书信二》，第514页。

说："敬悉台事部署周妥，一气呵成，收此腴区，为闽疆添一保障，为东南沿海添一外郭，甚盛甚盛！"①李鸿章得知左宗棠之语后，于光绪元年七月二十日（1875年8月20日）在给郭嵩焘的信中就说："言者多以经略台湾可为富强，本属无根之谈"，"若侈言远略所在，屯兵岁饷百万以外，又等新疆之有出无入，为国家增一漏卮"②。而左宗棠在给京中御史的信中则首先是痛诋淮军无能："伯相擅淮军自雄久矣，既谓天下精兵无过淮军，又谓淮军不敌岛族，是天下古今有泰西无中国也。淮军首推刘铭传，七八年来战绩可考，虚縻至艰之饷约及千万，朝廷亦尝大度处之，以此辈当岛族，胜负之数，洵未可知！此外如无可恃，又何以防？何以剿？淮军又何以雄天下乎？"③在给陕西巡抚谭钟麟的信中则指责李鸿章、丁日昌、郭嵩焘的"海防论"，"盖欲笼沿海之饷养洋枪队耳。朝廷以两江总督授刘（刘坤一），颇非其心所乐，恐利权不属，不能长养此不战之兵，实则蠹国已久，未尝收一割之效"④。这同时是在寻求新任两江总督刘坤一的支持，毕竟两江总督兼南洋大臣，一项重要职责是负责南洋海防，左宗棠若能获得他的支持，显然对李鸿章的决策影响力是一大打击。而刘坤一也确实认为"新疆决无可弃之理"⑤，支持左宗棠西征收复新疆。

---

① 左宗棠:《答沈幼丹》，《左宗棠全集·书信二》，第520页。
② 李鸿章:《复郭筠仙廉访》，《李文忠公全集·朋僚函稿》卷一五，第22页。
③ 左宗棠:《答李筱轩侍御》，《左宗棠全集·书信二》，第565页。
④ 左宗棠:《答陕抚谭文卿中丞》，《左宗棠全集·书信二》，第514页。
⑤ 《刘坤一遗集》第4册，第1784页。

3. 清廷以政术手段凸显掌控大局的权威，清廷中央统治集团内部分化并获"湘淮分立"的效果

从光绪六、七年（1880—1881年）到光绪十年（1884年）的"甲申易枢"，在清最高统治集团内部的派系与地方势力的分化组合上，慈禧、醇亲王一派与左宗棠建立联合，对付恭亲王奕訢与李鸿章的联合。但是这种局面在光绪六、七年以前并未形成，而是出现了相对复杂和易变的一个局面。

光绪元年（1875年），在塞防海防之争中，清廷中央统治集团内醇王一系和恭王集团对李鸿章、左宗棠的支持情况就很复杂。当时，醇王虽然积极趋附慈禧太后，对抗恭亲王，但在对李鸿章、左宗棠等地方实力督抚的关系问题上，由于慈禧太后并无明确定见，因此醇王主要根据自己的想法、好恶行事。在塞防海防之争中，他支持筹办海防，并在筹措海防经费方面赞同李鸿章提出的"暂罢西征为最上策"①。

相比较起来，恭亲王集团因长期主政，虽内部意见也有分歧，但考虑问题较为全面。恭亲王赞成李鸿章大力筹办海防的主张，但他并不赞成李鸿章"渐弃新疆"的主张。在光绪元年前后，恭亲王集团和李鸿章之间尚未形成较为紧密的联合关系。另外，在塞防海防之争中，恭亲王极为倚重的军机大臣文祥主张支持左宗棠收复新疆的战略，也极大地影响了恭亲王的态度。李鸿章在觐见慈禧太后的应对中，有倾轧左宗棠之语，文祥很为不满，在慈禧太后面前力

---

① 《光绪元年二月二十七日醇亲王奕譞奏折》，中国史学会主编：《中国近代史资料丛刊·洋务运动》第1册，第116页。

驳李鸿章。①最终，恭亲王集团及其掌管的总理衙门的态度是：对于个别朝臣（通政使于凌辰、大理寺少卿王家璧）反对筹办近代海防的论调给予否定，决定加强海防，筹建海军，只是因"财力未充，势难大举，只可量力择要筹议"，"拟先就北洋创设水师一军"。同时又否定了李鸿章提出的停撤西征兵饷以备海防的主张，派左宗棠督办新疆军务，"通盘筹划，力图进取，以固塞防"②。这充分体现了清廷注重海防，同时也不放弃西北边疆的决策思维，在客观上也能获取"湘淮互制"的效果，因此立即得到慈禧太后的赞同。

在清廷最高统治集团内部，由于自身权力斗争的需要，本来已经开始出现一些恭亲王与李鸿章接近，而慈禧太后则笼络左宗棠的迹象。但由于在同治末年和光绪初年，醇亲王奕譞和恭亲王集团的重要成员文祥等对于李鸿章和左宗棠的态度并无一定之见，因此，在塞防海防之争中，恭亲王虽有稳固与李鸿章的联合以对抗慈禧、醇王集团之意，但是由于文祥反对李鸿章偏重海防、弃置新疆的观点，因此奕訢就采取支持塞防海防并重的态度。相反，奕譞却大力支持李鸿章的意见。因此，慈禧太后在塞防海防论争的最终定策过程中，一方面因中央统治集团内部的斗争，另一方面也是为平衡地方实力集团之间的关系，虽然已有主见，却故意迟迟不做出明确谕示，让相关的督抚们去揣测，去感受朝廷掌握他们命运的权威。光绪元年（1875年）七月，李鸿章在给郭嵩焘的信中就不无感慨地说："朝廷之计似更茫如捕风，我辈只有尽其所能，为其所不能

---

① 《左文襄公全集·书牍》卷二一，湘阴左氏光绪十六年校刊本，第19—20页。
② 中国史学会主编：《中国近代史资料丛刊·洋务运动》第1册，第152、164、147页。

为者。"①

清廷迟迟不做出决断，以致各种枝节丛生。左宗棠虽然已经知道清廷倾向于塞防海防并重、以塞防为急务的决策，仍不免在光绪元年七月给友人的信中说："边防急于海防，即沿海疆圻亦多能言之者。不料异议繁滋，竟有以夷变夏为然者，殊可浩叹！所幸天容海色长此澄清，不至微拂云翳蔽耳。"②不久，清廷就明确支持左宗棠收复新疆之建议，"朝旨重在收复新疆，弟素不避事，亦不敢他词诿谢"③。这从光绪元年八月李鸿章给江西巡抚刘秉璋的书信中可得到证明，他说："鄙疏前请停减西征，盖通盘筹画而出。廷臣模棱敷衍，不云暂缓海防，乃云从容筹备，数十百年仍办不成，徒拥虚名，终受实祸，焦悚奚如。"④随着清廷态度的明确，群臣对塞防海防之间关系和轻重缓急的认识也就更加清晰，左宗棠就说："近奉谕旨，以海防为机括，视塞防之得手与否，督办新疆军务，重在防俄罗斯之与英勾结协以谋我，不在讨回也。"⑤

19世纪70年代初，清廷掀起这一场关于海防问题的讨论。当时，清廷上谕命参与这场讨论、筹议的人员有：北洋大臣李鸿章、南洋大臣李宗羲，以及滨海沿江各督抚将军沈葆桢、都兴阿、李鹤年、李瀚章、英翰、张兆栋、文彬、吴元炳、裕禄、杨昌濬、刘坤一、王凯泰、王文韶等人。左宗棠虽然身居西北内陆，也受命参与议奏。其中，李鸿章所奏对购置战舰、培养人才、筹养船经费

① 李鸿章：《复郭筠仙廉访》，《李文忠公全集·朋僚函稿》卷一五，第23页。
② 左宗棠：《与李筱轩》，《左宗棠全集·书信二》，第529页。
③ 左宗棠：《与王若农观察》，《左宗棠全集·书信二》，第534页。
④ 李鸿章：《复刘仲良中丞》，《李文忠公全集·朋僚函稿》卷一五，第26页。
⑤ 左宗棠：《与刘克庵》，《左宗棠全集·书信二》，第541页。

等，都提出了具体办法。清廷最终采用了李鸿章分建南北洋海军的建议。这说明李鸿章确有过人的才干和统筹全局的能力，清廷在可控的前提下还是要重用他。但是，这种倚重是建立在什么基础上的呢？是李鸿章权重还是慈禧太后、醇亲王权重的基础上呢？前述情况已经说明李鸿章的一切权力还是在清廷的制约之下的。而且，在涉及整个国防战略的塞防海防之争中，清廷实际上是更倾向于左宗棠的塞防海防并重，在当时局势下优先偏重塞防的意见。此后事态发展更证明了李鸿章并无专权地位，只能在清廷着意培育的湘淮制衡局面下，以自己的才干和淮军的作用为本钱，来依附于慈禧太后所掌握的皇权。

二、甲申易枢与清廷继续强化"湘淮分立"格局

在光绪六、七年（1880—1881年）以后，随着左宗棠西北军务基本完毕，光绪七年正月（1881年2月）他被召京入阁办事，并很快入值军机处之后，一种新的权力格局隐隐形成。对此，作为湘系首领的左宗棠和淮系首领的李鸿章等人也心知肚明。这种局面与中央和地方派系组合，以及慈禧太后逐步掌控中央大权密切相关。

慈禧太后不愿长期维持与恭亲王"同治"的局面，而时刻寻机利用皇权之威打击恭亲王，形成自己专权的局面。因此，她对恭亲王及其势力的打压是众所皆知的，但是为了统治的稳定，以及分化恭亲王的势力，她的打击面必须有所选择、有所侧重。在地方势力中，这一时期慈禧太后特意笼络左宗棠，而奕訢则一直倚重李鸿章，已然产生分歧。但是，慈禧太后也有顾虑，她毕竟以太后而先后携同治皇帝、光绪皇帝，代表皇权，至少需要向内外宣示她作为

皇权代表的不偏不倚姿态。因此，慈禧太后也需要寻找在中央政府层面与恭亲王对等的代理人。这时，醇亲王奕譞渴望任事的心态及便于控制的后进地位，使其成为一个合适的人选。醇王以慈禧代理人的面目，一直在拉拢左宗棠以自厚。这样，恭亲王联合李鸿章与醇亲王联合左宗棠的相持局面已现雏形。左宗棠从西北召京后，以东阁大学士的身份很快就入值军机处和总理衙门。而在京畿任直隶总督的李鸿章，以其文华殿大学士之崇高地位，却既非军机大臣，也非总理衙门大臣。[①]慈禧利用左宗棠制约相对"势大"的李鸿章，使"湘淮分立"而便于中央操控的用心明显可见。

中法战争前夕的决策阶段和中法战争初期，无疑是李鸿章及其淮系集团最为艰难的一段时期。中法两国在越南问题上的争端日益尖锐，大规模战争一触即发，甚至在中越边境不宣而战的情况已经出现。而这时的直隶总督、北洋大臣李鸿章却出现了不安于位的危机。当时，李鸿章在中法越南交涉问题上与慈禧太后持不同意见，因母丧而报丁忧，清廷允准之后不久，因中法越南交涉局势日渐紧迫，又屡次催促李鸿章夺情任事。但是，清廷最初并非让李鸿章回任直隶总督，而是命他回署北洋大臣并赴两广督军筹边，这显然表明清廷密筹另派直隶总督接替李鸿章，并赋予李鸿章以客位督军的艰难任务。从镇压太平天国起义期间湘军出师以来，曾国藩等人以客位统兵，在事权和饷糈方面经历的种种困境，李鸿章是亲历之人，战后这些问题上的局面，李鸿章也是局中重臣，种种内幕均了然于胸。因此，李鸿章故意逗留于上海，而不立即奔赴两广，显

---

① 李鸿章和左宗棠这一时期的任职情况，可参见钱实甫编：《清季重要职官年表》，第48、144—146页；《清季新设职官年表》，第7—8页。

然也是依恃恭亲王势力的支持，要与慈禧太后讨价还价。前面我们已经论及，在李鸿章丁忧前后，慈禧太后和醇亲王为了打击恭亲王和李鸿章联合势力，企图以军机大臣左宗棠取代李鸿章，出任直隶总督。此事从光绪七年（1881年）一直酝酿到光绪九、十年间（1883—1884年），只是因为越南交涉一波三折，两广一带又已准张佩纶之奏荐，命云贵总督岑毓英节制滇粤之师，暂时不必非李鸿章亲赴不可，而始终未有定论。恰在这时，朝鲜因"甲申事变"而危局日剧，日本和法国海军随时有威胁京畿之可能，慈禧太后考虑到畿辅防务的重要性，加上直隶一带主要是淮军布防，故决定让李鸿章回任直隶。李鸿章终于渡过难关，他也不再以丁忧为名力辞，而是在光绪九年"毅然"夺情返任，署理直隶总督、北洋大臣（因他还在丁忧期间）。

然而，李鸿章没有想到的是，仅仅数月之后，更大的冲击还在等着他，这就是"甲申易枢"。久掌枢机且长期对李鸿章甚为倚重支持的恭亲王奕訢及其势力盘踞的军机处，整个军机班子竟然全部被罢退。不过，有研究者推测，在甲申易枢前夕，醇王亲信孙毓汶恰好在此期间离京查案，与醇王间各种讯息通过电报联系，李鸿章通过自己的亲信、当时担任京津电报局总办的盛宣怀事先得知了慈禧太后可能罢黜恭亲王的讯息，而李鸿章出于利害考虑，并未及时告知恭亲王。[①]如前所述，慈禧太后企图将恭亲王势力一举压倒，树立自己独尊地位之心由来已久。同治四年三月（1865年4月），慈禧对奕訢的短暂打击及革除其议政王名目，虽然对奕訢的锐气和

---

① 　林文仁：《派系分合与晚清政治》，北京：中国社会科学出版社，2005年，第116—118页。

权威是一次重大挫折，但是也绝非像有的研究者所说，从此恭亲王就只能对慈禧太后"具掣肘的可能，而不致有侵权的威胁了"，中央权力格局也并非"慈禧之敢于作为，而恭王只能领头拟旨耳"①。实际情况是，恭亲王固然因此次挫折，稍有收敛自制，但是在权力斗争中与慈禧太后的冲突仍不时发生，乃至在光绪六年（1880年），慈禧在病中较少理事的情况下，仍对恭亲王奕訢发出："汝事事抗我""我革了你"的话②。慈禧太后决心彻底罢黜恭亲王，绝非一时之念，而是长期积累并因事态发展不断增强的"心愿"，她为此不断做出部署，以便时机到来一举成事。

就在慈禧太后生病而较少理事的两年期间，光绪七年三月十一日（1881年4月19日），与慈禧共同垂帘听政的慈安太后暴病而死，这一道慈禧和奕訢权力争斗中的缓冲屏障消失。过去，慈安对奕訢的回护，毕竟令慈禧在企图彻底击溃奕訢势力时不得不有所顾忌，而现在则可以毫无顾忌地向奕訢下手了。这一时期，清廷中央权力核心的势力消长情况又发生了变化。自同治七年十月（1868年11月）李鸿藻入军机以来，借助他作为清流领袖的地位，加上慈禧太后在光绪初年有意令左都御史景廉入值军机处，作为李鸿藻之奥

---

① 林文仁：《派系分合与晚清政治》，第151—152页。
② 如光绪四年讨论有关重用汉人问题的冲突，光绪六年因"庚辰午门案"护军的处置问题发生的冲突等，参见吴湘相：《晚清宫廷实纪》，台北：正中书局，1988年，第15页；王照：《方家园杂咏记事》，台北：文海出版社，1966年，第605—606页。

援，打破奕訢在军机处的一统局面。[①]尤其是自光绪四年十月（1878年11月）奕訢在军机处的得力助手沈桂芬有被逐出军机、简放贵州巡抚之议[②]，以及云南报销案等事件使原在军机处为沈桂芬奥援的王文韶在光绪八年十一月初五日开缺养亲[③]，使恭亲王在清廷中央的势力受到极大打击。光绪八年（1882年）初，慈禧太后病情好转，已经有精力更多地揽权掌政，而到下半年，恭亲王奕訢又病重，时常请假在家调养。慈禧太后认为时机大好，准备罢黜恭亲王的心态日趋急迫。但是拔除恭亲王势力毕竟是大事，必须事先做出妥善部署，并寻觅罢黜恭亲王后合适的替代者。醇亲王虽然较恭亲王更好控制、操纵，但是醇亲王日益表现出的参政积极性和他作为光绪皇帝生父的特殊地位，使慈禧太后对醇亲王全面直接掌政颇有顾虑，慈禧经过一段时间的考虑，决定让醇亲王在幕后参政。那么，谁来充任这个幕前的傀儡呢？慈禧太后选中了礼亲王世铎。此前，她在军机处安插清流派，为恭亲王树立了对手，而清流势力畅言无忌、

---

① 景廉在光绪二年三月十五日（1876年4月9日）奉旨在军机大臣上学习行走，光绪三年正月二日在军机大臣上行走。参见魏秀梅编：《清季职官表附人物录》，第36页。景廉与李鸿藻渊源颇深，二人为咸丰二年同科进士，1852—1855年同在翰林院供职，并结为盟兄弟，非一般年谊可比。参见李宗侗、刘凤翰：《清李文正公鸿藻年谱》上册，台北：台湾商务印书馆，1981年，第3页。

② 文廷式：《芸阁偶记》，汪叔子编：《文廷式集》下册，北京：中华书局，1993年，第763页；陈夔龙：《梦蕉亭杂记》卷一，太原：山西古籍出版社，1996年，第60—63页。作为恭亲王在军机处自文祥之后最得力的臂助，沈桂芬于光绪四年十月即有疾而未入值军机，经此打击，更是每况愈下，光绪六年十二月卅日病卒。参见陈义杰整理：《翁同龢日记》第3册，北京：中华书局，1989年，第1387—1388页；魏秀梅编：《清季职官表附人物录》，第37页。

③ 魏秀梅编：《清季职官表附人物录》，第37页。王文韶在光绪四年二月初五日入值军机，多认为是沈桂芬援引。沈桂芬是王文韶咸丰元年浙江乡试中举时的副主考，二人有师生之谊，且王文韶入军机后与沈桂芬关系密切，在其日记中也有体现。参见袁英光、胡逢祥整理：《王文韶日记》上册，北京：中华书局，1989年，第546页；李宗侗、刘凤翰：《清李文正公鸿藻年谱》上册，第41页。

"弹击不避权贵"及有坐大之势的状况，使慈禧太后动了将恭亲王和清流势力悉数罢出军机处的念头，这样既可避免清流势力坐大，难以控制，又可避免朝议说她处置不公。因此，她并未将未来的替代者直接安置到军机处，而是在光绪八年十一月（1882年12月）谕命礼亲王世铎在御前大臣上行走。[①]光绪九年五月（1883年6月），就在恭亲王奕訢病体渐愈，恢复正常入值的前夕，慈禧太后却命醇亲王奕譞会筹法越事宜，倒恭亲王、用醇亲王的迹象，已经十分明显。

面对这种状况，李鸿章当然知道局面对自己不利。他虽然想竭力维持恭亲王奕訢与自己的联合，并给恭亲王以支持。但是，他在中枢权力斗争和决策中的影响力是很小的，一般不可能真正参与到核心人事问题的斗争中。由于恭亲王与李鸿章之间的密切关系，慈禧太后无论是从制约恭亲王和李鸿章的角度，还是从湘淮地方实力集团相互制衡的角度，都要在湘系集团中培植制衡李鸿章的力量，而这一时期的左宗棠无疑是最合适的人选。因此，左宗棠很快就从陕甘总督之位上召京，以东阁大学士入阁办事，并在光绪七年正月（1881年2月）被授军机大臣、总理衙门大臣，管理兵部事务。而当时清廷命他奏请办理的具体事务中，很明显重点是制衡恭亲王和李鸿章的事务。

清廷（慈禧太后）交给左宗棠办理的一项重大事务，就是以他奉旨管理兵部事务之责，改练旗兵，而左宗棠首先就从神机营着

---

① 《光绪朝东华录》第2册，总1439页。礼亲王世铎在亲贵中辈分高，没有突出的行政能力，接人待物谦穆，"终身无疾言厉色，对内是尤恭谨"，没有揽权专行的权力欲，正是合适的幕前傀儡人选。参见沃丘仲子（费行简）：《近代名人小传》，台北：文海出版社，1970年，第79页。

手。管理神机营事务，本是由恭亲王奕訢和醇亲王奕譞共同办理，这也是京城的一支重要武装力量。原来恭亲王计划让直隶总督李鸿章协助改练，后来慈禧太后逐步将神机营管理实际责成于醇亲王一人身上，同治末年开始，关于神机营事务的上谕多命醇亲王办理。慈禧太后和醇亲王任用左宗棠来改练，目的很明显，就是利用左宗棠与醇亲王开始建立的密切关系来进一步削夺恭亲王的权力。清廷允准左宗棠奏请本应由直隶总督李鸿章负责的畿辅水利的兴修工作，以及本应由北洋大臣李鸿章具体负责的与英法等商议增征鸦片进口税厘事务，显然也是表达对李鸿章的冷淡。

　　左宗棠显然得到了暗示，他很快就奏请"拟调随带各营驻扎畿郊商办教练旗兵兴修水利"。左宗棠在教练旗兵方面明确说，"其一切章程，应请醇亲王详为指示，以归一律"①。畿辅水利兴修，本应是直隶总督分内之责，左宗棠之所以奏请办理，显然是得到慈禧太后和醇亲王的支持，使得他可以侵夺直隶总督李鸿章的职权。左宗棠在奏折中说："畿甸地方，年来旱潦频仍，虽经多方修浚，尚无明效。……窃虑及今不治，则旱潦相寻，民生日蹙，其患将有不可胜言者！治水之要，须源流并治。下游宜令深广，以资吐纳；上游宜多开沟洫，以利灌溉。臣自度陇以来，治军、办贼而外，力务为此。所部均南方农民，素习工作；而营哨各官，又皆勤朴之选，于分防、护运之暇，亦各以耕垦、种树、沟洫为课程。上冬北行，按视各处，实已目睹成效。窃念若移所部治顺天、直隶上源，

---

① 　左宗棠：《拟调随带各营驻扎畿郊商办教练旗兵兴修水利折》，《左宗棠全集·奏稿八》，第25页。

其下游津、沽各处仍由直隶督臣经理，通力合作，当必有益。"①
慈禧太后当即命神机营王大臣会同妥议具奏。一切事宜似乎都朝着
慈禧太后、醇亲王计划的方向发展，李鸿章等人也都感到巨大压
力。但是，左宗棠显然延续了他在西北时自行其是的办事风格，再
加上他对中枢权力斗争的情况把握不够准确，其举动显然与醇亲王
首先着眼于中枢权力的争夺，在配合上有差池。光绪七年三月十九
日（1881年4月17日），醇亲王与左宗棠在神机营商议时，"王大臣
等均以练兵为当务之急，志在必行"，而左宗棠则认为"健锐、火
器、前锋、护军各营官兵，除已挑选归神机营操练外，难以再挑。
其八旗养育兵丁闲散，尚资选练。拟挑新兵五千人，编立成营，益
以楚军官弁勇丁数百人，分拨教练"，又因"户部度支艰难，即现
在例发之饷尚虞拮据，兹遽议增加练饷，既虑力有未逮，若复兼办
顺天、直隶水利，所需铁木、石工、锄锹、畚锸，需费亦繁，两事
集于一时，时诎举赢，殊难筹措。练兵之举，暂宜从缓"。也就是
说，左宗棠主张先修水利。②左宗棠这道奏折，显然违背了慈禧太
后和醇亲王以改练神机营为先务，再辅以修畿辅水利予李鸿章以颜
色的初衷。因此，左宗棠这道奏折上后，被留中不发。但是左宗棠
显然并未领会慈禧太后将这道奏折留中不发的含义，仍然专注于畿
辅水利兴修，他很快就采取行动。四月，左宗棠命前福建布政使王
德榜等率自己从西北带来的亲军两千余人"顺桑乾河流节节疏筑至

---

① 左宗棠：《拟调随带各营驻扎畿郊商办教练旗兵兴修水利折》，《左宗棠全集·奏
　　稿八》，第25—26页。
② 左宗棠：《敬筹现调各营先修水利暂缓练兵折》，《左宗棠全集·奏稿八》，第
　　29—30页。

芦沟桥西"①，五、六月间又疏浚涿州永济桥一带，"取河中淤出新土培堤"②。闰七月开始又大力进行永定河下游上源疏浚工程。③他侵夺直隶总督职权的行为，当然令李鸿章非常不满。李鸿章虽然表面上与左宗棠商议修浚直隶河工水利事务，但是对左宗棠此举暗中大肆诋毁阻挠。左宗棠专注于水利，固然有他专注的中心是压李鸿章的因素，也表现出左宗棠重视民生的儒家风范。但是，他的做法显然不能满足慈禧太后、醇亲王政治权力斗争的需要。对朝廷权力斗争状况颇为熟悉的张之洞等人，一方面对左宗棠并无全盘筹划的畿辅水利兴作颇有异议，认为水利事务"总须通筹全局，计划经营，分别轻重缓急，先后次第，再为发笔，岂有率尔操觚者"④。另一方面，更重要的是，他们认为已经入值军机处和总署的左宗棠不应当只顾与李鸿章争权，而应当着眼于权力斗争的大局。

同样的，左宗棠虽插手增征进口鸦片税厘事务，但他并不能独自把持与英国的谈判，而必须与北洋大臣李鸿章一同商办此事。由于李鸿章仍在表面上与左宗棠合作，左宗棠确实做到了与李鸿章协商好共同与英国公使威妥玛谈判。但是李鸿章不同意左宗棠提出的每箱征以150两的高税额，主张以每箱征收120两的税额来与威妥玛谈判，而威妥玛则只同意每箱征收80两税额。最终，此事久拖没有结果。⑤

左宗棠内调入值军机后，清廷赋予他直接处理几项事务的权力，实际上都是在侵夺李鸿章的权力，无论左宗棠最终完成得如

① 《左宗棠全集·奏稿八》，第29页。
② 《左宗棠全集·奏稿八》，第34—36页。
③ 《左宗棠全集·奏稿八》，第43—44、50—53页。
④ 许同莘：《张文襄公年谱》卷一，上海：商务印书馆，1947年，第25页。
⑤ 罗正钧：《左文襄公年谱》，湘阴左氏光绪二十三年校刊本，第390页。

何，清廷实施"湘淮互制"的策略已收到效果。而随着局势发展，到甲申易枢后，清廷"湘淮互制"策略的具体实施又有了新的变化。

三、"湘淮分立"格局下淮系集团的转型与海防论的提升

甲申易枢前，李鸿章虽与恭亲王奕訢在权力格局中走得较近，但他注意平衡自己在慈禧太后与恭亲王之间的关系，并善于同秉政亲王及宫中人物建立密切、良好的关系。加以甲申易枢前后中法、中日交涉，以及越南、朝鲜一带的军事形势，最终促成了李鸿章在这一重大权力转换过程中未受大的打击，反能回任直隶总督。他在困境中不断寻求与当权者的妥协，并依靠他自己在内政外交上已为朝廷所认可的能力，获得醇亲王的倚畀。当然，这一时期晚清朝局能最终建构这样的权力结合新局面，与左宗棠病重去世是密切相关的。

恭亲王被罢、左宗棠病重去世，使慈禧太后和醇亲王奕譞都必须重新审视和调整原来的政策。淮军在中法战争期间完全听命于清廷中央的实际表现，淮军在战争中的作用，以及李鸿章在中法两国达成和议中的作用，使慈禧太后和醇亲王奕譞认为李鸿章在朝廷内政外交上的作用和淮军在现阶段国防中的主力作用，是应当充分重视并且也是可控的，李鸿章在甲申易枢事件后表现的恭顺姿态，也使他们决定将李鸿章纳入新的权力架构之中。因此，从光绪十一年（1885年）开始，当左宗棠病情加重的消息传来，醇亲王奕譞便出面，着意笼络李鸿章，并逐步表现出他对李鸿章更为倚重的姿态。李鸿章也迅即向慈禧太后、醇亲王靠拢，一反以往与朝廷外交政策有异议的姿态，积极协助醇亲王做好越南交涉和朝鲜交涉的工

作，并在该年做好了中法、中日条约谈判和签订工作，颇为主持其事的醇亲王增光，故醇王更加视李鸿章为自己不可或缺的左右手。而且，甲申易枢之后，在设立海军衙门等一系列重要活动中，清廷都决定依靠李鸿章来办事。①

甲申易枢时，事先获知消息的李鸿章竟然不向恭亲王通报，坐视恭王失权，足见他已经看出权力斗争天平的走向。他虽曾有将自己比作唐代节度使的话，但实际上很清楚，自己并没有割据一方的实力，也就不可能有这样的野心。②纵观李鸿章的一生，他对慈禧太后敬畏有加。甲申易枢后，李鸿章当然已经看出在新的权力格局中，最为重要的改变，并不是醇王势力取代恭王势力，而是原来恭王与慈禧太后的两峰并立局面彻底打破，慈禧太后独尊的无上权威完全确立。与恭亲王掌政时相比，醇亲王的决策实际上不过是完全秉承慈禧的意旨。李鸿章为了固位，在伺候好醇亲王的同时，更加着力于讨得慈禧太后的欢心。

左宗棠去世后，李鸿章依靠醇亲王整合全国的海军资源，兴办北洋海军。光绪十一年九月（1885年10月），清廷谕命成立海军衙门，醇亲王奕譞为总理，庆亲王奕劻、直隶总督兼北洋大臣李鸿章为会办，曾纪泽、善庆为提调。这样，原来由南北洋分头发展的海军事业，正式由中央统一控制。不少学者认为海军衙门只是一个形

---

① 顾廷龙、戴逸主编：《李鸿章全集》第10册，第439—441、482—483、640—641页；第11册，第59—63、90—93、203、396页；第21册，第596、603—611页，合肥：安徽教育出版社，2008年。

② 光绪十三年三月（1887年4月），李鸿章作《陪醇邸南苑海淀阅操》咏道："北军自将异他师，位冠荆韩地不疑。僚佐班高唐节使，典章气肃汉官仪。"参见顾廷龙、戴逸主编：《李鸿章全集》第37册，第83页。

式，北洋海军实权实际上操纵在李鸿章手中，这种说法值得商榷。

出任海军衙门总理大臣的醇亲王奕譞，并非如过去大家所说的，只是要一个头衔、虚名。实际上，奕譞从同治末年开始，就已经表现出了强烈的政治追求，在天津教案期间就有所表现。只是其兄恭亲王奕訢长期掌政，对他是一个压制。同治皇帝死后，他的亲生儿子被选中即位为光绪皇帝，使他走上政治舞台前台的欲望被进一步遏制。甲申易枢后，恭亲王闲置，醇亲王格于体制，仍无法直接掌政，而只能由自己的亲信孙毓汶入军机，以"过府"办差的方式，使他实际控制军机处。而他对军机处的所谓控制，不过是完全秉承慈禧太后的意旨行事。因此，慈禧给他一个海军衙门，让他实际主事，满足他的一部分掌权欲望。这些背景说明，醇亲王怎么可能只顶个虚名，任由李鸿章摆布呢？当然，由于醇亲王办事能力远不及恭亲王，使得他在李鸿章主动投靠后，常倚重李鸿章的能力来具体办事，李鸿章也利用这种机会，利用醇亲王的实际权力来办自己想办的事。在海军衙门的名义下，李鸿章在安置淮系人员建设北洋海军，修筑对北洋集团利益关系极大的唐胥线、津通路等方面，都能在很大程度上避开中央兵部、户部等部门的严格控制甚至刁难，得以较顺利地实现。但是，李鸿章面临的政治难题、需要谨慎处理的政治关系也更多了。

其一，如何定位与最高统治权力稳固的慈禧太后之间的君臣关系？这需要李鸿章做出一个合理的权衡，并决定自己的进止。显然，李鸿章很明白，如果不伺候好慈禧太后，自己现有的官位随时有动摇的危险。因此，他对慈禧太后是有命必遵，甚至是战战兢兢，丝毫不敢大意。他在各方压力下仍不惜挪用部分海军经费为慈禧太后兴建三海和颐和园工程，在对外交涉中秉承慈禧太后意旨行事，以此来获得慈禧太后的欢心。[①]即便如此，慈禧太后仍然有意识地在中央和地方层面布置制约李鸿章的力量。在中央，以翁同龢代阎敬铭出任户部尚书，因翁同龢与李鸿章有宿怨，李鸿章备受掣肘。在地方，左宗棠死后，慈禧太后又有意识地培植张之洞、刘坤一等人牵制李鸿章势力。

其二，无论甲申易枢后军机处的地位降低到什么程度，那也只是对慈禧太后、醇亲王而言，对于像李鸿章等其他众多中央和地方官员来说，它仍是中央权力中枢。因此，李鸿章能否与新的军机大臣们建立政治上的互信，是一项艰难的功课。很显然，在这种权力关系中，与前述第一层关系一样，李鸿章处于绝对的弱势。

清廷在培育湘系集团和淮系集团相互制衡力量的同时，还非常注意在中央和地方培育湘淮之外的第三方牵制力量。同光年间，慈禧太后着意在地方扶植张之洞等第三方督抚势力，在中央也着力培育制约湘淮集团的力量。尤其是光绪皇帝的老师翁同龢重入军机处并任户部尚书，对李鸿章处处掣肘，而李鸿章对之无可奈何。当时，李鸿章北洋集团有两方面的"事业"，而这两项"事业"均受到各方面的种种非议和掣肘。一个"事业"就是李鸿章借海军衙门

---

① 关于李鸿章挪用海军经费并承受压力的情况，可参见《李文忠公全集·海军函稿》卷一，第2849—2850页；陈义杰整理：《翁同龢日记》第4册，北京：中华书局，1992年，第1573页；胡思敬：《国闻备乘》，第31—32页。小横香室主人编：《清朝野史大观》上册，上海：中华书局，1926年，第91页。学者研究挪用北洋海军经费兴办园工的成果不少，可参见吴湘相：《清季园苑建筑与海军经费》，《近代史事论丛》，台北：传记文学出版社，1964年，第151—170页；邹兆琦：《慈禧挪用海军经费造颐和园史实考证》，《学术月刊》1984年第5期；张利民：《清廷挪用海军经费修筑颐和园考》，《南开学报》1983年第3期；叶志如、唐益年：《光绪朝三海工程与北洋海军》，《历史档案》1986年第1期。

和建设北洋海军的名义，通过醇亲王获得清廷谕命向各省派款建海军，李鸿章也借此上命，明目张胆向各省催拨"万寿山工程"款，以"献媚宫廷，以为固宠求容之地"，被以翁同龢为首的清流讥讽为"新内务府"。翁同龢甚至在参见慈禧太后时明确说出"海军亦急务，但王大臣可恃而所用之人不可恃"①之语。另一个"事业"就是李鸿章通过醇亲王争取到以海军衙门的名义兴办唐胥铁路、津通路等重要工程，以及购买舰船、枪械，在财政拨款上也备受翁同龢的掣肘。尤其是随着光绪皇帝亲政日益临近，李鸿章不安于位的紧迫感再次凸显："昨读初十日懿旨，亲政在迩，将复旧制。窃虑撤帘之后，殿下势将引嫌辞退。目今时势多艰，解事者少，任事者尤少。设局外群言庞杂，多方挠惑，徒令掣肘寒心。连日筹思大局，寝食俱废。"②

因此，在"甲申易枢"后海军衙门的建立，一方面固然有利于李鸿章为淮军集团的生存与发展建立新的增长点；但另一方面，也使李鸿章更加依赖于与醇亲王等秉政亲贵的关系。李鸿章及其淮系集团越来越失去自立的能力。

① 陈义杰整理：《翁同龢日记》第4册，北京：中华书局，1992年，第1580页。
② 《李文忠公全集·海军函稿》卷一，第2855页。

第七章
清季长江水师的基本制度

晚清时期的长江水师，是在太平天国战争期间，经清廷反复酝酿，在战后正式建立起来的一支重要水师。它与清代传统的内河、外海水师同为经制水师，同时又与勇营性质的湘军水师有着错综复杂的关系。关于长江水师的酝酿、筹建、控制权的争夺及其结局等问题，事涉清廷和湘淮集团权力斗争这一重大问题，笔者已有专文探讨。关于长江水师以营制等为核心的基本制度，罗尔纲等学者认为与湘军水师制度"无甚差异"，因而对长江水师制度的研究有预设框架，错谬难免，故有专门梳理和辨析的必要。[①]

本章从营制组织、归标分汛、指挥统御权责、饷糈、差操任务、训练、纪律、后勤等方面展开梳理，并与绿营、湘军水师的制度进行比较分析。

[①] 学界关于长江水师营制研究成果不多，目前主要有罗尔纲《湘军兵志》（北京：中华书局，1984年）中一千余字的介绍和台湾学者王文贤的《清季长江水师之创建及其影响》一文（见《台湾师范大学历史学报》1974年第2期）。从王闿运、王定安到罗尔纲、王文贤等学者在其论著中秉持"长江水师营制与湘军水师营制是一样的，是一而二、二而一的东西"的基本思路，有重新探讨、辨析的必要。

第一节　长江水师的营制

如长江水师营制与湘军水师营制的关系问题，以往的研究者王闿运、王定安和罗尔纲等大都认为二者基本是一致的，甚至将二者合并在一起论述，所参稽的资料也是混同使用。[①]

王闿运在《湘军志》中说："初欲立水师湘中，……然后知水军万全过于陆军，而用法益得严。……其后《长江水师章程》编于《方略》，大略准此。"[②]王定安将长江水师系于湘军水师项下，以湘军水师体制来记述长江水师营制情况，足见其认为长江水师营制即湘军水师营制。[③]稍后罗尔纲《湘军新志》（及其修订版《湘军兵志》）一书，将湘军水师营制和长江水师营制作为同一回事，并作了系统的爬梳。尽管罗尔纲曾说："长江水师营制，其建制原则，是取绿营的规模。"但他又指出"仍守湘军水师的旧制的"，实际上认为长江水师营制就是湘军水师营制。[④]台湾学者王文贤在这一问题上秉承王闿运、王定安、罗尔纲的旧说，认为"长江水师的将弁、船式、营制等，无一非承湘军水师之旧，故二者无甚差异"[⑤]。

---

① 他们梳理湘军水师和长江水师所使用的材料，主要是王闿运的《湘军志》、王定安的《湘军记》，以及曾国藩所奏《会议长江水师营制事宜折》（同治四年十二月二十八日）、《拟补长江水师各缺续陈未尽事宜折》（同治七年三月初五日），相互参订，稽录而成。

② 王闿运：《湘军志·营制篇弟十五》，《湘绮楼诗文集》，第778—779页。

③ 王定安：《湘军记》卷二〇，"水陆营制篇"，长沙：岳麓书社，1983年，第345—347页。

④ 正文中所引述罗尔纲的话，参见《湘军兵志》，第110页。

⑤ 王文贤：《清季长江水师之创建及其影响》，《台湾师范大学历史学报》1974年第2期，第289页。

笔者认为，从清廷允准的长江水师营制文本内容来看，过往研究将湘军水师营制与长江水师营制混为一谈，值得商榷。

一、长江水师组织体制的框架：绿营提镇体制

总体而言，长江水师的营制是以绿营体制为基本框架。具体来说：长江水师的上层领导体制是设立长江水师提督一名，管辖"上自荆州、岳州，下至江苏崇明，两岸支河、内湖均归统辖，计程近五千余里，分列五省"①之地。对此，兵部等中央有关部门议复意见和清廷的态度都表同意。②除设立长江水师提督外，又将长江沿线五千余里的江面，按照地形划段，设立了五镇总兵。

（一）长江水师提督

长江水师提督的基本情况见表7-1。

表7-1　长江水师提督基本情况

军区名称	将帅官阶及驻扎地	副将数、属及驻扎地	参将数、属及驻扎地	游击数、属及驻扎地	备注
长江水师	提督1名，驻扎太平府，并立行署于岳州	中军中营副将1名，驻扎太平府	参将3名，一驻扎大通，属提标后营；一驻扎裕溪口，属提标左营；一驻金陵草鞋夹，属提标前营	游击1名，驻芜湖，属提标右营	提标五营半年驻下江太平府，半年驻上江岳州府。单衔奏事

① 有关内容和数据，参见《会议长江水师营制事宜折·附长江水师事宜》，《曾国藩全集·奏稿八》，长沙：岳麓书社，1990年，第5096—5097页。以下简称《长江水师事宜》。
② 参见吏、户、兵、工等部《议复事宜三十条单》，《长江水师全案》卷二，同治年间刻本，第25页。

（二）五镇总兵

五镇总兵的基本情况见表7-2。[①]

表7-2　五镇总兵基本情况

军分区名称	将帅官阶及驻扎地	副将数、属及驻扎地	参将数、属及驻扎地	游击数、属及驻扎地	备注
岳州镇	总兵1名，驻扎岳州	副将1名，驻扎荆州。属岳州镇后营	参将1名，驻扎沅江。属岳州镇左营	中军中营游击1名，驻岳州游击1名，驻扎陆溪口，属岳州前营	岳州镇标四营
汉阳镇	总兵1名，驻扎汉阳	副将1名，驻扎田家镇，属汉阳镇前营		中军中营游击1名，驻汉阳游击1名，驻扎巴河，属汉阳镇右营	汉阳镇标四营
湖口镇	总兵1名，驻扎湖口	副将1名，驻扎安庆府，属湖口镇前营	参将2名，一驻吴城，属湖口镇左营；一驻饶州，属湖口镇后营	游击1名，驻扎华阳镇，属湖口镇右营	湖口镇标五营
瓜洲镇	总兵1名，驻扎瓜洲	副将1名，驻扎江阴，属瓜洲镇前营		中军中营游击1名，驻瓜洲游击2名，一驻扎孟河口，属瓜洲镇右营；一驻扎三江营，属瓜洲镇左营	瓜洲镇标四营
狼山镇	总兵1名，驻扎狼山镇	副将1名，驻扎海门厅，名曰绥海营		游击1名，驻扎通州，名曰绥通营	狼山镇标二营

对于提镇这一层级的组织体制，无论是王闿运、王定安，还是

[①] 有关的内容和数据，参见《会议长江水师营制事宜折·附长江水师营制》，《曾国藩全集·奏稿八》，第5106—5109页。以下简称《长江水师营制》。

罗尔纲、王文贤等学者，都未做任何说明和分析①。而我们通过上述情况可以看出，在长江水师上层领导体制框架方面，很明显是按照绿营体制设立的。

二、长江水师的基层组织体制

长江水师基层的组织体制，也基本上采用绿营体制。

其一，长江水师的营数和汛地，完全是以绿营体制中根据不同的地理形势确定数量的原则来安排的。长江水师共有六标、二十四营。长江提督"驻扎太平府，所辖提标五营"。岳州镇总兵"所辖镇标四营"；汉阳镇总兵"所辖镇标四营"；湖口镇总兵"所辖镇标五营"；瓜洲镇总兵"所辖镇标四营"；狼山镇总兵兼隶于长江水师提督，"所辖镇标二营"②。"内副将六营，参将七营，游击十一营。"③

其二，在总兵以下，长江水师虽与湘军水师一样，以营哨为基本战斗单位。但是，由于受绿营体制中副将、参将、游击、都司、守备等职级的影响④，长江水师的营有副将营、参将营、游击营之分，而湘军水师的营则没有这种等级划分。

---

① 参阅王闿运：《湘军志》，《湘绮楼诗文集》，第778—780页；王定安：《湘军记》，第345—347页；罗尔纲：《湘军兵志》，第94—95页；王文贤：《清季长江水师之创建及其影响》，《台湾师范大学历史学报》1974年第2期，第274—281页。王闿运、王定安、罗尔纲、王文贤只探讨营哨之制，基本没有分析提镇一级的体制。
② 《长江水师事宜》，《曾国藩全集·奏稿八》，第5097—5098页。
③ 《长江水师营制》，《曾国藩全集·奏稿八》，第5109页。
④ 湘军水师中许多统领、营官、哨官虽然也因战功被授予提督、总兵、副将、参将、游击、都司、守备的政府职官系统的职衔，但往往都是非实缺的，即使部分人员后来获得实缺，但与湘军水师内部职官系统是不相衔接的。对于湘军职官系统与清政府职官系统的衔接问题，笔者另有专文讨论。

（一）长江水师营一级的制度

长江水师的营制，按照营官的官阶划分为"副将营制、参将营制、游击营制"，对每一级别营制的战船和人数有不同的规定。

1. 副将营。根据章程规定，"副将营制战船四十三号：内长龙船二号，舢板船四十号，督阵大舢板船一号"。具体的船式、人数分配如下，"副将营，督阵舢板船一号，兵二十名；长龙船二号，每船二十五人，共兵五十名；舢板船四十号，每船十四人，共兵五百六十名。稿书、书识十四名。共额兵六百三十名，共哨官四十三员"①。根据文中数据，稿书、书识均不计算在额兵和哨官数之内。

2. 参将营。长江水师章程规定，"参将营制战船三十三号：内长龙船二号，舢板船三十号，督阵大舢板船一号"。具体的船式、人数分配如下，"参将营，督阵舢板船一号，兵二十名；长龙船二号，每船二十五人，共兵五十名；舢板船三十号，每船十四人，共兵四百二十名；共额兵四百九十名，共哨官三十三员"。稿书、书识均不计算在额兵和哨官数之内。

3. 游击营。章程规定，"游击营制战船二十三号：内长龙船二号，舢板船二十号，督阵大舢板船一号"。具体的船式、人数分配如下，"游击营，督阵舢板船一号，兵二十名；长龙船二号，每船二十五人，共兵五十名；舢板船二十号，每船十四人，共兵二百八十名；共额兵三百五十名，共哨官二十三员。其游击营亦有

---

① 《长江水师事宜》，《曾国藩全集·奏稿八》，第5099页。根据《长江水师全案》中所录《长江水师事宜三十条单》"第九条战船人数"对校，在"副将营"一条中还应有"稿书、书识十四名"一句。而岳麓书社版的《曾国藩全集》和《彭玉麟集》中皆缺，现据《长江水师全案》内容补入，见该书卷二，第8页。

用三十三船者，全仿参将营之例。稿书、书识均不在内"[①]。

有关情况见表7-3：

表7-3　长江水师各营制船数和人数

船式数营制类别	长龙船数（号）/兵数（名）/哨官数（员）	督阵大舢板船数（号）/兵数（名）/哨官数（员）	舢板船数（号）/兵数（名）/哨官数（员）	船数总计（号）/兵数总计（名）/哨官数总计（员）
副将营制	2号/50名/2员	1号/20名/1员	40号/560名/40员	43号/630名/43员
参将营制	2号/50名/2员	1号/20名/1员	30号/420名/30员	33号/490名/33员
游击营制	2号/50名/2员	1号/20名/1员	20号/280名/20员	23号/350名/23员

以上是一般情况下的通制，还有一些特别的情况：一是岳州、汉阳二营，"虽系游击营制而用船三十三号"。二是规定在海口的营添造大船："狼山镇总兵现改归长江提督管辖，该处江宽百余里，洪涛浩瀚，海风不测，长龙、舢板船身太小，有风即不能出港。狼镇所辖均系洋面，近来宁钓沙船带有炮位、枪械，每以捕盗为名，趁风行劫，拟每营造大舢板二十号，并造大船数号，分布狼山、崇明等处，于江海防务更资得力。"[②]

（二）长江水师哨一级的制度

哨是水师最基层的组织单位。每只能独立作战的战船为一哨，设兵员若干，哨官一员。长江水师章程对哨官这一级别内部也按照

---

①　以上各营制船数的情况，均见《长江水师事宜》，《曾国藩全集·奏稿八》，第5099—5100页。

②　《长江水师事宜》，《曾国藩全集·奏稿八》，第5099、5104—5105页。

绿营体制做出分级的规定。

其一，以都司充任领哨，设立左领哨和右领哨，居于各散哨之上。"凡专立之营，皆以都司二员管驾长龙为领哨，其各散哨员弁均受约束。左领哨专管本营钱粮，右领哨专管本营船炮军装及一切差遣巡查诸务。"都司在本船之外，另外还配有一只打仗舢板，"领哨都司除长龙战船一号有兵外，另给无兵之舢板船一号。如遇出兵入小河港汊，恐长龙迟滞，则由长龙拨兵归此舢板，乘坐领哨出队，以期便捷"。

其二，以守备充任副领哨。"其舢板之以守备充哨官者为副领哨，每守备率领船十号。"[1]

对于曾国藩等督抚所奏上述内容，吏、户、兵、工等部遵旨议复时，一般都表示"应照所议办理""均准其照数安设"[2]。清廷也表示同意。

对比起来，湘军水师营制没有区分副将营、参将营、游击营，而是根据战时需要，简单地分为"营—哨"。营官领导一营，并领一只快蟹船作为指挥舰，此外的10只长龙船和10只舢板船由哨官分领。具体情况见表7-4和表7-5[3]：

---

① 《长江水师事宜》，《曾国藩全集·奏稿八》，第5099—5100页。

② 《议复事宜三十条单》，《长江水师全案》卷二，第30—31页。

③ 此二表根据王定安《湘军记》（第345页）和罗尔纲《湘军兵志》（第94—95页）的内容制成，并且参照二人所述内容，订正罗尔纲一处错误。罗尔纲将增舢板船数"二十二只"误作"三十二只"，如按此数加上长龙船8只，合计为40只，与他所说"合计三十船为一营不符"，而且人数也不是"每营共五百人"，如果按照罗尔纲的错误来计算，每营为640人。现据王定安书改回，"增三板（即舢板）为二十二，合三十船为一营"。不过，改制后营官乘何种船，没有材料做出明确说明，而船数也没有多出一只，因此，可以推断营官当时身处本营所属的一只长龙或舢板船上。

表7-4　1855—1856年间湘军水师营制改制前船数和人数

船式数 营制类目	快蟹船数 （只）/兵数 （人）/营官数 （员）	长龙船数 （只）/兵数 （人）/哨官数 （员）	舢板船数 （只）/兵数 （人）/哨官数 （员）	船数总计 （只）/兵数总计 （人）/营哨官总 计（员）
营官	1只/45人/1员	0	0	1只/45人/1员
哨官	0	10只/240人/ 10员	10只/140人/ 10员	20只/380人/ 20员
一营合计				21只/425人/ 21员

表7-5　1855—1856年湘军水师营制改制后船数和人数

船式数 营制类目	长龙船数（只）/兵 数（人）/哨官数 （员）	舢板船数（只）/兵 数（人）/哨官数 （员）	船数总计（只）/兵 数总计（人）/营哨 官总计（员）
营官	0	0	1员
哨官	8只/192人/8员	22只/308人/22员	30只/500人/30员
一营合计			30只/500人/31员

通过比较可以发现，湘军水师营制在改制前后，都与长江水师营制有较大差别。在营制系统上，长江水师并非简单的"由湘军水师改制而成"。湘军水师简便的"营—哨"两级区分，适合作战的需要，有利于提高水师战斗力。但是，它不适应官僚体制下的军队职官系统。长江水师为经制水师，必然要考虑建立适合于官僚体系的经制水师职官系统。

（三）长江水师各式战船之人员配备状况

在借鉴湘军水师体制的基础上，长江水师各式战船上的人员类别数量（见表7-6），根据绿营体制，做了较大的调整。[1]

表7-6　长江水师各式战船之人员类别数量

人员数 船式	哨官	舵工兵	管舱兵	头工兵 （头兵）	炮手兵	桨手兵	总数
长龙	1	1	1	1	4	18	26
舢板	1	1	0	1	2	10	15
督阵大舢板	1	1	0	1	2	16	21

我们可与湘军水师各式战船人员配备情况作一比较，其间的差别一目了然（见表7-7）[2]：

表7-7　湘军水师各式战船之人员类别数量

人员数 船式	哨官	舵工	舱长	头篙	炮手	桨工	橹工	总数
快蟹	1	1	1	1	6	28	8	46
长龙	1	1	0	1	2	16	4	25
舢板	1	1	0	1	2	10	0	15

---

[1]　有关湘军水师一营之制，王闿运的《湘军志》、王定安的《湘军记》和罗尔纲的《湘军兵志》有系统的文字叙述。王文贤的《湘军水师之制度分析》（"中研院"近代史研究所编：《中国近代现代史论集》第5编，第107页）则列出一些表格说明，更为简易明了，同时也更便于比较长江水师和湘军水师的不同之处。

[2]　该表根据罗尔纲《湘军兵志》（第94—95页）的内容和王文贤《湘军水师之制度分析》（第106页）列表改制而成。

对照表7-6、表7-7可以看出，因为长江水师在船炮之制上与湘军水师并不相同，因而，在人员分类及其配备数量上，都有很大区别。

三、长江水师的船式炮数

长江水师规章明确规定："长江水师修造战船式样：长龙底长四丈一尺，底中宽五尺四寸；舢板底长二丈九尺，底中宽三尺二寸；督阵舢板略加长大。长龙设大炮前后左右六位。舢板设大炮前后两位，左右设车转小炮两位。小枪、短刀、长矛、喷筒随宜配用。"[1]

现列表对照分析长江水师和湘军水师船械编制，即"船炮之制"的异同（见表7-8）[2]：

表7-8　长江水师和湘军水师船炮之制的异同

项目 船式	长江水师	湘军水师
长龙船	船底长四丈一尺，底中宽五尺四寸 设大炮前后左右六位 配备小枪、短刀、长矛、喷筒	船底长四丈一尺，底中宽五尺四寸 船头炮二位（洋庄800—1000斤），边炮四位（各重700斤），梢炮一位（重700斤） 配洋枪、鸟枪、刀矛

---

[1] 《长江水师事宜》，《曾国藩全集·奏稿八》，第5104页。
[2] 湘军水师船式炮位，主要根据王定安《湘军记》，第345页。罗尔纲所拟船式炮数之制因混杂长江水师和湘军水师的制式，故不可靠，仅供参考。参见《湘军兵志》，第95页。

续 表

项目 船式	长江水师	湘军水师
舢板船	船底长二丈九尺，底中宽三尺二寸 大炮前后两位，左右设车转小炮两位 配备小枪、短刀、长矛、喷筒	船底长二丈九尺，底中宽三尺二寸 船头炮一位（洋庄重700—800斤），梢炮一位（洋庄重600—700斤），转珠腰炮二位（重40—50斤） 配洋枪、鸟枪、刀矛
督阵舢板船	在舢板基础上略加长大 大炮前后两位，左右设车转小炮两位 小枪、短刀、长矛、喷筒	（湘军水师无此船式）
快蟹船	（长江水师无此船式）	船头炮二位（洋庄800—1000斤），边炮四位（各重700斤），梢炮一位（重700斤） 配洋枪、鸟枪、刀矛

　　通过对比可以看出，长江水师与湘军水师在船式、所配备的炮式炮数，以及官兵所用的近身作战武器方面都有区别。长江水师与湘军水师使用的长龙战船和舢板船的船式是一样的，但配备的炮数不同。长江水师长龙船有6门炮，湘军水师长龙船有7门炮；舢板船则都是4门，二者近身作战武器明显不同。长江水师营官乘坐的指挥船，是专门的督阵舢板船，是在舢板的基础上加宽加长，配备4门炮；而湘军营官的指挥船是快蟹船，配备7门炮。[①]

　　通过以上比较、分析，可以得出一个基本的结论：如果说长江

────────────

① 不过，需要指出的是，曾国藩在同治七年三月所上《续拟长江水师事宜》中，又将长江水师各船所配备的炮位、炮式向湘军水师的炮位、炮式靠拢。参见《曾国藩全集·奏稿十》，第5946页。

水师在营制问题上对湘军水师制度有所借鉴，这种说法是合理的。但是，若说长江水师"将弁、船式、营制等，无一非湘军水师之旧，故二者无甚差异"[①]，这样的论断则是错误的。

第二节　长江水师的归标分汛和任务训练

长江水师各镇、营之防区和各哨之驻防地的部署，及其相应于防汛而承担的任务和训练等机制上，也是基本归制于绿营，而与湘军水师体制有较大差别。当然，也借鉴了湘军水师体制中一些有用的东西。

一、长江水师的归标分汛

（一）长江水师建立防汛的原则

1. 长江水师章程规定，水师营官以上，按照清朝武官职级系统，就是游击以上，皆设立衙署，即立汛建署："副将、参将、游击各有专营，自应设立衙署。唯长江水师营汛，其责任专重在水面，并无防守城池、弹压市镇之责。其立汛建署，须择有港汊内河可收泊战舰者，庶免风涛覆溺之患，虽孤州野岸亦可修造衙署，宜距城市稍远，乃为妥善。"[②]

2. 哨官以下，按照清朝武官职级系统，即都司、守备以下，都没有资格立汛建署："自都司以下皆系哨官，即以哨船为办公之所，

---

① 王文贤：《清季长江水师之创建及其影响》，《台湾师范大学历史学报》1974年第2期，第289页。
② 《长江水师事宜》，《曾国藩全集·奏稿八》，第5098页。

不准建衙陆居。"①

3. 长江水师各总兵防区和各营辖区，都可做出较为明确的划分，但江面各哨汛地则难以截然切分。一般一哨的距离为五里左右，各哨"本应随时上下梭巡，不能指定汛地五里之起讫"②。

（二）长江水师汛地与沿江各省权责的划分

长江水师章程规定，"长江水师与各省河湖交界之处，应即划分界限，各有汛地，以专责成"。由于长江水师防区涉及长江沿线5个省区，而且各段支流湖汊纵横交错，不可能全部由长江水师包揽。因此，需要对长江水师和各省分别负责的江面、湖汊部分进行划分。

1. 长江水师提督与沿江各省督抚在公事处理与地方协同办理方式："如遇有与各省地方公事及陆营交涉之件，则会商该省督抚分别奏咨办理。如地方公事及陆营有与水师交涉之件，该省督抚亦会商长江提督分别奏咨办理。"③

2. 长江水师汛地与湖北交界处的划分："湖北除江面千余里全归长江提督外，其自荆州以上溯江至宜昌、巴东，汉阳以上溯汉至襄阳、郧阳及各支河湖汊，应由湖北另行设防，归湖广总督、湖北提督统辖。"

3. 长江水师汛地与湖南交界处的划分："湖南除江面及洞庭湖归长江提督外，其湘、沅二水应由湖南另行设防，归湖南巡抚、湖南提督统辖。"

---

① 《长江水师事宜》，《曾国藩全集·奏稿八》，第5098—5099页。
② 《长江水师未尽事宜续议十条单》，《长江水师全案》卷三，第15页。
③ 《长江水师事宜》，《曾国藩全集·奏稿八》，第5097页。

4. 长江水师汛地与江西交界处的划分："江西除江面及鄱阳湖归长江提督外，其吴城以上省河及东西支河应由江西另行设防，归江西巡抚统辖。"

5. 长江水师汛地与安徽交界处的划分："安徽除江面与傍江之湖归长江提督外，其淮河自正阳关以下至洪泽湖止，并接连苏属之支河湖荡，应另设淮扬水师，归淮扬镇总兵统带，两江总督、漕运总督、安徽巡抚兼辖。"

6. 长江水师汛地与江苏交界处的划分："江苏除江面归长江提督外，其自镇江以东，凡江南之支河湖荡，应另设太湖水师，归两江总督、江苏巡抚、江南提督统辖。其旧设海口之狼山、福山、苏松三镇，除福山、苏松二镇悉仍其旧外，拟以狼山镇兼隶长江提督标下，仍听两江总督、江南提督节制。"[①]

（三）长江水师的汛地、巡防和简阅

1. 长江水师提督巡阅辖区

长江水师提督驻扎江南太平府，同时又立行署于岳州府，因此，"该提督分月轮驻，以半年驻下江太平府，以半年驻上江岳州府。每年周历巡查，驻上江则巡阅至洞庭湖、荆州止，驻下江则巡阅至狼山止"[②]。具体安排是：上半年驻扎于岳州府，下半年驻扎于太平府。

长江水师提督的巡阅安排，主要与其在太平府和岳州府轮驻协调起来。"每年春季，长江提督会同两湖总督调集岳州、汉阳二标，在于武昌江面或武、汉各湖简阅一次。""秋季会同两江

---

① 《长江水师事宜》，《曾国藩全集·奏稿八》，第5098页。
② 《长江水师事宜》，《曾国藩全集·奏稿八》，第5097页。

总督，调集湖口、太平、瓜洲、狼山四标在于黄天荡等处简阅一次。"① 对此，兵部在遵旨议复中认为大致妥当，并要求长江提督"仍将巡历各处，按季造报送部，以凭查核"②，实际上就是按照绿营规制进行监督检查。对此，清廷予以允准。

2. 各营汛的划分及其指挥权责③

（1）长江水师提督所属提标各营。包括中军中营副将营、金陵草鞋夹参将营（提标前营）、裕溪口参将营（提标左营）、大通参将营（提标后营）、芜湖游击营（提标右营）。其营汛划分具体情况见表7-9：

表7-9　长江水师提督所属提标各营营汛划分

项目 方位	营名	防区	哨名	驻地	备注
中营	中军中营副将营	分防金柱关以下江面，至乌江止	中哨（守备） 前哨（守备） 左哨（都司） 后哨（守备） 右哨（都司）	太平府城 和尚港汛 太平府城 采石汛 金柱关	中哨八队 前哨七队 左哨八队 后哨七队 右哨八队

① 《长江水师事宜》，《曾国藩全集·奏稿八》，第5106页。
② 《议复事宜三十条单》，《长江水师全案》卷二，第26、49页。
③ 以下关于长江水师营汛划分情况各表的资料来源，参见表后资料来源的说明。需要说明的是，台湾学者王文贤将实际上属于汛地划分的内容（即营制内容的一部分），作为长江水师整个营制的内容，或者说视为长江水师营制唯一的核心内容，而忽略了对营一级系统及其上的提镇系统的系统分析，显然是受罗尔纲观点的影响和制约，存在较大的偏颇。另外，在营汛问题的论列和资料的使用上，本章表格更为详细具体，并纠正了王文贤的一些错误。王文贤所述，可参见《清季长江水师之创建及其影响》，《台湾师范大学历史学报》1974年第2期，第274—280页。

项目 方位	营名	防区	哨名	驻地	备注
前营	金陵（草鞋夹）参将营	分防自乌江以下江面，至通江集止，并防江浦、六合之内河	前哨（守备）左哨（都司）后哨（守备）右哨（都司）	燕子矶江宁上元县草鞋夹江宁镇河口江宁上元县草鞋夹	前哨八队左哨七队后哨七队右哨七队
左营	裕溪（口）参将营	分防江面，东西梁山至金柱关止，并防运漕、巢县、无为州各内河及巢湖百余里	前哨（守备）左哨（都司）后哨（守备）右哨（都司）	当涂县东梁山安徽和州裕溪口无为州白茆嘴安徽和州裕溪口	前哨八队左哨七队后哨七队右哨七队
后营	大通参将营	分防自枞阳以下江面，池州、土桥一带，至荻港止	前哨（守备）左哨（都司）后哨（守备）右哨（都司）	丁家洲大通镇河口贵池县大江口铜陵县境	前哨八队左哨七队后哨七队右哨七队
右营	芜湖游击营	分防自荻港以下江面，至裕溪口止，并防湾沚、青弋江等内河	前哨（守备）左哨（都司）右哨（都司）	无为州鲤鱼滠太平府芜湖县城太平府芜湖县城	前哨六队左哨七队右哨七队

（2）岳州镇总兵所属岳州镇标各营。包括中军中营游击营（仿参将营之例）、陆溪口游击营（岳州镇前营）、沅江参将营（岳州镇左营）、荆州副将营（岳州镇后营）。具体营哨分布情况见表7-10：

表7-10　岳州镇总兵所属岳州镇标各营营汛划分

项目 方位	营名	防区	哨名	驻地	备注
中营	中军中营游击营（又称岳州营）	分防自陈陵矶起，至鹿角、垒石、泸陵潭、湘阴一带	前哨（守备） 左哨（都司） 后哨（守备） 右哨（都司）	虞公庙汛 小南津港汛 张家冲汛 大南津港汛	仿参将营之例 前哨八队 左哨七队 后哨七队 右哨七队
前营	陆溪（口）游击营	分防自荆河口以下江面，螺山、新堤及倒口以内之黄盖湖	前哨（守备） 左哨（都司） 右哨（都司）	螺山汛 湖北陆溪口 湖北陆溪口	前哨六队 左哨七队 右哨七队
左营	沅江参将营	分防君山、西湖及常德、龙阳、华容等河出湖之处，但不进防内河	前哨（守备） 左哨（都司） 后哨（守备） 右哨（都司）	南湖州汛 沅江县 芦林港汛 沅江县	前哨八队 左哨七队 后哨七队 右哨七队
后营	荆州副将营	分防自荆州以下江面，石首、监利一带，至荆河口止	中哨（守备） 前哨（守备） 左哨（都司） 后哨（守备） 右哨（都司）	调关上汛 御路口汛 （缺） 尺八口汛 （缺）	中哨八队 前哨七队 左哨八队 后哨七队 右哨八队

（3）汉阳镇总兵所属汉阳镇标各营。包括中军中营游击营（仿参将营之例），田家镇副将营（汉阳镇前营）、簰洲参将营（汉阳镇后营）、巴河游击营（汉阳镇右营）。具体情况见表7-11：

表7-11　汉阳镇总兵所属汉阳镇标各营营汛划分

项目 方位	营名	防区	哨名	驻地	备注
中营	中军中营游击营（又称汉阳营）	分防自沌口以下江面，至团风止。并防省城两岸后湖、青林等湖	前哨（守备） 左哨（都司） 后哨（守备） 右哨（都司）	黄冈县鹅公颈汛 小河口 黄冈县阳逻堡 江夏县鲇鱼套	仿参将营之例 前哨八队 左哨七队 后哨七队 右哨七队
前营	田（家）镇副将营	分防自道士洑以下江面，沛源口、蕲州、武穴，至陆家嘴止，并防沛源口及隆坪以内之湖	中哨（守备） 前哨（守备） 左哨（都司） 后哨（守备） 右哨（都司）	武穴汛 蕲州沛源口汛 广济县田家镇 黄梅县陆家嘴汛 广济县田家镇	中哨八队 前哨七队 左哨八队 后哨七队 右哨八队
后营	簰洲参将营	分防自倒口以下江面，至沌口止，兼防金口以内之斧头湖	前哨（守备） 左哨（都司） 后哨（守备） 右哨（都司）	嘉鱼县夹江口汛 江夏县金口镇 簰洲汛 江夏县金口镇	前哨八队 左哨七队 后哨七队 右哨七队
右营	巴河游击营	分防自团风以下江面，黄州、兰溪，至道士洑止，并防樊口以内之樑子湖	前哨（守备） 左哨（都司） 右哨（都司）	黄冈县磙矶洪 蕲水县下巴河 蕲水县下巴河	前哨六队 左哨七队 右哨七队

（4）湖口镇总兵所属湖口镇标各营。包括中军中营游击营，安庆府副将营（湖口镇前营）、吴城参将营（湖口镇左营）、饶州参将营（湖口镇后营）、华阳镇游击营（湖口镇右营）。具体情况见表7-12：

表7-12　湖口镇总兵所属湖口镇标各营营汛划分

项目 方位	营名	防区	哨名	驻地	备注
中营	中军中营 游击营 （又称湖 口营）	分防自陆家嘴 以下江面，九 江、十八号， 至老洲头止	前哨（守备） 左哨（都司） 后哨（守备） 右哨（都司）	德化县龙潭河 湖口县 湖口县龙潭 湖口县	前哨六队 左哨七队 后哨五队 右哨七队
前营	安庆府副 将营	分防自东流以下 江面、黄石矶、 李阳河一带，至 枞阳止，并防北 岸盐河及枞阳以 内之湖，南岸通 殷家汇之河	中哨（守备） 前哨（守备） 左哨（都司） 后哨（守备） 右哨（都司）	新盐河 东流河 怀宁县 枞阳 怀宁县	中哨八队 前哨七队 左哨八队 后哨七队 右哨八队
左营	吴城参 将营	分防自湖口以 内，姑塘、南 康、渚矶一带	前哨（守备） 左哨（都司） 后哨（守备） 右哨（都司）	德化县姑塘 吴城镇 星子县南康河 吴城镇	前哨八队 左哨七队 后哨七队 右哨七队
后营	饶州参 将营	分防都昌、鄱 阳、康山一带	前哨（守备） 左哨（都司） 后哨（守备） 右哨（都司）	棠荫 鄱阳县双港塔 余干县康山 鄱阳县双港塔	前哨八队 左哨七队 后哨七队 右哨七队
右营	华阳镇游 击营	分防自老洲头以 下彭泽、香口， 至东流止，并防 吉水沟以内各湖	前哨（守备） 左哨（都司） 右哨（都司）	彭泽县芙蓉墩 安徽望江县华 阳镇 安徽望江县华 阳镇	前哨六队 左哨七队 右哨七队

（5）瓜洲镇总兵所属瓜洲镇标各营。包括中军中营游击营、江阴副将营（瓜洲镇前营）、三江营游击营（瓜洲镇左营）、孟河口游击营（瓜洲镇右营）。具体情况见表7-13：

表7-13　瓜洲镇总兵所属瓜洲镇标各营营汛划分

项目 方位	营名	防区	哨名	驻地	备注
中营	中军中营 游击营 （又称瓜 洲营）	分防自通江集以 下江面，至焦山 止，并防内河至 扬州止	前哨（守备） 左哨（都司） 后哨（守备） 右哨（都司）	丹徒县鲇鱼套 瓜洲大口 六合县东沟口 瓜洲大口	前哨六队 左哨七队 后哨五队 右哨七队
前营	江阴副 将营	分防自江阴口以 下江面，至鹿苑 港止，及常阴、 寿兴等沙	中哨（守备） 前哨（守备） 左哨（都司） 后哨（守备） 右哨（都司）	靖江县八圩港 龙潭港 江苏江阴县大江 南岸黄港 江阴县阳滩港 江苏江阴县大江 南岸黄港	中哨八队 前哨七队 左哨八队 后哨七队 右哨八队
左营	三江营游 击营	分防北岸各夹 江，自焦山起至 靖江口止	前哨（守备） 左哨（都司） 右哨（都司）	泰兴县黄家港 江都县大江北岸 江都县大江北岸	前哨六队 左哨七队 右哨七队
右营	孟河 （口）游击 营	分防南岸各夹 江，自焦山起至 江阴口止	前哨（守备） 左哨（都司） 右哨（都司）	丹徒县丹徒口 丹徒县镇海菴 丹徒县镇海菴	前哨六队 左哨七队 右哨七队

（6）狼山镇总兵所属狼山镇标水师各营。包括通州游击营（名曰绥通营）、海门厅副将营（名为绥海营）。具体情况见表7-14：

表7-14　狼山镇总兵所属狼山镇标水师各营营汛划分

项目 方位	营名	防区	哨名	驻地	备注
绥通营	通州游击营	分防自靖江八圩港以下江面，至通州止	前哨（守备） 左哨（都司） 右哨（都司）	（缺） （缺） （缺）	兼隶。同时仍听江南提督节制 前哨六队 左哨七队 右哨七队
绥海营	海门厅副将营	分防由狼山至海门一带，北岸江口海汊	中哨（守备） 前哨（守备） 左哨（都司） 后哨（守备） 右哨（都司）	（缺） （缺） （缺） （缺） （缺）	兼隶。同时仍听江南提督节制 中哨八队 前哨七队 左哨八队 后哨七队 右哨八队

关于长江水师各营汛划分列表的资料来源：《长江水师营制》，《彭玉麟集》上册，岳麓书社2003年版，第172—174页；《钦定大清会典事例》（光绪朝）卷五九二，光绪二十五年大字石印本；《长江水师营制》《长江水师未尽事宜续议十条单》《长江水师拟补各缺单》《请颁关防条记单》，《长江水师全案》，同治年间刻本，卷二，第18—21页；卷三，第8—16、17—106、107—114页。营制文字的校改，根据《长江水师营制二十四条单》，《长江水师全案》卷二，第18—21页。

以上长江水师各营汛的划分，除狼山镇标只有二营，情况特殊外，其余一提标、四镇标，皆根据绿营规制，按照地形情况，平均分布于沿江五省，而且各镇标所辖营数也相对均衡，均为4—5营，无畸轻畸重之嫌，有利于沿江防卫和清廷的管理控制。这一制度，完全是绿营成规，与湘军水师体制无涉。

长江水师在指挥权责问题上，也是按照绿营规制办理。水师内部指挥系统，以提督统镇（总兵），镇辖营，营管哨；而在长江水师各级官员与沿江五省区的总督、巡抚的关系问题上则规定，长江提督归湖广总督和两江总督节制，各镇总兵同时又归其所在省区总督节制，副将、参将、游击等营官和都司、守备、千总、把总、外委等哨官，也都归所在省份巡抚节制。[①]当然，上面又受中央吏、户、兵、工等相关各部的管理，以及总理衙门的辖制[②]，并遵奉清廷谕旨行事，足见清廷对长江水师是能够有效控制的。

3. 分防巡江

长江水师根据五镇总兵的分布及其与沿江各省交界处的划分来实行分段防守和巡缉。分营、哨、队巡江的情况，参见上文各镇营哨汛地划分表。

长江水师的巡逻，则以营分段江防，具体的巡逻江面的任务，由各哨完成。都司以下的哨官肩负着非常具体的汛地巡防任务，他们按规定都不能在陆地建立衙署，平时与本船的兵丁也都居住于船上，以哨船为办公处所，便于水师号令的传达和日常任务的完成，

---

① 《长江水师事宜三十条单》，《长江水师全案》卷二，第5页；《钦定大清会典事例》（光绪朝）卷五五〇，第12328页；《续拟长江水师事宜》，《曾国藩全集·奏稿十》，第5948页。

② 关于清廷中央相关各部对长江水师的管理，本章多有涉及。关于总理衙门辖制长江水师的问题，《光绪朝大清会典》中有明确记载。对此，学者们也有所论及。如台湾学者刘熊祥在《总理各国事务衙门及其海防建设》一文中就说：总理各国事务衙门内于光绪九年添设海防股"掌南北洋海防之事，凡长江水师沿海炮台船厂……皆隶焉"，参见包遵彭、李定一、吴相湘等编：《中国近代史论丛》第1辑第5册，台湾：正中书局，1956年，第38页。大陆学者吴福环在《清季总理衙门研究》（第20—21页）一书中讨论到总理衙门的机构和分工时，也说：总理衙门在"1883年又增设有海防股（1894年甲午战争后改为日本股）"，"主管南北洋海防事务，如长江水师等"。

遇有突发情况也便于及时赶往处理。

二、长江水师的任务和训练

（一）拱卫江防

长江水师最重要的职责是守卫长江沿线。由于长江中下游，也就是长江水师防守的这一近五千里的江面，在太平天国战争时期是双方作战的最主要战场。而且近海的江苏一段，是连接清廷与江浙财赋之区的枢纽，又与海防相接，也常常成为西方列强发动侵华战争时入侵的重要地区。因此，清廷非常重视长江防务（包括与海防的衔接），这也是其在几经周折中，始终不放弃并很重视长江水师的主要原因之一。而当时在长江中下游，除了湖南、湖北、安徽、江西、江苏相关5省军队之外，最重要的防卫力量，确实也就只有长江水师。一有风吹草动，清廷都会谕令长江水师加强江防。[①]

（二）长江水师的差役

长江水师的差役与绿营陆师所承担的差役基本相同[②]，凡解送（包括解饷、解犯人、解送钱粮）、守护、缉捕、察奸、缉私、承催以及一些特别差役，长江水师也须按制承担。不过因其水师自身特点，长江水师的差役主要还是与其汛地的设立等状况密切相关，尤其在以下两项差役上作用较为突出：

---

① 例如，光绪七年中日因琉球问题发生争端，为预防日本"借端要挟"，清廷非常重视"所有沿海防务"，并因"闻日本造小铁甲轮船两只，可以驶入长江，并著彭玉麟、李成谋加意筹备，毋为所乘"，参见《清实录·德宗景皇帝实录》卷一二七，"光绪七年二月"，第53册，第825页。

② 关于绿营陆师承担的差役，罗尔纲有较为细致的罗列，参见《绿营兵志》，第252—254页。

一是察奸，包括禁革并查拿私造炮船。"炮船为江中利器，然可以御暴亦可以为暴。如准商民私造炮船，则强盗亦可造炮船以行劫，盐枭亦可造炮船以护私，假名伪旗，万难稽查。此后既立长江经制水师，应将民间私造炮船一概禁革。虽文武官员，亦不准私设炮船，以杜奸民影射，难于查察。如有私立炮船不立时禀报者，唯该汛之水师是问。"[①]

二是缉私。"至巡缉私盐，本以炮船为最便，然亦只准于瓜洲、汉阳两镇标下奏派战船若干号巡缉某处。未经奏派之战船，概不准干预盐务，尤不准包庇私盐。如有包庇者，由两江总督、湖广总督严行参办。"[②]

（三）长江水师的训练考核

训练问题是清廷和长江水师的筹建者都非常重视的问题。曾国藩曾明确说：营兵的"操"就是训练，"操则习技、练阵、听令等事，必须聚处营盘，同受约束"[③]。

1. 关于长江水师员弁专业技能和作战能力的训练与考核

在会议长江水师营制时，议定了"考粮考缺操演章程"，规定水师训练考核内容，专业性质是很强的：

（1）练习和考核船只的驾驶能力和技术。"水师以使船为第一义，善放炮次之。凡考桨粮，须令一人驾一小划渡江一两次。……凡考应升、应补之缺，须令数船于无风之日荡桨逆行三十里，验其迟速。"

---

① 《长江水师事宜》，《曾国藩全集·奏稿八》，第5105页。
② 《长江水师事宜》，《曾国藩全集·奏稿八》，第5105页。
③ 曾国藩：《大阅事竣折》，《曾文正公奏稿》卷三〇，传忠书局光绪二年刊本，第45页。

（2）日常练习并定期考核船炮的使用能力和技术。"凡考炮粮，须令连放五炮，无走火迟钝等弊。"

（3）对哨官注重技艺的训练和考核。"其哨官仍考试技艺以定等差。"[①]

2、重视水师营阵式的操演和江海防水师会操简阅

长江水师章程规定，"至校各镇之优劣，每年春季，长江提督会同两湖总督调集岳州、汉阳二标，在于武昌江面或武、汉各湖简阅一次。秋季会同两江总督，调集湖口、太平、瓜洲、狼山四标在于黄天荡等处简阅一次。阅毕会折具奏，优者酌量保奖，劣者分别参办"[②]。

由于长江水师在江苏一段的末端，与海防密切相连，因此清廷要求长江水师应与海防水师定期会操，称为"常操"，以加强两支水师的联系，以免遇到突发事件，出现因相互不熟悉而无法协调作战的情况，即所谓"至江防海防，本属一气，必须互相联络，临事方无隔阂之虞"。光绪六年（1880年）三月，清廷进而谕命负责巡阅长江和监督长江水师的彭玉麟、长江水师提督李成谋"各于每次巡阅长江之便，就近赴吴淞口会同李朝斌，于常操之外，将各轮船调操一次，严核勤惰，分别赏罚，以期互相参证，精益求精，彼此呼应较灵，更为得力"[③]。

---

① 《长江水师事宜》，《曾国藩全集·奏稿八》，第5105—5106页。
② 《长江水师事宜》，《曾国藩全集·奏稿八》，第5106页。
③ 《清实录·德宗景皇帝实录》卷一一一，"光绪六年三月"，第53册，第625页。李朝斌时任江南水陆提督（简称江南提督），负责江苏陆、海防务。

第三节　饷章制度

长江水师的饷章，清廷考虑到绿营俸饷较低的现实情况，尽量向勇营官兵的俸饷靠拢，虽仍略低于勇营俸饷，但高于传统的绿营俸饷。[①]

一、长江水师的俸饷粮额

（一）官员的俸饷

长江水师提督的廉俸和总兵以下军官的廉俸，其原则是基本按照绿营饷制来支给。

长江水师章程规定，"长江水师提督现拟文武兼用，其养廉应即加重，每年支银八千两。其余俸薪、蔬菜、烛炭、心红、纸张等项，均照陆营提督之例支给"。这比普通绿营提督平均每年2000两的廉俸高出许多。对此，户部在议复时是表赞同的。"户部查定例提督养廉岁给银二千两。此次新设长江水师提督，系文武兼用，且统辖江面数千里，责任非轻。养廉一项，自应从重加给，以示优异。该督等请每年支养廉银八千两，其余俸薪、蔬菜、烛炭、心红、纸张等项，均照绿营提督之例支给，应即准如所请。"[②]

---

① 官文在咸丰九年筹建长江水师的奏折中，提及长江水师官兵的俸饷："其先后扣撤兵额月饷，由藩司按数扣存，为将来新设水师之费。查马战兵月饷一两五钱，守兵月饷一两，改设水师，长川操防，不敷养赡，尚须另议酌增，但不得过现在水勇之数。"清廷与制定营制事宜的沿江督抚，显然考虑和吸收了官文的意见。参见《大臣画—传档后编—·官文》，《清史列传》卷四五，第3583页。
② 《长江水师事宜》，《曾国藩全集·奏稿八》，第5103页。户部议复，参见《议复事宜三十条单》，《长江水师全案》卷二，第42页。

对于总兵以下官员的粮俸，长江水师章程规定，"自总兵以下直至千、把，凡养廉、俸薪、蔬菜、烛炭、心红、纸张等项，均照陆营之例支给。外委准食舵粮双分，仍每年支养廉银十八两"[①]。对此，户部议复中一方面同意总兵以下官员的粮俸均按照绿营陆营的定例办理，另一方面针对曾国藩等人所奏中提出的"例外"问题，做出答复："惟外委无俸薪可支，所请食舵粮双分，仍给予养廉银十八两之处，亦应照准。"[②]

现将长江水师官员岁支俸饷、养廉等银数梳理如表7-15[③]：

表7-15　长江水师官员岁支廉俸等银数情况

官阶	品级	俸银（两）	薪银（两）	蔬菜烛炭银（两）	心红纸张银（两）	合计（两）	养廉银（两）	共计（两）
提督	从一品	81.693	144	180	200	605.693	8000	8605.693
总兵	正二品	67.575	144	140	160	511.575	1500	2011.575
副将	从二品	53.457	144	72	108	377.457	800	1177.457
参将	正三品	39.339	120	48	36	243.339	500	743.339
游击	从三品	39.339	120	36	36	231.339	400	631.339
都司	正四品	27.393	72	18	24	141.393	260	401.393

---

① 《长江水师事宜》，《曾国藩全集·奏稿八》，第5103页。
② 《议复事宜三十条单》，《长江水师全案》卷二，第42页。
③ 本表根据《钦定中枢政考》（绿营则例）卷一四，"俸饷"，道光年间刻本；《嘉庆朝大清会典》卷一四，"绿营武职官之俸"；《清朝文献通考》卷八九"职官考十三"，卷九〇"职官考十四"；《会议长江水师营制事宜折·附长江水师事宜》，《曾国藩全集·奏稿八》，第5103页；罗尔纲：《绿营兵志》，第342页，等材料制成。

官阶	品级	俸银（两）	薪银（两）	蔬菜烛炭银（两）	心红纸张银（两）	合计（两）	养廉银（两）	共计（两）
守备	正五品	18.705	48	12	12	90.705	200	290.705
千总	正六品	14.964	33.035	0	0	47.999	120	167.999
把总	正七品	12.471	23.529	0	0	36	90	126
外委千/把总	正八品/正九品					86.4	18	104.4

从表7-15可以看出，长江水师是按照经制兵繁复的多级别系统来操作的，这符合清朝官僚系统等级制的特点。除长江水师提督的养廉银和绿营原没有的外委，有参照湘军水师官员俸饷的情况外，应该说，总体框架及其具体细节规定，都是按照绿营规制来制定的。

比较起来，湘军水师官员的俸饷在项目和等级上都简单得多。从表7-16①中可以看出：

表7-16　湘军水师官员俸饷银数情况

官阶	月饷	年俸
营官	200两	2400两
哨官	12两	144两

① 本表根据王闿运的《湘军志·营制篇弟十五》，《湘绮楼诗文集》，第780页；罗尔纲《湘军兵志》，第114页等材料制成。

两相比较，湘军水师营官的年俸明显高于长江水师营官。长江水师营官中官阶最高的副将年俸为1177余两，而湘军水师营官年俸则为2400两。湘军水师哨官的年俸则相当于长江水师低级哨官，湘军水师哨官年俸为144两，居长江水师哨官中的千总年俸167两之下，在把总的年俸126两之上，远远低于长江水师哨官中官阶最高的都司401两的年俸。

（二）兵丁的粮俸

关于兵丁粮俸的规定，在长江水师章程制定时，曾国藩、彭玉麟提出："今将水勇改为额兵，而各处陆营纷纷招勇，若遽将水兵口粮大减，则人皆去为陆勇，谁复肯当水兵！自应酌量暂从其优。"[1]根据这一原则，拟定的长江水师额兵的俸饷粮额在很大程度上参照了较为优容的湘军水师的勇粮饷额。具体是这样规定的：

1. "长龙战船额设兵二十五名：内舵工兵一名，每月给银三两六钱，每日一钱二分；管舱兵[2]一名、头工兵一名、炮手兵四名，每月给银三两，每日一钱；桨手兵十八名，每月给银二两七钱，每日九分。"

2. "舢板战船额设兵十四名：内舵工兵一名、头工兵一名、炮手兵二名、桨手兵十名"，月饷与长龙战船同。

3. "督阵大舢板额设兵二十名：内舵工兵一名、头工兵一名，炮手兵二名，桨手兵十六名"，月饷与长龙战船同。

4. "稿书与舵粮同，月支三两六钱。书识与桨粮同，月支二两

---

① 《曾国藩全集·奏稿八》，第5100页。

② "管舱兵"，在《曾国藩全集·奏稿八》（第5100页）和《彭玉麟集》上册"奏稿·电稿"（第165页）中，皆误写为"管舵兵"，现据《长江水师全案》卷二《长江水师事宜三十条单》中内容改回。参见《长江水师全案》卷二，第9页。

七钱。"

5. "其水师官兵应领之米，照各省绿营陆兵定例，每人日支八合，亦由江宁盐道、武昌盐道两衙门，于厘卡项下购米，按季支发。"①

现将长江水师兵丁杂员待遇与湘军水师待遇列表对比，就会发现二者有很大差别。由于长江水师按照绿营体制，官兵分开列支，军官的岁支俸饷、养廉银是按年支给，长江水师兵丁开支则按月支给，不像湘军水师是官兵同列，都按月支给。

长江水师兵丁杂员待遇见表7-17：

表7-17　长江水师兵丁杂员待遇

人员项目	舵工兵	管舱兵	头工兵	炮手兵	桨手兵	稿书	书识
月饷	3.6两	3两	3两	3两	2.7两	3.6两	2.7两

湘军水师待遇见表7-18②：

表7-18　湘军水师待遇

人员项目	舱长	舵工	头篙	炮手	橹工	桨工
月饷	4.8两	4.5两	4.2两	4.2两	3.9两	3.6两

---

① 《长江水师事宜》，《曾国藩全集·奏稿八》，第5100、5103页。同时参阅《长江水师全案》卷二，第9、13页；《彭玉麟集》上册，"奏稿·电稿"，第165—166页，做了个别文字的校改。
② 本表参照王定安《湘军记》（第345页）的记载，以及王文贤《湘军水师之制度分析》（《中国近代现代史论集》第五编，第109页）一文中制表。

在兵丁俸饷数量问题上，长江水师定制比绿营陆师兵丁俸粮要高，但仍低于湘军水师，说明它毕竟受制于经制兵的体制，要尽可能与绿营陆师保持平衡。[1]另外，在人员设置上，稿书、书识等杂员也是绿营体制内的设置。

按照绿营饷章体制，区分平时和战时俸饷。而上述长江水师俸饷实系战时俸饷。沿江督抚会议的《长江水师事宜》中谈道："俟军务大定，各路并无招勇之事，再由长江提督、江楚总督专案具奏，议将口粮酌减，乃为定额。亦须优于陆兵，庶不至似今日绿营之废弛。"[2]如果上述长江水师兵丁粮俸属于战时俸饷，那就大大低于绿营平均5两的战时俸饷水平。

二、各类船械器物杂费

这一类费用，在曾国藩拟定的营制事宜中，主要指"雨篷旗帜等费"。根据长江水师章程的规定："长江战船，并无竹篷木舫，惟以布棚遮避雨露霜雪，名曰雨棚，最易朽腐。又如锚木、脑索、炮绳、旗帜、红油、白油等项，均须时常修换，不能待三年之期，亦不能赴船厂请领。此五者名曰杂费。酌定长龙战船每年发银六十两，舢板战船每年发四十两，交该哨官采办修饰，以壮军容。江境之船，由江宁盐道发给。楚境之船，由武昌盐道发给。"[3]

对于这一项，兵、户、工等部议复认为，长江水师所请领上述

① 户部议复中说："仍令比照（绿营）陆营，稍示优异，使兵丁不致苦累，庶可以勤操演而垂久违。"就明白道出了这一层意思。参见《议复事宜三十条单》，《长江水师全案》卷二，第35页。
② 《长江水师事宜》，《曾国藩全集·奏稿八》，第5100—5101页。
③ 《长江水师事宜》，《曾国藩全集·奏稿八》，第5103页。

项目费用，可以"准如所请办理"，但是为了杜绝"浮冒"，要求长江水师将修换的项目细数及其出具的查验印结，随案咨部，"以便稽核办理"①。

除了上述杂费之外，实际上，根据吏、户、兵、工等部的议复内容来看，长江水师的杂费项目是很为繁杂的，涉及范围非常宽泛。试归纳如下：

（一）建衙经费

根据规制，有资格立衙建署的长江水师官员的建衙经费，长江水师章程中提出"提镇暨副参游驻扎之处，均须设立衙署军装局，其经费即取诸酌留厘卡"②。对此，户部议奏中表示同意，并要求"将各处工程，派员确估，应需银两若干，先行专案报部。俟次第营造完竣，造具清册，核实报销，毋得稍有浮冒"③。至于如何核估，工部查核后提出：其一，对于建立提督衙署的费用，分造太平府衙和岳州行署衙两项。在太平府建立提督衙署一事，"应令该督遴委妥员，据实查勘，一俟勘明后即将所估银数，专案报部查核"。而在岳州建立提督行署一事，"工部查设立提督衙署，应令该督一俟委员查勘，即行专案报部查核"。其二，建立总兵、副将、参将、游击衙署及其费用，"应令该督委员查勘，据实专案报部查核"④。

（二）长江水师各衙署座船等费用

"户部查绿营章程，营汛官弁，均立衙署，即各有衙署费用，

---

① 《议复事宜三十条单》，《长江水师全案》卷二，第40、41页。
② 《长江水师事宜》，《曾国藩全集·奏稿八》，第5105页。
③ 《议复事宜三十条单》，《长江水师全案》卷二，第47—48页。
④ 《议复事宜三十条单》，《长江水师全案》卷二，第25—26、29页。

例给马匹草乾等项，经费尤多。此次设立长江水师，提督以下，所费马匹之费甚钜。都司备弁，以船为家，并无衙署费用。所有各官弁座船，自应酌量月支船价，以抵陆营衙署马匹之费，仍分别两江、两湖所辖之境，按年于江宁、武昌两盐道库厘金项下，支领给发，年终核实报销。至所定船价数目，工部查水师将弁，各给座船，既按官阶之大小，以分船只之多寡，应如所奏分给，以便按月支领价银。"①

（三）制造水师所需弹药的费用

兵部认为，"长江水师营每年制造药铅，需用银两，应如所奏，分别题销。仍按年将制造药铅数目，先期造册送部查核"。因为船炮子药等一切费用，"别筹维艰"，因此户部主张与长江水师粮俸一样，从"两江、两湖境内，酌留厘卡数处"所征收的厘金中支取。②

（四）长江水师战船附属器物的费用

"所需船厂经费，即由江宁、武昌盐道库厘金项下拨放。其添换风篷杆索缆纤等物银两，亦即在于船厂经费内支给。"关于船只内应配备的旗帜炮位等项费用，工部查称："应令该督查明各船，应配何项炮位、旗帜军械若干，即将名目件数，造册送部查核。"③

三、饷项来源、拨协与奏销

（一）长江水师饷项的来源

长江水师为经制水师，按制应由户部筹拨饷银。但由于长期战

---

① 《议复事宜三十条单》，《长江水师全案》卷二，第35页。
② 《议复事宜三十条单》，《长江水师全案》卷二，第38页。
③ 《议复事宜三十条单》，《长江水师全案》卷二，第39、29页。

争，朝廷财政库藏竭蹶，且战后财政税收的整顿非一时所能奏功，一时无法由中央统筹统拨。因此曾国藩在同治元年时就提出"不必另由户部筹款"，而是在"长江酌留厘卡数处"，提征厘金供给，对此，清廷未置可否。

数年之后制定的长江水师章程明确规定，长江水师饷项来源仍是厘金："查沿江厘卡，皆系水师恢复之地，水军历年口粮多取诸此。今长江既立经制水师，酌定永远章程，凡俸廉粮饷、船炮子药，一切费用，应酌留厘卡数处，在两江境内者归江宁盐道经收，在两湖境内者归武昌盐道经收。每年届发饷之时，其在楚境各营，造册呈明湖广总督、长江提督，赴武昌盐库支领；其在江境各营，造册呈明两江总督、长江提督，赴江宁盐库支领。"①

但是，这时情况已发生变化，同样是征收厘金充饷，性质却已截然不同。同治四、五年间（1865—1866年），清廷同意曾国藩等人拟订章程中以征收厘金作为长江水师饷源的办法，是与清廷整顿以厘金为核心的财政税收体制密切相关的。同样是厘金项目，以前是由地方督抚、统兵将领控制，中央不掌握、不控制，现在却是清廷中央逐步掌控厘金收用大局。不过，长江水师的饷源，与湘军水师的饷源实质上已有很大的不同，是非常明显的。

户部在议复中对此项办法有两点意见。一是认为"长江既立经制水师，须定永远章程"，如果以征收厘金供饷，唯恐饷源不稳固，"惟查厘卡分设各处，其土产之丰歉，商货之畅滞，时地各有不同。即经收数目，碍难悬定。甚至征多则徒供中饱，征少则贻误

---

① 《长江水师事宜》，《曾国藩全集·奏稿八》，第5101—5102页。

饷需，不可不预杜其弊。应如何酌盈剂虚，俾垂久远，均宜由各该督抚，妥筹章程，奏明办理"。二是在妥筹稳固饷源期间，"仍将设卡地方数目，先行报部查核"，先以此供长江水师之饷再说。[1]

另外，虽然也是酌留长江数处厘卡的厘金充饷，但是，由于指定两处固定的金库（江宁盐道库、武昌盐道库）收支，处于中央户部的严格管理之下，又处于清廷整顿厘金的大背景之中，厘饷在性质上虽与中央集权控制的财税稍有不同，但与"就地筹饷"、完全由掌握军队者自行征收和支用的性质是很不相同的。

由于长江水师建立之后，长江沿岸没有发生大的战乱，因而，按照议定章程在湖南岳州、湖北汉口、江西湖口、安徽大通和江苏瓜洲等五处设立的五个厘卡[2]，都能顺利征厘助饷，计每卡每年抽厘数为16万两，五处厘卡每年合计抽厘80万两，作为长江水师的军饷。[3]长江水师既有足额的军饷，又无因战事造成的巨大支出，可谓经费稳定而充足。

（二）长江水师饷项的拨协奏销问题

长江水师的饷项，虽然是由沿江各省设厘卡征收抽留，但清廷中央户部均要严加掌控。清廷不同意在五省藩库领饷，而规定集中在江宁盐道库和武昌盐道库两处支领，就是为了便于控制。"长江水师上下五千里，分防五省，若向五处藩库领饷，分归五省报销，

---

[1] 《议复事宜三十条单》，《长江水师全案》卷二，第37页。

[2] 《续拟长江水师事宜》，《曾国藩全集·奏稿十》，第5945页。

[3] 彭玉麟在《长江水师不宜改用轮船折》中说："长江水师由厘金项下，每岁助饷八十万两。"参见《彭刚直公奏稿》卷四，光绪十七年刊本，第205页。曾国藩在《复马制军》一函中说："长江水师，五省各出经费十六万金，虽尚未出奏，业经会咨定案。"参见《曾文正公书札》卷二六，传忠书局光绪三年刻本，第43页。以上两条材料足见长江水师饷源各省的分数和常规军饷的总数。

殊觉散漫无纪，户部难于稽考。"而且也不拟由相关各省协拨："各省入款俱有常额，若添此项兵饷，殊觉别筹维艰。"奏销也是专项，不能混入各省藩库奏销案内："江、楚两总督每年各自具本题销，不汇入各省藩库奏销案内，以免牵混。"[①]同时具体规定了长江水师饷项报销的归属：五处厘卡所收之厘，"供水师用者，由江楚总督报销"[②]。目的都是为了使水师与地方在饷项问题上相互牵制、相互监督，便于户部控制。

而且，户部等在议复曾国藩等人原奏过程中，对饷项的拨协奏销逐条核议，每一项目都要求将项目细数或事先报部备案稽核后方准实行，或是事先咨部，事后将细数造册报部稽核。上述各项意见也多是为了便于掌控。

第四节　长江水师人员的铨选

长江水师将弁的人选和任用，以前的研究者都认为与湘军水师"无甚差异"[③]。但是，通过具体比较、分析，可以发现长江水师的铨选遵循的是绿营经制。

长江水师提督，文武兼用（清代已有先例），可单衔奏事，"仍归两江总督、湖广总督节制"[④]，是清廷独断之事，不属于普通绿营

---

① 《长江水师事宜》，《曾国藩全集·奏稿八》，第5101—5102页。

② 《续拟长江水师事宜》，《曾国藩全集·奏稿十》，第5945页。

③ 王文贤：《清季长江水师之创建及其影响》，《台湾师范大学历史学报》1974年第2期，第289页。

④ 《长江水师事宜三十条单》《议复事宜三十条单》，《长江水师全案》卷二，第5、36页。

铨选。笔者已有专文探讨，在此不予详论。①

一、总兵官和副将、参将、游击等营官

吏部提出，对于守备以上官员的铨选，仍按照清朝经制办理。"守备以上，自应由提督主稿，会同总督办理，以符体制。"②

曾国藩等人提出按照绿营成例，对长江水师将弁的任命，根据军功人员情况，以大衔借补小缺的办法来拨补。"长江水师设立营汛，待部议准后，即须补放实缺。查军兴十余载，水师员弁所保官阶，提、镇居多，副、参、游亦不少。所设营缺有限，应以保举较大之阶借补较小之缺，由臣等会同长江提督开单奏补。其现在勇丁营制，俟部议准后，应即陆续遣撤。一俟勇营撤毕，即照新定兵丁饷章发给。"③由于湘军水师官兵中得到军功保举的人很多，以大衔借补小缺的办法明显有利于湘军系统的人员补缺。

对此，清廷在一定程度上做出妥协，同意了部分大衔借补小缺的保举。④长江水师初建时，各级军官主要是从彭玉麟所部内湖水师、杨岳斌所部外江水师（外江水师阅时最久，人数最多，杨岳斌赴陕甘总督之任，将水军调改陆路者居其大半，留江人员为数已减）、黄翼升所部淮扬水师、李朝斌所部太湖水师，以及江西、湖南、湖北三省水师中"资格较深、功绩较著之员"中间来拨补，通过"公同商酌"，按照"各军立营之先后，分此次得缺之多寡。遵

---

① 参见邱涛：《论清廷与湘军集团的筹建长江水师之争》，《军事历史研究》2015年第4期。

② 《议复事宜三十条单》，《长江水师全案》卷二，第36页。

③ 《长江水师事宜》，《曾国藩全集·奏稿八》，第5104页。

④ 《议复事宜三十条单》，《长江水师全案》卷二，第43—44页。

照奏定章程，以大衔借补小缺，各加遴选"，并经清廷命曾国藩、彭玉麟等复加稽核，"其岳州、汉阳、湖口、瓜洲四镇总兵，择其劳绩最著，足膺阃寄者，拟定四员请旨简放。其副、参、游三项营官二十四缺，都、守、千、把、外委七百七十四缺，拟定员名，分析开单，恭呈御览"。[①]之所以说清廷只是在一定程度上做出妥协，是因为就在几乎同时，上谕明确表示："长江水师事属创始，该督等请补各缺，自为因地择人起见。所有岳州镇总兵、汉阳镇总兵、湖口镇总兵、瓜洲镇总兵员缺，著准其借补。嗣后遇有该四镇缺出，即由该省督抚保举堪胜总兵人员，拟定正陪，请旨简放。其请补副将以下新设各缺，著照所议，准其暂行借补。"[②]也就是说，这次虽然同意曾国藩的要求，"以大衔借补小缺"，但以后仍按照清朝制度，"由该省督抚保举"，"请旨简放"，"借补"只是暂行的办法而已。

二、哨官额缺和遴补

对于哨官额缺问题，曾国藩等督抚在会奏中建议："长江水师副将营协标哨官额缺，应设都司二缺，守备三缺，千总十缺，把总十二缺，外委十六缺。参将营哨官额缺，应设都司二缺，守备二缺，千总八缺，把总九缺，外委十二缺。游击营哨官额缺，应设都司二缺，守备一缺，千总四缺，把总六缺，外委十缺。"[③]

对于哨官的出缺遴补问题，曾国藩等督抚会奏中提出："长江水师哨官缺出，都、守、千、把、外委五项，应全归长江提督主

① 《清朝续文献通考》卷二二六，兵考二十五，"水师长江"，第9722页。
② 《清朝续文献通考》卷二二六，兵考二十五，"水师长江"，第9723页。
③ 《长江水师事宜》，《曾国藩全集·奏稿八》，第5101页。

政，即就长江水师中遴员题补。"①对此，兵部认为：都司、守备应按照经制"由提督主稿，会同总督办理"，仅"千总、把总、外委，应由提督主政"②。也就是说，把长江水师提督的独立补缺权限于千总以下低级哨官。对此，清廷同意兵部意见。

三、长江水师的营务人员

仿照绿营旧例，长江水师设立书吏作为低级营务人员。"长江水师提督用稿书四名，书识八名。总兵用稿书二名，书识六名。副、参、游皆用稿书二名，书识四名。都司用稿书一名，书识二名。守备用书识二名。千、把各用书识一名。"③

综上所述，在长江水师官员选补问题上，提督、总兵不用说，就是副将以下至守备一级的铨选任补，皆严格按照绿营规制进行。这与湘军水师战时体制的灵活④，是迥然不同的。

第五节 长江水师的禁约和处分制度

长江水师关于官兵违禁处分的规定，除了特殊之处较为明确外，一般较为含糊。对这一问题的梳理，必须结合绿营各项惩戒处

---

① 《长江水师事宜》，《曾国藩全集·奏稿八》，第5101页。
② 《议复事宜三十条单》，《长江水师全案》卷二，第36页。
③ 《长江水师事宜》，《曾国藩全集·奏稿八》，第5100页。
④ 湘军水师人员的铨选任补办法：水师统领和营官，由曾国藩亲自征派他认为适宜出任水师统领和营官之人员担任，然后由营官挑选哨官，哨官募练水勇，皆是湘军通制，是很灵活的战时体制。湘军人员通行的铨选任补办法，可参见罗尔纲《湘军兵志》，第133—138页；具体论述湘军水师人员的铨选任补办法者，参见王文贤《湘军水师之制度分析》，《中国近代现代史论集》第5编，第100页。

分规章来研析，方能明确具体。

一、关于革职处分的规定

这一项规定在长江水师章程中属于明确具体的，主要有以下几种情况：

（一）私自登岸居住予以革职处分

曾国藩等会奏章程中制定了"水师官兵皆宜以船为家，不准登岸居住。如违例住岸上者，官即革职，兵即革粮"的规定。对此，兵部表示同意，不过又做了更严格的补充规定："兵部查以船为家之水师官兵，如有违例住岸者，应照所拟惩办。该管上司照失察私离汛守之例议处，以肃营武。"①

（二）吸食洋烟予以革职处分

沿江督抚会奏章程中制定了"吃食洋烟者，官则革职，兵则革粮"的规定。兵部议复表示："如所拟惩办。失察之该管上司，照例分别核议，以肃营伍。"②应当说，长江水师在初期不仅是这样规定的，而且是这样执行的。同治七年四月（1868年5月），长江水师营官、记名提督张锦芳等9人吸食洋烟，被查获后，两江总督曾国藩会同长江水师提督黄翼升请旨将其革职，就是一个很好的例证。③

---

① 曾国藩等会奏章程内容，参见《长江水师事宜》，《曾国藩全集·奏稿八》，第5099页。兵部议复内容，参见《议复事宜三十条单》，《长江水师全案》卷二，第29页。

② 曾国藩等会奏章程内容，参见《长江水师事宜》，《曾国藩全集·奏稿八》，第5103页。兵部议复内容，参见《议复事宜三十条单》，《长江水师全案》卷二，第42页。

③ 曾国藩等：《营哨官张锦芳等九员吸食洋烟照章革职片》，《曾国藩全集·奏稿十》，第5983页。

二、其他参照绿营成例处分的规定

（一）关于从事赌博的处分

长江水师章程规定"不许赌博"，"有犯赌者，由该管将领察核情节，禀明严办"①。但如何严办，章程无明确规定，按例就是遵照绿营成规办理。按照《钦定兵部处分则例（绿营）》关于绿营官弁赌博处分的具体规定："武职官员无论赌银、赌饮食等物，及开场容留赌博，并上司与属员赌博为乐者，均革职，照例治罪，永不叙用。"②这一规定是针对经制兵制定的。

（二）关于疏防的处分

长江水师章程规定，"倘有水盗划船劫抢巨案逾限不获，由长江提督专案参劾。不得以陆营尚未开参、文员尚未开参，稍涉推诿迟延，以重江防而绝盗风"③。对这一问题，因属于长江水师成立后的新情况，有关经制没有特别明确、具体的规定可以照搬，只能是参照相关规定来办理。因此，在同治七年三月初五日（1868年3月28日），也就是同治四年十二月的会奏之后两年多，曾国藩等人上《拟补长江水师各缺并续陈未尽事宜折》，其中所附《长江水师未尽事宜续议十条单》第九条"核定疏防处分"中，根据绿营成规补充做出具体规定："以哨官为专汛之官，营官为本辖之官。遇有抢劫案件，专汛哨官系何职名，应由该营官指出初参。仍照定例，四月限满题参，疏防专汛官住俸，本辖官罚俸六个月。二、三、四等参，

---

① 《长江水师事宜》，《曾国藩全集·奏稿八》，第5103页。
② 《钦定兵部处分则例（绿营）》卷三二，"杂犯"，道光年间刻本，第33页。
③ 《长江水师事宜》，《曾国藩全集·奏稿八》，第5103—5104页。

向例一年限期者，酌量加重，改为各予限八个月。二参限满，专汛官降一级留任，本辖官罚俸一年。三参限满，专汛官加重降二级留任。四参限满，专汛官加重降二级调用，不准抵销。如汛守内有一夜连劫数次情事，仍照旧例，俟三个月限满，犯无弋获，即将专汛官降二级调用，本辖官降二级留任……倘能于限内获犯过半，兼获盗首，均准免其参处。"[①]

（三）关于私借战船的处分

长江水师章程规定，"不准私借战船"。"长江水师各有汛地，不得私离。且长龙、舢板均系官物，非同私物可以借用。凡各省文武出差人员，虽有紧急公务，非奉有长江提督及五省督抚专札派坐战船者，不得私借战船乘坐以图便易。违者照不应驰驿、妄行驰驿议处。各营哨官非奉有专札而以战船私借客官及朋友乘坐者，照私离汛地例议处。"[②]根据绿营规制，此二项处罚的相关规定如下：

1.关于"照不应驰驿妄行驰驿议处"的规定

《钦定兵部处分则例》中对"妄行驰驿"的条规有如下几种情况：

（1）驿递公文不得由军站驰驿，"该管员弁违例滥行佥发者，降一级调用"，"若失于详查误行佥发者，降一级留任"。

（2）寻常事件不准滥用驿递。"违例滥用驿递者降二级调用。"

直省文武各官，如没有事关军机及"刻难迟缓"的紧要公文，"概不准擅动驿马，如有违例滥差，擅由马上飞递者，降三级调用"。

---

① 《长江水师未尽事宜续议十条单》，《长江水师全案》卷三，第15—16页。《钦定兵部处分则例（绿营）》卷一"公式"、卷三一"缉捕"亦有相关规定。
② 《长江水师事宜》，《曾国藩全集·奏稿八》，第5104页。

（3）关于私用驿递夫马的处罚规定："总督、巡抚、提督、总兵、驻防将军、都统、副都统等进本章等项公务，俱填用部发勘合火牌，司驿官验明方准应付。如有私用驿递夫马并差遣家人衙役私发牌票支取夫马者，提督降二级调用，总督、巡抚交吏部议处，家人衙役免其治罪。至总督、巡抚、提督、总兵等所属各官私发牌票支取夫马者，本官降二级调用，提督、总兵失于觉察者降一级留任，总督、巡抚交吏部议处。"①

《钦定大清律例》也规定："凡驿官将驿马私自借用，或转借与人，及借之者，各杖八十，驿驴减一等，验日追雇赁钱入官，若计雇赁钱重于私借之罪者，各坐赃论，加二等。"②

2.关于"照私离汛地例议处"的规定

《钦定兵部处分则例》中"废弛营伍"专条规定："武职各官傲慢、托病规避及擅离汛守者革职。"③

从上述分析可以看出，长江水师关于纪律和处分的相关规定，固有其自身特色，也有借鉴湘军水师相关规定之处。但是在基本框架和基本条规方面，还是严格按照绿营经制来做出规定的。

第六节　后勤补给制度

水师的后勤补给，主要项目是关于大小战船、炮弹子药等军械的修造、拨补和管理。

---

①　《钦定兵部处分则例（绿营）》卷二四，"邮政"，第17页。
②　参见《钦定大清律例》卷二二，"兵律·邮驿·私借驿马"，乾隆五年刻本，第1页。
③　《钦定兵部处分则例（绿营）》卷二六，"营伍"，第6页。

一、设立船厂

船只的制造补充，是长江水师后勤补给中的重要问题。水师在日常演练、执行任务中时常会有船只损坏的情况出现，需要有专门的战船制造维修基地。为此长江水师计划于湖北汉阳、江西吴城、江南草鞋夹三处设立船厂，专供长江水师修造战船之用。

曾国藩等人会奏中称：

> 长江战船，大炮震惊，最易朽坏，定每届三年修理一次，十二年即行更换。应于湖北之汉阳、江西之吴城、江南之草鞋夹三处各设船厂，排定子、丑、寅、卯等年，某年应修整某营、某哨之船，某年应更换某营、某哨之船，轮流兴工。江境两厂，由两江总督暨长江提督委员监修；楚境一厂，由湖广总督暨长江提督委员监修。所有船厂经费，亦由江宁盐道、武昌盐道两库拨给。其风篷一件，三年即须更换一次，杆索、缆纤等物，每届修整之年，亦须酌量添换，均准在于船厂请领。①

户部等在遵旨议复中认为"章程最为妥洽，自应准如所请办理"。工部则建议清廷"应令将某年应修应换某项船只，应需工料若干，先期派员勘验，咨报工部，俟工竣后，即将用过钱粮总散细数，分晰造具清册，专案造报工部核销"②。控制可谓非常严格。

---

① 《长江水师事宜》，《曾国藩全集·奏稿八》，第5102—5103页。
② 《议复事宜三十条单》，《长江水师全案》卷二，第39、40页。

二、设立药弹局

制造补充炮弹子药，是长江水师后勤补给中不亚于船只修补的另一个重要问题。

为解决这一问题，长江水师计划在湖北省城、安徽省城、湖南省城三处设药弹局。曾国藩等人在会奏中称：

> 长江水师炮位大者千余斤，次者亦数百斤，所需子药最多，须常设子药局以资操演而备不虞。查湖北省城、安徽省城造药均有牛碾，最为稳便。该二省应各设火药局常川制造。江苏、江西应办硝斤协济安徽药局，湖南应办硝斤协济湖北药局。至生铁产于湖南，应在长沙设立子弹局，长川制造封门大子、熟铁群子，分解湖北、安徽两省。所有楚境各营，均赴武昌请领子药。江境各营，均赴安徽请领子药。至三局造办子药之费，由武昌、江宁两盐道库于厘金项下拨给。[①]

对此，相关各部议复。工部同意"如该督所议办理"，在"安徽、湖北、长沙三处，设局造办"子药，"至应需工料银两，应令该督转饬按年造册，送部核销"。户部同意"所有安徽、湖北、长沙三局，造办子药之费，自应准其由江宁、武昌两盐道库厘金项下，拨给应用"。兵部认为："长江水师营操演炮位，需用药铅，应如所奏办理。仍将每年操演次数，出数起止日期，并应需药铅数

---

① 《长江水师事宜》，《曾国藩全集·奏稿八》，第5102页。

目，按年分晰造册，送部查核。"① 在同意长江水师计划中，按照清朝的经制严格掌控的意味非常明显。

在长江水师后勤供应问题上，战船的修造补充、弹药的制造补充，都有专门规定。但是水师所用大炮及其制造补充，却没有任何规定。台湾学者王文贤"长江水师所用大小各炮位，多为外洋制造"②的观点，笔者是赞成的。但是这又涉及一个问题，就是王文贤认为曾国藩、彭玉麟思想保守，不愿采用外洋船炮，是湘军水师和长江水师都没有配备新式船炮的主因③，则与上引大炮配备来源有矛盾。因此笔者认为，长江水师没有配备外洋轮船，原因是多方面的，既有清廷和曾国藩集团争夺水师控制权的因素，又有长江水域特点及太平军所用船械的参照等因素④，更有重要的经费限制的因

---

① 《议复事宜三十条单》，《长江水师全案》卷二，第38页。
② 王文贤：《清季长江水师之创建及其影响》，《台湾师范大学历史学报》1974年第2期，第285页。当然，这一观点也并非王文贤的创见，罗尔纲在《湘军新志》（商务印书馆，1939年）及其修订版之《湘军兵志》（第95页，注释3）中已有论及。
③ 台湾学者王文贤在《湘军水师之制度分析》一文中认为，"湘军水师（鉴于他的观点，当然包括长江水师——引者注）何以屡排众议而不改用轮船？曾国藩的保守思想殆为主因"，参见"中研院"近代史研究所编：《中国近代现代史论集》第5编，1985年，第107页。王文贤在《清季长江水师之创建及其影响》（《台湾师范大学历史学报》第2期，1974年，第290页）一文中说："长江水师……始终保持原有的旧炮与小船，未曾汰旧换新。造成长江水师落伍陈旧的主要因素，就是彭玉麟的保守固执。"
④ 罗麟生（John L. Rawlinson）认为太平水军不用轮船，可能是导致曾国藩不热衷于轮船的因素。参见 John L. Rawlinson , *China's Struggle for Naval Development* 1839–1895（Cambridge: Harvard University Press, 1967），p.29.

素①，并非纯由曾国藩、彭玉麟等人保守思想所致。

总之，湘军水师营制与长江水师营制，不能混为一谈。长江水师是按照绿营体制组建的经制兵，与湘淮军队的勇营体制是不同的。湘军水师营制系统，即"统领—营官—哨官—勇丁"系统，因为它的简明和效率，在战争中被证明是有效的。但是它毕竟是战时体制的产物，一旦战争平息，勇营这样的临时军队，必然面临着或裁撤、或改编进经制兵序列的命运，也就必然面临着将军队内职官系统与政府职官系统衔接的问题。当然，湘军人员铨选任补的层级，也是随着战争进程及其军队人数的增加，而呈现由简入繁的趋势。如湘军将领在初建时只有"统帅—营官—哨官"三级，后来在咸丰四、五年间（1854—1855年）增加到"统帅—统领—营官—哨官"四级，到咸丰末年，则增加到"统帅—统领—分统—营官—哨官"五级。对此，学者有论述。②

在强大的官僚体系面前，原来简明的军队职官系统的不适应，必然日趋明显，而且必然会向政府职官系统的职级环节靠拢。也正是缘于此理，曾国藩、彭玉麟虽参与了长江水师营制的会议工作，

①　彭玉麟在光绪十一年十月初六日所上《长江水师不宜改用轮船折》中明确指出，长江水师的经费限制和长江巡防任务，决定长江水师不能轻易改用轮船。他说："制造轮船，据刘铭传所言，每只需价万余两。长江水师由厘金项下每岁助饷八十万两，即概以制造轮船，计仅得船八十只，酌裁一半，仅可得船四十只。现在水师分防五省，舢板兵船星罗棋布，节节梭巡，故盗贼无从伺隙。若每镇酌减一半，所减之舢板船则多，所添之轮船则少，恐分布汛地不能周密，宵小乘间窃发，势所不免，此不便者二。不能弭盗，则商贾之挟重赀贩运者必皆畏缩不前，各卡厘税必至减色……"参见《彭玉麟集》上册，"奏稿·电稿"，第498—499页。这些话也并非全为保守、虚饰之辞，确有切合长江水师实际之处。

②　参见罗尔纲：《湘军兵志》，第103—104页；龙盛运：《湘军史稿》，第322页；朱东安：《曾国藩传》，成都：四川人民出版社，1985年，第72—73页。

并负责营制事宜的主稿。但是，长江水师毕竟是经制水师，这就限定了曾国藩、彭玉麟等人在考虑长江水师营制时，首先要使之符合经制水师的特点，也就决定了长江水师的整体框架和主要细节，只能是以绿营体制为准绳，当然同时也借鉴了湘军水师体制中某些行之有效的东西。这只能说明清经制兵体制因时而变的特点。正如罗尔纲所说："随形势变化而因时制宜，也是绿营建制的一个原则。"① 长江水师营制试图将绿营体制与勇营体制糅合，与当时清廷相较，无论是陆师还是水师，利用勇营来重整绿营的过程是一致的。

---

① 罗尔纲：《绿营兵志》，第209页。

第八章
曾国藩的权势之死
—— 清廷的天津教案对策与同光之际湘淮权势转移

    同治九年（1870年）天津教案发生后，在处理过程中清廷的关注是多方面的，首要在如何避免与法国发生武装冲突，同时如何安抚清议、民心的问题。清廷当然知道要同时令法国和国内民心都满意是不可能的，最终只能选择对法妥协。因此，它必须要寻找一个替罪羊来承担这一罪责。本来，处理外交问题，李鸿章的能力强于曾国藩，也更为清廷所倚重，但清廷为了确立"湘淮分立"格局，最终要让曾国藩来做这个替罪羊，"杀死"这位"中兴名臣"的精神领袖形象，达到压制曾国藩、控制湘淮集团的政治目的。[①]

---

① 关于天津教案，学界以往成果不少，而多从教案史的角度解读，对清政府相关各层级的应对和处理，以及围绕解决这一问题的权力斗争，天津教案与晚清权力转移的关系，研究成果不多。近年来台湾学者略有涉及，参见林文仁：《南北之争与晚清政局（1861—1884）》，北京：中国社会科学出版社，2005年，第75—84页。

第一节　天津教案发生后清廷初步的处置原则

同治九年五月（1870年6月）天津教案发生时，曾国藩从两江总督调任直隶总督还不到两年，他因不兼任三口通商大臣，而常驻保定，天津则由负责北洋对外交涉事宜的三口通商大臣崇厚驻辖。在此期间，天津频频发生幼童被迷拐事件，天津府县捕获的拐犯供词大多牵涉天津望海楼法国天主教堂所属育婴堂，而该育婴堂自四、五月以来发生堂中数十名儿童因传染病死亡的情况。天津老百姓遂传言望海楼天主教堂洋教士利用育婴堂拐带儿童，杀害婴儿，剜眼剖心，炼制邪药，天津民心大为愤怒。五月廿三日（6月21日），数千名天津绅民聚集望海楼教堂门口抗议。在天津绅民抗议过程中，法国驻天津领事丰大业（Henri Victor Fontanier）认为，天津地方官员没有认真弹压，遂带着书记官西蒙前往三口通商大臣崇厚处交涉，咆哮威胁。西蒙手持利刃遍砸崇厚衙署，丰大业甚至持枪威逼崇厚派兵镇压示威群众，崇厚被逼无奈，派天津知县刘杰率兵勇前往教堂处理，丰大业等随即也来到教堂前。面对聚而不散的抗议群众，丰大业认为刘杰处理不善，与之发生冲突，向刘杰等人开枪并击伤刘杰随从高升，进一步激怒抗议群众。群众忍无可忍，当场殴毙丰大业和西蒙，砸毁育婴堂，救出幼童，放火焚烧望海楼教堂、法国仁慈堂、美国布道堂、英国讲经堂等多处教会建筑，打死法、俄等国洋教士和洋人20人，这就是震惊中外的天津教案。以上所述中国近代史学界流行的天津教案始末的叙事，与清官方的叙述大致相同，而皆源于崇厚的奏折。①

　　法国虽急于按照自身意愿来办理此案，但毕竟须由拥有司法主权的清政府来处理。故教案爆发的消息经崇厚奏报入京，慈禧太后、同治皇帝命军机处和总理衙门商议处理办法，因恭亲王奕訢病假，刚刚在五月初六日谕命再赏假一个月，文祥因母丧回籍守制②，就由当时军机处主政的宝鋆和总理衙门主政的董恂受命商议处置办法。此二人均恭亲王系人员，不敢擅作主张，遂约好一同到恭亲王府共商办法，不过，这次过府商议显然没有得出一个切实具体的解决办法供慈禧太后和同治皇帝参考，只是认为崇厚没有独自办理的能力，必须由曾国藩出面处置，故顺势同意崇厚奏折所请。五月二十五日（1870年6月23日）清廷谕命直隶总督曾国藩迅速"前赴天津查办事件"，因为事件涉及各方情况并不明朗，故上谕中提出的处置办法是原则性的，预留回旋空间，同时也明确对民、教双方存在的罪责均要秉公惩办的主旨，"曾国藩务当体察情形，迅速持平办理，以顺舆情而维大局"③。按理，清廷应当明确指示宗旨：在

---

① 本段所述天津教案的经过情况，为目前学界通行的描述，参见四川省哲学社会科学学会联合会、四川省近代教案史研究会合编《近代中国教案研究》，成都：四川省社会科学院出版社，1987年，第224—236页；苑书义：《李鸿章传》，第298—302页，等等。清廷官方关于天津教案的原始叙述见崇厚奏折，参见宝鋆等修：《同治朝筹办夷务始末》卷七二，第22—24页。

② 中国第一历史档案馆、文化部恭王府管理中心编：《清宫恭王府档案总汇——奕訢秘档》第7册，北京：国家图书馆出版社，2008年，第2页；陈义杰整理：《翁同龢日记》第2册，第766页；文祥自编：《文忠公自订年谱》，光绪八年家刻本，第133页。

③ 中国第一历史档案馆编：《咸丰同治两朝上谕档》第20册，桂林：广西师范大学出版社，1996年，第105—106页；宝鋆等修：《同治朝筹办夷务始末》卷七二，第24—26页；《清实录·穆宗毅皇帝实录》卷二八三，"同治九年五月下"，第50册，第913—914页。

力求不开战端的前提下，是委曲求全，还是据理力争？这对具体处理事件的大员来说关系甚大。但清廷关于具体处置办法的谕示非常笼统，都是两端的含糊词句，若办不好，责任必然都落在曾国藩身上。清廷对处理津案没有定见，必然使具体处理此案的曾国藩等对如何处理无所适从，只能揣摩圣意，按已往的经验来操作。

八月十四日（9月9日），曾国藩等会办大臣细核此案后所上奏折是这样说的："此案，虽由谣言肇衅，而百姓之聚众滋事，实缘丰大业之对官放枪，仓促致变。未经放枪以前，该领事怒责巡捕，趋赴商署持械出入，百姓并皆让路，任令行走，初无伤害之心。若使丰大业不两次放枪，必可安然无事。"[1] 当时参与会办天津教案的江苏巡抚兼通商大臣丁日昌也说："天津民教互哄一案，在法领事凶戾性成，固属祸由自取。"[2]

总理衙门显然认可了曾国藩、丁日昌的意见，在给法国的照会中也说："此案津民发难之始，实因匪徒迷拐幼童，妄疑教堂主使而起，其杀伤领事之地，系在通商大臣署下，并不在领事署中，当丰领事往见崇大臣时，若不向崇大臣连放两枪，即放枪后能听崇大臣劝阻，暂在通商大臣署躲避，亦不致遽为津民杀毙，即如贵国人古得力亦同丰领事到通商大臣署中，彼时经崇大臣留在署中，事后用轿送往紫竹林即未被害，岂非明证？唯丰领事执意冒险出署，又向

---

① 曾国藩：《呈递已革天津府县亲供并陈现办情形折》，《曾国藩全集·奏稿十二》，长沙：岳麓书社，1994年，第7071页。
② 《丁禹生政书》（下），香港：志濠印刷公司，1987年，第557页。

知县放枪致伤县役，津民因而激怒，聚众逞凶。"①

那么，清廷的津案处置决策，是否就是以此种不认同法国人的认知、以谴责法国传教士的恶行和法国驻华使领馆员的狡顽之性来定案呢？没有这么简单。

这时西方列强的态度，也为处理此案增添了重要的外界因素。美国驻华公使镂斐迪不相信丰大业会向崇厚开枪。不过，他又说：丰大业"拔出他的手枪对群众放了两三枪，我对此是不怀疑的，看来这变成了暴民动手血洗的信号"②。而英国人则企图借机挑起事端："继续积累的一些并非不重要的证据表明，整个事件不是突然爆发的，而是有预谋的。"③同治九年五月二十六日（1870年6月24日），驻京外国公使就天津事件"并不仅仅是法国一国的事情，而是使所有的外国利益和所有的外国人生命都陷于危险的境地"达成所谓的"共识"后，联合向总理衙门发出"一项集体的照会"，要求中国政府"伸张""正义"，并要求中国政府重新保证在华外国人的安全。④外国列强的强硬态度，迫使清廷必须有一个令诸列强满意的处置，这就给受命具体处置的曾国藩等人出了一道难题，也为慈禧太后出来改变恭亲王垄断决策层的局面，提供了外力条件。

中外对天津教案发生原因、处理态度的不同认知，使该事件的

---

① 总理衙门这一照会，收录于《曾国藩全集·奏稿十二》，第7075—7076页。"中研院"近代史研究所编辑：《教务教案档》第2辑（1），台北："中研院"近代史研究所编印，1974年，第293—295页。

② 中国第一历史档案馆、福建师范大学历史系编：《中国近代史资料丛刊续编·清末教案》第5册，北京：中华书局，1996年，第3—4页。

③ 转见［美］芮玛丽著，房德邻等译：《同治中兴：中国保守主义的抵抗》，北京：中国社会科学出版社，2002年，第374页。

④ ［美］马士著，张汇文、姚曾廙译：《中华帝国对外关系史》，上海：上海书店出版社，2000年，第2页、第277页。

处理存在很难弥合的分歧，并很难达成人皆满意的结果。同时也考验站在处理教案最前线的曾国藩，及其背后的奕訢执政集团。

五月二十六日，在驻京外国公使就天津教案的处理意见达成所谓"共识"的同时，曾国藩致函与自己一同奉旨办理天津教案的崇厚，提出自己的处置策略：

> 拐犯武兰珍讯供牵涉教堂……此案之始，由百姓谣传洋人挖眼剖心等事，群疑莫释，而武兰珍供词确凿，迷拐由于教堂王三主使。今王三业已弋获，欲推求激变之由，自须由此根究。武兰珍是否实系王三所使？王三是否实系教堂所养？挖眼剖心之说是否凭空谣传，抑系确有证据？悉心研讯，当不难水落石出。如二者讯皆子虚，则民但凭谣言煽变，是洋人之理较直；如二者讯皆得实，则洋人之理已曲，不待至尊署放枪行凶，而已激犯众怒，有自取之道矣。目下查办似宜由此下手，应饬天津道府虚心研鞫，不事刑求，务得确情。即使审明二者皆实，曲在洋人，而外国既毙多命，吾辈亦宜浑含出之，使在彼有可转圜之地，庶在我不失柔远之道。……击毙领事，该公使所未经历，或须请示国主，亦属意中之事。若有此二者，则结案必迟，需时必久。然二者事端宏大，当由总理衙门与之辩论，又非仅弟与阁下所能主持也。目下教堂焚毁几处，传教、习教之人伤毙几命，亦宜确切查明。严拿凶手，以惩煽乱之徒，弹压士民，以慰各国之意。[1]

---

① 曾国藩:《复崇厚》,《曾国藩全集·书信十》, 长沙: 岳麓书社, 1994年, 第7195—7196页。

五月二十七日，准备受命前往天津的曾国藩接到崇厚之信"并钞件"，对前信中他所认为的"须根究"的"激变之由"，有了进一步的了解。二十九日他复信说：

> 二十三日之案由于谣传过多，仓卒滋变，非台端镇抚无方之咎。迷拐犯供既已牵涉教堂，即审理之时势难置之不问，亦非尽地方官办理之不善。尊处致总署之函称王三旧开药铺，并未承认迷拐。王三既无确供，津民但因谣传致此巨案，则洋人十分全理，将来办法愈难。……若能持平办理，昭示大信，一意以息事为主，诛凶手以雪其冤，厚赔款以餍其欲，则兵船虽来，仍未必遽至决裂。……至结案之法，终不出赔偿教堂器物、法办煽乱正凶二事，而赔偿尤重。……王三虽无确供，似仍不妨再三研鞠挖眼剖心之说，亦须详细推求谣言是否有因。此案枢纽在此事，无嫌过求精审。各省谣言似此者甚多，不能不痛搜根株也。[1]

总体而言，曾国藩这时仍是决定遵循与恭亲王为代表的清廷决策层商定好的处置原则行事。五月二十七日，清廷向曾国藩、崇厚发出的上谕并无明确的原则变化[2]，故五月二十九日，曾国藩上《钦奉谕旨复陈赴津查办夷务折》中提出的处置原则，与同恭亲王奕訢书信中所商议的原则一致：

---

① 曾国藩：《复崇厚》，《曾国藩全集·书信十》，第7196—7197页。
② 中国第一历史档案馆编：《咸丰同治两朝上谕档》第20册，第107—108页。

惟此案起衅之由，系因匪徒迷拐人口，牵涉教堂，昨据天津镇道来牍，武兰珍所供之王三业经弋获，必须讯取确供，武兰珍是否果为王三所使？王三是否果为教堂所养？挖眼剖心之说是否凭空谣传，抑系确有证据？此两者为案中最要之关键，审虚则洋人理直，审实则洋人理曲。即使曲在洋人而公牍文字上亦须浑含出之，使在彼有可转圜之地，庶在我不失柔远之道；若其曲不在洋人，则津民为首滋事者尤须严查究惩，推求所以激变之由，底里不能不从此两层悉心研鞫，力求平允，以服中外之心。[①]

不过，就曾国藩内心而言，以及他几十年来对清廷的了解，他是十分小心和焦虑的。五月卅日的日记中，曾国藩记道："目下天津洋务十分棘手，不胜焦灼。"[②]清廷五月三十和六月初一日针对曾国藩五月二十九日奏折发出的上谕，印证了曾国藩的"焦灼"。

第二节　清廷处置津案原则的游移与权力斗争

恭亲王系势力虽然主导了清廷对于天津教案最初的处理决策，但是慈禧太后很快就发现这个问题可用作权力争夺中的一枚棋子，侵削恭亲王集团在中央决策中的地位和作用。因此，慈禧太后改变决策程序，开始发出自主性意见。

---

① 《曾国藩全集·奏稿十二》，第6967—6968页。
② 《曾国藩全集·日记三》，"同治九年五月卅日"，长沙：岳麓书社，1989年，第1754页。

同治九年五月三十日（1870年6月28日）清廷发出谕旨，称：

> 前因天津地方有匪徒迷拐幼孩，牵涉教堂，民间怀疑启衅，将法国领事官群殴毙命，焚毁教堂，并殴毙多人，兼误杀俄国商民，情形甚属可悯。业经降旨将崇厚及办理不善之地方官先行交部议处。仍令曾国藩确查具奏，并将迷拐人口匪徒及为首滋事人犯严拿惩办。因思各国通商以来，遇有交涉事件，皆有条约可循。中外商民，相安已久。朝廷一视同仁，但分良莠，不分民教。各处匪徒如有影射教民作奸犯科者，即应随时访拿，详细究明，从严惩办。岂可任令民间传播谣言，妄行生事。此次天津既有民教滋闹之事，恐各省地方亦不免因此怀疑启衅。著各直省督抚严饬所属地方官，务须剀切晓谕，妥为弹压，并将各处通商传教地方随时保护，毋任愚民借端滋事。①

这预示着清廷对津案的处置原则将出现微妙而重大的变化和调整。《翁同龢日记》的记载也说明了这一点："（五月）三十日。……有旨通饬各省保护教民，不得妄开衅端，内有'天津人影射教民，怀疑生衅'等语，又有'但论良莠，不论民教'云云。"② 将事件起因定为"天津人""怀疑生衅"，明确地为教堂开脱，他这种态度显然是在跟从清廷决策的变化。

此前的五月二十七日，清廷上谕虽仍命曾国藩到天津后"体察情形，妥为办理"，但这道上谕中还说："本日复据崇厚奏，自请

---

① 中国第一历史档案馆编：《咸丰同治两朝上谕档》第20册，第111页。
② 陈义杰整理：《翁同龢日记》第2册，第777页。

治罪，并将天津道府县各官请分别严议革职。"同一天还有一道谕旨，将"崇厚、周家勋、张光藻、刘杰著先行交部分别议处"①，并于五月二十八日发出。这就与清廷以前不准备追究官员责任的态度不同，也与曾国藩认为"仓卒滋变，非台端镇抚无方之咎""并非中国臣僚有意挑衅"的判断不一致，更与恭王对曾国藩意见的支持态度不一致，表现出慈禧太后自主决策的趋向。

五月二十八日（6月26日），据《翁同龢日记》记载，朝命虽"仍命曾国藩会同崇厚秉公严究迷拐人犯及滋事之人"，但又说，"崇厚自请治罪，有旨交部议处，并天津道周家楣、知府张光藻、知县刘杰办理不善，一并交议"②，这进一步印证了清廷确实已改变此前不准备追究官员责任的态度。五月三十日清廷上谕中还有："总理各国事务衙门奏，天津民教滋事，各国皆怀疑惧。拟写明发谕旨，令各该地方官加意保护，以维大局。"六月初一日，清廷上谕再次强调："至传教习教之人伤毙若干，中国外国之人无故被害者若干，皆须切实查明，严拿凶手以惩煽乱之徒，弹压士民以慰各国之意，尤为目前要务。"③显然，各国公使团的压力，使慈禧太后决定改变恭亲王的处置宗旨，以尽量满足列强的要求。同时也就为慈禧太后借政策层面的分歧，打击中央统治集团内恭亲王势力和亲附恭王的曾国藩系，提供了条件。

就在这一期间，五月二十九日曾国藩复恭亲王奕訢的信中所谈天津教案处置的重点，与复崇厚信中一样，赞同奕訢"不曲为开

---

① 中国第一历史档案馆编：《咸丰同治两朝上谕档》第20册，第108、109页。
② 《翁同龢日记》第2册，第776页。
③ 中国第一历史档案馆编：《咸丰同治两朝上谕档》第20册，第111、112页。

脱，不有意周内"①的原则。曾国藩奏报准备起行及处理原则的奏折，是在六月初一日（6月29日）到京的，翁同龢在当天的日记中记道："曾国藩五百里报，复奏病渐痊愈，调理数日即赴天津，并陈衅不可开，案不可不办。略言若有据则曲在洋人，若无据则曲在百姓。然果使曲在洋人，公牍文字上亦须浑论，庶在彼有转圜之机，在我得鼓舞之道。"②显然，曾国藩这时或尚未能领会清廷上谕中微妙的变化，或是仍想在处置原则上坚持定见。

六月初六日（7月4日），曾国藩决定起行后，当天向清廷上折，并于初七日发出，由于这时曾国藩已经从种种迹象中看到清廷对津案处置原则可能发生重大改变的迹象，所以在这道《恭报启程赴天津日期折》中，其所报自己的处置意见，已经与五月二十六日的奏折有了根本性的改变：

> 臣与崇厚往返函商，拟先将俄国误伤之人及英美误毁之讲堂，速为料理，应赔偿者先与赔偿，不与法国一并议结，以免歧混。此议能否办到，现尚未敢预期。至教堂牵涉迷拐之案，讯供虽稍有端倪，尚未能确指证据。天津倡首滋事之众，弹压虽渐就安戢，然而未敢查拿正凶，二者查办之要莫大于此，而棘手之处亦在于此。③

明确地把"查拿滋事正凶"作为主要任务。六月初八日，清廷

---

① 曾国藩:《复奕訢等》，《曾国藩全集·书信十》，第7198页。
② 《翁同龢日记》第2册，第777—778页。
③ 《曾国藩全集·奏稿十二》，第6975页。

发下上谕：

> 曾国藩奏起程赴津筹办情形一折，据称教堂牵涉迷拐之
> 案，讯供稍有端倪，尚未能确指证据等语。此案启衅之由，因
> 迷拐幼孩而起，总以有无确据为最要关键，必须切实根究，则
> 曲直既明，方可再筹办法。至洋人伤毙多人，情节较重，若不
> 将倡首滋事之犯惩办，此事亦势难了结。著曾国藩、崇厚悉心
> 会商，体察事机，妥筹办理，以期早日完案，免滋后患。曾国
> 藩拟将误毙俄国人命及误毁英美两国讲堂先行设法议结，不与
> 法国牵混，所见甚是，著即会同崇厚妥为商办，以免缪辘。①

　　曾国藩尚未到天津正式处理此案，就在六月初七、初八日，
总理衙门奉慈禧之意旨已经定下此案处理的一种基调。《翁同龢日
记》说："（六月初八日）通商衙门给法国照会，已允其无论贵贱，
必令抵偿，以后难于措手矣。贵州有循吏戴……徐清河者，皆不护
教民，因而褫职，恐天津府张光藻为之续矣。"②翁同龢六月十八日
日记中记载，"前日御史安详言迷拐须重办，留中不报"，只是在
"昨日御史贾瑚继言之，始有明发饬拿"，但是"刑部堂倌谕属吏，
遇迷拐不必深究，而五城亦奉廷寄不可株连"③。显然，清廷的方针
已确定为对法国提出的惩办涉案官员的要求尽力满足，而民众对教
堂的控告则不予追查。

---

①　中国第一历史档案馆编：《咸丰同治两朝上谕档》第20册，第118页。
②　《翁同龢日记》第2册，第779页。
③　《翁同龢日记》第2册，第782页。

这里可以看出，在清廷中央最高统治集团内部，虽然当时暂主军机处事务的宝鋆、沈桂芬，暂主总理衙门事务的董恂，都是恭亲王系之人，但是慈禧太后听政并借同治帝的皇权威仪，加上列强各国的压力，都使他们不便，也不敢公然唱反调。因此，他们的意见已经由原来与恭亲王商议之主张，变为屈从慈禧严惩乱民、满足法国人的要求为首要原则。[1]

但是，慈禧实际上玩的是两面派手段，企图借这一重要的涉外事件，使中央的恭王势力和地方的曾国藩势力左右皆难，由此在内部权力斗争中打击军机处和总署中恭亲王势力、打击曾国藩的威势。她在对法交涉中以满足列强勒索为首要原则，在打击军机处恭亲王势力时，则借助军机处内恭亲王系与李鸿藻一派的权力争斗，以及李鸿藻在津案问题上称民心不可失这一正当理由，"懿旨云民心不可失。李某言非无见"[2]，使恭亲王系无所措手足。

第三节　清廷为不开战端和权力斗争，给曾国藩制造难题

在打击地方势力中的曾国藩湘系势力问题上，慈禧出于政治斗争需要的两端之见，显然给曾国藩处理天津教案制造了巨大的麻烦。她利用清流势力，使恭亲王势力特别是使曾国藩顿失所措。如果按照慈禧"允其无论贵贱，必令抵偿"的指示，满足法人要求，必然令民众怨声载道，清议必借机奏本；若按照慈禧"民心不可失"的指示，令民众和清议满意，法国人必不会甘休，不免担心徒生战端。

---

① 《翁同龢日记》第2册，第782页。
② 《翁同龢日记》第2册，第782页。

六月十八日（7月16日），曾国藩等显然已经明白慈禧的对外妥协态度，并据此作为自己处理此案的原则。其到天津后，立即按照清廷的意思，将"天津道、府、县并撤"[1]，并在六月二十三日（7月21日）的奏折中说："此次详查挖眼剖心一条竟无确据，外间纷纷言有眼盈坛亦无其事。盖杀孩坏尸，采生配药，野番凶恶之族尚不肯为，英法各国乃著名大邦，岂肯为此残忍之行？以理决之，必无是事。"[2]可见曾国藩已经决定遵从慈禧意旨来处理此案，对民众控告教堂之事不予追查。但是在具体处置上，曾国藩也揣摩出慈禧两端之计、企图也以两端之策来应付，既满足慈禧之弭祸心意，满足法国人的要求，免开战端，又企图尽量不犯民怨，以免清议之讥。他在奏折中说：

今既查明根原，惟有仰恳皇上明降谕旨，通饬各省，俾知从前檄文揭贴所称教民挖眼剖心戕害生民之说多属虚诬，布告天下，咸使闻知，一以雪洋人之冤，一以解士民之惑，并请将津人致疑之由宣示一二。天津风气刚劲，人多好义，其仅止随声附和者不失为义愤所激，自当一切置之不问。其行凶首要各犯及乘机抢夺之徒，自当捕拿严惩以儆将来。在中国戕官毙命尚当按名拟抵，况伤害外国多命几开边衅。刁风尤不可长。惟当时非有倡首之人预为纠集，正凶本无主名，津郡人心至今未靖，……一俟民气稍定，即以缉凶。[3]

---

[1] 《曾国藩全集·奏稿十二》，第6978页；《翁同龢日记》第2册，第781—782页。
[2] 《曾国藩全集·奏稿十二》，第6980页。
[3] 《曾国藩全集·奏稿十二》，第6981—6982页。

而其实在此之前，慈禧太后已经开始借清议打击曾国藩。在六月十四日，清廷以宋晋所奏：

> 和局固宜保全，民心未可稍失，请饬下曾国藩遵旨速查起衅根由，据实复陈一折，据称通商各国所驻之处，久与民间相安。惟传教之法国所在皆传有损折幼童，挖眼挖心等事。此次天津百姓激于义愤，杀毙该国领事，随在天主堂地窖内放出小孩，并于仁慈堂搜出幼孩及罐装幼孩眼睛，大率以此为词，欲惩擅杀之罪，必究起衅之根。请饬该督速行查明曲直，秉公办理，以释民疑等语。……此案要领，现在王三业经拿获，起出之幼孩，亦经绅士收养。彻底根查，无难水落石出。即著督同博多宏武等详细研究，审明虚实，剖别曲直，据实具奏。该督素为中外所推，必能明白昭章，使民心允服而各国亦无异词也。[1]

六月十六日御史贾瑚奏请"严拿迷拐匪徒"，上谕令"认真缉拿，止须人药并获，供证确凿，即著解交刑部，按律惩办，毋任借词牵连，致稽显戮"[2]。显然都是借清议向曾国藩施加压力。

在曾国藩上奏称自己遭到空前非议的六月二十三日奏折当天，清廷同时也有两道关于天津教案的上谕发下。一道上谕针对曾国藩奏称六月初六日启程赴津"现抵该处已逾多日"，将查明的"此案起衅根由"和"究竟有无确据，此系紧要关键"等奏明。该日第二道上

---

[1] 中国第一历史档案馆编：《咸丰同治两朝上谕档》第20册，第122页。
[2] 中国第一历史档案馆编：《咸丰同治两朝上谕档》第20册，第124页。

谕是针对"有人风闻津郡百姓焚毁教堂之日，由教堂内起有人眼人心等物，呈交崇厚收执，该大臣于奏报时并未提及，且闻现已消灭等语，所奏是否实有其事，著曾国藩确切查明，据实奏闻。至所称传教有碍通商一节，应如何设法弭衅之处，并著详察情形，妥筹具奏"①。

也就是说，就在曾国藩以为自己揣摩明白了慈禧的对外妥协态度，并据此作为自己处理此案的原则的时候，清廷却又要求他"据理驳斥""以折敌焰"。六月二十五日（7月23日），清廷再发上谕，"曾国藩等此次陈奏各节，固为消弭衅端、委曲求全起见。惟洋人诡谲性成，得步进步，若事事遂其所求，将来何所底止。是欲弭衅而仍不免启衅也。该督等现给该使照会，于缉凶修堂等事，均已力为应允，想该使自不至再生异词。此后如洋人仍有要挟恫吓之语，曾国藩务当力持正论，据理驳斥，庶可以折敌焰而张国维。至备预不虞，尤为目前至急之务"，询问"能否迅就了结"，并要求曾国藩"总之和局固宜保全，民心尤不可失。曾国藩总当体察人情向背，全局通筹，使民心允服，始能中外相安也"②。

由于慈禧太后和恭亲王奕訢集团在清廷中央统治集团控制权层面上的激烈争夺，造成在处理天津教案等相关问题处理的原则政策上、上谕中就表现出矛盾之处，给负责具体处理此事的曾国藩以困惑。然而，就在慈禧太后发出自己的声音，而曾国藩自感揣摩出慈禧太后的意图后，慈禧太后也琢磨出利用此前出现的两端之见以及清流之议和法国之势来夹磨曾国藩，以此来给曾国藩制造政治难题，打击曾国藩的威势、消减曾国藩的威望。

① 中国第一历史档案馆编：《咸丰同治两朝上谕档》第20册，第126—127页。
② 中国第一历史档案馆编：《咸丰同治两朝上谕档》第20册，第128—129页。

第四节　慈禧利用清议力量同时打击奕訢、曾国藩

　　曾国藩到津后的处置，已招致言官纷纷上奏。六月十四日（1870年7月12日），内阁学士宋晋"请饬下曾国藩遵旨速查起衅根由，据实陈奏，毋稍回护粉饰，以释疑窦而系人心"，并称"和局固宜保全，民心未可稍失"①。等到他对天津教案处置意见的六月二十三日（7月21日）奏折一上，更是招致众多责难之声。这显然又将曾国藩逼到一个两难的境地。

　　曾国藩虽然在揣摩慈禧太后的态度，力求在处理津案的方略上与慈禧保持一致，不过，他按此原则必然要为外人开脱，以求得法国满意速消衅端之时，也不得不顾及清议和民心。六月二十八日（7月26日），曾国藩在数奉谕旨垂问后复折说："谕旨垂询迷拐一案究竟有无确据。臣查挖眼剖心决非事实，迷拐人口实难保其必无。……臣查府县实无大过，送交刑部已属情轻法重，该使必欲拟抵，实难再允所求，由臣处给予照复，另录军机处备查。……谕旨垂询近日民情，虽经臣迭次晓谕，而其疾视洋人尚难遽予解化。……但臣举措多不惬舆情，堪内疚耳。"②这显然难以满足法国人苛刻的要求。

　　这一时期，清廷中央统治集团内部围绕天津教案处置办法及其结果可能带来的奖惩黜陟，也是争论不休、争夺激烈。六月二十五

---

①　宋晋此折因清廷命抄给曾国藩阅看，故收录于《曾国藩全集·奏稿十二》，第6988页。
②　曾国藩：《恭折复陈查询各事折》，《曾国藩全集·奏稿十二》，第6992—6993页。

日（7月23日），清廷连下数道上谕，一面要求将"办理民教启衅一案，事前疏于防范，事后又不能迅速获犯的"天津府知府张光藻、天津县知县刘杰"即行革职，交刑部治罪"；一面又"命曾国藩迅速持平办结，勿任洋人肆意要求，一面固结津郡人心"[1]。其中内容正体现出清廷中央统治集团对津案处理原则的矛盾，而慈禧也正是巧妙地借此种两端之见的矛盾，来达到她打击恭亲王和曾国藩的双重效果。

六月二十四日，曾国藩"咨送到照录与法国公使罗淑亚来往照会三件"[2]，清廷旋于六月二十五日在乾清宫西暖阁进行召对，醇郡王奕譞明显表现出与恭亲王持不同的意见。《翁同龢日记》记载：

> 是日召对者有十九人……。两宫先谕此事如何措置，我等不得主意。……醇邸极言民心宜顺，并天津府县无罪，陈国瑞忠勇可用，并诋及总理衙门照会内有'天津举事者即大清仇人'之语，斥为失体。宝（鋆）、董（恂）强辩，语相侵。两宫分解之，因言夷人是我世仇，尔等若能出一策灭夷，我二人虽死甘心，且皇帝幼冲，诸事当从长计较。倭相（倭仁）亦主张、刘二员既是好官，不宜加罪。瑞（协办大学士瑞常）、朱（体仁阁大学士朱凤标）同声应之。余言此两事皆天下人心所系，望再申问曾某，此后如无要求，尚可曲从，倘无把握，则宜从缓，似不必于言谈间定议。董恂曰：'此时不知天津又作何局面，焉能往来问答耶。'于是醇邸谓两事既不得不从，

---

[1] 中国第一历史档案馆编：《咸丰同治两朝上谕档》第20册，第131页。
[2] 中国第一历史档案馆编：《咸丰同治两朝上谕档》第20册，第131页。

则中国人迷拐罪名仍宜从重。醇邸又极论素日无备，故临事以'无可如何'四字塞责。自庚申至十年，试问所备何事？且言此次纶音如措词有失体处，臣等仍当纠正。恭邸允之，遂定议。①

由于在廷对中，奕訢、奕譞等都极力坚持自己的意见，慈禧也认为不宜明显偏向一方，故采折中之策。不过，她对曾国藩已有诘责之语。六月二十七日的上谕中说："据称罗淑亚致曾国藩照会内称，必须将天津府县同陈国瑞先行在津正法……前据曾国藩奏请将张光藻、刘杰革职交刑部治罪，办理已属过当，此次罗使欲将天津府县同陈国瑞在津正法，断无如此办理，万难允准。"②

六月二十五日的召对之后，清廷暂就处理原则有一个大致的共识。其后，中法双方就此展开讨价还价的谈判。六月二十七日（7月25日），根据清廷上谕：

> 总理各国事务衙门奏天津滋事一案现办情形一折，据称罗淑亚致曾国藩照会内称，必须将天津府县同陈国瑞先行在津正法，否则饬该国水师提督便宜行事。经总理各国事务衙门王大臣与威妥玛面商，使其设法排解……前据曾国藩奏请，将张光藻、刘杰革职交刑部治罪，办理已属过当，此次罗使欲将天津府县同陈国瑞在津正法，断无如此办法，万难允准。著曾国藩、崇厚懔遵前旨，力持正论，据理驳斥……虽现在设法转

① 《翁同龢日记》第2册，第784—785页。
② 该上谕抄录于《曾国藩全集·奏稿十二》，第7000—7001页。

圈，期保和局，亦不可不调拨官军为未雨绸缪之计。①

随着法国人在广东雇觅4000名匪徒图谋报复的传闻，以及法国水师提督伯理到天津与崇厚会晤而带来的"决裂"威胁，法国翻译官德微理亚到京城将在京法国人带到天津并同罗淑亚一同到上海的威胁，显然使清廷慌了神，六月二十八日谕命曾国藩等"熟筹办法，总以力保和局为要"②。这种具体处置意见，又与前面的意旨矛盾，因此曾国藩有"论及道光年间办理洋务以来，时而主战，时而主和，和战两歧"之辞，显然是对清廷的两端之见不满，而清廷的答复是"目前情形，尤与从前迥异"。同日，谕命江苏巡抚丁日昌迅速赶赴天津帮同办理津案，此前已"先派（工部尚书）毛昶熙前赴天津会办"，二人都是"熟悉外间情形而又曾带兵者"③。

在此期间，根据清廷的意旨，曾国藩等开始在天津抓捕有关"人犯"。六月二十九日，清廷上谕中称"滋事正凶现亦拿获九人"④。七月初二日，翁同龢记"宝生（署工部尚书）来长谈，闻天津已拿凶手九人"⑤，也印证了这一点。

双方谈判到七月初七日（8月3日），曾国藩等遵照清廷上谕，对罗淑亚提出的正法天津府县的要求，不予答应。"初七戌刻，该使臣等来臣昶熙寓所，仍坚执前说，必令该三员抵偿，与之辩论许久，告以将府县交部治罪，已属曲从，至议抵之说，万难俯就。该使声

① 中国第一历史档案馆编：《咸丰同治两朝上谕档》第20册，第133页。
② 中国第一历史档案馆编：《咸丰同治两朝上谕档》第20册，第134、136页。
③ 中国第一历史档案馆编：《咸丰同治两朝上谕档》第20册，第136、140页。
④ 中国第一历史档案馆编：《咸丰同治两朝上谕档》第20册，第141页。
⑤ 《翁同龢日记》第2册，第786页。

称，若不允其所请，即当回京，赴总理衙门商办。复告以非理之求，总理衙门亦万不能准，何必徒劳往返，转致稽迟，不如在津商办较为妥速。该使坚不听从，执意回京。……现于初九日由水路起程。"①

曾国藩、毛昶熙等人联衔奏折七月初九日上呈后，七月初十日清廷上谕称：

> 罗淑亚拟回京商办诸事，英国使臣威妥玛亦劝其回京。据毛昶熙奏称，此案全在地方官设法议办，就近与该公使商酌，及早了结。若任令回京，转恐往返函商，致稽时日等语。所筹甚是。著曾国藩、毛昶熙、崇厚悉心会商，与罗淑亚就近在天津迅速议结，毋令该公使回京，致此案转形稽滞。至为首滋事之犯，著仍遵前旨，赶紧缉拿，以为转圜地步。曾国藩等务当妥速筹办，上维国体，下顺舆情，以期力保大局。②

这显然又给了曾国藩一个不可能完成的任务。七月十一日，清廷又命：

> 曾国藩现将天津府县解交刑部治罪，……不若仍令张光藻等在津呈递亲供，曾国藩等与罗淑亚据理辩驳，较为妥善。将来定案时，仍由刑部复核，以符曾国藩原请交刑部之奏。著曾国藩等斟酌办理，本日已传谕钱鼎铭将府县仍行解赴天津候

---

① 《曾国藩全集·奏稿十二》，第7009—7010页。
② 中国第一历史档案馆编：《咸丰同治两朝上谕档》第20册，第149页。该上谕抄录于《曾国藩全集·奏稿十二》，第7011—7012页。

质。曾国藩等于张光藻等抵津后，先行取具亲供，照会罗淑亚。罗淑亚仍自狡执，再相询问该府县帮同主使，究竟有何证据。即得之传闻，亦应将闻自何人确凿指出，再行当堂质讯，以昭复实。若以游移无据之词，欲将该府县正法，断不能如此办理也。张光藻等既在天津传质，罗淑亚自亦应在津，以免往返函商。曾国藩等即可照会罗淑亚在津商办，以期迅速了结。如罗淑亚进京，更无转圜地步。曾国藩等谅亦统筹全局，熟计深思。至正凶亟应严缉，前所获犯赶紧审讯议抵，较之空言抵制者更为有力。[1]

清廷故意忽略了曾国藩等人是否能够留住罗淑亚之情。因为法国人的要求表现出了殖民侵略者的蛮横无礼，清廷虽然主张尽力满足法国人的赔偿条件，但在内政上必须顾及此事，如全盘按照法国的要求处理，必然民怨沸腾，因此清廷才明确指示，对于法国要求惩办天津府县的要求，不予答应。这实际上也就是清廷在处理外交事件——晚清政府面临的极其重大的问题时，同时在内政方面灌注了权力斗争的手段。其一，再次强调将张光藻等人交刑部，是曾国藩提出的处理意见，并非清廷的独断。其二，明知曾国藩等人按照清廷谕旨办理，不可能满足法国的严苛要求，因此不可能将罗淑亚留在天津，仍谕令曾国藩等将其留在天津。而曾国藩若不能做到，显然在国人面前表现出失职。其三，清廷再三强调"及早了结""迅速了结"此案，显然就是指责曾国藩办事不力，这就迫使曾国藩不计后果，尽快结案，

---

[1] 中国第一历史档案馆编：《咸丰同治两朝上谕档》第20册，第151页。

并在七月十五日的上谕中再次强调"总以力保和局为是",而其结果必然是更多地满足法国人的要求,而民怨和清议必然加于曾国藩。果然,罗淑亚到京后,与总理衙门接晤中,"仍以主使之说归咎府县各官,持定前议,不稍通融"。而清廷在七月十六日的上谕中,又抓住曾国藩的一个失误,就是曾国藩任由张光藻、刘杰逃亡,没有看管起来,致使法国人在交涉中借此刁难。"若以奉旨治罪之员,任其他去,既于国体有伤,在该革员等亦非计之得者,且使洋人得所藉口,于议抵一节,更将牢不可破,该督谅早见及于此也。"①

果然,对于曾国藩抵津后的种种"错谬",京内外议论已多,清流弹劾亦众,曾国藩中兴名臣的威望显然已经大损。翁同龢就说:"昨日曾报罗酋及威酋皆于初七日起身入都,所要求杀府、县事,皆未允之,并求宸衷独断,万勿摇惑。然则前此所奏何愤愤也。曾相致人书,略言:内愧寸衷,外惭舆论。又言:'前者以崇厚传语激切,一时气愤头晕,而崇厚遽请更派重臣,折已发始知会云云,至此始悟前失矣。'"②七月十八日,又说:"是日崇厚到京,成林请训……。崇君此来必有陈说,事秘莫得而闻。……张光藻、刘杰毋庸解部,径赴天津听勘,此前半月事也。刘在密云,张则游历各处,曾相致总署函乃云未知就医处,真不成事体矣。"③

七月二十日,清廷又就此专谕责问:

本日据军机大臣呈递直隶按察使钱鼎铭禀函,据称已革天

---

① 中国第一历史档案馆编:《咸丰同治两朝上谕档》第20册,第157、159—160页。
② 《翁同龢日记》第2册,第788页。
③ 《翁同龢日记》第2册,第789页。

津府知府张光藻因患病出省在顺德府调治，已革天津县知县刘杰亦在密云县治病，已派员分赴守催等语。览奏不胜诧异，张光藻、刘杰以奉旨治罪人员，即使患病属实，亦应在天津听候查办。乃该革员等一赴顺德，一赴密云，捏病远避，直视谕旨如弁髦，尚复成何事体！试思该革员等不呈递亲供辨别是非，总理各国事务衙门王大臣等与洋人终日辩诘，何能以空言相抵。朝廷之令该革员等赴津者，实曲示保全之意，乃皆不能体会，倏然置身事外，若使洋人闻之，岂不益滋口实？此事关系重大，不可再涉迁延，著钱鼎铭懔遵前旨星夜派员前往，将该革员等迅解天津，不准藉词托病，仍著将起解日期赶紧复奏。曾国藩于张光藻等革职后率行给假他出，实属不知缓急，并著派员勒限催提，俟解到日会同毛昶熙取具该革员等确切亲供，以凭核办。若再托词远避，国法具在，岂能宽宥。①

而曾国藩也迫于情势，在七月三十日专折解释此事称：

臣国藩查该府县六月十六日撤任以后，即行请假离津。臣初见该员等本无大过，不欲于撤任之后更予重咎，故各允其所请，其时尚未奏参也。迨罗淑亚到津照会臣处，欲将府县拟抵，臣与崇厚酌定革职交部，皆在府县离津数日之后，不惟该员等不及闻知，即微臣初意亦不及此，实非奏参后仍复纵令潜逃。其后奉到七月十一日改解津郡之旨，仰体设法保全之意，

---

① 中国第一历史档案馆编：《咸丰同治两朝上谕档》第20册，第162页。

即经飞檄催提，而该员等一往顺德特就医药，一往密云安置眷累，相距较远。臣檄桌司委员分提，飞骑兼程，而道途回远，水潦阻滞，未能迅速到案。①

不过，清廷已经明显观察到自天津教案发生和谕命曾国藩主办此事以来，曾国藩一方面不敢违背廷旨所定原则，另一方面经三方力量的挤压，曾国藩经久的威望差不多扫地殆尽，已构不成对清廷权威的威胁了。此外，天津教案尚需他切实处置，故清廷并未在此事上过多纠缠，也未对已式微的曾国藩作严厉处置，而是通过申饬进一步贬低曾国藩的威望后，仍命他迅速了结此案，避免"迟则亦恐另起波澜"状况的发生。七月二十五日的上谕说：

> 已革知县刘杰，现经景丰派委佐领恩福等协同委员王霂于本月二十二日押解起程，密云距津较近，不日可到。张光藻亦已由钱鼎铭派员解送天津，即著曾国藩、毛昶熙取具该员等确切亲供，迅速复奏。此事本难措手，该督到津后统筹全局，次第办理，其中委曲求全、万不得已之苦衷，在稍达事理者自无不谅。刻下府县一层，坚持定见，当可就我范围。所最吃紧者，缉拿正凶，如能将为首滋事及下手之人严拿务获，讯取确供，按律议抵，大局似可粗定，否则万难就绪，迟则亦恐另起波澜。该督公忠体国，朝廷素所倚赖，慎勿因循退葸，稍涉

---

① 曾国藩：《奏陈已革天津府县到津日期并现办情形折》，《曾国藩全集·奏稿十二》，第7039页。

迟回。①

由于法国公使罗淑亚动辄以兵事相威胁，自津案之始清廷就谕命曾国藩、沿海沿江督抚等对相关军事调防做出准备，经过一番往来奏谕商议，到六月廿八日，清廷还就京津防务做出如下具体部署："调傅振邦带马队，召李鸿章带郭松林一军驰赴京师。起刘铭传带铭军，饬丁日昌来京。"②八月初三日上谕命刘铭传速赴直隶军营。③

清廷之所以调丁日昌到京，就是因为在命江苏等省筹集军火饷银的过程中，丁日昌不仅全力经办谕令之事，还积极就处理津案等事建言。④六月二十八日，清廷遂命丁日昌到天津帮同商办津案事宜。七月廿九日，"丁日昌到津，报称当多捕数十人，而以数人论抵，则彼无置喙之地，若再哓哓，则合各国平理，若再不服，便当用兵。……不过文章作得热闹而已。毛公无可设施，但催曾帅拿人耳。曾帅对众自悔措置失方，每诵言不合于义又不免于死云云"。八月初八日，"闻津事获犯数十人，内有八九人承认正凶，而提督获金占鳌者是首犯"⑤。

另外，即便是在湘淮集团内部，也对天津教案的处置问题出现不同意见。曾国藩、李鸿章和丁日昌意见一致，但是山东巡抚丁宝

---

① 该上谕抄录于《曾国藩全集·奏稿十二》，第7045—7046页。
② 《翁同龢日记》第2册，第785页。
③ 该上谕抄录于《曾国藩全集·奏稿十二》，第7046页。
④ 丁日昌：《附陈中外交涉情形疏》《布置卫津片》，《丁禹生政书》（下），第557—559、560页。
⑤ 《翁同龢日记》第2册，第792、794页。

桢持不同意见："曾折力言洋人无迷拐，此等残忍事野番所为，岂法国西洋大邦而肯出此等语。又言津民积有五疑，却无实据。李鸿章报，亦言断不可用兵，一味软磨为主。丁日昌谓曾相老谋深识，必当如此办理。惟丁宝桢谓如不讲理，只得开仗。"[1]而在所谓的意见一致的曾国藩、李鸿章、丁日昌等几人中，也因个人利害、权位利益的关系，各有打算，甚至见诸文报、奏折。这也从一个侧面反映出这时的曾国藩，在累经清廷的打击后，在湘淮集团中的真实影响力已大损而很为有限。再举数例为证：如八月初一日，"丁日昌致书总署，略言南丰畏清议持两端，有'国家事大，千秋事轻'之语，意谓人言不足恤也。前御史曹登庸递折参曾国藩，并历数从前覆辙"，可见清议已经对曾国藩不利；而且在八月初七日，同治皇帝在讲读中，有"谓顾清议者皆不为国家也"的说法，矛头直指曾国藩，使之进一步陷入两难困境。[2]

第五节　曾国藩的两难困境和陷阱式"解脱"

同治九年八月以后，法国仍坚持杀天津府县才能了解此案，并不惜以兵势相威胁。八月初二日"闻天津又到兵船二只，今日照会催杀府县三人"[3]。

就在此期间，两江总督马新贻被刺杀。八月初三日（8月29日），清廷上谕命"曾国藩著调补两江总督，未到任以前著魁玉暂

---

① 《翁同龢日记》第2册，第784页。
② 《翁同龢日记》第2册，第794页。
③ 《翁同龢日记》第2册，第792页。

行兼署。直隶总督著李鸿章调补"。但是，同日还有一道谕旨，要求曾国藩赴任前抓紧处理天津教案，同时命李鸿章参与到此事务中来：

> 两江职任极重，曾国藩前在江南多年，情形既多熟悉，布置尤为得宜，刻下交卸在即，务当遵奉昨日谕旨，严饬地方文武员弁将在逃首要各犯尽数构获，并会同毛昶熙、丁日昌、成林将现获各犯详细研究，务得实供。且罗淑亚照会内所指各节，该督等亦当逐一详讯，取具张光藻、刘杰切实亲供，以期及早结案，毋令枝节横生。李鸿章现在行抵何处，著即驰天津接篆。①

曾国藩也知道自己在处理天津教案中遭到暗算，在仕途即将终了的晚年留下骂名在所难免，但是他又不甘心，力求能有所挽回。八月初七日，在所上《恭谢调补两江总督恩并陈下情折》中，曾国藩一面称因病无法履职，请求全部职衔开缺，但又表示自己愿留津处理好天津教案，办完此事后，打算彻底退休。他说：

> 疆臣之职，必以披览文牍为要，臣目病甚重，往来文件难以细阅，幕僚拟稿难以核改，江南庶政殷繁，若以病躯承之，将来贻误必多。臣自去春履任直隶，今已一年六个月，自问旷官溺职，负疚甚深。倘以病目重履江南，则旷官溺职必更有甚

---

① 中国第一历史档案馆编：《咸丰同治两朝上谕档》第20册，第185、183页。

于今日者。……再四筹思，惟有避位让贤，乞回成命，合无
吁恳圣恩，另简贤能，畀以两江重任。目下津案尚未就绪，李
鸿章到津接篆以后，臣仍当暂留津郡，会同办理，以期仰慰圣
厘，一俟津事奏结，再行请开大学士之缺，专心调理。①

八月十五日，清廷专谕催李鸿章赴天津任。上谕命"李鸿章现
已调补直隶总督，著即驰赴天津，会同曾国藩、丁日昌、成林查办
事件。工部尚书毛昶熙著即回京供职"②。而且，清廷将"（八月十八
日）御史刘瑞清请收回派李鸿章往津之命折留中"③。

八月初五日（8月31日），步军统领衙门将天津教案"重要人
犯"金占鳌捕获。④八月十四日，曾国藩将已革天津府县张光藻、
刘杰的亲笔供词呈递到京。⑤八月十九日，清廷谕令神机营王大臣
派员伴送提督陈国瑞赴天津查讯，由曾国藩讯办，并谕命"陈国
瑞抵津后应即取具切实亲供，以凭核办。……俟递供讯结后，再
行饬令回京"⑥。八月二十三日，曾国藩上《审明津案各犯分别定拟
折》称：

计讯定正供确实者十一人，无供而确证者四人，共计可

① 《曾国藩全集·奏稿十二》，第7052页。
② 该上谕抄录于《曾国藩全集·奏稿十二》，第7047页。
③ 《翁同龢日记》第2册，第796页。
④ 参见步军统领衙门提督存诚奏折。该折附录于《曾国藩全集·奏稿十二》，第
7069—7070页。
⑤ 曾国藩：《呈递已革天津府县亲供并陈现办情形折》，《曾国藩全集·奏稿
十二》，第7070—7071页。
⑥ 中国第一历史档案馆编：《咸丰同治两朝上谕档》第20册，第206—207页。

以正法者十五名。拟办军流者四人，拟办徒罪者十七人，共计可科轻罪者二十一名。除即日将各犯供折咨送总理衙门暨刑部外，谨先缮具清单恭呈御览。其情节较重，讯有端倪，供证均未确实者，尚有十六名，拟归于第二批办理。情节较重，在逃未获者，尚有十一名，一并开单先呈御览，以释宸廑。……此次定拟各犯，若遽速行处决，将来拿办愈难，应与洋人商定，统俟续奏二批后并案处理。[①]

翁同龢在八月廿五日的日记中记载，"丁日昌密陈获犯，力陈府县无罪，严讯究属可疑，并言传教宜立章程，以示限制，宜自请严处，并请即日回任"[②]，可见丁日昌急于在朝廷面前表现，不惜通过密报打击曾国藩。相信以曾国藩和李鸿章在朝廷中的人脉，对此或多或少有所知晓，难怪李鸿章一到任即奏请命丁日昌速回江苏巡抚原任，理由是两江总督曾国藩和江苏巡抚丁日昌皆不在本省，"闻上海新到外国兵船数只，防范加严，现督抚两篆，均系暂行权摄"，表面上是"亟盼曾国藩、丁日昌有一人先行回任主持大局"，实际上曾国藩须留下处理善后，就只能是丁日昌回任。而清廷八月二十九日的上谕也确实是命丁日昌"速行回任，以重职守"[③]。实际上丁日昌回苏抚任后，很快就忧免（闰十月十四日），漕运总督张之万接任苏抚。李鸿章则是八月二十五日抵达天津接任直

① 《曾国藩全集·奏稿十二》，第7085页。
② 《翁同龢日记》第2册，第798页。
③ 《附陈李鸿章奏请苏抚丁日昌回任情由片》，《曾国藩全集·奏稿十二》，第7092页；中国第一历史档案馆编：《咸丰同治两朝上谕档》第20册，第216页。

隶总督的。①

九月十一日（10月5日），清廷上谕："（天津府知府）张光藻、（天津县知县）刘杰均著从重改发黑龙江效力赎罪，以示惩警。……现经曾国藩等拿获滋事人犯审明，分别情节轻重，将冯瘸子等十五犯拟以正法，小锥、王五等二十一犯，拟以军徒。既属情真罪当，即著照所拟，将冯瘸子等即行处决，小锥、王五等分别发配安置。"②

九月十三日，曾国藩又将《续讯天津教案内第二批人犯分别定拟折》奏上，有"应正法者五人，应办军徒者四人"，"先后两次共得正法之犯二十人，军徒各犯二十五人"。③九月十五日，清廷上谕允准。④九月十六日，曾国藩即上折请求进京陛见，以赴两江之任，天津教案的余绪，则交由李鸿章处理。九月廿六日，翁同龢记道："津事交李荃相办理，盖丁抚早归，曾相入觐，闻论抵之二十人（续添者五人，换者一人）于昨日正法。又闻赔款约在五十万上下。"⑤但是，这些账自然都记在曾国藩身上。九月廿六日，"是日曾国藩到京，两起（曾起一刻多耳）"。十月初六日，翁同龢"访曾湘乡，颇诮其津事"⑥。

更有甚者，清廷还借天津教案处置过程中的相关问题，对湘军集团部分成员实施打压。同治九年十月二十日（1870年11月12

---

① 曾国藩：《恭报交卸直隶总督篆务日期折》，《曾国藩全集·奏稿十二》，第7113页。
② 中国第一历史档案馆编：《咸丰同治两朝上谕档》第20册，第225页。
③ 《曾国藩全集·奏稿十二》，第7126页。
④ 该上谕抄录于《曾国藩全集·奏稿十二》，第7128页。
⑤ 《翁同龢日记》第2册，第800、801、804页。
⑥ 《翁同龢日记》第2册，第804页。

日），清廷上谕称：

> 中外交涉事宜，非寻常日行事件可比，况事关重大，尤应慎之又慎，密益加密，庶不致为外国所传播，贻误事机。同治七年八月间，因曾国藩于密陈条约折件未能慎密，致被洋人传抄。曾经谕令各直省将军、督抚格外慎密，告诫谆谆，至为详切。乃本年因天津民教构衅，令刘坤一暗中防维谕旨一道，竟为九江领事官抄录，经威妥玛照会总理衙门。此等紧要事件，刘坤一何以漫不经心，致有疏漏？其为养尊处优，事事假手于人，已可概见。此件谕旨究由何处漏泄，著即彻底查明，严参惩办。①

久任江西巡抚的刘坤一显然也遭到一次重击。

总的来说，在天津教案的处理过程中，曾国藩极力揣摩清廷处置意图。但清廷一方面畏敌如虎，在天津教案的处置中不可能既持平处理又维护国权；另一方面清廷又怕过分屈从洋人会激起民愤，危及自己的统治。其态度随着外国的干涉不断变化。因此，曾国藩无法准确揣摩清廷的意图。更不可能有既为列强接受，又不致引起民愤的办法。其实李鸿章在最后也基本是按照曾国藩方法来办理的。那为什么李鸿章没有受到清议的大肆攻击，并在清廷权力格局中愈受重用，而曾国藩却处于大受攻击、声名扫地的境地？除了他在天津教案中违背民心、民气的处理办法外，清廷灌注其中对曾国

---

① 中国第一历史档案馆编：《咸丰同治两朝上谕档》第20册，第277页。该上谕抄录于《曾国藩全集·奏稿十二》，第7136页。

藩威望沉重一击的政治手段是重要原因。

正当曾国藩在直隶陷于狼狈处境的时候，湘军集团在江宁也陷入困局。

在曾国藩湘军攻克天京和曾国藩裁撤湘军之后，有一大批湘军人员并未回原籍，而是留在了南京。曾国藩在两江任上尚能约束他们。曾国藩调任直隶总督后，接任两江总督的并非湘军首脑，而恰是被清廷用来制约两江地区湘淮集团势力的马新贻。同治"七年七月，调补两江总督。八月，命充办理通商事务大臣"①。马新贻出任江督以后，对两江地区的湘军裁勇约束极严，一旦有被裁的兵勇扰乱地方秩序、打家劫舍，一经抓捕，甚至不用经过正常的审问程序，即可由"该管道府，就地正法"。湘军人员本来就对马新贻出任两江总督心怀不忿，而马新贻对湘军裁勇的处置过于严峻，使得在江宁的湘军旧部与马新贻这股两江的新势力之间关系日趋紧张。湘军旧部不断通过各种渠道向曾国藩等首领诉苦。曾国藩只能从宽解、劝慰湘军旧人方面着手。他本人既然已经离开两江，如果再干预两江之事，不但为情理不容，而且必犯清廷的大忌，马新贻也不会容他插足两江。但是，两江督臣马新贻在同治九年七月被刺身亡，而困于直隶总督任上的曾国藩得以回任两江。②

但是，曾国藩重回两江并未获得重振威望的机会，反而成为他的政治生涯最后的困局。之所以如此，有以下因素：其一，清廷的猜忌。曾国藩日记中记道，九月二十六日（1870年10月20日），他在养心殿陛见慈禧太后和同治皇帝，慈禧太后在问了曾国藩许多

① 马新祐编：《马端敏公年谱》，光绪三年刻本，第65页。
② 马新祐编：《马端敏公年谱》，光绪三年刻本，第93页。

话之后，突然说了一句话："'马新贻这事岂不甚奇？'对：'这事很奇。'问：'马新贻办事很好！'对：'他办事和平、精细。'旋即退出殿门以外……"①清廷疑心马新贻之死与曾国藩等有关，必然会对他产生极大的警惕，也必然会采取相应的牵制措施。本就已年老多病的曾国藩，自太平天国平定后，经受无数打击，他屡请告老还乡或辞去一切实职，只任大学士一虚位，也并非全是以退为进之辞。在八月初三日调任两江总督的上谕下发后，曾国藩还转折奏请"沥陈病目情形，恳请另简贤能，畀以两江重任"，但清廷在八月十日发下上谕，要求他"俟津事奏结后，即行前赴两江总督之任，毋再固辞"②。显然，清廷始终担心让他闲置后，湘军中图谋作乱的人可能把他作为作乱的旗帜。

其二，湘军人员的压力。大量被遣撤或留防江苏的湘军人员，虽然支持曾国藩，但他们的生计问题、他们的各种期盼和各种谋划随时都可能成为曾国藩遭遇的陷阱。回到两江后的曾国藩，上不安于朝廷，下不安于旧部，本已年老体衰、在清廷连番打压下已显颓唐的曾国藩就更加心力交瘁。走到这一步的曾国藩思想中唯一希望的就是能逃脱权臣不得善终的厄运，但屡次请辞官职又不获允准。无法摆脱困境的曾国藩在了无生趣中苦熬了两年多，就死去了。

他的去世，标志着湘淮集团一个时代的结束。

---

① 《曾国藩全集·日记三》，长沙：岳麓书社，1989年，第1771、1780、1786—1787页。
② 中国第一历史档案馆编：《咸丰同治两朝上谕档》第20册，第198页。

第九章
甲午战争中清军军备的控制权

关于甲午战争失败的原因，学界主流观点认为，归根结底是清政府的腐朽无能和对外妥协。这种观点当然是正确的。不过，这个结论过于模糊，没有说明清政府中究竟是哪些人要为战争失败承担责任，而责任者各自要负怎样的责任。以往的研究对前线清军将领颇多指责，留下的文字详细而生动；对后方决策者的批评，却是笼而统之，语焉不详。笔者通过分析史料，对一些似已"定案"的"史实"再作检讨，希望用史学的方法，对清政府的"腐败无能和对外妥协"作具体的呈现。

第一节 平壤战役中清军军储与叶志超的逃跑问题

甲午战争中，平壤战役被认为是战争第一阶段最关键的战役之一，是中日两国陆军的首次大规模决战。正因为它是一场关键之战，所以研究成果较多。众多论著都会涉及一个重要问题，就是平壤战役期间，清军前敌统帅叶志超在"平壤军储丰厚"的情况下弃城而逃,"狂奔五百里,渡过鸭绿江,退入中国境内"[①]的行为。研究论著一般认为在平壤战役中,双方打得很激烈,清军武器弹药充足,日军在竭力进攻不果的情况下,已处于弹药粮草行将告罄的窘态,如果不是叶志超畏敌怯战,战役结果不应该是历史上呈现的那样。

这样理解是否可信呢?我觉得其中有很多问题仍需探究。

首先要指出的是,作为甲午陆战关键战役的前敌总指挥,叶志超不顾大局,仓皇撤离平壤前线,在日军的追击下狂奔五百里逃回国内,无论有多少说辞,都不足以开脱其罪责。这是问题的一个方面。而另一方面,依据史料,还可做更加具体的探讨。

平壤战役有两大主战场,一是城南,二是城北。在城南,清军顽强抵抗,双方处于胶着状态。而在城北,牡丹台和玄武门被日军攻陷,这里是平壤城的制高点,日军布置火炮和兵力,准备一举攻下平壤内城。日方的《日清战争实记》记载:日军在9月15日(农历八月十六日)凌晨发起总攻,"午前八时三十分","终于把牡丹台上的敌军(即清军)全部赶走,顺利地占领了牡丹台","佐滕大佐见牡丹台已被我军攻占,遂向玄武门冲击,终于打破了坚固的平壤城的一角。我军已经攻占了牡丹台这个险要之地,俯视着平壤城,攻破了玄武门,逼近了主城,势如破竹,几乎所向披靡,欲立即入城"[②]。显然,平壤清守军至此受到严重威胁。叶志超与各将领

---

① 戚其章:《甲午战争史》,上海:上海人民出版社,2005年,第110、82—116页。涉及这一史事的论著很多,较新者如《中国近代史》编写组:《中国近代史》,北京:高等教育出版社、人民出版社,2012年,第154页。
② 《日清战争实记》,戚其章主编:《中国近代史资料丛刊续编·中日战争》第8册,北京:中华书局,1994年,第55—56页。

商议认为："北门之咽喉（牡丹台、玄武门）既失，子药又不齐全，转运不通，军心惊惧，设敌军连夜攻打，何以防御！不如暂弃平壤，增彼骄心，养我精锐，再图大举，一气成功。"[1]这一史料出自驻守平壤的清军主要将领卫汝贵的得力幕僚栾述善之手，此人当时随驻平壤，当是他亲闻亲见或得自卫汝贵转述；在平壤陷落时，栾述善被日军所俘，这是他在日本大阪狱中所写，此时所作不必为人隐讳，故在史料来源和真实性上可靠性均高，很能说明实情。

如果说攻防要地失守就放弃阵地，叶志超这种"畏敌怯战"的做法，肯定是放弃了一名军人的基本职责，无论如何是说不过去的。但是叶志超在决策时提出"子药又不齐全，转运不通，军心惊惧"也很致命，因为近代战争中是否有充足的武器弹药，其意义之重大是不言而喻的。

那么，平壤城守军的武器弹药，究竟是如学者们所说"军储丰厚"、极为充足，还是如叶志超所说"子药又不齐全，转运不通"呢？

学者们通常认为，这是叶志超为自己临阵脱逃而编造的借口，理由是平壤清军的军火储备很充足。这是秉承了学界认为甲午战前清政府的军火储备丰富、清军装备总体上占优的流行观点。这一观点所依据的一大核心史料，是甲午战争爆发前夕翰林院编修曾广钧所上呈文。

曾广钧这一呈文描述了战前清军制造、购买军火的情况：

---

[1] 栾述善：《楚囚逸史》，戚其章主编：《中国近代史资料丛刊续编·中日战争》第6册，北京：中华书局，1993年，第182页。

中国后膛枪炮之多，甲乎天下。各局制造购办不可悉举……名目虽繁，约分三等。上等者：曰快利，上海制造局所新造也，所出不多，尚难尽用。曰毛瑟，德国所造，远界二千五百码。曰德国马梯尼，远二千二百码。以上二种，江南军装局存储极多，弹子亦复不少。……曰单响哈乞开司，远界二千码，广东官兵多用之。曰黎意五子连环递放，远界二千五百码，福建、广东、江南皆用之。以上皆上等也，宜名曰甲枪。中等者：曰英国马梯尼，机括稍室，及界亦远。曰十三响云者士得，极界一千二百码，药力亦弱，此二种中国购置亦复不少，各军正在使用，宜名曰乙枪。最下者为林明敦枪，系美国极旧之式，乃上海制造局自同治十二年起造，至光绪十五年止，所造至百余万杆，除已发各营外，实存六十余万杆，弹子称是。此枪后膛走火，又易炸裂，又不甚准。最劣之品，宜名曰丙枪。查中国甲枪已属不少，足敷陆军之用，但毛瑟、德国马梯尼弹子，中国现不能造，惟黎意枪子上海制造局能造之，应令前敌交绥各军纯用黎意枪，其毛瑟及德国马梯尼，前者已购之弹子尚属山积，应令绿营练军及长江水师用之，俟弹尽时再议更换。其乙枪既有瑕疵，宜暂令未练之绿营及云、贵、川、陕、甘肃、湖南等练军用之，亦俟弹尽再议更换。……其丙枪直为无用之物，宜弃之，或义民欲用者，亦可择其不炸裂、不走火者假之。其格林炮及十二生的过山炮，皆平原利器，暂时无用，故不备论。[1]

---

① 中国第一历史档案馆编：《光绪朝朱批奏折》第119辑，北京：中华书局，1996年，第589—590页。

作为后世研究者依据的核心史料，曾广钧呈文的内容是否准确，这是关键！事实上，这篇呈文内容错漏百出！

曾广钧的呈文开篇就说清军后膛枪炮的战略储备"甲乎天下"，那将欧美各军事大国置于何地？如果说这是一种虚荣心作怪的自我吹嘘，那么他将英国所造亨利·马梯尼枪误为德国所制造等一系列错误，就完全暴露了他对于枪械的无知，实际上是一个冒充军事内行的门外汉。其次，大部分枪械的射击距离被他夸大了一倍左右，如呈文中称黎意枪射程能达到2500码，将该枪的最大射程夸大了一倍以上；单响哈乞开斯枪的尺表射程，也被他夸大了一倍，说成2000码；在这一系列夸大的数字中，他的表述稍显可靠的两种毛瑟枪的射程，也被分别夸大了450码和900码。[①]而且，射程固然重要，但不是衡量枪械好坏的唯一标准，此外还必须考虑装弹量、膛压、射速、来复线、枪械使用寿命等衡量标准。以此来衡量，哈乞开斯步枪只是单发枪，从各项枪械指标来衡量，都不能算到甲枪（即质量性能最佳的枪械）范围里。至于林明敦中针枪，当时中国最大的兵工厂——江南制造总局（简称沪局）自同治六年（1867年）五月起生产，至光绪十六年（1890年）停产该枪止，20多年间共制造了各种型号林明敦枪近4万支[②]，是曾广钧所云"上海制造局所造至百余万杆"的1/25。即便其他各局有仿制，限于生产能力[③]，

---

① （清）魏允恭编：《江南制造局记》，台北：文海出版社，1969年，第841—842页；（清）陈龙昌辑：《中西兵略指掌》，清光绪二十三年东山草堂石印本，第12页。

② （清）魏允恭编：《江南制造局记》卷七，台北：文海出版社，1969年，第857—859、319—424页。

③ 相关数据，参见樊百川：《清季的洋务新政》第2卷，上海：上海书店出版社，2003年，第1301—1303页。

想要在甲午战前达到"实存60余万杆"枪支，无异痴人说梦。

那么，研究者能根据曾广钧呈文等材料，得出清军武器弹药储备充足、装备精良的结论吗？能据此准确估计战争中枪炮、弹药的消耗速度，得出清军武器装备足以支撑这场战争的结论吗？显然不能。曾广钧的呈文认为，清军弹药存储的绝对数量相当丰富，用他的话说，就是"尚属山积"，但"山积"到何种程度？所谓"山积"的子弹中，有多少是新制的、合格的产品？又有多少是因存储时间过长或质量问题，而变质的废品？曾广钧是外行，不会计算和辨识，只能是含糊其词。而以往研究者也多忽略了对实战中弹药消耗速度等问题的具体考察，导致对清军弹药储备的研究出现重大误差。

其实，在当时关于平壤清军军储不足的问题就有反映。光绪二十年（1894年）八月初十日，清帝上谕中就有"多有谓平壤不战之故，实因枪械子药缺乏，无以应前敌之需，故屡为迁延，冀幸速和，以免败露"等语。[①]只是后世之人，或以为这是推卸责任之狡辞，或以为不足信之虚语。因此，关于平壤战役时清军军火储备的实际情况，有必要根据翔实的史料考实，我们可从以下两条重要史料来展开分析。

一条核心史料是办理盛军前敌军械委员、亲历了平壤实战的邱凤池在战后（光绪二十一年七月初四日）的一道奏折。邱凤池具体经办了驻防平壤城的清军主力之一——盛军的军火后勤保障，该奏折报告了其战前和战时向平壤运送武器弹药的详细情况，有助于了

---

① 中国第一历史档案馆编：《清代军机处电报档汇编》第1册，北京：中国人民大学出版社，2005年，第240页。

解甲午陆战中枪、炮、弹药的消耗速度和平壤军储的具体情况。该折说：（1）"卑职于去岁（光绪二十年）六月十八日，随队由新城登轮，解运七生脱半炸弹一千二百颗，两磅威敦过山炮弹一千二百颗，四分五径小格林炮子五万粒，哈吃开思兵枪子四十五万粒，云者士得马枪子五万粒，旱雷壳八十个，电箱七具，电线计长六英里，炮药三千磅。以上各件，两次均解运到平壤城，设局存储。"（2）"自去岁八月十三日午前与倭寇接仗，鏖战四昼夜，共计发给各营七生脱半炸弹八百五十颗，两磅威敦过山炮弹九百颗，四分五径小格林炮子五万粒，哈吃开思兵枪子二十六万七千粒有奇，云者士得马枪子二万四千粒，炮药一千七百四十磅，埋设旱雷二十四个，外叶军门借拨哈吃开思兵枪子十万六千粒。"（3）"仅存哈吃开思兵枪子七万七千粒有奇，云者士得马枪子二万六千粒，七生脱半炸弹三百五十颗，两磅威敦过山炮弹三百颗，炮药一千二百六十磅（存在平壤城被倭寇所得）。"（4）"各营每炮自带炸弹五十颗，每枪自带枪子一百五十粒，尚不在卑职解运数目之内。于八月十三日战至十六日，计四日内，约施放枪子七十四万粒之谱，炮弹二千八百余颗之谱。"①

这是驻防平壤城的一支清军——盛军6000人（占平壤清军总数近一半）的装备情况。如果孤立地看这些数据，可以得出卫汝贵所率盛军，乃至布防整个平壤城的清军，武器装备精良且弹药充足的结论。但计算下来，就会发现邱凤池运送到平壤的各种枪械的弹药55万颗，6000名盛军人均92颗，加上他所说不在其解运数目

① 陈旭麓、顾廷龙、汪熙主编：《甲午中日战争（下）——盛宣怀档案资料选辑之三》，上海：上海人民出版社，1982年，第458—459页。

内的每枪自带配子150颗，人均242颗子弹，与清军已经形成惯例的每枪配1000颗子弹（低配置也是单枪500颗子弹）的标准相去甚远。邱凤池还运去各类近代火炮的炮弹2400颗，以卫汝贵盛军配备的过山后门炮20尊计算，平均每尊配弹120颗，加上原有配弹50颗，共计170颗，也与清军习惯的每炮配弹200颗的低标准（晚清火炮配弹的高标准达到每炮1000颗）有不小的差距，何况盛军所拥有的火炮是平壤驻军火炮的主力，这种状况必然会影响清军官兵的战备心理。结合日军在平壤战役中的战利品清单来分析，还会发现清军的重武器——火炮很少，也从一方面再次证明清军军储丰厚之说站不住脚。在日军缴获的35门各种火炮中，只有12门75毫米克虏伯山炮（日军称"七厘米克虏伯山炮"）、4门75毫米克虏伯野炮（日军称"七厘米克虏伯野炮"）；而日军仅一个元山支队就拥有与整个平壤清军相同数量的75毫米克虏伯炮，虽然日军数日以来发射的炮弹也是2800发左右，但其拥有的75毫米克虏伯炮数量却是清军的3倍以上。[①]清军和日军火力的对比，火炮攻击的有序性，以及同等火力下的打击效率，不言自明。

如果邱凤池的奏折还不足以说明整个平壤守军的军火储备情况的话，那么结合另一条核心史料，也即日方文献所提供的平壤战役结束后的缴获物资清单，基本可以明确经过9月15日的激战后，平壤守军的军火余存情况。

在这一清单中可以看到，日军在平壤战役中共缴获清军步枪子

① 《中国近代史资料丛刊续编·中日战争》第8册，第45、60页；日军在平壤战役中消耗弹药统计，见［日］参谋本部编，桧山幸夫监修：《明治二十七八年日清战史》第2卷，ゆまに书房，1998年，附录第二十六。

弹56万发、炮弹840发。^①从绝对数量来看，清军遗弃的枪炮子弹数量是惊人的，但枪弹分配必须考虑军队人数，如果平摊到平壤前线清军1.3万人头上，则会发现清军人均弹药数量少得可怜，人均仅有43发子弹。平壤前线，卫汝贵部还配有过山后门炮20尊，马玉崑毅军配带小炮6尊，左宝贵领有陆路军炮6尊，叶志超有小炮8尊，按这40门火炮计算，将日军缴获的840发炮弹平分，每门只能分到21发炮弹。^②

当然，还有一个关键内容，就是弹药的日均消耗量问题。根据邱凤池的奏折，可知守卫平壤的清军在八月十三日至十六日总共消耗子弹74万发、炮弹2800发。即使不考虑实际作战情况，按平均数计算，每日也要消耗18万发子弹、700发炮弹。而平壤战役的实际情况是，日军真正的总攻只有9月15日（农历八月十六日）凌晨四时三十分到午后二时左右这大半天时间，清军在此后休战时趁夜撤离平壤，日军在9月16日上午顺利占领平壤城。也就是说，这74万发子弹、2800发炮弹，大部分实际是在抵御日军这大半天总攻中消耗掉的。^③

那么，如何来计算平壤战役中清军弹药在抵御日军大规模进攻中的日均消耗量？

一种算法是，按上述情况来估算，叶志超撤退时所遗弃的56万发子弹，顶多能抵御一天同等规模的日军总攻；另一种算法是，如果按照身居战阵的袁世凯的估算，200发子弹不到10分钟就会消

① 《中国近代史资料丛刊续编·中日战争》第8册，第60页。
② 中国第一历史档案馆编：《清代军机处电报档汇编》第9册，第508—509页。
③ 《中国近代史资料丛刊续编·中日战争》第8册，第47—59页。

耗掉①，56万发子弹恐支撑半天都很勉强。至于840发炮弹，用不了一天也会全部打光。看似绝对数量上的充裕、所谓"山积"的清军弹药储备，实际上却掩盖了清军弹药储备相当匮乏的真相。故叶志超清军的仓皇撤逃，至少有一个因素是估算了枪弹不足以坚守平壤城。清军官兵日常养成的习惯和意识中，单枪配弹的标准是1000发，像平壤战役最后（按被缴获的子弹计算），每枪只能配备50发左右的子弹，怎能"敷用"？

这样看来，被研究者据为核心史料的曾广钧呈文所说的弹药"枪子尚属山积"，根本不能作为清军武器弹药储备充足的依据，由此可见国人对战备认识的粗疏；而根据日军缴获的清军枪炮弹药来看，确实不足以支撑清军击退日军对平壤的进攻。而且，清朝平壤守军的粮草供应同样告急，军机大臣、户部尚书翁同龢看到叶志超报告平壤"军粮五船在大同江为敌劫去，存粮不敷五日"的奏折后，发出了"此师殆哉"的哀叹。②当时清军没有建立像日军那样沿途设立兵站保障运输供给的近代军队后勤制度，而依靠一条原始、拖沓的后勤补给系统，武器粮草补给极为困难。这一具体史实说明叶志超没有谎报军情，也说明腐败无能的清政府，无论是最高掌权者慈禧太后，还是秉中枢权力的军机大臣们（礼亲王世铎、武英殿大学士额勒和布、东阁大学士张之万、兵部尚书孙毓汶、工部左侍郎徐用仪、户部尚书翁同龢、礼部尚书李鸿藻、礼部侍郎刚

---

① 袁世凯：《致津海关道盛宣怀电》，骆宝善、刘路生主编：《袁世凯全集》第3卷，开封：河南大学出版社，2013年，第487页。
② 翁万戈编，翁以钧校订：《翁同龢日记》第6卷，上海：中西书局，2012年，第2773页。关于平壤城粮食供应情况、清军战时补给系统，是一个需要专论的重要问题，本章限于篇幅，不再详述。

毅、恭亲王奕訢），以及李鸿章、刘坤一、张之洞等掌握清政府主要军工厂和外购军火事务的封疆大吏，根本没有为争取这场战争的胜利做好充分准备（其实他们也没有这个能力）但这不能成为叶志超这一前敌主帅"怯战"而仓皇撤离，导致他所指挥的这支中国陆军主力全军崩溃、一发不可收拾的理由，更不能开脱他对甲午战败应承担的历史罪责。

第二节　清军将领是否为怯战无能开脱而谎报武器装备差？

学界普遍认为，甲午战争中清军军火储备充足，清军将领奏报所部武器装备不足，并非真正缺军火，而是一些将领为掩饰自己军队战斗力低下，为自己的战败甚至怯战开脱。除了叶志超，原黑龙江将军依克唐阿也是这种人的一个代表。颇具代表性的观点认为："依克唐阿出关时所部3000人，带快枪3800支，人手一枪尚有余。1894年10月黑龙江将军增祺又拨给他各种枪6000支。到甲午战争结束时，黑龙江共拨出各种炮174尊，各种枪11246支，其中有少数拨给其他部队，但大部分是进口枪械。"[①]

不可否认，确实有许多清军将领借口武器装备差来为自己"怯战"开脱的情况，但仍有诸多情况需要具体分析。依克唐阿及其所统军队的实际情况，就需要具体分析。

首先，我们需要搞清楚依克唐阿军究竟有多少人马，这是衡量该军武器装备是否不足的基础。该军出关时确为3000人，但不代表

---

① 关捷总主编：《中日甲午战争全史》，长春：吉林人民出版社，2005年，第104页。

在甲午战争中该军人数始终是3000人。据日本方面的情报统计,光绪二十年(1894年)底,依克唐阿已辖有镇边军、敌忾军、齐字新军、靖远新军、齐字练军等共41营,按清军军制有万余人,远非一开始的3000人。[1]到光绪二十一年三月初七日(1895年4月1日)战争快结束时,依克唐阿奏请拟再招募一万人,"仿古二千五百人为一军,分为四军",待练成后"一齐调赴前敌应战",为此他奏请山东巡抚李秉衡等再造、解运抬枪3000余杆。[2]即便这些抬枪能如数供应(实际只得1500余杆),以3—4人用一杆抬枪计算,不算备枪则刚好够用,如要按制有备枪,则明显不够。故不能轻易断言依克唐阿请解军火,只是为掩饰自己部队战斗力不足,是为自己战败甚至怯战开脱。

其次,上述观点认为依克唐阿将缺少枪弹的情况夸大其词,却没有计入战争中枪支的损坏、丢弃等情况,也没有区分枪、炮两项,而只强调大部分是进口枪械,但又不说明枪械的具体情况以及174尊火炮中超过160尊是土炮的情况,故相关结论与实情颇有距离。我们依据史料来具体探究一下实情。

依克唐阿军出关时随带3800支枪一情,出自接任黑龙江将军增祺光绪二十年(1894年)九月十五日的奏片:依克唐阿带各项快枪3800余杆、子母692000颗,其中子弹一项是吉林制造局"二十年分产量中除火药、铜帽、哈乞开斯子母15万粒"外的全部家当。也就是说依克唐阿军的3800支枪,平均每枪只能配备182颗子弹!按

---

① [日]参谋本部编,桧山幸夫监修:《明治二十七八年日清战史》第2卷,ゆまに书房,1998年,附录四十四。
② 《黑龙江将军依克唐阿奏为复陈添兵筹议饷械及拟办情形折》,《中国近代史资料丛刊续编·中日战争》第3册,第21—22页。

照清军单枪配1000颗子弹的惯例，依克唐阿出关前就声明自己所统之军子药不足，并非托词，而且这一问题始终没有得到解决。[①]此前，九月初三日叶志超电奏："九连城等处分驻各军，枪炮子弹，均二百数十出，备粮亦甚艰难。东沟一带，奉军枪炮子药，均不足三月。"[②]此时依克唐阿军已进驻九连城，叶志超奏称所统各军枪炮子弹不足，当然也包括该军。在枪弹储备不足的情况下作战，士兵必然会有很大顾虑而影响战斗效率、斗志、战果。

那么，依克唐阿军在战时究竟得到多少军火援助？我们可依据史料作一梳理。

光绪二十年（1894年）九月初八日，依克唐阿请求增援单响毛瑟枪5000杆、哈乞开斯枪1000杆、续调两项子母608000颗，由协领依兴阿回黑龙江转运，计算下来，每枪所配子弹依旧很少（每枪配弹101颗）。最终这批军火连同马毛瑟500杆、带刺哈乞开斯枪200杆、带刺来复枪300杆，分三批解运。[③]十一月下旬，由于子弹不足，依克唐阿电请增祺"匀拨五十万粒"，由吉林机器局负责"赶造三十万粒"，随后，依克唐阿又请"星夜解奉毛瑟、（哈乞）开斯子母，每项二百万粒，方足分布各营"。由于黑龙江"现存子弹实无如此之多"，增祺便令先拨毛瑟子弹10万颗、哈乞开斯子弹7万颗，这批子弹于"十一月二十二日起程，星夜解至前敌点交

---

① 中国第一历史档案馆编：《光绪朝硃批奏折》第60辑，北京：中华书局，1996年，第102页。
② 《清实录·德宗景皇帝实录》卷三四八，"光绪二十年九月上"，第56册，北京：中华书局，1985年，第474页。
③ 《光绪朝硃批奏折》第60辑，第102页；《中国近代史资料丛刊续编·中日战争》第1册，第346—347页。

应用"①。与依克唐阿所要求的450万颗子弹相比，增祺所拨的47万颗（包括正在赶造的30万颗），无异杯水车薪。增祺又奏请"由天津、山东各机器局筹解应用"，光绪皇帝电谕直隶总督李鸿章、山东巡抚李秉衡，要求天津和山东机器局进行接济，"先行筹拨子弹若干，迅速解济"②。十一月二十五日，依克唐阿奏称其前购连珠枪430杆、哈乞开斯枪100杆，后膛过山钢炮4尊，"已经发营使用"。同时说明"现在仅有新购快炮四位、钢炮二位，行营不敷制敌。应请旨下神机营迅拨毛瑟开斯枪共千杆、子母百万粒，大炮数位，丸弹喷筒火箭各一千。并恳饬下护理黑龙江将军增祺，仍拨十响快枪子母五十万粒"③。

光绪二十一年（1895年）二月二十五日增祺的奏报称，计自腊月二十日以后拨给依克唐阿军毛瑟子弹12万颗；正月十一日，调嘎尔萨炮2尊、炮弹1200余颗、洋药3000斤、来福枪铅丸3000颗；正月二十二日，又拨开花炮2尊，开花炮弹500个、铅丸20万颗、来福枪铅丸8万颗；二月初三日又调齐齐哈尔墨尔根库存后膛铁炮7尊、三等铜炮1尊，随带炮弹1100颗。④光绪二十一年四月十六日（1895年5月10日），依克唐阿电奏称，近期他收到的军火实数是"已解到营之抬枪一千五百四十九杆，在辽阳制造铜炮二尊、铁炮

---

① 《光绪朝硃批奏折》第60辑，第116、178页。
② 《清代军机处电报档汇编》第1册，第383页。
③ 《署黑龙江将军依克唐阿为请拨军火事致增祺咨文附原片》，《中国近代史资料丛刊续编·中日战争》第2册，第52页。
④ 《黑龙江将军增祺奏遵旨续行筹济前敌军火炮位情形折》，《中国近代史资料丛刊续编·中日战争》第2册，第546页。

六十尊、后膛炮卅尊，开花子弹三十余颗"[①]。

根据上述这些数据，依克唐阿军战时和战后初期实际得到的军火补给有：毛瑟枪5000杆、毛瑟马枪500杆、哈乞开斯枪1300杆、连珠枪430杆、来福枪300杆、抬枪1549杆、嘎尔萨炮2尊、开花炮2尊、后膛铁炮7尊、后膛钢炮4尊、三等铜炮1尊、辽阳制造铜炮2尊、铁炮60尊、后膛炮30尊，各类枪械子弹119万多颗，来福枪铅丸83000多颗，各类炮弹2800余颗，炮用洋药3000斤、铅丸20万颗。

在分析依克唐阿军战时实际得到的军火补给的基础上，我们再来考察该军军火消耗的情况，可知在甲午战争陆路战场的作战中，军火消耗的速度非常快。

光绪二十年（1894年）十一月二十四日，增祺就奏报依克唐阿军所有各种枪弹170余万颗"今称已将用尽"[②]。光绪二十一年（1895年）四月十六日依克唐阿电奏称，历次所失军火，"除前失铜炮、钢炮各二尊"外，"计自长甸开战后至停战，共失去快枪三千八百零七杆。损坏者八百八十余杆，前由吉林机（器）局调来匠役驻奉购料修理，仍堪应用"[③]。依克唐阿军将刚出关时的3800支快枪差不多损耗光了，在扩军超过一万人的情况下，陆续得到各种枪械近10000支、炮108尊，这时依克唐阿计划扩军至两万余人，自然觉得武器弹药不够用。何况，依克唐阿军在辽东参加了鸭绿江防之战、摩天岭之战、五复海城之战，均是大规模血战，清军战力又远逊日军，他所领到的那批枪炮如前述又是如此成色，每战后该军必有大量伤亡和武器、弹

---

① 《黑龙江将军依克唐阿奏中日开仗以来枪支损失较多必须补充电》，《中国近代史资料丛刊续编·中日战争》第3册，第353页。
② 《光绪朝硃批奏折》第60辑，第178页。
③ 《中国近代史资料丛刊续编·中日战争》第3册，第353页。

第九章　甲午战争中清军军备的控制权　425

药的损耗，其上奏请求补充兵员和武器弹药，是合乎情理的，恐怕不能简单认定就是掩盖该军战斗力不足、推卸"怯战"和战败责任的借口。

对依克唐阿的各项请求，学界多主观认定是在找借口。如果说这种看法是缘于以往论著说他是怕死怯战将领观点的影响[1]，那么上述具体分析说明这类请求并非都是借口，我们还有旁证。

徐邦道在甲午战争期间及其后都得到正面肯定，可是他在战争一开始就强调，他的部队所配"枪械仅五成"，后来更说只有四成，所以一口气要求调配6000杆枪、12尊炮。[2] 为了这12尊炮，他先后致函负责此事的周馥、双台子转运局和宋庆，迹近乞求，并称只要配齐装备，"倘遇战事则较有把握"[3]。须知徐邦道所统拱卫军只有11营（3000余人），就清廷规制的人枪比例而言，他的要求比依克唐阿更过分，是否也可认定他在掩盖自身战斗力低下？

如此看来，甲午战争东北前线的清军，无论依克唐阿军还是徐邦道军、唐仁廉军、吴大澂军、刘盛休军，都处在军火不足的窘境中。光绪二十年（1894年）十月，刘盛休在复州报告所部铭军，"每枪仅子数十个，断不敷用"[4]。要么枪支不足，弹药更不足，要么有大杀伤力的重武器奇缺，虽然这不能作为清军"怯战"的理由，但这也确是甲午战争中清军的实情。

---

[1] 戚其章：《晚清史治要》，北京：中华书局，2007年，第315页。

[2] 李鸿章：《寄周臬司》，顾廷龙、戴逸主编：《李鸿章全集》第25册，第234页；陈旭麓、顾廷龙、汪熙主编：《甲午中日战争（上）——盛宣怀档案资料选辑之三》，上海：上海人民出版社，1980年，第324页。

[3] 太平天国历史博物馆：《清季名人禀牍奏稿函札——甲午中日战争新史料》，南京：江苏人民出版社，2006年，第21、24、27、18页。

[4] 李鸿章：《寄营口转运局》，《李鸿章全集》第25册，第139页。

就依克唐阿一军的军火援应而言，清廷缺乏战略统筹，没有能力做好"后勤部长"，负责吉林机器局的吉林将军长顺和恩泽、负责督催的黑龙江将军增祺、负责天津机器局的直隶总督李鸿章、负责山东机器局的山东巡抚李秉衡，不能及时足量供应急需的武器装备，难逃为战败应承担的罪责。总之，要认定清军将领普遍惯于谎报自身实力，来为怯战和战败开脱，重在证据，不能人云亦云。

第三节 清军将领的近代军事能力与军储战备底气

甲午战争的战火烧到中国境内后，清军的陆路战守，一般都会涉及徐邦道这位清军将领。目前学界对徐邦道在战争中的表现和评价，主流观点是正面肯定，但有不同意见。这些意见分歧的观点各有其道理和渊源，在具体史事上也各有史料依据，但也各有欠缺。在这种情况下，我们更有必要具体考察徐邦道这样的"重要"军事将领，有没有应对近代战争、扭转战局的军事素养、才能和底气。[1]

应对近代战争，对近代武器的掌握程度当然是一个关键。那么，徐邦道是否具备精熟近代武器装备的军事素养呢？

甲午战争中，徐邦道是最早抱怨外洋军火质量不高的将领之一，光绪二十年（1894年）十一月二十三日，他致电盛宣怀称：

---

[1] 学界对徐邦道多正面评价，今人对徐邦道的正面评价源自晚清军事专家姚锡光之说。参见姚锡光：《东方兵事纪略》，台北：文海出版社，1967年，第116—128页。近些年持正面评价的论著颇多，如戚其章：《甲午战争史》，第175—205页；《中国近代史》编写组：《中国近代史》，第157页，等等。对徐邦道持否定评价者认为，当时布防金州城周边的徐邦道部，与坐守金州城内的八旗军队，在日军进攻面前，"稍作抵抗，便弃城向旅顺方向退却"。参见陈悦：《沉没的甲午》，南京：凤凰出版社，2010年，第233、235、239—240页。

"各转运局、所解来毛瑟开斯子，两头均有黄蜡，又有外国厚纸四层闭阂，甚有洋铁闭阂，每打不霍铅头焊处，复有纹如螺丝，纵放得出，亦不能远。此中恐有外国人买通工匠作弊之事。"[1]但正是这一电文，显示出作为一级军事主官的徐邦道，对近代武器装备实在外行——当时国际军工界普遍用油脂渗泡晾干的厚纸张，用来包裹成型发射药和弹丸，装入枪膛前需咬掉子弹后包裹的牛皮纸，以露出底火，71式毛瑟枪就是使用这种子弹。这就是说，实际上纸壳包装仅仅是子弹包装的一种方式，与枪弹质量无关。[2]果然，第二天盛宣怀回电称："子弹用蜡纸，廷一说是外国造法，并无弊。"[3]

　　根据李鸿章向清廷的报告，天津机器局的一项任务是专造洋火铜帽及各项子弹，枪子一项，该局至少生产毛瑟、哈乞开斯和云者士得三种，徐邦道抱怨的纸壳毛瑟、哈乞开斯子弹，津局均有制造。另外，天津机器局制造的弹药、火药、铜帽、拉火等零件，一个重要的分配渠道就是直隶省淮练各营。徐邦道在光绪六年（1880年）后出任正定总兵，调驻天津军粮城，属于淮系铭军系统的徐邦道部领到的枪弹产品，便是天津机器局所造。至甲午战争时，徐邦道部下使用纸壳子弹长达14年之久，按理，即便徐邦道自己未使用过这种子弹，至少应当了解其部下所用的武器弹药，为何身临战阵见到纸壳子弹反而不知为何物？当然，徐邦道的电文中还道出，他的属下临阵仍不能熟练使用这种枪弹。即便抛开其近代军事素养问题不论，徐邦道竟连自己所统部队的武器装备都不熟悉，也不能

---

① 《甲午中日战争（上）——盛宣怀档案资料选辑之三》，第324页。
② （清）陈龙昌辑：《中西兵略指掌》，清光绪二十三年东山草堂石印本，第14页。
③ 《甲午中日战争（上）——盛宣怀档案资料选辑之三》，第325页。

有效督促辖下官兵训练并熟练使用这种枪弹，能说得上是一名合格的、值得信赖的指挥官吗？

这也涉及学界历来就有的列强各国在华兜售军火，各军火商是否以次充好、外购军火质量差的疑问。当时，清政府外购军火有一套颇为严密的程序，每批进口军火需要经过相关驻外公使、港口检验局、南北洋大臣的三重严格检查，方能过关。订购军火时必有成文合同，数量、型号、质量是否与所订相同，与合同一查对便知。且晚清时期列强在华兜售军火，竞争激烈，各军火商一般不会冒着失去中国市场的风险以次充好。甲午战争即将结束时，在前线督战的刘坤一称，据各统领面禀，小口径快枪子弹每箱上层尚佳，用至下层往往有不合膛或药力不足的问题。但小口径快枪子弹亦有国产，经刘坤一等派人"逐箱抽验"，并非外购子弹的质量问题。[①]光绪二十年（1894年）十一月八日，清军将领宋庆致电盛宣怀称："前领子弹半多不响，即响亦不及远。拆验药已成灰，想系陈久坏变，误事非浅。请另拨外洋新子弹，速解。"宋庆说得很清楚，子弹变质不是质量不佳，而是长期不用又保管不善的结果，这个"陈久"的时限，如盛宣怀所说长达二十年之久，"系廿年前旧物，恐有不响之弊"[②]。这些都表明，外购军火质量基本是有保障的，而清朝大员们却限于近代军事知识，在购货考察和验收时会犯一些低级错误。即便被视为晚清外购军火权威的盛宣怀，也不例外。光绪二十年九月十五日，盛宣怀称，信义洋行现有"格拉后膛步枪一万

---

① 欧阳辅之编：《刘忠诚公遗集》，台北：文海出版社，1968年，第6970页。
② 《甲午中日战争（上）——盛宣怀档案资料选辑之三》，第308、311页。

杆，机簧与毛瑟相同，可用毛瑟子"①，而且这种枪械中国能自造枪子。实际上，法国造格拉斯式后膛步枪与毛瑟枪机簧构造完全不同，子弹更不能互用，只是表面相似而已。鉴于清朝官员缺乏近代军事知识，卖方和海关代表金登干在报告一批奥国兵工厂保存完好的枪械和子弹即将由欧洲启程时，特别提到"到达中国交货时，应请公正可靠的欧洲检验员开箱抽验后在场移交，以免有人捣鬼当作陈旧军火看待"，甚至连"每一支枪在使用前当然还要把上面的油弄干净"这类事情还要特别嘱咐。然而这批军火运抵上海时，仍被海关道检查、定性为"全系毫无价值不能应用之物"，难怪金登干会大呼冤枉。赫德对此的解释是："那些没有沾到油水的官吏，自然不免有一番挑剔。"②虽然事情不一定如赫德和金登干所说的那样绝对，但港口检验局的检验员一方面由于工作态度、贪腐问题，另一方面则是受限于军事知识不足而存在过失，则是毫无疑问的。

虽然晚清官员和将领中也有较为熟悉某些近代军械知识的，但毕竟是少数，徐邦道显然不属于这一行列。徐邦道因报告外洋子弹用纸壳包裹是低劣制品，而暴露出他在防御装备方面的素养低劣，还有旁证说明他绝非一时之误。清军在战时武器装备不足的情况下，不得不想方设法，以期解决这一问题。光绪二十年（1894年）十一月中旬，徐邦道致电盛宣怀，称日军"身穿纸甲，小枪不能击透，惟惧抬枪"③。这封电报所言自相矛盾，纸甲怎可能无法击透？

① 《甲午中日战争（下）——盛宣怀档案资料选辑之三》，第573—574页。
② 中国近代经济史资料丛刊编辑委员会主编：《中国海关与中日战争》，北京：中华书局，1983年，第109—111页。此项枪械，金登干已请两位内行、前皇家炮兵队的狄克中卫和贝德上尉检查，报告说这批枪完好无损。
③ 《甲午中日战争（上）——盛宣怀档案资料选辑之三》，第320页。

徐邦道不仅缺乏近代军事知识，连中国传统军事知识也知之甚少。纸甲，在古代文献《武经总要》《明会要》《武备志》中均有记载。[①]这件事情发生在他上报纸壳子弹事件的前几天，盛宣怀尚未看清此人的昏聩庸劣，还命徐邦道送一件"纸甲"到天津机器局，以便仿制。颇具讽刺意味的是，戳穿荒唐之言的竟是徐邦道本人。徐邦道在给父亲的信里说得清楚："纸甲，男曾试验数次，三百步外前后，枪均一齐穿透。男用四层洋铁皮，寸半厚高丽纸并乱头发做成，又试，七百步外穿不过，七百步内不行。而且如此笨重，兵勇穿在身上，连动作皆难，焉能临敌打仗？"[②]这是废话！马梯尼枪和黎意枪的有效射程都是300米左右，88式毛瑟枪的有效射程不超过400米，即便以保守的一步70厘米计算，700步即490米。清军只要穿上普通甲衣，超出射程的这些枪都无法击透，何须专门试造"纸甲"？

由此可见，在甲午战争期间，徐邦道这样的军事将领并不具备应对近代战争的军事素养和才能，甚至称不上是一名合格的指挥官，期望他们能指挥军纪差、战斗力低下的清军赢得近代战争，实在太难！更何况腐败的清政府并没有持久作战、抵抗到底的决心。

虽然晚清体制的腐朽，不能决定在这一体制下官员将领都会懒政腐化，但是人的创新能力、眼界才能确实被束缚了。晚清统治集团从上到下，确实没有表现出富国强兵、统筹全局（包括应对近

---

① （明）茅元仪：《武备志》，顾廷龙主编：《续修四库全书》，第964册，上海：上海古籍出版社，2002年，第344—345页；（明）朱国桢：《涌幢小品》，北京：中华书局，1959年，第267页。

② 太平天国历史博物馆编：《清季名人禀牍奏稿函札——甲午中日战争新史料》，第6页。

代战争）的能力，也没有进行体制改革的决心。当然，战争失败的原因首先是以慈禧太后为首的掌权集团没有应对这场战争的战略能力，且缺乏统筹各项战备物资供应的能力；而在战前就已负责清朝各军火局的李鸿章、张之洞、刘坤一、李秉衡、增祺、长顺、王文韶、吴大澂、岑毓英等一批封疆重臣，昧于世界军工发展的潮流大势，因循苟且；再加上西方列强的军事技术封锁，导致已经过三十多年发展的中国近代军工制造企业，生产能力仍极其低下，战略储备根本无法应对大规模近代战争的需要；战前和战时负责外购军火的李鸿章、张之洞、刘坤一、李秉衡、许景澄、盛宣怀等晚清近代化的体制内代表人物，近代军事知识极其有限，缺乏对战争的预见力，经费又捉襟见肘，不能有效外购和储备战略物资，以应战时之需。战争失败，这些人均难辞其咎。当然，前线的清军将领缺乏近代军事素养，甚至不具备一名称职将领的基本素质；有的缺乏军人保家卫国的责任感、畏敌怯战，也是导致战败的重要因素。虽然许多晚清官员、将领在对外战争中的表现，并没有过往所说的那么不堪，但也确实不具备应对近代战争的能力和见识，晚清体制的腐朽是造成历次对外战争失败的主因。

第十章
戊戌政变前的日中结盟活动

　　甲午战败给中国人造成的巨大震动和刺激，促使中国出现了一批主张效法日本明治维新进行改革的趋新力量。而日本各派力量也鉴于战后国际形势及其民族利益，纷纷来中国开展联华活动。日中结盟活动，深刻地影响到戊戌期间的中国政局。①

　　本章将根据中、日两方的材料，对甲午至戊戌年间日本各种势力在中国展开结盟活动、维新派和清政府部分官员对此的呼应、"中日结盟"论对于光绪帝及戊戌时期政局的影响等问题，作一较为细化和深入的解读。

---

① 关于戊戌变法和戊戌、庚子间中日民间结盟问题的研究成果，主要有桑兵先生的《"兴亚会"与戊戌庚子间的中日民间结盟》(《近代史研究》2006年第3期)，日本学者藤谷浩悦先生的《戊戌变法と东亚会》(《史峰》第2号，1989年3月31日)，菅野正先生的《关于上海亚细亚协会的成立》(中国史学会、北京大学1998年纪念戊戌维新一百周年国际学术研讨会论文)，狭间直树先生的《兴亚会について——创立と活动》、《兴亚会について(续)——中国侧の反应》、《亚细亚协会について》(《东亚》，10月号、11月号、12月号，2001)，等等。而对于戊戌政变的发生与日中结盟活动之间关系的探讨，尚未见相关成果出现。

第一节　甲午戊戌间日本联华活动的区分与整合

自明治维新以来，西方列强侵逼东洋，特别是中国大陆，一直是日本朝野共同关注的问题。在强烈的民族危机刺激下，其主要思潮从"日清提携论""清韩改造论"逐渐演变为"大陆进出论"。然而，甲午战后"三国干涉还辽"事件的发生，使日本扩张的欲望受到严重挫折，日本国民"一等国"的幻想化为泡影，他们在痛苦地意识到其低下的国际地位的同时，决心"卧薪尝胆"，用增强综合国力的办法来切实改变其国际地位，报三国干涉之仇。在这种情况下，日本迫切地希望在国际上找到新的盟友，以对付俄国。

于是，日本思想界中那股"日清提携论"又活跃起来，持这种理论的人主张黄种人联合起来，共同抵抗白种人的扩张与侵略。他们纷纷来到中国，与中国各阶层进行了广泛接触，并表示愿意帮助中国改革，使中国迅速"富强""文明"，以共同抵抗白种人的侵略。更有甚者，他们在对中日战争表示遗憾后，便建议中日结成联盟或联邦，日本向中国提供援助。同时，这些人强调，日本这样做完全符合其自身的最佳利益。[1]

在与中国结盟问题上，日本朝野上下都十分积极。在民族利益的驱使下，无论是政府、军方还是民间团体，都在努力地开展对华联络工作。在这些联华势力之中，日本官方主要有两股势力：其一

---

[1]　理查·霍华德：《日本在康有为改革计划中的作用》，转引自［美］任达著，李仲贤译：《新政革命与日本——中国：1898—1912》，南京：江苏人民出版社，1998年，第30页。

是日本外务省，其二是日军参谋本部。

日本外务省活动的范围比较广泛，它除了对清廷的决策层进行工作以外，也与康有为、梁启超、严复等维新派进行接触，积极扶植中国亲日的维新势力。戊戌政变发生后，他们还积极营救维新人士，帮助康有为、梁启超、文廷式、黄遵宪、王照等人脱离险境。

日本军方虽然以游说清政府地方实力派为主要目标，但参谋本部的川上操六、福岛安正、宇都宫太郎等人则与后来形成东亚会的早稻田学园的部分学生有密切联系。[1]在这种相互影响下，光绪二十四年（1898年），当神尾光臣、梶川重太郎、宇都宫太郎等人到中国游说时，不仅接触了张之洞等地方实力派，也与维新派的谭嗣同、唐才常等人进行了接触。日本使者表示，中日"本兄弟国，贵国遇我良厚"，却因甲午之战，"遂成仇衅"，"每一回首，悔恨何及"，并声称"贵国亡必及我，我不联贵国，将谁联？"[2]这种姿态，显然深深打动了谭嗣同、唐才常，并通过谭、唐进一步影响到康有为及维新派的对外策略。中、英、日结盟问题越来越成为维新势力的重要话题。

另外，受参谋本部的川上操六派遣，与宇都宫太郎一同到中国游说张之洞的日本新闻记者西村天囚，不仅与张之洞及其部属、

---

① 早稻田学园的青年学生们与中国的维新派有密切联系，福岛等通过这些学生了解到中国维新派的情况。参阅永见七郎：《世界を股にかけて井上雅二氏の前半生》第四章"日东男儿"，东京：日本殖民通讯社昭和七年版；东亚同文会编：《对支回顾录》上册，东京：原书房，1981年，第679页。

② 谭嗣同：《南学会讲义·论中国情形危急》，《谭嗣同全集》（增订本），北京：中华书局，1998年，第398页；唐才常：《论中国宜与英日同盟》，《中国近代史资料丛刊·戊戌变法》第3册，上海：上海人民出版社、上海书店出版社，2000年，第104页。

幕僚和有关人员广泛接触，还在上海与汪康年、江标、康广仁、欧榘甲、曾广铨、陈季同、叶瀚等江浙、两湖、两广维新人士密切接触。西村天囚在汉学、儒学上的深厚造诣，深受中国维新人士的赞赏，拉近了双方关系。根据西村本人的记载，其此行中，不仅与中国的士绅进行交流，也与日本驻上海代理总领事小田切万寿之助有密切接触，可见当时日本"兴亚"势力之间也有交流和协作。[①]

小田切在日本外务省、参谋本部的联华力量不断整合过程中起

---

① 小田切是日本甲午战后积极从事中日结盟活动的骨干人物，也是两国结盟力量组建的上海亚细亚协会的日方骨干，正如学者所言："虽然张之洞在戊戌前夜曾向总理衙门提出联合日英抗俄之外交政策建议未获采纳，但他和刘坤一发展对日交往的努力却亦未受阻碍，而西村《江汉溯回录》中多次提及的日本驻上海领事小田切万寿之助等则在其对日交往之中起了极为重要的穿针引线的作用。"显然，就在张之洞及其周围人物以外扩展与中国改革派人士接触的范围，在代表外务省的小田切和代表参谋本部的西村之间，达成了一致意见。根据西村记载：1897年12月14日，"访驻上海日本领事小田切万寿之助"。15日夜，"小田切领事来访"。17日，西村等"赴小田切领事招待"。18日，赴武汉前夕，西村"访小田切，不值"。返回上海后，1898年1月22日西村会见来访的"译书公会东文翻译安藤子虎"。24日，会见来访的译书公会主笔董康。25日，会见来访的《农学报》总理蒋黼与藤田剑峰。26日，他拜访《时务报》总理汪康年，回访《农学报》总理蒋黼。27日，"与董康于棠阴别庄设宴。蒋黼、制造局翻译赵静涵、铁道公司总理事赵竹君和江建霞等出席"。28日"李毅宜、洛如父子来访。夜，赴蒋黼招待。席间与女学堂经理康广仁、《蒙学报》主笔叶灏吾等观谈"。29日，"康广仁与《时务报》主笔欧榘甲来访"。30日，"由董康介绍会见驻旧金山领事余益齐、《求我报》总理洪荫之。赴汪康年宴请（于永明总会）。席间与曾敬彝（曾国藩孙）、《求是报》主笔陈敬如（原驻法国参赞）、湖北某学堂教习李一琴等观谈"。2月1日，"访叶灏吾。于大同译会访康广仁和其族康有仪"。2日，"《蒙学报》主笔汪钟霖来访。赴江建霞招待"。3日，"康广仁、康有仪来访。本愿寺曾孝纯来访"。4日，"与诸友道别。赴小田切领事招待。夜，各日报主笔于一品香楼设宴会。由《游戏报》李伯元主席，《大公报》吴涵涛、《求我报》谈小莲、《苏报》之石野某、《新闻报》斐礼思（英人）等出席"。1898年2月5日，当西村从上海离开中国时，小田切、董康、李伯元、谈小莲、汪康年、叶灏吾（即叶瀚）等在码头相送。参见陶德民《戊戌变法前夜日本参谋本部的张之洞工作》，王晓秋主编：《戊戌维新与近代中国的改革——戊戌维新一百周年国际学术讨论会论文集》，北京：社会科学文献出版社，2000年，第417、406—410页。

到了关键作用，同时，他也为上海亚细亚协会的成立得到中国维新人士的赞同、参与，打下了基础。

当时，日本民间有两股新生势力积极地展开对华联络工作：一是同文会，一是东亚会。这两股势力都与日本早期亚洲主义团体东邦协会和由兴亚会演变而成的日本亚细亚协会有较深的渊源。[①]

同文会成立于1897年。甲午战后，日本在华浪人已有一定势力，这部分人迫切希望组成一个团体，以开展对华工作。这一年，他们推举井手三郎往见日本贵族院议长近卫笃麿公爵，表示愿意拥戴近卫为领袖，组织一个启发中国人、匡救东亚时局的机关。近卫接受了他们的请求，于是这些人推举近卫为会长，创立了同文会，会中的骨干人员大致由三部分人组成：（1）荒尾精时代以来的所谓"中国通"，如岸田吟香、宗方小太郎、中西正树、中岛真雄、井手三郎、白岩龙平、中野二郎、高桥谦、田锅安之助、山内嵓等；（2）近卫笃麿身边的人，如陆实、池边吉太郎、大内畅三、五百木良三、柏原文太郎等；（3）贵族和政治家，如谷干城（陆军中将）、长冈护美（熊本藩主细川齐护第六子）、清浦奎吾（子爵、贵族院议员）以及佐佐友房（代议士）、犬养毅（代议士）等。[②]从同文会的人员构成来看，他们大部分正值壮年，有一定的社会地位，一部分人是已在中国活动多年的"中国通"，在华有着相当的

---

① 如东邦协会的重要骨干福本诚、陆实、志贺重昂、三宅雪岭、犬养毅等都是东亚会的发起人。而亚细亚协会的会长长冈护美、议员谷干城和岸田吟香也是同文会的重要成员。另，东亚会和同文会组成人员也有交叉，如陆实和犬养毅既是同文会成员，又是东亚会成员。

② 东亚同文会编：《对支回顾录》上册，第680页；永见七郎：《世界を股にかけて井上雅二氏の前半生》，第166—168页。

势力。

由于同文会成员的经历，使得他们与清廷官僚层有着广泛的联系，故主张依靠政府及体制内的实力派官僚来推动改革，增加清帝国实力，来达到防止列强瓜分中国的目的。如同文会的宗方小太郎在1898年1月30日给中岛真雄的信中曾表示："东方大波澜涌动之期业已迫近，中国政府近来大有依靠日本之倾向，我们要充分抓住这个时机。"[①] 日本联华势力中主张依靠清政府力量在体制内改革的这一派的主张，得到中国体制内趋新势力中张之洞一系乃至荣禄等人的呼应。[②]

然而，同文会诸人的这种只看重联络政府实力派官员的做法，却引起中国维新人士的不满。在他们看来，日本人士希望依靠清廷体制内的实力派来推动改革的想法，实可谓缘木求鱼。文廷式曾对日本人士说："禅家云，水浅非泊船之处。贵邦贤哲，何津津以南皮尚书（指张之洞——引者）卜鄙国之隆替耶？"[③] 据日本人的回忆，1897年2月28日，同文会的骨干宗方小太郎在上海与维新派的李盛铎、罗诚伯、梁启超、汪康年等人商讨兴亚之策时，李、罗诸人曾明确表示"皇上与太后不和，确实无疑"，"清政府依赖俄国，并非国民之愿望，此种政策乃政府里一二权臣顺承太后旨意的妄为。

---

① 宗方小太郎明治三十一年正月三十日致中岛不退庵信，载《对支回顾录》下册，第379页。

② 详情参阅孔祥吉、[日]村田雄二郎《罕为人知的中日结盟及其他》，成都：巴蜀书社，2004年，第76—114页。有关荣禄对日本联华势力态度问题的详细情况，请参阅日本外务省档案《松本记录》6—4—4—1。荣禄在戊戌期间的改革主张和行动，请参见李毅：《荣禄与戊戌变法》，《华南师范大学学报》（哲社版）1987年第2期；冯永亮：《荣禄与戊戌变法》，《清华大学学报》（哲社版）1998年第3期。

③ 内藤湖南：《燕山楚水》，博文馆明治三十三年版，第99—100页。

当前，政府在上者全腐败，居下者皆无识愚蠢，不足与言，能与共事者，惟中间之士君子耳。他日动天下者，必此辈也。故中日联合之事，为在野志士所热望，无论两国政府之方针如何，志士间互相提携，实乃当务之急"。梁启超更是明确表示："中国之天下，为满人所破坏，若要挽回国运，非脱满人之羁绊不可。"[1] 显而易见，虽然当时的维新力量内部存在不同派别和不同改革指向与路径，汪康年等在上海的江浙维新人士，与康有为维新派之间尤其存在重大差异，但维新人士皆在不同程度上对同文会着重联络清廷实力派官僚的做法感到不满，则存在共同之处。在他们看来，帝、后两党已势同水火，以西太后为首的腐败政权根本不可能推动中国的改革，日本人与之联合乃是不了解中国内情。若想中日联合，唯有依靠在野的维新势力。梁启超甚至否认清廷存在的合法性，提出中国要富强，非摆脱满人羁绊不可的主张。当时，维新力量在中日结盟活动中的言论，其锋芒已直指以西太后为首的清政府，含有武力推翻慈禧统治权的思想因素，这是慈禧所不能容忍的。

那么，在日本对华联络的势力中，是否有同中国的维新、革命势力都接近的团体呢？答案是肯定的，这就是日本对华联络的第四支力量——东亚会。东亚会一派主张依靠中国的革命、维新两派人士，通过改革政治体制，使中国富强，而成为日本的屏藩。一般认为，东亚会成立于1897年春。[2] 从其人员构成来看，该团体虽有陆实、福本诚、三宅雪岭、池边三山、志贺重昂、犬养毅、平冈浩

---

[1] 东亚同文会编：《对支回顾录》下册，第375页。

[2] 东亚同文会编：《对支回顾录》下册，第875—876页。关于东亚会成立的时间，日本学界有1897年春和1898年春两种说法。详见桑兵：《"兴亚会"与戊戌、庚子间的中日民间结盟》，《近代史研究》2006年第3期。

太郎那样的学者和政治家，但更多的是井上雅二、小幡酉吉、内田良平、平山周、宫崎滔天等青年学生和"中国通"[①]。这样的人员构成，使东亚会与同文会有很大的不同。该团体富于热情，并且与中国的维新、革命两派都有着密切的联系。他们并不将改革的希望寄托于清政府，而是希望依靠中国的维新、革命两派人士。像平山周和宫崎滔天等较激进的人士，甚至把颠覆清廷建立新政府作为日中提携的前提。1895年至1896年，平山周曾与末永节、宫崎滔天等赴暹罗为中国革命筹划资金。[②]孙中山到日本后，平山周介绍孙中山认识犬养毅。当时，日本外务次官小村寿太郎深恐孙中山在日本会使日清关系恶化，有意令孙中山离境，幸得大隈重信与犬养毅从中周旋，孙中山始以平山周雇人的身份在东京住下。随后，东亚会的骨干平冈浩太郎又应平山和宫崎之请，负担了孙中山在日的生活费。[③]显而易见，东亚会的成员与孙中山颇为接近。

此外，还在东亚会成立之前，东京帝国大学、早稻田大学的青年学生井上雅二、原口闻一、五十岚力、田野橘治等在一起研究中国问题时，就已经与康有为的弟子、早稻田大学的留学生罗普和横滨大同学校校长徐勤来往密切。当时，罗普与井上雅二、原口闻一等早大、帝大学生共同住在井上雅二的"早稻田梁山泊"中（地点在东京牛込五轩町五十番地，是一栋二层小楼，乃井上雅二所租的宿舍）。很多有关中国维新派的情况就是通过罗普和徐勤等人介绍给这些日本青年学生的。所以东亚会成立时，其

---

① 参阅永见七郎：《世界を股にかけて井上雅二氏の前半生》，第157—159页。
② 东亚同文会编：《续对支回顾录》，第1207—1208页。
③ 东亚同文会编：《续对支回顾录》，第1210页；东亚同文会编：《对支回顾录》下册，第1284—1285页。

《会则》第三、四条特意写上了"使居住在横滨及神户的中国人中之笃志者入会。准许辅佐光绪变法自强的康有为、梁启超等人入会"①的内容。

东亚会的这种态度，使得中国维新、革命两派人士都希望借助日本的力量来推动变革。1898年3月底至4月下旬，东亚会的重要人物福本诚旅欧途中路过上海，中国维新人士得到消息后，纷纷前来会晤，共商振兴中国大计。②当时在上海的维新人士如文廷式、志钧（珍妃之兄）、王仁东、江标、罗诚伯、汪康年、曾广铨、陈季同、姚文藻等都曾访问过福本诚，他们与福本诚会谈了五六次，决定中日双方共同组织一个类似日本东邦协会或亚细亚协会式的大协会。福本诚认为，协会初建时会中人物可能会鱼龙混杂，但随着时间的推移，优秀的改革人才肯定会脱颖而出，在此期间他们还制定了发行月刊会报和兴办日、汉语学校等具体章程。此议还得到了两江总督刘坤一所信赖的上海道台蔡钧和铁路督办大臣盛宣怀的理解和支持。③福本诚认为，中国士大夫的水平尚处于日本的嘉永、安政之间④，所以他们此时的思想从"尊王佐幕"逐渐向"尊王讨幕"过渡是毫不足怪的。现在中国的形势若能发展到日本的元治、庆应时代的水平，则一定会使那些主张"公武合体论"的人转化到"尊王讨幕"方面来。众所周知，公武合体论与尊王讨幕论都是日

① 其他两条内容是：一、发行机关杂志，此工作由江藤新作担任；二、研究时事问题，并时时发表所见。参阅永见七郎：《世界を股にかけて井上雅二氏の前半生》，第158页。
② 福本诚明治三十一年四月十一日致日本同志信，东亚同文会编：《对支回顾录》下册，第876—877页。
③ 东亚同文会编：《对支回顾录》下册，第878页。
④ 指明治维新前20年的幕末时代——引者。

本政治思想史中的术语，公武合体论指江户时代后期（幕末）企图通过公家（朝廷）与武家（幕府）相互团结而达到重建幕府权力的政治理论；尊王讨幕论则是指打倒幕府由天皇执掌国政的同时，废除锁国政策，而同外国交通。戊戌时期，中国维新派人士效法日本明治维新，经常用日本幕末、明治初的政情来比附中国。如梁启超与王照曾对大隈重信说：

> 敝邦今日情形，实与贵邦安政、庆应之时大略相类。皇上即贵邦之孝明天皇也，西后即贵邦之大将军也，满洲全族即贵邦之幕吏也。敝邦议论之士持公武合体论者有之，持尊王讨幕论者有之。而合体之说，固万不能行矣！何也？皇上苟不图改革，一切守旧，一切废弛，一切奉西后之意，一切任满洲大臣之欲，则无不可合。然如此则如社稷何哉？故皇上赐之康先生密谕有云，不变法则祖宗之国不保，若变法则朕之位不保。则合体之所以难也。盖不改革则可合，改革则必分，改革则可存，不改革则必亡。两者比较，万无能合之理，此亦如贵邦公武合体之终不能行矣。①

在逗留上海期间，福本诚与在上海的中国维新人士进行了广泛的接触，"中日同盟"已成为双方共同的热门话题。据福本诚观察，这部分人普遍认为，"在中国可称为改革动力的人物，广东应推孙逸仙、康有为、梁启超，浙江应有汪康年，而江西则有李盛

---

① 《梁启超1898年10月26日致大隈重信外相信》，日本外务省编纂：《日本外交文书》第31卷，第1册，第697页。

铎、邹殿书，河南有刘忠主、胡庆焕，四川有廖镜清等人"，大家都对国家的局势万分担忧。"甚至连汪康年那样温厚的君子也认为，最迟在二三年以内，若没有什么办法来拯救中国，则只能视宗国颠覆，而徒有禾黍之悲了。"①透过福本诚给其同志的信来看，当时在上海的维新人士的言论已相当激烈，为了挽救危亡，他们积极鼓吹中国需要"大变""全变"。而作为这一决心的一支重要推动力量，也是中日结盟的重要组织之一，上海亚细亚协会的成立，已然是箭在弦上蓄势待发了。

第二节　维新力量呼应日本联华活动与光绪的态度

此时的中国朝野，由于俄、德两国侵略的刺激，正在经历从主张"联俄拒日"到主张"联英日以拒俄"的巨大转变，日本积极开展的中日结盟的游说活动，对于维新人士，也对于包括张之洞、刘坤一等地方督抚在内的原主张"联俄拒日"的朝野人士观念的转变，起到了巨大的推动作用。这构成了上海亚细亚协会建立的背景。

1898年4月，筹组日中结盟活动的一个重要组织——上海亚细亚协会的活动在紧锣密鼓地进行着。而在此前后，南学会、保国会等维新组织也进行了一系列与日中结盟有关联的活动，辅以前述内容，足见中国趋新势力对日本联华活动的呼应情况。

这种情况，在中日、朝野官绅的各种奏折、条陈、咨文、函札、日记中多有反映。如作为戊戌政变触媒的杨崇伊密折就称："大

① 福本诚明治三十一年四月十一日致日本同志信，东亚同文会编：《对支回顾录》下册，第876、878页。

同学会蛊惑士心，紊乱朝局，引用东人，深恐贻祸宗社。吁恳皇太后即日训政，以遏乱萌。"该折又说："革员文廷式……创大同学会，外奉广东叛民孙文为主，内奉康有为为主，得黄遵宪、陈三立标榜之力，先在湖南省城开讲，抚臣陈宝箴倾信崇奉，专以讪谤朝廷为事，湘民莫不痛恨。今春会试，公车骈集，康有为偕其弟康广仁及梁启超来京讲学，将以煽动天下之士心。"[1]杨崇伊所言，并非完全凭空编造，确实勾画出中国趋新力量与日本联华势力结盟活动的一些基本情况。[2]同时也说明从文廷式被革职后的行踪入手，可

---

① 《掌广西道监察御史杨崇伊折》，《戊戌变法档案史料》，北京：中华书局，1958年，第461页。

② 根据现有的研究成果，戊戌变法期间，并无"大同学会"这样一个政治组织存在。能与"大同"二字联系在一起，又与康有为、文廷式都有关系的维新机构，在国内有1897年10—11月间设立于上海的大同译书局；此外，能与康有为、孙中山和日本势力都有联系的就是设立于日本的横滨大同学校，此校与文廷式似无直接关系。关于戊戌时期学会研究成果，可参见王尔敏：《清季学会汇表》，《大陆杂志》1962年第24卷第2、3期，收录63个学会；张玉法：《清季的立宪团体》，台北："中研院"近代史研究所，1985年，收录68个学会；汤志钧：《戊戌时期的学会和报刊》，台北：台湾商务印书馆，1993年，收录63个学会；闵杰：《戊戌学会考》，《近代史研究》1995年第3期；间小波：《变法维新时期学会、社团补遗》，《史学月刊》1995年第6期；张玉法：《戊戌时期的学会运动》，《历史研究》1998年第5期。对于"大同学会"，由于并无一个确定的戊戌学会可以与之画等号，故从当时的御史言官到后世的学者都试图对此做出解读。杨崇伊为了打动慈禧，将上海亚细亚协会（及其前身上海兴亚会）、南学会、保国会、上海大同译书局、横滨大同学校，等等从事中日结盟活动的维新派组织圈的情况串联起来，附会成"大同学会"，虽不免有捕风捉影之嫌，但他所说"革员文廷式""创大同学会"一事，却实有所本。除杨崇伊外，政变发生后不久，八月十二日，御史黄桂鋆就揣测慈禧心意，奏称："康有为弟兄所犯案情重大，其党之同谋者……甚至有徐勤等赴日本，与叛贼孙文设立大同会。"这显然是将杨崇伊所说的"大同学会"等同于横滨大同学校。参见《福建道监察御史黄桂鋆折》，《戊戌变法档案史料》，第467页。学者们也不断做出解读，如蔡乐苏先生认为，杨崇伊是将横滨大同学校、上海大同译书局与"大同学会"联系起来，并将这些维新派的组织机构都附会成了大同学会，这个意见是有见地的。参见蔡乐苏、张勇、王宪明：《戊戌变法史述论稿》，北京：清华大学出版社，2001年，第869—870页。

为揭示其中牵连的日中结盟活动诸面相提供重要线索。

文廷式虽在百日维新开始之前就已革职离京，但是他并未就此滞留于江西萍乡原籍，停止自己的活动，而是利用自己在官员士绅中建立的关系，往来于江西、上海、湖北、湖南之间，参与各种活动，尤其与在上述地区从事联华拒俄、日中结盟活动的日本人士频频交往。这可从日本外务省的档案中得到证实。日本驻上海代理总领事小田切万寿之助在给日本外务省的报告中说："清国江西萍乡人文廷式……被罢黜归乡后，时而往来于上海、湖北、湖南，与官吏志士不断往来，讨论时务。而那时发生了俄国政府要聘请他的传说。我从那年以后跟他结交，不断有所往来。今年夏天，清浦法相、松平内务次官游历清国时，他们也尝试推心置腹地畅谈。"①

中方的资料要比上述日方资料更加具体、牵连更广。我们从文廷式给梁启超、汪康年、麦孟华、宗方小太郎的书信和郑孝胥的日记等材料中，可以发现大量相关的记述。如郑孝胥记：光绪二十三年十一月十八日（1897年12月11日），"汪穰卿、康幼博、郑陶斋邀晚饭于二十七号洋饭馆，单中有立德夫人、李提摩太、福开森及文芸阁昆仲"。光绪二十四年三月十五日（1898年4月5日），"文芸阁来公司，谈久之，且言郑陶斋欲见"。闰三月初二日（4月22日），"文芸阁来，议立亚西亚协会，欲以初五日为第一会，而以余及文、何及郑陶斋出名召客，勉诺之"。闰三月初四日（4月24日），"文芸阁来，改于初六协会"。闰三月初六日（4月26日），"季直、芸阁来，遂同过郑陶斋。是夜，来会者二十余人，日人来

---

① 《日本外交文书》第31卷第1册，日本国际联合协会昭和二十九年版，第609件。

者四人"①。

文廷式、梁启超、麦孟华、康广仁、汪康年、郑孝胥、张謇、郑观应等大批维新人士，以及诸多来华从事日中结盟活动的日方人士频繁交往、活动，乃是在筹建中日两国民间人士联合的一个重要组织——亚细亚协会（其前身为上海兴亚会）。②

1898年4月26日，在上海的中国维新人士和日本联华人士齐聚郑观应寓所，召开日中结盟的核心组织之一——亚细亚协会的筹备会。对于这次会议，《湘报》和《集成报》都作了报道。两报所登载的出席会议者名单虽略有不同，但是文廷式、郑孝胥、张謇、汪康年、郑观应、何嗣焜等人都出现在两份名单中，且文廷式都是作为"会议主席者"列于所有人员之首。如《湘报》记载："主席者文云阁学士、郑苏龛部郎、何梅生太守、郑陶斋观察……"③《集成

① 参见汪叔子编：《文廷式集》下册，第1250—1251页；中国国家博物馆编、劳祖德整理：《郑孝胥日记》第2册，北京：中华书局，1993年，第632、650、652、653页。

② 上海兴亚会、亚细亚协会，张玉法《清季的立宪团体》一书均收入，兴亚会成立时间不详，亚细亚协会成立于1898年。闵杰《戊戌学会考》一文认为：兴亚会和亚细亚协会，"以上二会，系日本人在其本国创立。初创时名兴亚会，后改称亚细亚协会。1898年，日本驻沪总领事小田切南同上海道蔡钧及盛宣怀后，邀集郑观应、张謇、汪康年等社会名流在上海成立，为日本亚细亚协会之分会"。（《近代史研究》1995年第3期）。日本学者狭间直树认为，就日本亚细亚主义团体的渊源脉络来看，亚细亚协会是由兴亚会改名而来。（狭间直树：《亚细亚协会について》，《东亚》2001年12月号）。桑兵认为从事中日民间结盟的上海亚细亚协会及其后取代它地位的东亚会、同文会，都可称为兴亚会组织（桑兵：《"兴亚会"与戊戌庚子间的中日民间结盟》，《近代史研究》2006年第3期）。兴亚会在日本的创立和演变情况，参见戚其章《近代日本的兴亚主义思潮与兴亚会》（《抗日战争研究》2008年第2期）一文。这些成果都说明在戊戌时期，以上海亚细亚协会为核心，中国维新派人士与日本联华势力确实形成了一个被杨崇伊称为"大同学会"的组织圈。

③ 《兴亚大会集议记》，《湘报》第69号，1898年5月25日，北京：中华书局，1965年，第274页。

报》记载："邀文云阁（文廷式）学士、郑苏龛（郑孝胥）部郎、何梅生（何嗣焜）太守、郑陶斋（郑观应）观察主席……"[①] 该会的筹备者和日方骨干成员之一，就是日本驻上海代理总领事小田切万寿之助。[②] 该会还积极争取更多的中国官绅的赞同和参与，且尤其注意吸纳从事外交事务的官员，何如璋、王韬等数十名"中华公使及使员游士多入其会"[③]。

尽管文廷式所积极奔走的是上海亚细亚协会，但杨崇伊在密折中将他指为"大同学会"的创办者也并非空穴来风。戊戌期间康、梁等人倡民权平等大同之说，发挥保国、保种、保教之义的情况，已广为人知。"大同"一词，经常被维新派用于各种组织的名称，如大同译书局、大同学校等。当时中日人士之间的交流多用笔谈，"大同"一词经常见诸双方笔端。比如福本诚在与上海维新人士交流时，就曾在"求同存异"和"联合"等意义上使用过"大同"这个词。与康有为关系一度密切的梁鼎芬也说："康有为之教……其宗旨以'大同'二字为主（其徒所设之局、所立之学，皆以'大同'为名）。"[④] 所以，前引杨崇伊密折笼统称该会及南学会、保国会等相关维新组织为"大同学会"，并不奇怪。

南学会诸人与从事日中结盟活动的兴亚会、上海亚细亚协会、

---

① 《亚细亚协会》，《集成报》第33册，1898年5月5日，北京：中华书局，1991年，第28页。
② 《对支回顾录》下册，第876—878页。日本驻上海代理总领事小田切万寿之助在创办上海亚细亚协会过程中的重要作用，同时见于中方记载。参见《郑孝胥日记》第2册，第659页。
③ 《兴亚大会集议记》，《湘报》第69号，1898年5月25日，第274页。
④ 梁鼎芬：《康有为事实》，载汤志钧《乘桴新获——从戊戌到辛亥》，南京：江苏古籍出版社，1990年，第64页。

东亚会之间也有密切联系。光绪二十四年（1898年）四月，唐才常在《湘报》发表文章说：

> 吾友有徐勤者，客日本，主讲横滨之大同学校，则飞函告曰：日本处士，仁哉侠哉。日日以亡中国为忧，中国亡则黄种瘠；黄种而瘠，日本危哉！于是上自政府，下逮草野，群有心救世之人，创立兴亚义会，冀扶黄种，保亚东，毋尽为俄、德诸雄蚀……乃以勤介于湘，丐湘人有志行者联百数十人，入兴亚义会，其能联名千，益济乃事；幸而万焉，吾中日相臂指必矣。于是举勤会员，主联中国，尤措意湘，凡湘人游日者，先达名兹会，会之友幸为东道主毋馁……为今之计，有长策十：一、南学会急派人至日本办兴亚会事，一二年后挈其政学归，新吾中国。二、立兴亚分会于湖南，与日本时其消息，灵其脑筋。三、急聘日本人来湘，或武备学堂，或时务学堂，或校经书院，或另辟学堂，专门教习，以收速效……九、《湘报》与《兴亚报》彼此分派，以拓见闻。十、官绅子弟，自备膏修，多入横滨大同学校（抚部现拟招选子弟五十人，分送日本各学堂，不在此内）。[①]

他们不仅呼吁与日本兴亚人士、组织的联结，而且也在切实行动。在登载唐才常《论兴亚义会》一文的那期《湘报》上，同时登

---

① 唐才常：《论兴亚义会》，湖南省哲学社会科学研究所编：《唐才常集》，北京：中华书局，1980年，第178—179页。该文发表于《湘报》第65号，光绪二十四年四月，第257页。

载了《东亚会简明章程》，足见南学会人员与东亚会有联系。而张仲炘奏折中"出使大臣黄遵宪……又湖南庶吉士熊希龄……此二人与康有为、孙文，同为日本兴亚会总董"[1]等言论，更证明了这一点。至于保国会康有为等人与日本联华力量的关系，毋庸赘言。

虽然中国趋新势力对于究竟是联英还是联日，或者是英日同联，因其对世界局势认知的程度以及民族感情等因素，存在差别，但这确实与高呼变法图新一样，已经成为趋新势力口中经常的话题。尤其是随着英国态度消极，而日本却积极呼应，中日联盟更加成为中国趋新势力口中经常的话题。更重要的是，中国趋新势力对日本联华主张、活动的呼应，不仅在民间层面，而且进入到官方乃至帝权层面。

中国趋新力量主张联英、日以制俄的外交方略，与康有为等维新派和帝党官员主张学习日本明治维新经验在中国变法维新，是紧密结合在一起的。联日问题随着康有为等人对光绪的影响，而逐渐为光绪所接受。正如戊戌年间参与维新的官员李岳瑞所说："戊戌夏，联日议起，始命黄京卿遵宪为出使大臣……先期令总署恭撰国书，依故事拟草上，上阅之，殊不惬意，因于'大日本国皇帝'之上，御笔亲加'同洲同种同文最亲爱'九字，中间词意，亦多所改定。书成，命王文勤及张樵野侍郎奉诣日使馆，与日使矢野文雄商榷，而密诏不令李文忠（李鸿章）与知。盖文忠仇日甚，不愿联日，而忌者又为蜚语以中之，故怒遂不解也。未旬日而文忠出总署

----

① 《工科给事中张仲炘片》，《戊戌变法档案史料》，第471页。另，对于唐才常提及的"兴亚义会"究竟所指为何，狭间直树先生和桑兵先生均有辨析。参见狭间直树：《东亚会与同文会》，《东亚》2002年1月号；桑兵：《"兴亚会"与戊戌庚子间的中日民间结盟》，《近代史研究》2006年第3期。

之命下矣。"①李岳瑞这条材料的真实性也为日本官方档案所证实，由此可见，维新派联日主张已为光绪帝所接受。②光绪皇帝亲笔改定的这份国书是通过总理衙门以照会的形式发交日本，事先当然也送呈慈禧太后。③显然，康有为等维新力量积极进行的日中民间结盟，随着康有为等人得到光绪的信用，已由民间扩展到了国家权力核心。

在戊戌变法时期，日本联华力量在中国的活动，中国趋新势力对此的呼应，以及"中日结盟"论被光绪所接受，这些并不是什么秘密，而恰在多个层面为人所知。如维新派和帝党官员的奏折就时常透露出这些信息。光绪二十四年（1898年）四月十三日，山东道监察御史杨深秀奏称："顷闻日人患俄人铁路之逼，重念唇齿辅车之依，颇悔割台相煎之急，大开东方协助之会，愿智吾人士，助吾自立，招我游学，供我经费，以著亲好之实，以弭夙昔之嫌，经其驻使矢野文雄函告译署。我与日人隔一衣带水，若吾能自强复仇，无施不可。今我既弱未能立，亟宜因其悔心，受其情意……既于两国可联情好，且令吾人士得通彼学。"④这道奏折至少说明两个问题：

① 李岳瑞：《春冰室野乘》，太原：山西古籍出版社，1995年，第12—13页。
② 日本外务省机密档案，与李岳瑞所述大体一致，只是在个别细节上略有出入。如王文韶、张荫桓到日本使馆时，日本驻华公使矢野文雄回国休假，他们所见为代理公使林权助；光绪皇帝在国书中所加为"同洲至亲至近友邦，诞膺天佑，践万世一袭帝祚之大日本国大皇帝好"。参见日本外务省史料馆藏：《日清两国国交亲善之文件》，"王文韶、张荫桓两大臣来访之报告"。有关光绪帝联日的情况，孔祥吉、村田雄二郎在其著作中已有论及。参见孔祥吉、村田雄二郎：《罕为人知的中日结盟及其他》，成都：巴蜀书社，2004年，第59—75页。
③ 光绪皇帝御笔修改的这份国书，按制誊录并收于清宫中档，通过总理各国事务衙门发出向日本国照会。参见中国第一历史档案馆编：《光绪朝硃批奏折》第112辑，第383页。
④ 杨深秀：《山东道监察御史杨深秀片》，《戊戌变法档案史料》，第248页。

一是这时帝党官僚和维新派主张接受日本帮助，与日本联盟"自强复仇"；二是说明日本在中国积极活动，"大开东方协助之会"，扶植亲日势力的情况，已经不是什么秘密了。前述上海兴亚会、亚细亚协会开会，就被《湘报》《集成报》等报刊宣诸报端。唐才常在《湘报》宣扬"兴亚"会、维新派与日本联华力量的结合情况，其目的本是鼓舞人心，且不免夸大其词，但却也将这类中日结盟的活动及其在湖南等地活动的情况，宣之于众。

日中这种关系东亚国际格局的活动，也引起了角逐的另外一方——俄、法等国的关注，并用各种手段侦知中日朝野势力的接触。当在野维新人士积极筹划日中结盟的组织——上海亚细亚协会时，俄、法等国领事就"闻有中日协会，颇生疑忌"[①]。而据康有为自己讲，光绪二十四年他曾"与日本矢野文雄约两国合邦大会议，定稿极详，请矢野君行知总署，答允，然后可大会于各省，而俄人知之，矢野君未敢"[②]。

而上海亚细亚协会、东亚会、同文会以及日本参谋本部的活动，也通过各种渠道为清廷中央和地方大吏所知。张之洞自不必说，刘坤一、盛宣怀等也同之。西村天囚在1900年1月中日两国都盛传刘坤一将调任北京朝廷要职的传言之时，为《大阪朝日新闻》所写报道中就追忆说："据说刘氏对同文会在清国的行动所知不

---

① 《亚细亚协会创办大旨》，《郑观应集》下册，上海：上海人民出版社，1988年，第220页。
② 康有为著，楼宇烈整理：《康南海自编年谱》，北京：中华书局，1992年，第35、40—41页。

少。"①而前述铁路督办大臣盛宣怀、上海道蔡钧等参与到小田切积极推动的上海亚细亚协会成立活动中的情况既揭诸报端，为清廷所知乃当然之事。②1898年1月21日，总理衙门电复张之洞，其中就有"日英求联，皆游士兵官之言，该使从不稍露端倪"③。这反映出庆亲王奕劻主持的总理衙门对日本联华人士来华活动的情况是有一定了解的。

内政与外交密不可分。福建道监察御史黄桂鋆、工科给事中张仲炘的奏折中就透露出在湖南新旧相攻之时，"（熊）希龄云，将约日本之维新党，剿灭湖南之守旧党。新旧相攻，不至杀人流血不止"，且这种情况"人多有知之者"④。同样，在百日维新后期，伴随着帝、后权力斗争的激化，维新派在危境中想利用日本武士对付政治对手的激烈主张和表现，也通过各种渠道为朝野所共知。

第三节　维新力量联日策略的多样化与激进化

戊戌前后的中国，用梁启超的话来说，"如一羊处于群虎之中"，形势严峻，中国的趋新势力虽然具体的考虑不同，但联结与国，获得强助，使中国免于被瓜分的想法有一致之处。在这种情况下，他们对于日本主动、积极的联华策略，颇乐于接受，认为"中

---

① 西村天囚：《关于刘两江总督的地位》，《大阪朝日新闻》，1900年1月7日，第1版。
② 东亚同文会编：《对支回顾录》下册，第878页；《集成报》，1898年5月5日，第1863—1864页。
③ 《张文襄公全集·电奏七》卷七九，第26—27页。
④ 《福建道监察御史黄桂鋆片》、《工科给事中张仲炘片》，《戊戌变法档案史料》，第468、471页。

日联盟"，对内可以推动中国的改革和复兴，对外可以遏制西方列强的侵略，使中国摆脱被瓜分的危险。

当然，对于日本方面提出的"同文同种""联盟提携"主张，和他们展开的大力游说活动，正如学者所言，因甲午战争的阴影及战后日本对中国的进逼态势，中国趋新势力始终是将信将疑的。①尤其是他们对日方提出的日中联盟提携论调中的"合邦"之论，是有戒备的，对其提携背后的目的也有所认识。②在他们看来，增强自身实力乃是中国重振的根本。所以维新派长期以来的主张还是与英日联盟而非"合邦"。

在中国趋新势力中，因为各自的派系不同，在中国政治体系中的地位利益不同，以及对中国改革的指向和路径认知的差异，使得不同政治集团对联日有不同的举动。如在清政府内部地方实力派中，荣禄的联日活动与张之洞就存在差异。同样，在维新力量中，不同的维新群体也存在着差异，以及"异"中的不约而同之处。

甲午战后，康有为是较早主张学习日本变法经验、使中国自强的人。光绪二十一年（1895年）闰五月初八日，康有为就在《上清帝第四书》中指出："以土（耳其）之大，不更化则削弱如此；以日（本）之小，能更化则骤强如彼，岂非明效大验哉？"③康有为主张效法日本维新，乐于接触日本人士，日本各派力量开展联华活动

---

① 桑兵：《"兴亚会"与戊戌庚子间的中日民间结盟》，《近代史研究》2006年第3期。

② 唐曾说："吾以知英日之必不坐视吾中国之斩焉渐灭也，彼非有爱于中国也，中国亡则虞、虢之势成，而剥床以肤矣。"唐才常：《论中国宜与英日同盟》，《中国近代史资料丛刊·戊戌变法》第3册，第101—103页。

③ 康有为：《上清帝第四书》，《戊戌变法》第2册，第179页。

对康有为也有直接间接的影响。在日本横滨主持大同学校的徐勤等人被日本联华组织吸收，康有为于光绪二十三年（1897年）左右与日本公使矢野文雄的接触，都使康有为逐渐明确了联盟英日、推动中国变法自强的策略。①这一年十一、十二月间，康有为"为御史杨深秀草疏，请联英日，又为御史陈其璋草疏，再请联英日"②。这种主张在当时并不特殊，此前，包括张之洞、刘坤一在内的地方督抚和一批官绅也已经有联结英日的主张。当然，各自的联日内容是有很大不同的。不过，康有为的主张对追随他的一批维新志士会产生巨大影响。光绪二十四年（1898年）正月，谭嗣同、唐才常等人在会晤日本军方游说之士宇都宫太郎等人后，唐才常就明确提出与英日联盟之策。③二月，康有为之弟康广仁也提出与英国联盟的主张。④这也反过来与日本联华人士的活动一起，进一步影响到康有为将中、英、日联盟的主张作为维新派长期的对外策略。

三月间（1898年3月底至4月中旬），作为上海亚细亚协会成立重要推动者的福本诚在上海通过与中国维新人士的交流，观察到"中国朝野上下，都对中日结盟寄予了极大的希望"，因此，"这是怂恿中国人士成立一个东邦协会或亚细亚协会那样的团体的大

---

① 康有为至迟从光绪二十三年十一月起，就与日本驻华公使矢野文雄等日本联华人士有接触："自十一月……吾……与日使议请将偿款再摊十年，并减息，日使矢野君极有意。"《康南海自编年谱》，第35页。
② 《康南海自编年谱》，第35页。
③ 唐才常：《论中国宜与英日同盟》，《中国近代史资料丛刊·戊戌变法》第3册，第101—103页。
④ 康广仁：《联英策》，《中国近代史资料丛刊·戊戌变法》第3册，第92—93页。奇怪之处就在于，康广仁与日本联华人士接触不少，但却没有明确提出联日主张，而只是明确主张联英，其中缘由值得探讨。

好机会"①。福本诚所述，在中方材料中也得到佐证。上海亚细亚协会的重要组织者之一郑孝胥在日记中写道："今中国事急，我辈匹夫虽怀济世之具，势不得展，固也。有机会于此，日本方欲联中国以自壮，如令孝胥游于日本，岁资以数千金，恣使交结豪酋及国中文人，不过年余，当可倾动数万人，下能辅中原之民会，上可助朝廷之交涉。脱诸戎肆毒于华夏，则借日人之力以鼓各省之气。兴中国，强亚洲，庶几可为也。"②这种结盟的共识和活动，显然进一步影响到康有为"引导"光绪接受中日结盟的活动。光绪二十四年四月十三日，在康有为的策动下，杨深秀奏称中国应与日本结盟。五月，康有为呈上《密联英日以保疆土而存国祚折》，仍是主张与英日联盟，"保疆土而存国祚"。由此可见，康有为对如何借助外力行变法，有一个随着局势的变化而随时变化的灵活度。当变法顺利时，他还是主张依靠自己的力量和光绪的权力，而当变法阻力很大的时候，就会产生借助外力推动变法的想法。

光绪二十四年（1898年）七月二十八日，光绪皇帝发出皇位危机的密诏③，彰示帝、后权力斗争空前激化，改革面临严重局面。也是从这时开始，康有为维新派发起了最后的冒险，他们除了游说聂士成、袁世凯军队，以及组织江湖游侠"围园劫后"等计划外，还有一项通过伊藤博文访华来实施借用外力实现维新派掌权的计划。

① 东亚同文会编：《对支回顾录》下册，第878页。
② 《郑孝胥日记》第2册，第644页。
③ 学界对光绪皇帝发出密诏的时间存在分歧，《中国近代史资料丛刊·戊戌变法》的编者，将这份诏书系于七月二十八日项下。参见该书第2册，第91—92页。台湾学者黄彰健则考订为七月三十日，参见黄彰健：《戊戌变法史研究》下册，上海：上海书店出版社，2007年，第563页。

虽然这种计划我们目前未能发现系统完整的资料，但是通过各种材料的抉微钩隐，我们仍能有一个大致的认识：根据《康南海自编年谱》等材料记载，他与矢野文雄探讨过"合邦"问题，而英美传教士李提摩太等人，以及东亚会干事井上雅二等人也频频到南海会馆讨论中日、中英、中美联盟等问题。[①]政变发生前夕，在斗争空前激化的时候，康有为等人与日本联华势力中的激进派频繁接触。东亚会干事井上雅二曾数度到南海会馆，与康有为及其弟子商议"中国复兴、变法的成功与失败、清廷内部的满汉之争、清朝未来的命运"等问题。[②]当康党意识到改革处于生死存亡边缘，已不可能依靠帝权来实现改革大业、掌握国家权力的时候，他们决定将中、日、英联盟的计划推进到与英日"合邦"，完全借用外力来实现维新派掌权的计划。需要强调指出的是，康党的所谓"合邦"，绝不意味着他们主张将中、日、英三国合为一国；但同样显而易见的是，其选用"合邦"一词，在程度上比"结盟"一词更进了一步。搜诸中国维新人士的奏折等文献，在戊戌政变发生前十余日才有"合邦"之论，而在此之前，康有为等人主张的还是中国与英日联盟。而且，在当时这不仅仅是康有为一系的主张，也包括部分其他派系的趋新人士。

七月二十四日，刑部主事洪汝冲上折提出变法自强的本原大计为"迁都、借才、联邦"。清朝早有用"外才"的旧例，但是"我朝康熙时，曾用南怀仁、汤若望改修时宪，同治时曾用英将戈登等

---

① ［英］李提摩太著，李宪堂、侯林莉译：《亲历晚清四十五年——李提摩太在华回忆录》，天津：天津人民出版社，2005年，第245页；《康南海自编年谱》，第40—41页。
② 永见七郎：《世界を股にかけて井上雅二氏の前半生》，第159—160页。

助克苏州，而美将华尔德、法将勒伯勒东达尔等，尤以死绥报国。近则船政制造之厂、两洋海陆之军、同文方言之馆、海关税务之司，无不延聘远人，聿昭成效。然此乃迫于外交，或资教练，不得不然。至如内政重臣，则外人从无干预"。洪汝冲的借才主张则与旧例大不相同："不仿行西法则已，苟仿行西法，则一切内政，尤当广聘东西各国名士，畀以事权……近日伊藤罢相，将欲来游，藉觇国是，皇上如能縻以好爵，使近在耳目，博访周咨，则新政立行，而中日之邦交益固……伊藤以敌国旧相，成绩昭然，信任既专，威望自重，无所惮于变革，无所用其挤排，即与欧西交涉，亦当刮目相看，庶阴谋藉以稍戢，中国转贫为富，转弱为强，转危为安之机，使系乎此。"随后，洪汝冲进一步将本已被中国维新人士弃用的"合邦"主张又搬了出来，他显然受到日本有关论说的影响，认为"合邦"在欧西各国是很平常的事情，"欧西所以强盛，无他，亦在通与合二者而已。故论地形则同洲者先通先合，论种族则同种者宜通宜合，论文教则同文者可通可合。"那么，很自然就可以有这样的结论和主张，"为日本者，所亲亦无过于中国，以我幅员之广，人民之众，物产之饶，诚得与之联合，借彼新法，资我贤才，交换智识，互相援系，不难约束俄人，俾如君士但丁故事，则东西太平之局，可以长保，而祖宗缔造之业，亦巩如磐石矣。此事若在欧西，即合为一国，亦不为怪"[①]。这种主张在当时绝非孤例，而是有不少的附和者，虽然具体主张会有细微的差别。如七月二十四日，李提摩太与康有为在北京会面时，提出康有为应建议光绪皇帝

① 《戊戌变法》第2册，第363—366页。

聘请伊藤博文为中国变法的顾问。①光绪准备开懋勤殿、重用维新人士的消息传开后，二十六日，户部候补主事聂兴圻奏请"设客卿以奔走外臣也……知会欧美各国，其有贤能愿客仕我中国者，即以客卿之位尊显之"②。八月初三日，户部学习主事陈星庚奏请"联与国以借人才"，"商请英国政治家数人，聘订来华，以备咨询而资辅理"③。七月二十六日，在伊藤博文到达中国后，不仅维新派有上述主张，一般的官员士绅中也有人上奏或上书朝廷，请求"借才"。如贵州举人傅爕上书建议"皇上留相伊藤"④；候选郎中陈时政八月初四日亦上书："顷又闻日本伊藤罢相来游中土，已至京师，将蒙召见……如果才堪任使，即可留之京师，著其参预新政，自于时局更多裨益也。"⑤这些都说明当时在维新派的宣传鼓动之下，含有新的深意的"借才"主张在一般的官绅中也得到一定程度的共鸣，足见其影响不容忽视。

随着光绪密诏的传出，改革进入最后的生死关头。八月初四日，当康有为与伊藤博文沟通、获得他对中国改革、维新派的支持态度之后，康有为让杨深秀出面奏请光绪皇帝断然行"借才""合邦"之举。杨深秀这份奏折说："臣闻德、法诸国皆言中华守旧者阻力过大，积成痿痹，商之不理，吓之不动，只宜武断从事，谋定而

---

① 李提摩太：《中国的维新运动》，《中国近代史资料丛刊·戊戌变法》第3册，第563页。
② 《户部候补主事聂兴圻折》，《戊戌变法档案史料》，第73页。
③ 《军机处录副·光绪朝·专题补遗·戊戌变法项》，中国第一历史档案馆档案，3/168/9453/53。
④ 王芸生：《六十年来中国与日本》第3卷，北京：生活·读书·新知三联书店，1980年，第225—229页。
⑤ 《候选郎中陈时政折》，《戊戌变法档案史料》，第197页。

发。"今日危局，非联合英、美、日本，别无图存之策……况值日本伊藤博文游历在都，其人曾为东瀛名相，必深愿联结吾华，共求自保者也。未为借才之举，先为借箸之筹，臣尤伏愿我皇上早定大计，固结英、美、日本三国，勿嫌合邦之名之不美，诚天下苍生之福矣。"①此折八月初五日进呈光绪，可见当时的形势正如杨崇伊所言："伊藤博文，即日到京，将专政柄。臣虽得自传闻，然近来传闻之言，其应如响。"②卷入中日结盟活动的维新各力量的"合邦"主张，通过伊藤博文访华和杨深秀等人的奏折达到高潮。

显然，由于日本各派力量数年来对维新派和中国朝野各类人士的影响，以及各种协会的建立，再加之日本维新成功的背景，在中国确实逐步出现了一批学习日本、效法日本改革，并进而在心理上较为亲近日本的官绅，尤其是康有为为代表的较为年轻的新进之士，其亲日的态度更为明显。当然，康有为维新派是爱国者，在推动改革的进程中，他们主张取法日本，但不会主张归附于日本。然而，当改革日渐受阻并进入危机状态时，当从国内力量来寻求摆脱危机的办法都无切实把握时，引进在中国近代地位特殊的列强进行干预，就成了康有为等人的一种十分自然的选择；尤其是在与日本亲近的心态作用下，部分维新人士提出与日本"合邦"以与欧西各国抗衡，"借才"日英美贤士掌握大权来推动中国改革、复兴的主张，是完全可能的。而前述中日结盟诸多活动和维新派的思想变化，也确实为此做了准备。这是慈禧太后无法掌控的因素，也是她十分恐惧的。八月初四日慈禧回宫，控制了宫中的局面。但维新派

---

① 《山东道监察御史杨深秀折》，《戊戌变法档案史料》，第14—15页。
② 《掌广西道监察御史杨崇伊折》，《戊戌变法档案史料》，第461页。

对此并不知情，仍按既定的应急举措行事。八月初五日，就在光绪帝召见伊藤博文的同一天，杨深秀奏请"借才""合邦"；八月初六日，宋伯鲁又一次奏请"合邦""借才"[1]。然而，这种种举动，只能加深慈禧太后对日本企图利用维新派制造宫廷政变的疑忌。对此，孙宝瑄在政变发生后数日，即八月十二日的日记中记载："有人传述此次朝政之变，为俄人播弄。盖日臣伊藤至京，朝臣有请留伊以备顾问者，俄人闻而大惧，恐中国政权渐操于日本，因以危语恫喝王大臣云：维新党人潜通日本，谋弑逆。王大臣惊恐入告，致有此变。"[2]据此，也可见张荫桓所说"及后有康结日本谋劫太后之说"[3]非虚。八月初六日，训政诏下，光绪丧失了参与理政的权力，旋即囚禁瀛台。政变由此发生。

①　《掌山东道监察御史宋伯鲁折》，《戊戌变法档案史料》，第170页。
②　孙宝瑄：《忘山庐日记》（上），上海：上海古籍出版社，1983年，第260页。
③　王庆保、曹景郕：《驿舍探幽录》，《中国近代史资料丛刊·戊戌变法》第1册，第493页。

第十一章
庚子肃王府之战

19—20世纪之交中国独特的社会政治局势和东亚国际格局，使得义和团运动和八国联军侵华战争主要在华北地区展开，其中，北京和天津的战事最能反映这场战争的水平。特别是1900年6月中旬至8月中旬发生于北京的围攻使馆之役，对于这一时期军事、政治形势和东亚国际格局的变化均具有关键性作用。它不仅是近代中国政局变化的重大转折，也是中国近代战争史上极为特殊的战例，是近代国际关系史上具有独特价值的案例。但目前国内外学界对清廷围攻使馆的决策、对外战争态度的演变多含糊其词，对清军执行围攻使馆的决策、重要战斗的具体情况亦均未研究清楚，甚至许多问题囿于资料的缺乏或中外学界对史料发掘不足等局限，还谈不上有真正的研究，故学界尚未能依据可靠史料构建出基本史实架构，以致出现依靠臆测来重建这段历史的状况。因此，学界对庚子围攻使馆之役的研究虽不断有进展，但一些关键问题迄未获得突破，其中最为激烈和重要的肃王府之战，其历史价值久为学界所公认，但作为判断围攻使馆之役是真打假打的重要依据，这次作战究竟是真打还是假打？打的过程中清廷的决策有无变化及如何变化？以及战斗的具体情况如何？慈禧和荣禄在其中的地位和作用究竟如何？学界尚少具体研究。[①]随着日、英、中档案等关键史料的进一步发掘，对肃王府之战有具体、深入探讨的必要。

第一节 使馆区的地理形势、战守布防和 肃王府的战略价值

研究庚子围攻使馆之役，必然涉及使馆区的位置及其地形地势。迄今的研究者也多注意到这一点，不过相关研究均存在一些欠缺。

一、使馆区的地理形势

历来的研究者多注意到描述使馆区位置、地形地势的必要性，也大致排出各使馆的位次，绘制相关地形图，但较为笼统、不够精确。如1930年陈捷的《义和团运动史》记载："京师正阳门内迤东之东交民巷，久为外国使馆聚集之所。庚子以前，使馆之次序，最西者为荷兰，次美，次俄，次德，次西班牙，次日本，次法，次意。十一使馆中，八馆在此巷内。比使馆则在崇文门之东，地位极

---

① 目前学界对围攻使馆事件的研究进展，对肃王府之战重要性的认识以及至今未有具体研究的状况，参见林华国：《庚子围攻使馆事件考》，《历史研究》1991年第3期，此文主要内容收入该学者的专著《义和团史事考》，北京：北京大学出版社，1993年，第108—112页，及其修订本《历史的真相——义和团运动的史实及其再认识》，天津：天津古籍出版社，2002年，第162页。此外有所涉及的论著有李文海、林敦奎：《荣禄与义和团运动》，中国义和团运动史研究会编：《义和团运动与近代中国社会》，成都：四川省社会科学院出版社，1987年，第539—574页；李德征、丁凤麟：《论义和团时期的围攻使馆事件》，《文史哲》1981年第1期；李德征、苏位智、刘天路：《八国联军侵华史》，济南：山东大学出版社，1990年，第90—97页；刘凤翰：《武卫军》，台北：《"中研院"近代史研究所专刊》（38），1978年，第706—714页。

不佳。奥使馆则相距二百码，总税务司署亦同在焉。英使馆则在各使馆之背，其面积之大，及其形势之藏匿，天然为非战斗员避身之地；盖为他使馆所包，仅两面露出于外也。肃王府、翰林院，皆在使馆附近，乱时皆逃避一空。此使馆位置之大略也。"①后之研究也多作类似位置描述并绘地图，乃根据英国使馆人员朴笛南姆威尔的《庚子使馆被围记》所记和所绘图。②

晚清时期外国公使进驻北京后，使馆区位于北京内城南城的状况和变化，有必要图文并茂准确描述。根据甲申年（1884年）《光绪朝顺天府志·坊巷上》记载："内城周四十里，门九。定制分五城，而兼辖于步军统领。其街衢之大者，中曰棋盘街，南北曰崇文门街，宣武门街，大市街，王府街……东西曰江米巷，长安街……"使馆区就主要集中在被称为"东西曰江米巷"的东交民巷和台基厂一带。"东江米巷，亦称交民巷……俄罗斯馆，明会同馆故址也，今为俄国使馆。又有美国、德国、法国、日国、比国，和国诸使馆"；"台基厂，亦称台吉厂，井一。西由总税务司署台基厂，迤北为王府街，……安郡王府在台基厂南口。……府今废为法国使馆"。③据《光绪朝顺天府志》"外国公署"条记载："英国公署在御河桥河沿路西"；"俄国公署在东交米巷桥西路北"；"美国公署在东交米巷桥西路南"；"德国公署在东交米巷桥东路南"；"法国公署在台基厂南口路北"；"日国（西班牙）公所在法国公署西，路北

①　陈捷：《义和团运动史》，上海：商务印书馆，1930年，第46页。
②　［英］朴笛南姆威尔：《庚子使馆被围记》，《中国近代史资料丛刊·义和团》第2册，上海：上海人民出版社、上海书店出版社，2000年，第225、250页。
③　周家楣、缪荃孙等编纂：《光绪朝顺天府志·京师志十三·坊巷上》，北京：北京古籍出版社，1987年，第344—345、346页。

店"；"比国公所在日国西间壁路北"；"和国公所在台基厂南口外迤东路北"；"日本国公所在东四牌楼北六条胡同迤东路北"。[①]各国使馆的具体位置，在庚子事变前后有所变化，主要是日本使馆的位置。在围攻使馆事件发生前夕，日本使馆恰好正在搬迁新馆，馆址在肃王府南面、西班牙使馆和法国使馆之间。正是义和团进北京的局势，迫使日本加紧完成由旧馆到新馆的搬迁。根据日本使馆武官柴五郎的记载，1900年6月11日，"柴中佐、守田大尉由旧公使馆转移到新馆"，而义和团进京后日本旧使馆于6月13日被火焚。[②]

学界过往对庚子时期使馆区位置的描述和地形图，不免有或描画较粗、或有差错的情况，其源多据英人朴笛南姆威尔之作。而朴笛南姆威尔的地图是根据窦纳乐公使呈递回国的使馆区地形简图，"该地图是美国工兵队费古生中尉在解围后绘制的"，有不准确之处。林华国先生在《历史的真相——义和团运动的史实及其再认识》一书中绘制的地形图，虽仍较简洁，但纠正了过往相关描述存在的一些差误，在部分细节上有所补益。[③]本章根据新发现的日本使馆武官、卫队长柴五郎所绘使馆区及其防线图，再结合朴笛南姆威尔援用之图，以及学者的订补绘图，绘制了更精确的"北京使馆区地形和肃王府战守布防图"（见图11–1），可以弥补现有绘图的不足，这对于我们综合分析战时使馆区及周边的地形地势对围攻使馆之战的影响，以及肃王府之战的攻守路线和进程，具有重大的

①　周家楣、缪荃孙等编纂：《光绪朝顺天府志·京师志七·衙署》，第210—211页。
②　［日］柴五郎：《北京笼城》，明治三十三年六月十一日、十三日条，东京：株式会社平凡社，1965年，第10—11页。
③　林华国：《历史的真相——义和团运动的史实及其再认识》，天津：天津古籍出版社，2002年，第162页。

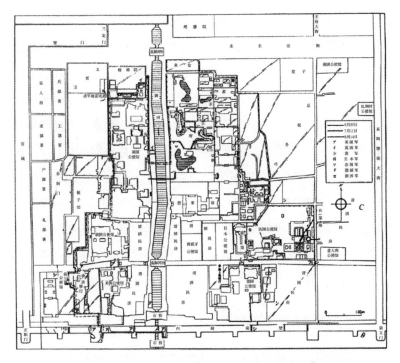

图11-1　北京使馆区地形和肃王府战守布防图

价值。

　　学界以往亟亟于为何清军攻不下使馆，原因是多方面的，其中地理位置的特殊性，也是须充分考虑而学界较少注意的问题。在一国首都内占据一块要地，不仅在外交上有极为重要的关系，在军事上也具有特殊意义。而清末各国使馆区在北京城内，本非攻战之区，也无特别的攻守要地。但由于使馆区相对集中，形成较为独立的防守地势，又由于北京胡同的特点，使围攻使馆具有巷战的特色。而且，由于使馆区四周的特点，使馆区的防线优劣都很明显。因此，庚子使馆之役既具有包围攻坚战的特点，又具巷战性质。使馆区的地势、北京独特的皇家建筑、官衙建筑，使火炮既有独特的作用，也有布置的难点。在使馆之役中，威力巨大的火炮在军队装备中具有重要地位，但火炮弹药需要畜力；炮车的牵引移动，需有一定的道路和地形条件。而北京由于城市特点，胡同、巷道纵横，火炮如果不占据高地，只布置在街巷、胡同中，则难以发挥优势作用。而要占据京城高地，主要是使馆区附近的建筑物高处，仅靠畜力、炮车肯定不行，需动用大批清兵搬动，火炮安放及时到位的难度很大（根据材料可知，战斗中清军火炮常有移动）；围攻使馆时，正值八国联军攻打天津和向北京挺进的时期，京畿各军多数火炮均调往前线，或为北京守城备战，参加围攻使馆的火炮有限，一般不超过10门，还不到武卫中、后军火炮数的三分之一。[①]

二、双方兵力和使馆防线

学界以往对使馆之战双方兵力、武备的研究，多有含糊之处。所以，我们在了解各国使馆位置的基础上，有必要明晰围攻使馆时双方兵力、武器装备、布防和使馆防线情况。

清军方面，当时京畿最具战斗力的军队是荣禄节制的武卫军。武卫军共五军、七万人，而直接参与围攻使馆和肃王府的是护卫京

---

① Ralph L. Powell, "The Rise of Chinese Military Power, 1895–1912". Princeton, N.J., 1955. pp.37.

城的荣禄武卫中军和董福祥武卫后军（甘军）。[①]

　　荣禄亲统的武卫中军，共有步队十六营（8000人）、马队十三旗（1950人），额定官兵一万人，驻南苑。不过，有研究者指出荣禄中军实际兵数远不足一万。[②]该军武器配备均为天津军械局、北洋机器局、淮军制造局筹拨的国产旧式毛瑟步枪（Mauser 11mm rifle Model 1871），即11毫米单弹步枪。[③]光绪二十六年（1900年）五月十一日，武卫军总统荣禄致电直隶总督裕禄，称"敝处急需毛瑟有箭枪子二百万粒，望即拣派委员刻日解京"，旋由裕禄一次奏拨"毛瑟枪弹二百万粒，已饬军械局遵照办理，赶速解京"，准备对外作战之用。[④]还有荣禄的亲军卫队，即张怀芝所率武卫先锋右军枪炮队七百人，配备比利时制后膛快枪（配无烟子弹）、毛瑟马枪、英式后膛抬枪（配自来大子弹）、前膛来福枪（旧式枪）；"炮队用旧式火炮"18门，包括两磅熟铁后膛过山炮10门、三磅快炮8门，

---

① 武卫五军中武器装备最先进、战斗力最强的袁世凯武卫右军（新建陆军），光绪二十五年十一月随署山东巡抚袁世凯开赴山东，八国联军之役中仅奉旨派孙金彪一部驰援天津，后改派夏辛酉部赴京。参见故宫博物院明清档案部编：《义和团档案史料》上册，北京：中华书局，1978年，第185—186、242—243页；中国第一历史档案馆：《庚子事变清宫档案汇编》第1册，北京：中国人民大学出版社，2003年，第141—143页。
　聂士成武卫前军奉命驻守天津及京津之间的战略要地，原驻山海关的宋庆、马玉崑武卫左军，先是奉谕命护卫北京周边，在八国联军战争中奉命开往天津作战。参见中国第一历史档案馆编：《光绪宣统两朝上谕档》第26册，第166、175、184页；中国第一历史档案馆编辑部编：《义和团档案史料续编》上册，北京：中华书局，1990年，第602页。
② Ralph L. Powell, "The Rise of Chinese Military Power, 1895–1912". Princeton, N.J., 1955. pp.61.
③ 裕禄：《奏为光绪二十五年分北洋拨各营各省军械军火数目折》，《谕折汇存》光绪二十六年二月十九日。
④ 林学瑊辑：《直东剿匪电存》卷四，光绪丙午年刊本，第20、25页。

均为旧式炮，配开花子、实心子、炸药等。① 确如刘凤翰所指，"武卫中军，与先锋左军，无炮兵。武卫先锋右军，有旧式炮兵"②。

董福祥武卫后军，有步队十八营（9000人），炮队一营（600人），马队六营（1500人），官兵共一万一千余人，驻蓟县。③步队十八营配备汉阳兵工厂所造或德国进口毛瑟步枪3000支，奥国制八毫米口径五响曼利夏步枪（Mannlicher 8mm rifle Model 1895）6000支，以及少量来福枪。④马队六营（十二旗）全部装备曼利夏马枪1500支。窦纳乐得到的情报称，董军"是用最新式的毛瑟枪武装的，并且得到很充足的军火供应"⑤。也就是说，董福祥武卫后军使用新式（套筒）毛瑟步枪（German 7.92mm rifle Model 1888），即7.92毫米弹仓式步枪，是当时世界上最先进的连发枪。根据使馆洋兵记载，围攻使馆的董军几乎全配曼利夏步枪或马枪。⑥火炮方面，武卫后军炮队一营，光绪二十四年（1898年）四月配备汉阳兵工厂造七五与五七快

① 光绪十年，金陵机器局率先仿制德国格鲁森式轻型后装线膛钢炮（旧式两磅熟铁后膛过山炮），口径为37毫米，发射2磅炮弹，安于炮车上发射，便于机动作战。该局曾为北洋驻军制造6门2磅后装炮。到光绪二十五年，金陵机器局每年能制造2磅后装线膛炮48门。江南制造局亦能制造。参见曾国荃：《扩充机器局疏》（光绪十一年五月二十六日），《曾国荃全集》第2册，长沙：岳麓书社，2006年，第320—322页；刘坤一：《拨解卫军枪炮火药片》（光绪二十六年五月二十四日），《刘坤一遗集》第3册，第1217页。

② 刘凤翰：《荣禄与武卫军》，台湾：《"中研院"近代史研究所集刊》1977年第6期。

③ 董祥祥：《提督董奏估庚子薪饷折》《又奏加增饷银一并估发折》，《谕折汇存》光绪二十五年八月初三日。

④ 裕禄：《奏为光绪二十五年分北洋拨各营各省军械军火数目折》，《谕折汇存》光绪二十六年二月十九日。

⑤ ［英］窦纳乐：《女王陛下驻华公使关于北京事件的报告：中国第四号（1900年）》，胡滨译：《英国蓝皮书有关义和团运动资料选译》，北京：中华书局，1980年，第88页。

⑥ ［英］朴笛南姆威尔：《庚子使馆被围记》，《中国近代史资料丛刊·义和团》第2册，第209—210、214页。

炮十二门，"弹一千二百颗"①。主要是汉阳兵工厂仿造的德国格鲁森厂五七过山快炮和五七陆路快炮两种，一般距炮二三百米至八百米择地掩护，可用快放法，每分钟可放十余发炮弹。这与《中国火器史》所说武卫后军配备"57毫米口径的速射炮12门"相符。②

有学者指出，荣禄武卫中军和董福祥武卫后军指挥队伍前进、冲锋或退却，均不采用洋鼓、洋号的"号音"，而沿用传统的"笳声"③。朴笛南姆威尔和柴五郎等的记载均可证。

围攻使馆事件发生前夕，北京城内各支清军的驻防区域，过往研究多模糊言之，本章根据目前掌握的中外材料，作一具体分析。

6月9日，董福祥武卫后军从颐和园护卫慈禧回宫，进驻北京城，"驻扎于天坛、先农坛前之空地"，这可从英国使馆人员朴笛南姆威尔关于6月11—12日英国使馆人员和日本使馆书记官杉山彬路过天坛、先农坛武卫后军驻地，前往火车站打探援军消息，受到甘军攻击、杉山彬被杀的记载中得到证明。④围攻使馆期间，董福祥武卫后军驻扎肃王府北面和英国使馆北面、西面。⑤另从6月22日（五月二十六日）仓场侍郎长萃上奏"应请饬下甘肃提督董福祥，俟粮车行至皇城东南角，即令驻扎御河桥之甘军，沿途护送入仓"

---

① 《清实录·德宗景皇帝实录》卷四一八，第57册，第471页。
② 王兆春：《中国火器史》，北京：军事科学出版社，1991年，第410页。
③ 刘凤翰：《荣禄与武卫军》，台北：《"中研院"近代史研究所集刊》1977年第6期。
④ ［英］朴笛南姆威尔：《庚子使馆被围记》，《中国近代史资料丛刊·义和团》第2册，第215页。
⑤ ［英］窦纳乐：《关于北京事件的补充函件：中国第三号（1901年）》，《英国蓝皮书有关义和团运动资料选译》，第264页。

一语，可知甘军也负责御河桥布防，并驻扎在兵部衙门内。[1]

荣禄武卫中军原驻南苑。5月29日（五月初二日）荣禄奉命派武卫中军五营往丰台、马步三营赴马家堡、马步三营驻扎永定门内，加强对义和团的防范镇压。6月6日，荣禄派前路分统孙万林率步队五营、马队三旗，由卢沟桥移驻良乡、窦店一带防堵。[2]6月16日，清廷命荣禄速派武卫中军得力队伍，即日前往东交民巷一带保护各国驻华使馆，同时带有按照清廷原议将使馆人员送到天津的任务，未被使馆方接受。[3]武卫中军实际带有钳制使馆区的任务和目的。围攻使馆前夕，该军主要在肃王府东面和东北面、法国使馆和德国使馆东面。围攻开始后，6月22日，武卫中军除围攻地外，换班"各队驻扎南城梁家园地方"[4]。

此外有京城各支禁军，包括：庆亲王奕劻统领的神机营（马、步、炮队1万人，原驻海甸、颐和园和神机营兵营），围攻使馆期间，负责哈达门（崇文门）为中心的南城墙的布防。[5]端郡王载漪统领的虎神营（1万人）的驻防状况不清晰，从相关材料看，主要是与步军统领衙门的巡捕营等共同负责京城巡防，有一部负责守卫使馆区到皇城之间的通道，这从德国公使克林德在东单牌楼被虎神营章京恩海所杀的相关描述中可知。6月22日，虎神营与神机营均

---

[1] 故宫博物院明清档案部编：《义和团档案史料》上册，第169页；赵声伯：《致适庵书》，阿英编：《庚子事变文学集》下册，北京：中华书局，1959年，第1137页。

[2] 北京大学历史系中国近现代史教研室编：《义和团运动史料丛编》第二辑，北京：中华书局，1964年，第158页。

[3] 《清实录·德宗景皇帝实录》卷四六四，第58册，第57页。

[4] 中国社会科学院近代史研究所近代史资料编辑室编：《庚子记事》，北京：中华书局，1978年，第84页。

[5] 《英国蓝皮书有关义和团运动资料选译》，第264页。

防崇文门。23日，端王带万字队抬枪攻打教堂。①步军统领崇礼（五月二十五日由庄亲王载勋接任②）统率巡捕营（一万人）仍负责驻守北京各城门与各园，崇礼统领的前锋护军营、八旗护军营（5000人）作为皇宫卫戍部队，仍以天安门为中心，分驻紫禁城内外。热河都统色楞额统领的骁骑营（7000人，驻北京郊区）各营兵丁在北京"城上分防"③。礼亲王世铎统领的火器营（3000人，分驻安定门、蓝靛厂）、健锐营（3000人，驻圆明园）、圆明园、内务府养育兵并未受遣参与围攻使馆，只是在北京城破前夕谕命"挑选精壮""以备调用"④。

如上分析，武卫中、后军和各支禁军并非全部参加围攻使馆，京城各军各有职守。武卫军参与围攻使馆部队一般约为五六千人。日本驻清公使西德二郎的报告中说，此次战斗最初由"清国以骁勇著称"的董福祥部四、五千人专门担任，荣禄军辅助，后董军一部（6月23日起）参与阻击大沽口登陆的八国援军，故由武卫中军将围攻的兵力补足，至8月上旬，"或云上述军队由八旗兵所代，或传由山西、陕西等地之驻防军所接替"。当然，清军进攻使馆区的攻势最盛时，使馆的兵力不少于七、八千人，最多时达到一万余人。⑤

---

① 中国第一历史档案馆编：《光绪宣统两朝上谕档》第26册，第207、223、250页；李文海、林敦奎、林克光：《义和团运动史事要录》，济南：齐鲁书社，1986年，第180、189、194页。

② 《著载勋补授步军统领事上谕》（光绪二十六年五月二十五日），《义和团档案史料续编》上册，第607页。

③ 刘凤翰：《武卫军》，第655—656页。

④ 中国第一历史档案馆编：《光绪宣统两朝上谕档》第26册，第253—254页。

⑤ 《驻清公使西德二郎致青木外务大臣之报告书》第七一七号，日本外务省编纂：《日本外交文书》第三十三卷，别册一，东京：日本国际联合协会昭和三十一年三月版，第723页；[日]柴五郎：《北京笼城》，明治三十三年七月一、二日条，第43—44页。

为了"保护使馆",从光绪二十六年五月初四日（1900年5月31日）开始，列强各国从天津调派军队，以使馆卫队名义进京。从使馆方面的记载可知，各国军队是陆续调进北京，其人数统计，又由于有使馆人员、中国教民随时补充参加义勇兵，各国记载使馆卫队的具体数目虽略有出入，但基本可以确定在530人左右（含义勇兵）。[1]

至于使馆方面的武器装备，如西德二郎的报告所述：火炮方面，意大利兵有一门从军舰上拖来的水雷炮，后来美国士兵发现一门中国旧炮，但使用效果不好；步枪方面，各国使馆护卫兵每人均有标准配备，义勇队员则用猎枪或大刀长矛，后来分发到缴获的清军步枪和弹药。他又称："与清兵弹药充足之情况相反，我兵则发给弹药有限，且严禁随便发射。不仅如此，彼方还有数门大小不等之大炮和大量的炮弹，此乃我方所无而彼方特有之利器，此次战事中，我方为敌所苦者，实可谓此数门大炮也。"[2]在7月7日，窦纳乐记述使馆区一座弹药库"藏有两万发麦梯福德式和曼里彻式枪弹以及九十发供俄国野战炮用的普通炮弹和开花炮弹"[3]，可见使馆弹药不算充足和较高的使用效率。

由于使馆集中在北京城内西起前门，东至崇文门，南至城墙，北邻长安街这一区域，故其防御区划也分设于这一区域作为四战之地，被围攻之际当然是四面受敌，故其防线也包括东、南、西、

---

① ［日］柴五郎：《北京笼城》，明治三十三年五月三十一日条，第8—9页；日本外务省编纂：《日本外交文书》第三十三卷，别册一，第723页；"La Dé fense de la Lé gation de France à Pé kin," Revue des Deux Mondes, Cinquième Pé riode, Tome Ⅲ. – 1er mai 1901（《驻京法国公使馆的防卫》，《两个世界杂志》第5辑，第3卷，1901年5月1日），Paris: Bureau de la Revue des Deux Mondes, 1904. p. 799—803.

② 《日本外交文书》卷三三，别册一，第723—724页。

③ 《英国蓝皮书有关义和团运动资料选译》，第292页。

北四面。使馆区的东防线，由位于英使馆东边的肃王府东面、与法国使馆之间的地带，以及肃王府往南的法使馆、德使馆及其南面的俱乐部共同构成，"东面从德国使馆开始，穿过使馆街，接入法国使馆，该使馆是一个具有五、六英亩土地的大院，其中包括公使官邸和他的属员的住宅在内。然后防线沿着肃王府的围墙，并包括肃王府在内"。南防线是北京内城的南面城墙，今天为前门大街，城墙有50—60英尺高，顶端有30英尺宽，由德国使馆和美国使馆负责南面防务，因这两个使馆"靠近这座城墙"，德使馆位于城墙东边，美使馆位于城墙西边。西防线由位于肃王府西边的英使馆西面、英俄使馆之间的地带、英使馆南边的俄使馆、俄使馆南边的美使馆共同构成，即从北防线"接入英国使馆后往南走。它包括俄、美两国使馆在内，又在城墙上的某处终止，该处距起点大约有五百码"。北防线以最靠西边和北边的英使馆和使馆卫队控制的肃王府构成，包括肃王府北部和英使馆北部沿线，"防线沿着肃王府的围墙，并包括肃王府在内，从该王府穿过御河，接入英国使馆后往南走"。其中，东防线中法使馆和肃王府东面、北防线的肃王府北面是攻防重点，因"法国使馆构成为一个凸出的部位，容易受到来自北面和东面的短兵相接的攻击，而且还受到来自城墙和东南角民房的进攻。由于海关房屋被焚，一般称之为'府'的肃王府已容易受到来自东面的攻击，它的北墙面对着敌人，西边则有英国使馆的掩护"。肃王府的作战主要发生于东面和北面。[1]

---

[1] 《英国蓝皮书有关义和团运动资料选译》，第266—267页。

三、肃王府的战略价值

由于八国联军侵华期间复杂的国际国内形势和围攻使馆期间清军诡谲的军事攻势、政治考量，我们有必要着重分析一下使馆区，尤其是肃王府的战略价值。

在庚子围攻使馆期间，北部防线西段和西部防线可以直接压迫英国使馆，清军曾实施猛烈进攻，但从6月24日清军从英国使馆西南角鞑子馆和马厩方面逼压、企图冲入使馆，被英日联军击退后，英军立刻将附近民房烧毁，使英使馆西面防御线前形成了一个二百米宽的开阔地，有效地阻止了清军此后靠近使馆的行动。但我们并不同意那种认为清军很少进攻英使馆并非有意安排，而是因为英使馆四面皆有屏障，"无法进攻"，必须先攻下肃王府然后才能进攻英使馆的观点。根据我们对围攻使馆关键问题和具体战斗的考察和认识，更倾向于同意林华国先生认为的"清军对英使馆进攻较少并非由于地理条件的限制'无法进攻'，而是出于有意控制"，"清政府的目的并不是真要'夷平使馆'，而是要通过攻打使馆，使外国使节处于'准人质'的危险境地，迫使其同意停战议和"的分析。本章要补充、修正的是，在进攻受挫后，从军事进攻考虑，突破使馆西防线，对清军战斗力而言确实难度很大，而加上攻克北防线东段和东防线，则能最终对居于中枢的英国使馆形成挤压和包围，从而有利于实现政治意图。正是因为慈禧有这样的政治考虑，使得进攻北部防线东段的肃王府北部和东部防线的肃王府东段、法国使馆的攻势最为猛烈。[①]日本公使西德二郎给外务省的报告也证明了这一点：当初各国领事议定比利时公使馆在防卫区域之外，荷兰公使馆在6月21日、22日被大火烧尽后亦变为防御区之外，一旦各方防御难以支持，奥国使馆人员先撤退至法国使馆，若再难以支持，则奥、法、德三国使馆人员与日本使馆人员在肃王府内会合；若再难以支持之时，则退往英国使馆。美、俄使馆难以支持时，亦退往英国使馆，故英国使馆乃是最后之退守地。他并称："我兵遂占领肃亲王府作为我据守之阵地。一则幸亏我公使馆位置介于美、俄、德、法、英之间，唯东北之一角以当清军，后面即法、英使馆间之一角，最初由我方负责守卫；一则肃亲王府之位置与上述负责地段接近，地势最高，是附近区域最高的一个制高点，可以俯瞰我方最后的退守地英国公使馆。此地若被清军占领，英国公使馆即陷于危险境地。故肃亲王府乃为重要之战略要地。"[②]对于肃王府的重要地位，日本前敌指挥柴五郎也补充说："肃王府就像图上所看到的那样，遮挡着英国公使馆的一面，且地势较英国公使馆略高，从府中之假山和墙上可对英使馆居高临下射击。此时河中几乎无水，对英使馆而言，乃极为险要之地。且肃王府也是意、法、德等诸公使馆与英公使馆联络的交通要道。基于肃王府的重要性，英国公使才做出了以上之考虑。"[③]根据围攻使馆区的清军部署和使馆卫队的部署

① 参见林华国：《义和团史事考》，第118—121页。本章认同林华国教授关于慈禧命猛攻使馆区，却对英国使馆总体围而不下的策略有政治考虑的观点，并补充一举攻下英使馆有军事上的困难等因素。

② 《驻清公使西德二郎致青木外务大臣之报告书》第七一七号，《日本外交文书》卷三三，别册一，第724—725页。

③ ［日］柴五郎：《北京笼城》，明治三十三年六月二十二日条，第19—22页。

情况，以英国公使窦纳乐为代表的使馆方认为："对总的防务说来，最重要的据点是内城的城墙和肃王府，前者之所以重要，是因为敌人如果据有它便轻易地控制整个防御圈，而肃王府则是因为它的丧失会使得英国使馆几乎无法防守，而根据军事指挥官们的决定，这里聚集了妇女和儿童，还有备用的弹药和粮食；敌人据有肃王府将威胁德国和法国使馆的撤退。"英国使馆是各国公使和使馆人员、教民最集中、最重要的躲避之地，也是战时使馆区决策的中枢之地。因此，无论是清廷要完全占领使馆区，还是要最终包围英国使馆并通过压迫来达到政治目的，如前述，在使馆的西防线直接攻破，难度颇大；南边防线，城墙为使馆卫队所得而控制。[①]如果能攻占北防线和东防线，则能最终对英国使馆为中心的使馆区形成最后的挤压和包围，从而有利于实现政治意图。那么，北防线的肃王府北面、东防线的法国使馆和肃王府东面，显然是最为重要的阶段性进攻重点，实际也是使馆之役中战斗最为激烈的两处战场。

肃王府，即清肃亲王府邸，紧邻东长安街之南，位于台基厂一带。其建筑和园林格局究竟如何呢？根据窦纳乐记载，肃王府"院内大约有十二英亩至十四英亩土地，四周的围墙有二十英尺高。院内有三十幢左右大小不等的建筑物、美丽的花园、住宅、亭阁、假山、夏季住房，等等"。这种描述当然很简单，肃王府内院落、花园、假山等的具体位置、格局，可参见我们所绘制的"肃亲王府防御之图"（图11-2）。

当使馆区局势日趋紧张之际，6月7日，各国公使商定由各武

---

① 《英国蓝皮书有关义和团运动资料选译》，第267页。

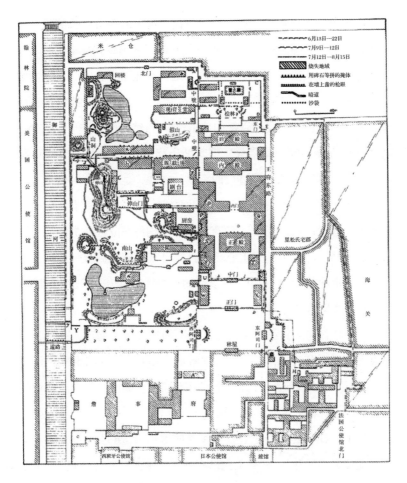

图11-2　肃亲王府防御之图

官、卫队长负责本国卫队的指挥，"自守其使馆"。公使团鉴于肃王府战斗的重要性、日本使馆紧邻肃王府的位置特点以及日军的作战能力，决定肃王府沿线的防御主要由日本使馆卫队担负，"日本兵的防御战线为英国公使馆防线上之肃王府，其地位十分重要，它占有自法国公使馆之后方，詹事府之东面，肃王府一带狭长战线，由于兵力不足，甚感困难"①。肃王府的安危直接关系到日本使馆的安全和各国使领人员的大本营英国使馆是否就此受到合围。正如窦纳乐指出，"西班牙和日本使馆位于肃王府的南面，它们被包括在防线之内，从来没有遭受过直接的攻击"②。当然，由于日军人数少，因此使馆方面不断为其增兵，据窦纳乐记载，"肃王府的守军，除了十九名大都在军队中服过役的志愿兵之外，是由具有一名军官和二十三名士兵的日本特遣部队，以及具有一名军官和二十八名士兵的意大利特遣部队组成"，"还有十二名英国海军陆战队员和同等数目的志愿兵"，共96名肃王府守军，均由日本使馆武官、卫队长柴五郎中佐指挥③。正因为肃王府防线的重要性，西德二郎公使命柴五郎全权负责防线的布置和战斗指挥。

6月12日，柴五郎鉴于使馆区周围的情况极不稳定，布置日军在肃王府周围和日本使馆内部加强警戒。13日，由于义和团的活动发展到日本使馆附近，日方决定"日本陆战队警戒于日本公使馆的北方前线，日本义勇队则守卫在日本公使馆"④。18日，为了加强防卫，日本兵在各要路堆积石块，建筑防卫工事。6月21日，随着清军大规模进攻的开始，"肃王先已率领其府中人，避往皇城"，肃王府"今已成为众人避难之地，日本人在此，作事甚忙，日本使馆，

① ［日］柴五郎:《北京笼城》，明治三十三年六月七日条，第6页;［英］朴笛南姆威尔:《庚子使馆被围记》，《中国近代史资料丛刊·义和团》第2册，第219页。
② 《英国蓝皮书有关义和团运动资料选译》，第266页。
③ 《英国蓝皮书有关义和团运动资料选译》，第265页。
④ ［日］柴五郎:《北京笼城》，明治三十三年六月十三日条，第10页。

在肃王府与法使馆之间，日本欲将其第一道防御线，推向北方"，即日方决定将防线向前推到肃王府一带。由于肃王府和英国使馆相邻相护，所以柴五郎虽也在非战斗重点区域的肃王府西面、南面布置了防线，但多数状况下肃王府战斗的重点区域在北面和东面。

第二节　猛烈的试探性进攻：
肃王府第一阶段作战

肃王府之战是围攻使馆之役的重要组成部分，因此有必要简单交代一下学界关于围攻使馆之役的时限、阶段的观点，并根据我们的研究提出新观点。学界对此问题一般有三种观点：第一种观点以6月25日为分界线，将使馆之役分成了两个阶段。第二种观点认为，围攻使馆可分为三个阶段：从6月20日至24日为第一阶段，从6月25日至7月13日为第二阶段，7月14日至8月14日为第三阶段。第三种观点认为，围攻使馆分为三个阶段：6月14日至7月16日为围攻使馆的第一阶段，7月16日至8月9日为休战期即第二阶段，8月10日至14日为围攻使馆的第三阶段。

第一种观点，从陈捷1930年的著作，到李德征、丁凤麟1981年的论文，廖一中、李德征、张旋如等1981年的专著，李德征、苏位智、刘天路等1990年的专著，牟安世1997年的专著，马勇2006年的专著，日本学者佐藤公彦2007年专著中译本，均认为清军和义和团在6月20日开始围攻使馆。6月25日，随着西太后转战为和，围攻使馆的战斗也发生了根本的转折。[1]但这种观点从1987年开始被学者更具体、深入而更为学界接受的研究成果所驳。

1987年，李文海、林敦奎《荣禄与义和团运动》一文提出"围攻使馆一事最早发生在6月13日"，其根据是袁昶6月15日（庚子五月十九日）上庆亲王奕劻书，但学界对该史料的可靠性存疑；该文又颇为矛盾地认为从6月20日"义和团和中国兵开始了对公使馆的攻击"[2]，史料依据是窦纳乐的信函。这一观点动摇了6月20日开始围攻使馆的旧说，但因史料欠缺，随即为林华国1991年《庚子围攻使馆事件考》一文和1993年出版的《义和团史事考》一书提出的史料基础更扎实的观点所驳。林先生认为："6月20日前，义和团对使馆的唯一一次进攻性行动发生于6月14日。"[3]史料依据是对英国外交档案中窦纳乐报告的细密梳理。

综上各说，学界对于围攻使馆开始的时间、围攻的武装力量均存在分歧。本章根据日本和英国档案文献互证，可以确定进攻使馆是从6月13日开始的，由于第一阶段对使馆采取进攻行动的是义和团，对象为使馆区外围的奥国使馆、比利时使馆，肃王府一线局势

---

① 陈捷：《义和团运动史》，第57—58、47—48页；李德征、丁凤麟：《论义和团时期的围攻使馆事件》，路遥编：《义和团运动》，成都：巴蜀书社，1985年，第492—502页；廖一中、李德征、张旋如等著：《义和团运动史》，北京：人民出版社，1981年，第296—297页；李德征、苏位智、刘天路：《八国联军侵华史》，第96—97页；牟安世：《义和团抵抗列强瓜分史》，北京：经济管理出版社，1997年，第338—339页；张海鹏主编、马勇著：《中国近代通史》第4卷，南京：江苏人民出版社，2006年，第449页；[日]佐藤公彦著，宋军、彭曦、何慈毅译：《义和团的起源及其运动》，北京：中国社会科学出版社，2007年，第734—736页。
② 李文海、林敦奎：《荣禄与义和团运动》，《义和团运动与近代中国社会》，第556—557页。
③ 林华国：《庚子围攻使馆事件考》，《历史研究》1991年第3期。

虽不断紧张，但并未发生战斗，日本卫队除了加强肃王府的防卫，作战任务是派遣小支部队驰援被义和团进攻的奥、比使馆。[①]故其记述是可靠的。6月20日，随着列强攻占大沽口，清廷决定对八国开战，其原因，据清廷6月29日向各国说明"万不得已开战"的苦衷，是联军强夺大沽炮台[②]，清军开始取代义和团成为围攻使馆的力量，围攻使馆之役进入激烈的第二阶段，肃王府战斗才正式开始，并成为庚子围攻使馆之役中最重要也是战斗最激烈的战场。

6月20日（五月二十四日）下午三点半到四点之间，由于清政府向各国使馆所下"公使及眷属人等""带同护馆弁兵等"在24小时内起行赴天津的通牒照会到期[③]，使馆方面因"至天津由于义和团遍布，诸公使留在北京或为是上策"[④]，而未按要求撤离，原先在使馆区附近负责保护的荣禄，其使命发生逆转，奉命督率武卫中军、董福祥武卫后军（甘军）开始围攻东交民巷。对此，李希圣《庚子国变记》云："二十四日，遂令董福祥及武卫中军，围攻交民巷，荣禄自持橄督之。"[⑤]日本使馆武官柴五郎也记载，"下午三时许，清兵代替义和团，对公使馆发动攻击"，他还有更精确的时间报告："6月20日三时半左右，即从昨日起二十四时时限前二十分钟"，清军开始射击。[⑥]英国公使窦纳乐关于使馆被围期间的补充报告也明确说：20日"清军从北面和东面开火，主要是对着奥地利和意大

---

① ［日］柴五郎:《北京笼城》，明治三十三年六月十三、十四日条，第17页。
② 朱寿朋编纂:《光绪朝东华录》第4册，北京：中华书局，1958年，总4523页。
③ 故宫博物院明清档案部编:《义和团档案史料》上册，第152页。
④ ［日］柴五郎:《北京笼城》，明治三十三年六月二十日条，第18页。
⑤ 《中国近代史资料丛刊·义和团》第1册，第16页。
⑥ ［日］柴五郎:《北京笼城》，明治三十三年六月二十日条，第18页。

利的工事的，于是开始了中国政府军队对北京各国使馆的有组织的进攻"①。日本驻清公使西德二郎致外务省的报告也说：20日"清国官兵从各个方面开始进攻。此前，使馆方面都是与义和团和一部分散兵游勇之乌合之众为敌，而此后则是与甲午以来养精蓄锐已久之官兵为敌"②。这些记述说明6月20日开始对使馆的全面围攻是由清军进行的，进攻阶段性变化和力量变化的脉络交代很清楚。自此，进攻使馆从以义和团为主转变为以清军为主，围攻使馆之战全面展开，进入一个新的阶段。

清军第一天的进攻就异常猛烈，使馆守军几乎抵挡不住。据肃王府前线总指挥柴五郎记载：20日"下午三时半左右，一直相安无事的中国官兵开始射击，清军最初向奥国使馆射击，随后又对英、意使馆射击，奥兵抵挡不住，弃其使馆，从王府大街与长安街相交的十字路口的哨所撤离，退到总税务司一线，先前派往比利时使馆的八名奥兵也撤了下来，于是，比利时使馆当夜被清军焚毁。奥国使馆卫队当天就主动放弃自己的防线，退到法国使馆"。西德二郎的报告也说"至6月21日，由于昨日以来清兵进攻猛烈，奥国兵撤退与法国兵会合"，在一定程度上增强了法国使馆的防御力量，因此后法国使馆的战斗也异常激烈。同时，北御河桥上的英军哨所也抵挡不住撤了下来，退守到英使馆前沿堡垒里。这样，日本兵负责的区域，即肃王府的北方，完全暴露在清军面前，肃王府之战正式

① ［英］窦纳乐：《关于北京自1900年6月20日至8月14日所发生的事件的报告》，《英国蓝皮书有关义和团运动资料选译》，第99、262页。
② 《驻清公使西德二郎致青木外务大臣之报告书》第七一七号，《日本外交文书》第三十三卷，别册一，第724—725页。

拉开帷幕，是夜各方枪声不绝。[①]

6月21日，清廷下令开战，清军围攻使馆之战全面展开，发起了如暴风骤雨般的攻击。上午，清军一部首先突入位于奥国使馆之西、税关之北的堂子，向奥使馆猛烈射击，随即施展火攻，大火吞噬了奥使馆，火势蔓延到海关及中华银行。另一部清军从王府大街方面朝奥、法兵负责守护的台基厂哨所（位于法国使馆东北部）猛烈射击，并从使馆东面向意大利使馆前哨所射击。更令使馆方"意想不到的是，清军竟从英使馆西面的皇宫建筑物仪鸾卫向英使馆射击，俄清银行西侧的荷兰使馆亦被烧毁"。南面的进攻更为猛烈，据柴五郎记载，清军将两门发射七点五厘米克鲁勃榴霰弹的大炮摆在正阳门上，终日向诸公使馆内轰击，"炮弹弹片和尘土向使馆守军劈头盖脸地落下"。根据日方记载，清军进攻的方位和激烈程度出乎使馆方意料，清军在各方面战线的射击终夜未绝。[②]

6月22日，清廷关注的重点还是在天津，企图命裕禄、罗荣光等收复大沽炮台，阻止联军向北京的进发。[③]在北京，围攻使馆照旧进行。这种状况，如日本学者佐藤公彦所言"进攻使馆是清政府在北京照列国在大沽所做的依样而行罢了"[④]。那么，进攻使馆的是

---

① ［日］柴五郎：《北京笼城》，明治三十三年六月二十日条，第18页；《日本外交文书》第三十三卷，别册一，第724—725页。
② ［日］柴五郎：《北京笼城》，明治三十三年六月二十一日条，第18—19页。
③ 故宫博物院明清档案部编：《义和团档案史料》上册，第167页。
④ ［日］佐藤公彦著，宋军、彭曦、何慈毅译：《义和团的起源及其运动》，第734—736页。

什么力量？目前学界研究多含糊其词。①笔者根据日、英、中文材料，将此日战斗和进攻力量作一较为清晰的勾勒。日军前敌指挥柴五郎记载：22日天还没亮，清军就发起了猛烈的进攻，四面枪声大作，清军开始收缩包围圈，"借助正阳门和崇文门城楼上两门大炮的轰击威力，登上城墙，靠近美、德两国使馆，居高临下，向各处开始射击"。清军的猛烈炮火，将使馆卫队打昏了头，"人心开始动摇"，以致当"误传来指挥官令各国兵全部向英国使馆撤退的命令，各国士兵纷纷放弃各自的使馆，在一片混乱中涌入了英国使馆，使大家陷入了巨大的耻辱中"。如果清军的战术素养不是那样的低下，如果清方对战场瞬息万变的局势判断能准确一些，历史的走向将很可能是另一个样子！日英双方的材料均能印证我们的判断。据日方记载：在各国使馆卫队退缩的过程中，令各国感到侥幸的是，除意大利兵在退却时被清军追击外，各国使馆卫队撤离时没有清兵趁机尾随追击，使馆众人得以"避免了尽遭杀戮的危险"。正是清军所犯下的低级错误，给了使馆以喘息之机，能重新做出有效的防御部署：其一，各国公使和武官共同决定将全体指挥权交给有实战经验的英国公使窦纳乐。其二，总指挥窦纳乐旋即下令美、俄卫队返回自己的使馆。其三，鉴于肃王府的重要性（如图11-2所示），命意、法、德、奥兵与日本兵共同进入肃王府，展开防御。

---

① 学者多含糊指称"义和团及部分清军继续攻打东交民巷使馆区及西什库教堂"。他们根据的材料多为如仲芳氏《庚子记事》记载："二十六日，东交民巷开仗，枪不绝声。……前门内各军与团民纵火焚掠"；杨典诰《庚子大事记》记载："廿六日，调齐京营队伍，攻击各国使馆。翌晨将五营士卒神机营、虎神营全队撤调至崇文门外，鹄立两旁，以备洋兵冲出，便迎头截击。城内则由武卫中军、甘军、义和团攻击"，等等。参见中国社会科学院近代史研究所近代史资料编辑室编：《庚子记事》，第16、84页。

肃王府之所以在使馆攻防战中具有特殊重要的战略价值，在于它遮挡着英国公使馆的一面，且地势较英国使馆略高，从府中假山和墙上可对英使馆居高临下射击，乃极为险要之地，且肃王府也是意、法、德等使馆与英使馆联络的交通要道，在围攻使馆之役中是实现慈禧太后"政治意图"必须攻占的要点。对其重要性，西德二郎的报告也详加说明。[1]其四，基于肃王府的重要性，作为使馆区防卫总指挥的英国公使命令由日本使馆武官、卫队长柴五郎担任那里的防御指挥。其五，为了避免使馆区腹背受敌，命美、德士兵各在其公使馆所临南面城墙上设置哨所，使清兵难以接近城墙——使馆全体防卫生死所系的又一紧要部位。[2]

中日材料互证，说明这一天攻守双方的枪战激烈，清军动用了火炮，而进攻者是荣禄亲自指挥的武卫中军、董福祥的甘军。至于中方记载中说到义和团参与进攻，则没有得到日、英方面记载的认同。至于使馆方突然出现的混乱和及时调整，清方显然没有得到任何情报，从而丧失了一个攻下使馆的绝佳时机，以及因使馆方兵力太少而难防守的肃王府则成为攻防之要点，日方记载得到英方记载的印证。[3]

---

[1] 西德二郎说："6月22日奥、意、比使馆均被清兵放火烧毁，各国退到英使馆后，决议各国都回到各自的守卫地，日军遂占领肃王府，作为日本据守的阵地。此一则幸亏我公使馆之位置介于美、俄、德、法、英之中间，唯东北之一角以当清军，后面即法、英使馆间之一角最初由我方负责守卫，一则肃亲王府之位置与上述负责地段接近，地势最高，乃是附近区域的一个最高的制高点，可以俯瞰我方最后的退守地英国公使馆。此地若被清军占领，英国公使馆随即陷于危险境地，故肃王府乃为重要之战略要地。"参见《日本外交文书》第三十三卷，别册一，第725页。

[2] ［日］柴五郎：《北京笼城》，明治三十三年六月二十二日条，第18—19页。

[3] ［英］朴笛南姆威尔：《庚子使馆被围记》，《中国近代史资料丛刊·义和团》第2册，第248—249页。

6月23日发生的一个重要变化，就是围攻使馆和肃王府的重要指挥者之一、武卫后军统领董福祥奉谕命率队往天津助战。[1] 对于这一变化，使馆方无论是否知此消息，均不会松懈防御。朴笛南姆威尔观察日军防线："教民中之壮年，已被挑选令做防御工程，又于极长之墙上开凿小孔。……意大利人驻守之外墙，只一百尺，日本人则至少有一千尺，有凿孔之墙，亦有无孔之墙……其三四人所守之线，乃有百尺之长，彼矮小日本人，每日力作六点钟，绝无声息。只有一处，人数稍众，即环绕王府大门之处，乃其司令官之所在也。其矮大佐阿司君，为此秩序井井之事，……只画一图，以五色点显出分派之人数，兵力应厚应薄之处，及守御之要；此地之有条理如此。"[2] 这时，原攻奥、法使馆的清军集中猛攻日军负责的肃王府防线。

23日肃王府成为使馆之役的主战场。根据柴五郎的记载，"攻击奥、法使馆之清军，自此日起全部都集中到我们日本人负责的地段上来了"。战斗始于"此日清晨大批清军在肃王府北面一百五十米左右的理藩院附近集结"，接着，荣禄指挥的清军将"一、二门大炮设置在距肃亲王府东北方向三百米左右之处。故肃王府之东阿司门和法国公使馆中了许多枚榴霰弹"。炮击之后，清军开始了地面进攻。九点，约五百名清军从肃王府和奥国使馆之间，在东北方向邻近肃王府的总税务司（海关）逼压过来，在东面向肃王府东阿司门附近直逼过来，开始对肃王府防线展开猛攻。日军在柴五郎指挥下早有防备，兵分三路，"一部登上肃王府屋顶和墙壁，向清

---

① 故宫博物院明清档案部编：《义和团档案史料》上册，第176—177页。
② 《中国近代史资料丛刊·义和团》第2册，第251—252页。

军射击";另外两路，一路由在海关工作的十四名英国义勇兵和七名日本兵组成，柴五郎亲率"从总税务司西侧民房之间莫理循邸东之小路冲出"；一路由安藤大尉率领八名日本兵从税务司南面同时出击，钳形包抄，形成三面夹攻的态势，清军抵挡不住，一边撤退，一面放火焚烧总税务司，企图阻止日军追击。日军本想乘胜追击，扩大防线，可天公不作美，"此时狂风大作，安藤大尉所部位于下风处，在狂风烈火之下战斗，处境十分艰难"，无法实现追击目标，其扩大防线的企图几成泡影。然而，更令日本人头疼的事情还在后面：上午十点，"清军登上了邻近肃王府北面米仓之屋顶，居高临下，向肃王府内射击"。更令日军难受的是，"清军时时逼近肃王府之北门"，守卫北门的是"连猎枪算在内只有三四支枪的日本义勇兵，难以抵挡清军进攻，情况十分艰难，只得向英国公使求援"。防线将破的危急时刻，意大利巴欧里尼大尉率十名意大利兵驰至，好不容易才稳住了阵脚。双方激战，从上午十点持续到了下午两点，清军终于抵挡不住，"被迫从屋顶上撤了下来"。此战，有三名日本人、一名英国人、一名意大利人和五六名中国教民负伤，无人战死。使馆区联合指挥部显然认识到肃王府仍会遭到清军的猛烈进攻，遂在23日晚再次向肃王府增派援兵，"决定由意大利军官一名，士兵二十七名参加肃王府之日常防卫，归柴五郎中佐指挥"①。

23日的战斗虽然激烈，却只是此后清军长时间猛烈进攻的开始。6月24日清晨，数百名清军首先对美、俄使馆发动了一次"坚

①　［日］柴五郎：《北京笼城》，明治三十三年六月二十三日条，第22—24页。

决地进攻"。显然,迄今为止的战果令慈禧太后不满,以致负责崇文门军务的奕劻也率部对位于使馆区南面的美国使馆发起猛烈进攻——奕劻指挥数百名清军,为争夺城墙制高点,与德、美守军激战。另一证据就是这天一早英国使馆也遭到"来自蒙古市场的坚决进攻",清军从理藩院屋顶居高临下射击英使馆,并从翰林院的大伽蓝放火烧英使馆,情况危急,柴五郎不得不派"安藤大尉率领若干水兵及义勇队驰往救援",经过激战,终于将清军击退。日本公使西德二郎认为其奋勇精神为日本士官博得了良好声誉。[1]不仅英、美、俄使馆情况紧急,各方面战斗更加激烈,尤以肃王府战斗为甚。正如窦纳乐的报告中所说:"中国人对肃王府也发动了一次坚决的进攻,试图击毁东北角上的高墙,但他们被赶走,并有所伤亡。"[2]

24日清晨五点左右,清军在肃王府东北角附近集结,兵分三路:一路爬上靠近王府北门米仓的房顶,隔墙向府中猛烈射击;一路则蚁集王府北门东面地带,搭设云梯攀登王府围墙;一路在王府北门东面墙根下开始挖墙,"欲越过北墙之东端,从地下破墙而入"。看来,清军经过昨天试探性却又猛烈的进攻,似乎意识到这里的防守较为薄弱。确实,清军最初企图打通进攻通道的行动没有受到有效阻击,但很快日军识破了清军的企图,柴五郎冒着弹雨,率领"数百名清国之教民以石投之,极力破坏其挖掘墙壁的工作"。企图搭设云梯攀入王府围墙的清军开始从墙上露出面孔,情况十分危急,日军密集的枪弹射向清军,清军虽遭重创,仍奋勇攀

---

① 《日本外交文书》第三十三卷,别册一,第725页。
② 《英国蓝皮书有关义和团运动资料选译》,第270—271页。

登，"先登上围墙者被击中摔下城墙，后续者立刻接着登上围墙，其勇气实在令人叹服"。拉锯战持续到八点钟，这时更为危急的情况发生了，有人跑来向柴五郎报告说："三四百名清兵从王府东面总税务司废墟向肃王府冲了过来"，战斗正处于胶着状态，无暇分身他顾，柴五郎顿感兵力不足，只得向德、法、奥各国求援，各国卫队见情况紧急，各抽出十人前来救援，这对肃王府的激战来说，虽是杯水车薪，但对也在遭到清军围攻的各国来说，是极不容易的事情。柴五郎趁此援军到来之际调整了防线：各国援军由守田大尉率领，负责防守肃王府东北面的北向长墙，而意大利大尉率二十七名意兵负责肃王府北门东侧及以西地域的防务，日军原大尉负责肃王府东面一带防务。部署甫毕，柴五郎毫不懈怠，立即反守为攻，"命安藤大尉率二十名日本兵、奥法兵从税务司西侧小路冲出，将清军击退到堂子附近并乘胜追击"，然而在胸墙处遇清军阻击，不得不退下来，刚"歇了口气"，此时传来英使馆危急的消息，柴五郎立即派安藤大尉率六七名日本兵前去增援，击退了清军。[1]

战斗持续到上午十一点左右，整个肃王府北侧东面地带的战事越来越激烈，负责肃王府东面防务的原大尉部伤亡惨重。德、法、奥兵也全部前来增援，刚去应援英使馆回来的安藤大尉一部也立刻投入战斗，三四百名教民在府墙之内互相传递砖瓦向外面投掷，阻遏清军。到下午一点多，清军终于退了下去，暂时停战，法、奥两国各留下五名援兵，其余全部回德、法使馆。二点左右，清军再次

---

[1] ［日］柴五郎：《北京笼城》，明治三十三年六月二十四日条，第25页。据柴五郎日志，自6月23日晚起全部意大利兵自将校以下二十七名，进入肃王府，归柴五郎指挥。

发起攻击，企图破坏王府北门东侧外墙，然此次攻击没有上次猛烈，经过一个小时战斗，到下午三点多，清军没有达到目的，遂停止攻击而撤退。日军认识到肃王府防线存在的漏洞，"为防止清兵到达墙下"，在柴五郎指挥下彻夜不停地工作，"安藤大尉监督彻夜抢修工事，凿穿了可供侧射的枪眼"，即在二尺五寸厚的王府砖墙上各凿了两个枪眼，以使这两面的外墙脚得到侧防。肃王府东北角是荣禄亲自指挥的武卫中军攻击线与董福祥指挥的武卫后军攻击线的交界线，日方本想利用这种清军布防交界线的弱点，更好地分配自己有限的防守兵力，不想却被荣禄所趁。日军虽加强这一点的防守，清军则认定这是肃王府日军防线的弱点，此后几天不断加强对此点的进攻。清军仍在距肃王府东北方向三百米处设置一、二门大炮，不断向肃王府和法国使馆炮击。这一天的肃王府战斗，法兵一人、意兵二人、教民二人战死，法兵一人、教民九人、日本兵一人负伤。日军的战斗效率，也得益于被救安顿在肃王府内的三千名男女教民组成的义勇队，与日本兵并肩作战。[①]

这天晚上，清军火烧紧靠日本使馆的中国民房、俄使馆、美使馆，均被扑灭，与美国使馆紧邻的俄清银行被烧毁。而且，哈达门前清军克虏伯大炮的瞄准逐渐精确起来，对使馆、城墙上美军哨所均造成极大的威胁。在肃王府东面日本防线往南至法国防线，"由法人四，奥人二"，"以六人守此百码长之地"，确实薄弱，"苟有敌人奋勇来冲者，立即不保"。从美国使馆的后门到城墙脚下的道路仍受到从东西两面射击的威胁，登城的长斜坡路段也受到来自崇

---

① ［日］柴五郎：《北京笼城》，明治三十三年六月二十四日条，第24—25页。

文门方向的激烈背射，十分危险，有五名教徒在坡路上被射杀。东面法国使馆所临城墙上，德、法兵加上天主教徒也筑起了面朝东的堡垒，以及从德国使馆后面到城墙间的横墙。24日夜，各防线激烈的枪声终宵未绝。①

24日对使馆四面猛攻下来，慈禧发现堪称清军中坚的武卫中、后军虽拼命进攻，却拿使馆无可奈何，对自己的战略方针又有些举棋不定，她的这一游移，我们很快就予以证实。但是25日的战事依然是惨烈的。

6月25日一早，美、英、法使馆均遭到猛烈炮击，以致苦不堪言。联军卫队不得不在美国使馆堡垒中召开会议，商议夺取大炮。②肃王府东北防线战斗尤为激烈。"上午九时半，肃王府东北角灵殿受到清军猛烈攻击。"肃王府守军昨夜通宵苦心设置，以防止清军靠近肃王府北门东侧东向围墙的枪眼前方二十米左右，而"清军从对面的墙后投来许多瓦石木材，没多久形成一大屏障，阻挡日方枪眼，迫近灵殿壁下"，并藏在屏障后，开始挖灵殿之墙，日军根本无法阻止，"只得放弃灵殿之东角"，同时"于灵殿内周墙上设置枪眼，封锁通往灵殿的门，使清军即便进入了灵殿，也只能停留在这一局部"。这次战斗相当激烈，因敌我双方都隔着一堵墙，不能互相射击，只能隔墙以投掷瓦石来作为攻击手段，清军"为了助其声威，拼命朝天射击，子弹在守军头上呼啸而过"。肃王府东面防线的东阿司门方面的战斗同样激烈，日军义勇兵中村秀次郎战死于法

①　［英］朴笛南姆威尔：《庚子使馆被围记》，《中国近代史资料丛刊·义和团》第2册，第251—252页。
②　《中国近代史资料丛刊·义和团》第2册，第262—263页。

国使馆北后门哨所，还有四名日本人负伤，奥兵一名战死，法兵一名、意兵两名、中国教民四名负伤。①

英人朴笛南姆威尔记述了6月25日他亲见日军和清军在肃王府东北角的战斗，及日军被迫放弃东北角第一道防线的情况：

> 今日，已弹密如雨，有时接续数点钟，不稍停止。日本人所守之线太长，不能再支，……日本矮大佐所定之谋，彼立意将弃其东北方之地。……如将敌人诱入，而以枪自旁小孔中击之，无能幸脱者，矮大佐之谋如此。当是时，敌人步兵渐渐向前，几及肃王府之外墙，以数百支枪，射击日兵五六人所守之地。……弹均射入沙袋中，故无效果……有两大炮，将拖至，中国人动作虽缓，然苟一旦安放既毕，则外线恐难保守，至彼时而始退，则秩序不能保矣，故矮大佐施用此策；命挑选之教民，速建成第二道防线，仍为穿孔于墙，及设置沙袋等等之工，此第二道防线，即在附近北墙之院中，至晚间，遂静默弃去第一道线，而退守于此。……彼乌合之众，既冲进第一院中，见寂然无人，遂放胆入第二院中。日人俟其既入，即以枪自三面齐放，数十人同时倒地，遂将其所执之枪弹收没，而抛其尸于外，敌人见者，无不胆寒。自经此事，敌遂不敢再进，但时时来扰，将予等之防御线击毁。②

---

① ［日］柴五郎：《北京笼城》，明治三十三年六月二十五日条，第25—28页。
② ［英］朴笛南姆威尔：《庚子使馆被围记》，《中国近代史资料丛刊·义和团》第2册，第260—262页。

朴笛南姆威尔因目睹而认为"日本所守乃最难之地,正当前敌"。为了加强肃王府前线的战斗力,"日本分到了缴获来的八支步枪,于是日本义勇队员能和陆战队一样执行战斗任务。守卫在日本使馆的日本义勇队转移到肃王府,日本公使馆则让清国教民守护"①。与此同时,法国使馆也派兵驰援,"援军同海关及使馆的志愿兵一起,在普尔上尉率领下,被派往肃王府,因为该处遭到严重的攻击。在这个攻击中,一名法国海军陆战队员和两名日本人阵亡,两名意大利人负伤"。这一天,荣禄武卫中军攻打法国使馆,使馆南面紧靠的城墙上和美国使馆后面街道上的工事,在夜晚和清晨遭到前门炮火的严重破坏。②

25日上午九点开始的战斗一直持续至下午四点。四点左右,清军吹起了号角,转瞬间全部战场停止了进攻,清军全部撤退了。

第三节　短暂的停战与慈禧图谋的幻灭:
肃王府之战第二阶段

关于6月25日短暂停战的原因,学界多未深究,而只是认为这是慈禧太后从支持主战派"真心围攻使馆"到支持"主和派对使馆明攻暗保"转变的结果。此观点已为林华国1991年论文所驳,林先生指出这一观点经不起推敲,因后面仍有激烈战斗。我们赞同林先生的主张,但其观点仍有不足,没有对这一问题作具体分析,也没有重视历史的偶然性。就我们目力所及,目前关于25日停战的较可

① ［日］柴五郎:《北京笼城》,明治三十三年六月二十五日条,第27—28页。
② 《英国蓝皮书有关义和团运动资料选译》,第272—273页。

靠的资料有两部分：一部分为英方记载，对阵双方确有停战议和之想："既而有新闻传来，言有一中国人手执休战之白旗，将一木板置于北边之桥上，板上大书中国字一行……有阿君者，出而断定，谓其文如下：'奉上谕保护使馆，即刻停止攻击，将有照会，自玉带桥递来。'……少顷，即拟有合宜之答复，亦用中国字写于木板之上，但难得一送往之人，众皆不敢冒此危险，其后寻得一中国人，力劝始允。……以为议和之先导。"这是第一波停战之前线接洽。

还有第二波停战接洽："两名清朝官员在士兵们的陪同下出现在桥端附近；人们希望同敌人的联系即将开始，却听到一些零星的枪声，而且那些官员和士兵迅速不见了。"此外还有第三波停战接洽："有英使馆中总务会数人出来，……向于敌人而行。敌人久始见之，有一人扬其手于头上，缓缓前进，以显其为一和平之人，欲与敌人交谈；对面来一瘦黄脸面之人，置刀于地，亦缓步而来，二人相距，不过三四十码，可以问答。所议漫无头绪，但略得消息，言木板所书停止攻击者，为荣禄发下之命令，荣禄乃军机大臣，统带武卫军者；宫中会议，今尚未散，照会想必至也，又言老太后甚为烦恼，命即刻停战云云。语毕，即去。"[1]而作为另一部分的日方资料，可与英方资料印证："下午四时，有清兵举起白旗，上大书奉旨保护使臣，禁止射击，至双方的军事交界线御河桥上交接照会。不久枪炮声遂止。"北御河桥上的清军军使在栏杆上挂起了大字的条幅，上面大书"奉旨保护使臣，不许开枪，在北御河桥上交递照会"。在此，我们看到了清廷求和的努力，使馆方面也表现出接洽的行动。

---

[1] 《中国近代史资料丛刊·义和团》第2册，第264—267页；《英国蓝皮书有关义和团运动资料选译》，第272—273页。

但是，一方面，双方"和议"所涉及的内容，均非轻易所能达成妥协；另一方面，历史的战车在特殊时期、特殊状况下，往往因为偶然的因素而改变了方向。在1900年6月25日这一历史关键期，几颗冷枪子弹，就是改变中外历史和东亚国际格局走向的偶然因素。英方认为向和谈使节射击的是清军董福祥部："当时，人们认为，肃王府内的某些太热心的士兵经受不住对清朝官员开枪射击的诱惑，从而没有服从命令；但我后来已查明：对那些带着上谕的人们开枪射击的是董福祥的士兵；其中有一名送信人确实被打死。"而根据在肃王府前线的日方记述，情况应该更复杂，并非那么确定的："此时，不知何处有人，向清国军使射击，清军使不得不退下，然而为了让使馆方面看到接受照会的高标，清国军使再次出现于御桥之上，然而又再次遭到枪击，于是军使不得不再次退下，据说，向清使射击者，乃董福祥部下那些坚决主战之将士。同时也有另一种说法，认为向清军使射击者，乃是那些不懂汉语的洋人，总而言之，这乃是一个谜。"①正是这个未能解开的历史谜团，加剧了公使团对自身安全的顾虑，拒绝清廷的建议，导致战端再起。

由于慈禧太后的懿旨，6月25日（五月二十九日）下午，清军暂时停火。原因固然多端，但显然与此日两广总督李鸿章报告英、日政府意向，力请"保住使馆，尚可徐图挽回。否则，大局不堪设想"的电奏有密切关系。这道电奏显然甚合慈禧之意，以致慈禧当天在发给李鸿章、李秉衡、刘坤一、张之洞等的电旨中，道出自己

---

① 《驻清公使西德二郎致青木外务大臣之报告书》第七一七号，《日本外交文书》第三十三卷，别册一，第725页；［日］柴五郎：《北京笼城》，明治三十三年六月二十五日条，第26—27页。

不得已宣战的苦衷，称"此次之变，事机杂出，均非意料所及，朝廷慎重邦交，从不肯轻于开衅。……却非衅自我开。现在兵民交愤，在京各使馆势甚危迫，我仍尽力保护"①。这也显示出慈禧太后对朝局的控制力，对此，窦纳乐的报告有明确分析："我们在翰林院内的前沿哨兵同中国士兵进行了交谈，从中国士兵那里了解到荣禄已下令'停火'"，"这就很清楚地表明，无论是慈禧太后还是端王，或是他们两人主持的事实上的政府，对军队享有全面的控制权"。确实，至少荣禄武卫军是完全遵照慈禧的意志，太后要进攻使馆，荣禄就指挥全力进攻；太后要停止进攻，荣禄马上停火。

但是，这次停火很短暂。慈禧本以为这几天的进攻能够威慑各国使节，使他们同意全面停战，故命荣禄等人与使馆方面接触。然而，因使馆方面拒绝撤往天津，接洽终止，天津方面联军也没有停止武装侵略的意向。故到了6月25日晚上，如窦纳乐报告所说："半夜前后，由于端王和主战派大概占了上风，所以从四面八方开始了惊人的排枪射击，但主要是来自北面和西北面。这是我们迄今所遭受的最猛烈的炮火，子弹像冰雹一样击到各建筑物的屋顶后又蹦了出去；这次射击整夜持续不断。"②这后半夜进攻的军队，应为董福祥武卫后军。窦纳乐这一记述，也为朴笛南姆威尔的记述所证。③显然，慈禧太后在为政治意图而试探性攻击没有达到目的后，企图以更猛烈的攻击显示决心、迫使各国接受她的政治意图的目标不仅没有达到，反而使围攻使馆之役进入一个尴尬的境地。

---

① 故宫博物院明清档案部编：《义和团档案史料》上册，第186—187页。
② 《英国蓝皮书有关义和团运动资料选译》，第270—271页。
③ ［英］朴笛南姆威尔：《庚子使馆被围记》，《中国近代史资料丛刊·义和团》第2册，第264—267、266页。

第四节　意图明确而激烈的拉锯战：
肃王府战斗第三阶段

有学者认为"从6月20日到24日是第一阶段，西太后支持载漪等主战派围攻使馆，以实现他们废帝立储的心愿；从6月25日到7月13日为第二阶段，西太后转而支持荣禄等主和派对使馆明攻暗保，作为他们向列强求和的媒介及讨价还价的筹码"，"态度就戏剧性地改变了"[①]。这显然是臆断，已为林华国1991年论文所驳。但正如林文自道，因为没有掌握可靠的肃王府之战的日方史料，故仍有欠缺。

清廷下达停火令后，使馆方面并不认为战事已结束。因为他们甚至不会答应清廷让他们到天津、或到总理衙门"接受保护"的要求，更不会答应说服本国政府停战。果然，仅一天后的6月26日（五月三十日），在慈禧太后发给各省督抚的电旨中，口吻与前一日给李鸿章、李秉衡、刘坤一、张之洞等的电旨截然不同，称"此乃天时人事相激相迫，遂成不能不战之势。尔各督抚勿再迟疑观望，迅速筹兵筹饷，力保疆土"[②]。显然，慈禧已知道前几天的进攻尚难达到其政治意图，再次开战势所难免。但也正是慈禧的政治意图，无形中约束着清军的进攻效率，导致清军无法对整个使馆区采取无限制进攻，甚至连阶段性进攻目标也难达到。

---

① 李德征、丁凤麟：《论义和团时期的围攻使馆事件》，义和团运动史研究会编：《义和团运动史论文选》，北京：中华书局，1984年，第384—385页；廖一中、李德征、张璇如等编：《义和团运动史》，第236页。
② 故宫博物院明清档案部编：《义和团档案史料》上册，第187页。

清军接到停火令后，全线禁止射击，使馆防线前的清军则退到很远的地方，抢掠百姓去了。而肃王府防线的日军表现出的近代军事素养显然远胜清军，日本人并未因暂时停火而松懈，反而趁停战抢修、加固工事。进入25日夜，日本兵、意大利兵及教徒，分为两队，"一队由安藤大尉指挥，悄悄出东阿司门，另一队由守田大尉率领，偷偷地出了肃王府西墙破洞，乘着暗夜，拆毁妨碍射击的破壁和房屋，并进入清军屯兵堂子西侧的庙中侦察，趁清兵未发现，将其烧毁"，使肃王府正面防线得到进一步巩固。午夜前后，据日方估计，也许是中国主战派再次得势，清军首先向美、俄使馆射击，接着全线开火，尤其是防线西、西北面极为激烈，"子弹打在屋顶，瓦碎的凄厉之声，清晰可闻"。从6月26日前半夜到黎明时分，俄、美、德、法防线均受到清军从前门和崇文门方面猛烈的枪炮射击，到白天清军因通宵射击疲劳之故，暂时停止进攻。使馆方面对停战议和也感绝望，尽力增筑工事。[①]清军进攻猛烈，一方面是得到命令，前述26日慈禧太后通过军机处发给各省督抚的电旨，则是对再次开始进攻的合法性的确认；另一方面，清军打得之所以很卖力，也与前两日慈禧下旨赏赐甘军、荣禄武卫中军、神机营、虎神营大批赏银，及对"该军士等当同心戮力，共建殊勋，以膺懋赏"的期许有关。[②]

当清军重新开始进攻后，肃王府战斗主要在东北面战场、东面战场和北面战场展开。

① ［日］柴五郎：《北京笼城》，明治三十三年六月二十六日条，第28—31页。
② 中国第一历史档案馆编辑部编：《义和团档案史料续编》上册，第615—617页；包士杰辑：《拳时上谕》，《中国近代史资料丛刊·义和团》第4册，第127—128页。

在东北和北面战场，柴五郎指挥日军继续加固工事。26日，"将肃王府北门及东门外的房屋烧毁、撤除"，打通墙壁制作枪眼，在道路上设置障碍物，修筑胸墙，"沙袋利用极多，窗帘、桌布全部都利用上了"，又打开王府内殿、后殿，发现了大量的极为贵重的毛皮、锦、缎以及其他物品，他遂下令"将肃王府中之衣裳、毛皮装上沙土，做成沙袋，用来构筑胸墙掩体"，日方人员也认为"防卫工事进一步坚固了"。6月27日，各国向中国增兵的消息传来，清廷得到的奏报表明联军执意进攻北京，在这种局势下，慈禧太后不得不下令清军再攻使馆，以对此做出强烈回应。[①]通过日、英、中三方对27日清军进攻使馆区的记载，我们不仅知道战斗非常激烈，而且知道最激烈的肃王府东北角攻防战的主角之一是荣禄武卫中军。柴五郎记述：6月27日凌晨二时左右，使馆各条防线都响起了枪声。七点多钟，清军在肃王府东北面三百米左右的地方，吹笛声集合，极为喧闹。九点左右，清军再次向肃王府东北角灵殿北面猛扑，继续两处地方的穿墙工作。在靠近北门的东向长墙北面，针对日军防线上的两个枪眼，清军在道路对面墙上设置了十几个枪眼，向日方枪眼瞄准集射，迫使日本兵用砖头堵上枪眼，一旦日军挪开砖石向外观察，立刻遭到清军的射击，以前构筑的掩体相继被破坏，日军被迫撤离。在肃王府东北角的房顶上，沙袋堆成的掩体被清军猛烈的炮火打烂，日本守军被迫撤离掩体。日军由于弹药不足，无法和清军对射，只能将石头、瓦片和燃烧的木材隔着墙扔过

---

① 故宫博物院明清档案部编：《义和团档案史料》上册，第194页；《刘树棠为日本领事电称联军进兵意图事致洋务局札》，中国第一历史档案馆编辑部编：《义和团档案史料续编》上册，第620页。

去与清军战斗。十二点半左右，清军暂停进攻，日军乘机抢修灵殿四周的工事，至下午三点左右基本完成时，清军再次大举来袭，并终于在肃王府灵殿后墙上凿开了两个大洞，破壁而入。然日方早有准备，当清军大队冲入时，日军一阵急射，使清军在留下二十余具尸体后狼狈逃回。但是清军在逃跑时，并非一味被动挨打，而是发挥了中国传统的军事手段，在灵殿内放火，火势危及桧林，令日军忙于砍树防火，而无法追击。英方窦纳乐的报告也对此予以印证。①6月28日，"津沽炮台复为敌踞，寇深矣"的风声已在京城各衙门传开，人心涣散，各衙门官员开始逃离京城，以致"六部点名查司官之擅离职守者"，围攻使馆之役致"翰、詹两署皆为战场，六部官吏在西苑朝房办事"。在这种局面下，清军继续对使馆区和西什库教堂展开进攻。②28日上午九时，清军在肃王府东北角北面三百米左右的地方设置大炮，向日本使馆和肃王府东面、北面各处炮击，肃王府东北角的沙袋胸垒被毁，王府围墙也被大炮轰开一个缺口，便于清军冲入。同时，清军大炮的轰击，使日军设在肃王府东门高墙上、可以纵射整个肃王府东墙北段之间来往道路和堂子北道路的沙袋掩体，顷刻间就被破坏了。王府北墙各处也被清军三发炮弹命中，炸开了一个破孔。由于清军大炮对肃王府防线造成巨大威胁，使日军感到难以承受，故柴五郎计划夺取大炮，并为此与英、德公使和美国的秘书官商量，由肃王府守军和英、德、美援兵在第二天黎明坚决突击。然而事与愿违，当天下午一点的时候，数

---

① 《英国蓝皮书有关义和团运动资料选译》，第274—275页。
② 叶昌炽：《缘督庐日记》第5册，南京：江苏古籍出版社，2002年，第3140—3141页。

百名清军即向东门发起进攻，破坏堵门之物，将堵门的砖石冲成许多破孔，数十支枪从破孔中伸出，向肃王府内乱射，然毫无准头，对守军未造成什么伤害。趁此机会，柴五郎一面命守田大尉、安藤大尉和意大利大尉率兵迎击清军，又命数百名教民向清军投掷石块、燃烧的木材，而令另一部日军和教民在桧林东侧靠近东门一带修筑第二道防线工事，这次战斗异常紧张激烈，柴五郎称之为"一场殊死的战斗"。拉锯战一直进行到下午四点，清军久攻不下，故暂时退却。入夜后，日军并未懈怠，他们在夜幕的掩护下用镀锌板将破洞堵好，当清军发现并向洞口猛烈射击时，日军已完成封堵洞口的工作。与这场战斗几乎同时，清军企图在肃王府北墙东北段防线打开一个洞口时，被日军投掷的砖石击退。①

在肃王府东面战场。当6月26日柴五郎指挥日、意联军着力加固肃王府北面和东北面防卫的时候，有中国教民报告："今夜清军将偷袭东阿司门。"于是，柴五郎命日军将东阿司门前方的民房烧毁，"将木材和铁筋等尽可能拿回"，这样做，一方面可设置防御工事，另一方面使清军进攻时必须经过烧毁废墟形成的开阔地，便于日军射击。柴五郎将义勇兵全部召至肃王府，与水兵卫队合在一起分为三组：一组由原大尉指挥，负责法使馆北后门到东阿司门的防务；一组由安藤大尉指挥，负责从原大尉所守卫的东阿司门到东门的防务；第三组，全部意大利兵与法、奥兵各五名合兵一处，在意大利巴欧里尼大尉的指挥下负责从肃王府东北长墙经北门至北御

---

① ［日］柴五郎：《北京笼城》，明治三十三年六月二十八日条，第35—37页。日本军队后来将这两块印着无数弹痕的铅板，一块呈给天皇御览，一块放于游就馆中展览。

河桥之防务。柴五郎则彻夜守候在东阿司门外的庙中，以备清军来袭。然清军并未来袭，而是攻击了紧邻东阿司门的法国使馆。[①]窦纳乐的报告可对此做出印证。[②]27日，在肃王府东北战场激战时，上文已提及，清军大炮对肃王府防线造成极大威胁，成为使馆卫队的心腹之患。故柴五郎曾几次与英国公使商议，欲夺取大炮。当然，夺取大炮并非易事，故意大利大尉欲乘清军遁逃之机冲出去，"夺取前方两百米左右之清军大炮"，柴五郎立即同意。经商议，除守田大尉、安藤大尉率部在府墙内抵抗清军进攻和灭火，原大尉的四名部下留守东阿司门之外，其余的肃王府守军五十余名（包括十余名日本兵、二十名意兵、五名法兵、五名奥兵，以及来援的八名俄兵、五名英兵）全部集结，兵分两路夺取大炮，一路由柴五郎率领从东阿司门冲出，沿肃王府东路冲至东门缺口外；另一路由协防肃王府的意大利大尉率所部二十人出王府西侧，沿御河往北出击。对于联军实施以攻为守的战术，清军在战斗中也逐渐熟悉，故早在东门外修筑起一道围住大门的半月形胸墙，柴五郎所率之一路冲出时，立即遭到掩体内清军的猛烈射击。同时，另一部清军从堂子西北角的墙里对日军展开斜射，在这种交叉火力之下，日军激战到五点左右，因伤亡过重，不得不撤回府中，再次用铅板将东门堵上；由意大利巴欧里尼大尉率领的一路，试图从御河方向冲过去，准备冲过清军建筑在这条小路上的坚固胸墙时，遭到清军排枪猛烈射击，大尉重伤，二名意兵阵亡，七人负伤，只得一边苦战，一边退回，此次作战以失败告终。这是守卫肃王府的日军和意军"被围

① ［日］柴五郎:《北京笼城》，明治三十三年六月二十六日条，第31—32页。
② 《英国蓝皮书有关义和团运动资料选译》，第274页。

以来几乎从未有过的大损失"①。英人朴笛南姆威尔的记述也可为印证："中国炮虽为老式，然摧毁之力亦巨，难以久支，乃决意反攻之……七月一日，驻于小山之意大利司令批君，陈述袭击之法于首领，得其允准，并以英国水手及志愿兵帮助之。意人自其驻守之地，向前袭击；日本人则在防线及壕沟边，放枪以助其声势而掩护之。是日之晨，意人预备出击，甚为喧杂；及其奋然而出，乃适如予等之所预料，初则汹汹而前，及中国枪声一纵，即骇然反身而奔，死伤者数人，批君之臂亦受重伤，至不能复居司令之职……其后始知批君袭击之计划，乃本于其错误之地图，其出路适为众枪之的……意之司令既已受伤，意人之地位遂更不稳，其火药亦不敷用……有不能守之势矣。"②荣禄部使用的正是旧式火炮。下午六点多，清军从仪鸾卫南邻的鞑子馆向英国使馆猛烈进攻，迫使日方将兵力交还英方，放弃突击夺取清军大炮的计划。这一天，美、法使馆也遭到清军的猛烈攻击，城墙上堡垒的战斗极为惨烈。入夜，各方枪炮声十分激烈，终宵未绝。③

6月29日是吊诡的一天。这一天，军机处奉慈禧意旨向各出使大臣发出电旨，命他们向各驻在国政府"切实声明，达知中国本意"，以及朝廷"委曲情形""万不得已而作此因应之处"的苦衷，请求"各国所深谅"，并表示对义和团"此种乱民，设法相机

---

① ［日］柴五郎：《北京笼城》，明治三十三年六月二十七日条，第33—35页。

② ［英］朴笛南姆威尔：《庚子使馆被围记》，《中国近代史资料丛刊·义和团》第2册，第272页。

③ 我们所以肯定日、英人的记述，一般是指清军的进攻，是因为一旦有义和团民加入，他们均会说明。27日，窦纳乐记载中就说："下午八时，美国特遣队报告说：二百名义和拳在中国军队的逼迫下发动进攻。"参见《英国蓝皮书有关义和团运动资料选译》，第275页。

自行惩办"，"现仍严饬带兵官照前保护使馆，惟力是视"。①而这一天凌晨二点，清军就向肃王府北面袭来，猛烈射击一小时左右，见守军在墙内静止不动、未还击，也停止射击而退。上午七点半，清军于理藩院附近设置两门大炮，向肃王府北墙整个东北段和东门南侧狂轰，日军无法对抗，只能不断修补各处被炮毁的阵地工事，防备清军冲入。终于，清军轰破东墙，冲入肃王府，为了毁掉守军的屏障，并向后殿东端放火。日本兵分三路，一队在桧林一角迎战清军，一队扑灭大火，一队在后殿和内殿一带、王府东面北段长墙上赶凿枪眼，在王府内门西侧建筑东面和北面的窗户上堆砖石，在堵上内门的同时，又赶凿枪眼，以防清军从这里攻入。清军自上午开始一直对王府北门东侧建筑的北墙进行炮击，将建筑背面上的沙袋胸墙全部击毁。下午四点，北门东侧东向长墙南端建筑物后面终被炸成一个大洞，意、奥、法以及在桧林的日本兵纷纷驰援，对准洞口一阵猛射，挡住了清军冲入。清军一看强攻不行，故技重施，展开火攻。他们从墙外将燃烧的桌椅等物品扔了过来，堆积在北门东侧建筑间的空地上，又将石油和火块投在上面，片刻之间，大火蔓延，观音堂以北之建筑化成一片火海，迫使日军放弃这一区域，退守至观音堂北壁。下午五点，肃王府后殿、内殿、内门两侧的庙房皆被大火吞没。入夜，大火才被扑灭，安藤大尉抓紧时机迅速在南门废墟中堆积瓦石，于内门南面的东西两侧之间抢修了新的防线。这天夜里，电闪雷鸣，大雨如注。使馆方预计清军在这样的雨天绝不会来攻，准备稍事休整。不承想，晚十点左右，首先是英国

---

① 故宫博物院明清档案部编：《义和团档案史料》上册，第202—203页。

使馆的西北方向响起了激烈的枪声，随后清军大队人马从肃王府北面压了过来，在大雨倾盆的暗夜中，在电光与炮火闪亮的瞬间里，敌我双方的身影清晰可见，雷声、枪声、怒吼声混在一起，回荡在惨淡的黑夜，令事后的柴五郎一想起就毛骨悚然。当时，各处兵士都是通宵手执武器，在被雨淋得像落汤鸡的情况下，激战了一夜。[①]英国人有一个"较低的估计，中国人在夜间必定发射了二十万发子弹"，但"子弹飞得很高"[②]。从后半夜（即6月30日凌晨）到东方发白，清军一直在断续地射击，至上午九点左右又突然安静下来。当时，柴五郎估计清军"显然酝酿着一次更为猛烈的进攻"。果然不出柴五郎所料，从上午九点多开始，清军突袭肃王府北门，并欲冲开各处被守军堵上的缺口，在守军砖石瓦块的夹击下被击退。清军又猛烈炮击意大利兵守卫的回楼后面墙壁，将那里轰开了一个大洞，从破洞中冲进王府，并在回楼放火，意兵在早就挖好的回楼南边战壕里和回楼西侧的房屋中阻击清军。

在北面和东北面战场激战的同时，上午八点，清军向肃王府东门方面发起攻击，为意军机关枪击退。清军在东阿司门北侧建筑以北约四十米处，以瓦石垒成一个胸墙，从其后面向原大尉守军猛烈射击，日军从意军处借来三十七毫米炮，在东阿司门北侧建筑墙上凿孔，发射五六发炮弹，摧毁了清军掩体，迫使清军退却。此后数日，清军在深夜用木材、砖石筑成一道与肃王府围墙等高的工事，居高临下对原大尉哨所射击，对日军构成极大威胁。6月30日，原大尉不得不放弃了肃王府东阿司门，准备退守西阿司门，于西阿司

①　［日］柴五郎：《北京笼城》，明治三十三年六月二十九日条，第38—40页。
②　《英国蓝皮书有关义和团运动资料选译》，第278页。

门及其侧壁修筑防御工事。由于日军防线弯曲，兵员损失惨重，不得已将日本使馆北门胸垒哨所让予法兵守卫。日军因弹药不足，还利用找到的大量日本玉屋、键屋礼花弹[1]，装上小石头和断钉子扔向清军，以其震耳爆炸声，使清军无法休整。下午，枪声渐稀，日军于肃王府内设置了第二道防线，由日兵、意兵在那里守卫。[2]

这一天对使馆方来说也是一个不平常的日子。首先，英方按照昨日之计划，天未明，六十余名英、俄、法、意士兵分为两队，一队从仪鸾卫，一队从靰子馆，分两路扑向清军大炮所在地，然而清军大炮早已被拖往别处，使馆卫队只得放火烧毁了附近民房而归。此日，德国使馆也受到大量清军从城墙上下两方的进攻，英国增派十名援兵，才将清军击退，城墙上美国和德国哨所已有难以支撑的迹象。下午，清军对法使馆发动了数次攻击，法军防线被迫后退。晚间各处清兵漫无目的地放枪，使馆方趁机抓紧休整，增筑工事。

朴笛南姆威尔的记述也证明6月26日至30日战况的激烈，以及实施这一系列猛烈进攻的是荣禄武卫中军：

> 中国兵既已迫近，予等俟机击之，……肃王府，……有中国炮二尊，缓缓施放，已渐毁其外墙，故须在其后面一带院落中，速建第二支防线。……敌人小队，埋伏于堆垛之后，离其本部甚远，悄然不动，其大队则在其后二百码，藏于砖土墙壁之间，以枪向予等而击，甚为猛烈，无休歇之时。……有一老式之炮，常送其弹于予等之前，其初弹飞尚高，后则愈飞愈

---

① "玉屋"和"键屋"是江户时代的两大礼花师。
② "日"柴五郎：《北京笼城》，明治三十三年六月三十日条，第40—41页。

下……敌人已描中准头，必更接踵而来，予等乃立意下棚，守于较低一道有孔之线……予等甫下，弹已中墙，砖瓦等物，如雨而下……直至下午四五点钟时，始得释其重负，极受众人之称誉，小日本大佐……谓彼觉予等必皆已死……法国人已失其内城上之地位，美国人亦被震动，将至失守，如非中国人劳乏辍攻，再历一点钟，必全线退守矣。[①]

我们知道，荣禄直接指挥的中军卫队配炮即为老式火炮。

从6月30日起，清廷果然按照给列强各国的声明，对义和团"严加约束"，以向列国表明"和"意。[②]然而列强并不买账，更未停止对清廷的威胁：先是各国政府根据本国驻天津总领事的电请"速行知照北京主乱官员，若有违背公法，害及使臣，各国大兵一到，定将清朝诸皇陵，概行焚毁，以报深仇"[③]；到6月30日在大沽登陆的各国侵略军已增加到军官520人、士兵13500人，且各国均认为这些兵力"不可能进军北京"，还在继续增兵。[④]面对这种情况，慈禧极为不满，清廷只能以各国急于要"解救的北京使馆的围困"来做文章，以激烈的军事进攻来寻求政治解决的可能。故虽发出给各国的声明，仍加紧对使馆区的进攻。在得到列强强硬回复后，又发出上谕"招抚义和团民"，同时发出教民"果能革面

① 《中国近代史资料丛刊·义和团》第2册，第268—269、270页。
② 故宫博物院明清档案部编：《义和团档案史料》上册，第207页。
③ 《庚子国难纪事本末》，《清议报全编》卷二二，日本：横滨新民社，1900—1901年，第61页。
④ ［英］萨维奇·兰德尔著，许逸凡译：《中国与联军》，天津社会科学院历史研究所编：《八国联军在天津》，济南：齐鲁书社，1980年，第187页。

洗心，不妨网开一面""各国教士应即一律驱遣回国"的上谕。①7月1日凌晨，又在天津猛攻联军盘踞的租界，同时在北京，从早八点开始由负责围困使馆区南面的庆亲王奕劻指挥清军，对南面城墙上的德国哨所形成紧逼之势，迫使守卫的八名德兵和三名英兵从哨所撤退，以致城墙西部的美国哨所完全暴露，进而迫使美军也放弃哨所。然而奕劻指挥的清兵并没能利用这一机会占领城墙，巩固战果，给联军以反扑之机，英国公使急派俄军增援，俄、美军重新登上城墙，恢复哨所，一直坚持到最后，为保护被围困的使馆全体人员"立下大功"。德国哨所则没有恢复，自此德国使馆几乎每天都受到清军俯射，极为困难。法国使馆也受到清军猛攻，法军一度被迫从使馆中撤出。清军于午夜时分在仪鸾卫北筑了一道大胸墙，对英使馆进行猛烈射击，守军用意大利速射炮从英使馆的二楼对着敌人开火，才使敌人沉默下来。由于清军将此前进攻肃王府的大部分兵力和大炮移去进攻德、法使馆，几乎整个1日上午肃王府方面十分平静。②

然而，这种平静在中午时分被彻底打破。7月1日中午十二点左右，荣禄指挥的大批清军又向肃王府东北隅逼来，并在离肃王府东北角二百米左右的地方，以两门大炮狂轰观音堂为中心的地区，日军几乎支持不住。7月2日，清廷注目的焦点在天津，在北京仍按惯例进攻。自早晨起，肃王府观音堂和回楼即遭到清军两门大炮的狂轰。柴五郎还记述：十点，大队清兵自灵殿废墟涌入，逼近并欲从桧林北墙及东门附近的墙上向日兵俯射，但遭到安藤大尉和守田

---

① 故宫博物院明清档案部编：《义和团档案史料》上册，第215页。
② ［日］柴五郎：《北京笼城》，明治三十三年七月一日条，第42页。

大尉部的顽强抵抗，下午一时，日军坚守不住，不得已而退。清军火速掩至，日军努力维持的桧林一角阵地被迫放弃。与此同时，清兵偷偷靠近观音堂并放火，使这边的防线极难守护，只能放弃第一道防线而退守第二道防线，此方面日军则退守假山北墙，意军也不能据守回楼废墟，退守池西之北山，肃王府守军的地盘大大缩小，士气大受影响。柴五郎认为"此乃开战以来最艰苦的战斗，士气极为沮丧，我也认为，像这样每天被进攻，终究不能固守"，日军在此次作战中死伤惨重。①

在肃王府东面防线附近，法国使馆已残毁，"中国人既得法防线之一半，乃愈逼愈近"，进入拉锯战状态。据柴五郎记述，"那时围绕我们的敌兵数至少也有七八千或一万余人。敌人真正的攻击都只限于白天，夜间几乎都按惯例，晚八点左右至次晨四点左右，用狼烟或喇叭发出信号，从四面猛烈射击三、四次。其中对肃王府的射击最为激烈，时时用大炮轰击。对我方之损害极少，却使隔着我们对面的敌人互相损伤"。总之，"此每夜之乱发枪，究竟是什么目的一直不明白。或者有可能对宫中和端郡王等显示自己的努力战斗的样子"。与此同时，"美国卫队防线仍不能守矣。中国人可以自两面来攻，愈逼愈近"。法、美使馆防线的危机，必然影响到肃王府防线的安全。不得已，柴五郎将肃王府可能无法守住的忧虑告诉了英、法公使，于是英国公使馆内开始修筑巨大的工事，准备一旦肃王府被清军攻陷时，做最后的防守之用。②

然清军久攻使馆不下，令清最高决策层极为恼怒，于7月3

① ［日］柴五郎：《北京笼城》，明治三十三年七月一、二日条，第43—44页。
② ［日］柴五郎：《北京笼城》，明治三十三年七月二日条，第44页。

日发布上谕，宣称"现在中外业经开战，断无即行议和之势。各直省将军督抚平日受恩深重，际此时艰，惟当戮力同心，共扶大局。……务将和之一字先行扫除于胸中，胆气自为之一壮。所有一切战守事宜，即著一面妥为布置，一面迅即奏报"①。然而，当时的战局已非清廷所能左右，围攻使馆的清军伤亡惨重，进攻受阻，已暂时无力发动有效的地面攻击，故3日晨六点起，清军只能在远处对使馆区及其周边建筑进行炮击。而联军方面的情况则稍有改观，其一，日军利用这段时间，赶紧抢修从王府西边山洞南的意大利哨所经停山连接停山门北面、东面至内门南侧的东西一线工事。其二，粮食和弹药得到补给，据柴五郎日志，日军在整理库存粮食时，发现了若干米、海带和一口袋扁豆，可支撑两周；至于弹药，每名水兵可得五十五发，所有义勇兵都配备了枪支、每人可分得二十发子弹，并选出10名义勇兵补充日军哨兵线，以便抽调有战斗力的士兵到肃王府战场。其三，为了减轻肃王府和英国使馆的压力，南面城墙上的美军哨所按原定计划突击，将清军击退，并立即朝着敌方修建了一个胸墙。由于这次出击的成功，从此城墙上再也没有受到清军巨大的压力。7月4日，肃王府仍遭到清军的炮击，但据柴五郎记载，以前清军发射多为大口径炮弹，"自此日起，敌军开始发射霰弹、五七毫米的小口径弹，还有极其旧式的圆弹。甚至可能是用弓射过来的"②，日军则冒着炮火抢修工事。

而7月5日情况又发生突变。此日，各国驻沪领事分别致电本国政府，促请增派援军镇压义和团，并"对于（东南各省）总督们

①　故宫博物院明清档案部编：《义和团档案史料》上册，第221—222页。
②　［日］柴五郎：《北京笼城》，明治三十三年七月三、四日条，第46—49页。

所采取维持秩序的步骤予以协助"①，更引起清廷的疑忌，情势迫使清廷不得不对清军下达勉力死攻的命令。不过，时人李岳瑞称："董军攻使馆十余日不能下，朝旨召武卫军开花炮队入都助攻。……炮垂发矣，（武卫军分统张）怀芝忽心动，令部将且止毋放，而急下城诣荣相邸……荣相不得已，乃谓之曰：'横竖炮声一出，里边总是听得见的。'怀芝悟，即匆匆辞出。至城上，乃阳言顷者测量未的，须重测始可命中。于是尽移炮位，向使馆外空地射击一昼夜，未损使馆分毫，而停攻之中旨下矣。"②许多学者据此认为，荣禄下令攻打使馆的武卫中军炮队向空地射击，以保护使馆不受损伤。此说不可靠。实际情况并非如李岳瑞记载的那样，其实那天的战斗非常激烈。据柴五郎记述：十点左右，清军向观音堂废墟压了过来，利用废墟为掩护向日方投掷瓦片，转瞬间便堆起了一道胸墙，并在胸墙后向日军据守在观音堂南墙上的枪眼猛烈射击。日军向意军借来了大炮，试图用炮火摧毁敌人的胸墙，然而三十七毫米口径之炮、五六发炮弹，根本不能摧毁胸墙，反使日方人员受伤。清军又将假山东长廊下方堵上，向肃王府东北角逼近，避开日军枪眼火力，贴住墙，向枪眼前投掷各式各样的物品，用木棒绑上火块，立于日军射程之外，准备放火，日军则从枪眼将水枪探出，拼命喷水，将火扑灭。清军见状，又将大炮拖来，试图轰塌堆积在肃王府东北角的障碍物，因廊子很窄、找不到日军射击点外可设置大炮的地方而放弃，将炮拖走。日军"因珍惜子弹，不能射击，只能扼腕

① 林树惠译：《英国蓝皮书——议会文件》，《中国近代史资料丛刊·义和团》第3册，第517—525、522页。
② 李岳瑞：《春冰室野乘》，太原：山西古籍出版社，1995年，第135—136页。

长叹"。更令日军意想不到的是，自此日起，在北御河桥北，真正用黄琉璃瓦铺顶的高高的红色宫墙上面，即日军认为不可能射击之处，清军设置了两门滑膛炮，"直到最后都一直在向英公使馆及肃亲王府各处射击，并沿着御河纵射，以破坏御河东西之交通，十分令人头疼"。使馆方试图用那门意大利三十七毫米大炮将其摧毁，未能奏效。这天，清兵上午十时从观音堂附近发动的进攻失利后，即以这两门大炮，向肃王府各处狂射。清军的猛烈进攻，迫使日军在肃王府停山的西方及向南延伸的南山一线，设置了最后的防线。而窦纳乐的报告对柴五郎的记述是有力佐证。①

这场战斗到7月6日持续进行。上午八时，清兵用两门大炮猛轰肃王府假山东凸角，轰开一大破洞后，欲从此攻入，日军集中火力向破洞射击，清兵不得已而退。十一点，清兵将一门大炮运到破洞口，欲往里射击，遭到守军猛击，丢弃大炮而退。在意军火力掩护下，日本兵、教民队、英国兵从破洞冲出欲夺大炮，为清兵猛烈射击所阻，安藤大尉重伤死去。下午五时，清兵将破口堵上，将大炮移往别处。② 由于5日并无清军假攻使馆的情况，李岳瑞的记载不可靠，故学者据此所作7月6日"董福祥所率甘军无视荣禄暗示，仍以大炮轰击使馆区"的推论是可疑的。因为除日方记载外，英人朴笛南姆威尔6日的记载也可证荣禄武卫中军对肃王府的攻击：

董军有一炮，对予等施放，甚为猛烈；所以知此炮属于董

① ［日］柴五郎：《北京笼城》，明治三十三年七月五日条，第50—52页；《英国蓝皮书有关义和团运动资料选译》，第288—290页。
② ［日］柴五郎：《北京笼城》，明治三十三年七月六日条，第52—54页。

军者，因其旁有一大旗之故。董军本甚凶悍，且为惯战之兵，其炮击于予等之北边，使予等不复能守……且敌人又新置一炮于残毁税关之附近，想因前炮有功，得有奖励，故此炮复来，攻击肃王府之大门，愈增其危险。……如此，只须一礼拜，予等必为所破矣。思及此，则知无论如何为难，冲锋之事，必须即刻为之，不容更缓。……此次冲锋，以日本阿大尉为统带……忽见有炮巍然，在有孔防线之高处，即予等所欲夺者，静寂如无人；予等大喜，大喊而前，忽然一闪之间，周围情状，倏已改变，由中国兵数十人，服其彩色之衣，如受惊之山鸡，跳跃而出，皆向予等放枪，引起四面之炮火，均从房屋及毁坏物中出现……此时日本之小大尉，已仆于地，又有二三水手，亦已倒下，队伍顿时散乱。中国之司令官，见此情形，愈吹其号，催兵向前，俄顷之间，有数百支枪，皆向予等攒击，大喊冲来，其彩色之衣及红战裙，飘摇于风中，凶猛可畏；除退后外，无他法矣。……冲锋未成，反引起中国人之怒，攻击愈厉，枪弹如雨而至，且不独此一方面，其他各处，均猛攻不已，全防御线同时危急。[1]

正是在双方激战的7月5、6日，英、法、德国政府照会清政府驻该国使臣，声称"若北京各国西人再有遇害情事，罪有攸归，决不稍贷"，"定要中国政府抵命"，并要求清各使臣将此意"勿改一字"转电清朝廷，该照会在7日通过李鸿章等转奏到清最高决策

---

[1] [英]朴笛南姆威尔：《庚子使馆被围记》，《中国近代史资料丛刊·义和团》第2册，第276—277、278页。

层。①列强的强硬态度，清廷需考虑应对，又由于此前清军进攻颇急，需要休整，故7日清军未进攻肃王府。但随后的8—9日（六月十二、十三日），又是一个吊诡的日子。

清廷眼见当时局势，益感不妙，一面做好"和"的准备，故在7月8日谕命"直隶总督著李鸿章调补并兼充北洋大臣"，并电促李"星夜北上""勿稍刻延"，为对外交涉作准备。②一面又想在谈判桌上增加筹码，故急令清军猛攻，遭到联军猛烈反击。在天津，清军炮击紫竹林租界，"联军各营，被其毁物不少"，侵略军则发炮数百发轰击天津城。聂士成部驻地，"十三日丑刻，有洋兵大股来袭该军驻扎八里台之队，洋兵四面环击，枪炮如雨"，聂士成力战而死。③在北京，有记载8日围攻使馆的清军放炮三百余发。④下午一点，清军炮击肃王府内门东端，炸出一大缺口，并纵火将正殿及附近建筑物全部烧毁，日军中门以北阵地已丧失，在正门和西边的建筑里顽抗，终于打退清军这场猛烈的攻势，然肃王府守军伤亡惨重，到7月9日，日本二十四名陆战队员中，能拿武器者已减至十四名，意军死伤也很惨重。⑤

7月10日以后这一阶段，清廷中央和地方意见分歧愈加突出。10日这一天，总理衙门"收到各处电八件"，"电内云：现在外洋各国，推俄国为领袖，总司其全局，俄先进兵，各国继之。挽回大局

---

① 《中国近代史资料丛刊·义和团》第3册，第196页；李鸿章撰，吴汝纶辑：《李文忠公全集·电稿》卷二三，光绪三十一年金陵刻本，第21页。
② 中国第一历史档案馆编：《光绪宣统两朝上谕档》第26册，第179页。
③ 故宫博物院明清档案部编：《义和团档案史料》上册，第276页；天津社会科学院历史研究所编：《八国联军在天津》，第57、194页。
④ 李杕编：《拳祸记》（上），上海土山湾印书馆光绪三十一年铅印本，第163页。
⑤ ［日］柴五郎：《北京笼城》，明治三十三年七月八、九日条，第55—57页。

者，只要有使臣、使馆在，百事均可商量，有挽转之象"①。清廷虽不敢做如此乐观之想，但也不免对此前一直做出一种善意姿态的俄国存有一丝幻想。而包括俄国在内的列强则不会如此之想，就在此前一天，俄国沙皇同意由陆军大臣库罗巴特金下令俄军正式入侵我国东北。②李鸿章致电驻俄公使杨儒，令其转告俄国外交部："切勿来兵。"而俄国财政大臣维特则回复道，"东省拳匪已有蔓延之势，断非撤回兵役即可保全"，"刻下事无可为，惟有飞速进兵"。③清廷幻想破灭，再次紧急下令各地勤王兵马"星驰北上"。

在北京，作战双方都已极为疲弊，尤其是使馆守军"劳乏已极，虽有严重之军法，而守兵之半，在三四点钟时，均沉睡如死人，不暇顾之矣"。但清军并未放弃进攻。7月10日上午9时，清军倾巢出动，从肃王府厨房东侧之门来攻。英、俄兵各二十人赶来增援，一直激战到夜里。英人朴笛南姆威尔记述了10日清军火炮的攻击："其炮有九尊或十尊，中国军中之炮，必不止此，其余想运往天津矣。即此九尊或十尊之炮，若一齐施放，其势已甚难当。有二尊在宫墙之上，有时齐放，有时或断或续，参差不齐，如果接连齐放，至二十四点钟之久者，则英使馆难以守矣。又有二三尊在内城之上，有三四尊对于肃王府及法使馆，其余则巡历各处，伺隙而放。幸而中国兵队不明施放之术，其弹或为炸裂之弹，或为生锈之

---

① 北京大学历史系中国近现代史教研室编：《义和团运动史料丛编》第一辑，第87页。

② ［美］马洛泽莫夫著，商务印书馆翻译组译：《俄国的远东政策》，北京：商务印书馆，1977年，第155—156页；北京大学历史系中国近现代史教研室编：《义和团运动史料丛编》第一辑，第86页。

③ 中国社会科学院近代研究所近代史资料编辑室编：《杨儒庚辛存稿》，北京：中国社会科学出版社，1980年，第108—109页。

圆弹；有数日忽然静寂，有时忽然大为活动，只数分钟之间，其摧毁之力，视数礼拜之枪为巨，然予等不能怨之，因有许多之房屋树木，并各种阻碍之物，使敌人观察不明。"7月11日，由于清军炮火猛烈，肃王府厨房东侧之胸壁被炮毁，夜间才得以抢修完毕。[①]而也在这一天，沙皇尼古拉二世正式批准陆军大臣库罗巴特金拟订的出动四个军团大军的侵华军事计划。[②]

7月12日，清廷感到处境更加危急，一面电促调任直隶总督兼北洋大臣的李鸿章"无分水陆，兼程来京"，一面因"津沽军情紧急，畿辅各军甚为单薄"，寄谕各省督抚"派出勤王之兵"，"昼夜兼程北上"。然而李鸿章、刘坤一、张之洞、袁世凯等十一位督抚的行动却有悖于清廷的意愿，会衔电奏清廷，"请明降谕旨"，"照约保护各省洋商教士"，"相机剿办""乱匪乱兵[③]。显然，清廷的决策尚需斟酌，落实到京津战事上尚需时日。这时的北京使馆区，肃王府一带的清军停止夜袭，至早晨为止一直潜伏在停山东麓的建筑里。黎明时分，突然向停山门北面的围墙发起攻击，守卫肃王府防线的日本兵、法国兵、奥国兵及英国义勇兵协力作战，好不容易才打退清军的这次进攻。然厨房东侧之门丢失，守军不得不退守到筑山之上。在肃王府东面战场，清军野战炮从莫里逊邸前的胸墙里，向日本兵守护的东阿司门北侧炮击，将其大部分枪眼击毁，日

---

① ［日］柴五郎：《北京笼城》，明治三十三年七月十、十一日条，第58—59页；［英］朴笛南姆威尔：《庚子使馆被围记》，《中国近代史资料丛刊·义和团》第2册，第282页。

② 吉林省社会科学院历史研究所编，董果良译：《1900—1901年俄国在华军事行动资料》第1册，济南：齐鲁书社，1980年，第125—134页。

③ 《光绪朝东华录》第4册，总4527页；《中国近代经济史资料丛刊》编辑委员会主编：《中国海关与义和团运动》，北京：中华书局，1983年，第73—76页。

军为修筑能抗住炮击的工事而彻夜施工。[1]据记载,这天围攻使馆的清军,发射炮弹达二百余发。[2]

7月13日凌晨,各国侵略军按计划向天津城发起总攻。消息传到北京,一方面引起朝内倾轧,主张保护洋人的立山等人被查办;另一方面当然就是慈禧震怒之下,命围攻使馆清军力攻。据使馆方记载,在北京,自早晨起围攻使馆的清军"发炮四百余发",即为明证。[3]其中,清军两门大炮从肃王府东角向意军哨所、停山堡垒炮击。这次攻击破坏力很大,导致"意军士气沮丧,军心动摇,至下午退了下来。日军义勇兵自12日夜开始,为增筑掩体彻夜工作。下午,日本兵开始堵塞停山东边的大门。晚上八时,日兵大举救援德国公使馆"[4]。

朴笛南姆威尔记述了7月11—13日的作战经历、对防线不堪猛攻的担忧和对清政府意图的揣测:

于毁坏之砖墙间走出,立于敌人之旁翼,故能见敌人之影,不为防线所阻隔。此二处,一在俄防线边界之对面,一在肃王府日本防线极西之对面……中国大营所在之地,予等固久已察知,此时彼等均在梦中,无一出哨之人。予得此好机会,即向前行,所走乃与肃王府外墙平行之线,相距约五十尺……至转折处,忽见有赤膊之三人……其红色黑色之军衣,业已

① [日]柴五郎:《北京笼城》,明治三十三年七月十二日条,第59—61页。
② 李杕编:《拳祸记》(上),第163—164页。
③ 《英国蓝皮书有关义和团运动资料选译》,第298—302页;李杕编:《拳祸记》(上),第164页。
④ [日]柴五郎:《北京笼城》,明治三十三年七月十三日条,第61—63页。

脱下……即为最佳之靶。予描视既准，转瞬之间，即见黄背之上，红血汩汩而流，登时倒下，手足一伸，其命遂毕……转瞬之间，情形已变，有衣服敝旧之五六人前来袭攻，予急奔逃……跳过日本防线，心始略定。中国兵愤怒，离其汛地而来，枪弹如雨，仓卒之间，予等未归于防线，不能回击，几为所乘。其后中国人忽有迟疑之色，遽然退回，又藏于其防线之内，而为照例之攻击……中国军队，所以来攻，不过受政府特别之命令，彼等似但欲围困监禁予等，非定有杀戮之意……予等全防线之建筑，固不甚坚固，而防守之人，甚为勇敢，每遇紧急之时，均随机以应，未尝畏馁，但此等情形，可以长久乎？若有一事使敌人忽起决心，但以千人齐力冲来，则扫去予等之防御，如扫落叶之易耳。[①]

7月14日，天津失陷。清朝廷虽尚未得报[②]，但对天津局势的危急情况则是明了的，故北京围攻使馆并未松懈。不过，肃王府日军防线是一块硬骨头，清军经过近一月的进攻是很清楚的，故暂时转移进攻重点，猛攻法使馆。柴五郎记载，清兵除向防线的意军哨所、停山炮击外，肃王府大致比较平静。[③]朴笛南姆威尔这天也记："外线炮火愈变愈厉，法防线业已失守，此果为真事乎？……

① ［英］朴笛南姆威尔：《庚子使馆被围记》，《中国近代史资料丛刊·义和团》第2册，第285—286页。
② 据清宫档案记载，裕禄奏报"津郡失陷"的折子，是在7月17日（六月二十一日）送达清廷。参见故宫博物院明清档案部编：《义和团档案史料》上册，第326页。
③ ［日］柴五郎：《北京笼城》，明治三十三年七月十四日条，第63页。

中国人渐渐进步，已占据大半之地，今所余者，只有大门之枪楼，及一带之长壕，又房屋数间而已。……观此情形，似中国军队有一种秘密之原因，必须占领法馆；此处攻击独烈，如此者已一礼拜矣。……勇敢之法人，至此亦不得不退守最后之壕线矣。"[1]确实，占领肃王府和法国使馆是实现慈禧太后政治意图的重要环节，肃王府肯定还是要接着进攻的。故第二天（15日），清军又向肃王府中门炮击，并再施火攻，向中门与正门间的东部建筑放火。这次的攻击被击退后，清军将大炮移至莫里逊邸的后面，向东阿司门的哨所炮击[2]。日本义勇兵利用作战间隙，前往各处加固肃王府胸墙工事。

7月16日，清廷有休战之议，故清军的进攻暂时停顿下来。

第五节　纷繁而奇怪的休战期：
肃王府之战第四阶段

学界曾经对围攻使馆期间的休战有各种观点，如认为："围攻使馆可分为三个阶段：……从7月14日到8月14日为第三阶段，西太后支持荣禄等主和派在力保使馆的同时，又通过和使馆的外交接触向侵略者乞和"，"清政府为讨好各公使，曾支持荣禄两次正式休战。第一次休战是从7月18日到20日，第二次休战是8月3日到8月4日"[3]。这种观点今已多被认为不甚恰当。近些年来，学界一般认为，7月16日清廷决定停止进攻开始，到8月10日清军决定再度猛

---

① 《中国近代史资料丛刊·义和团》第2册，第287—289页。
② ［日］柴五郎：《北京笼城》，明治三十三年七月十五日条，第65页。
③ 李德征、丁凤麟：《论义和团时期的围攻使馆事件》，《义和团运动史论文选》，第385、389页。

攻使馆，这一期间是停战期。①但综析中、日、英三方史料，这一观点也不确。

7月16日早晨起，由于清廷有休战之议——庆亲王奕劻派使者向英国公使递交休战提案清军也暂停攻击。同时，由于日军"已达到疲惫的极限。柴中校向英国公使请求增援。英方答应了日方的请求，派出英兵十六名前来援助，于是，日兵的半数十四名，从上午的七时至下午七时得以休息"。但短暂的休战很快过去，就在这天上午，英国指挥官斯德拉兹海军大尉、柴中校、莫里逊博士巡视哨兵线，在回来的路上，于停山西山脚下被阻击，斯德拉兹大尉身负重伤，当夜死亡，此次行动莫里逊博士也负了伤，柴中校军服左袖被子弹打穿，但未伤及身体。②朴笛南姆威尔的记述印证了柴五郎的记载："枪声仍连接而下，战线则愈逼愈近……小阿司君，即英公使以下分位之最尊者，今日亦受重伤，甫毕其命。此事乃出现于早间，总部派人巡视肃王府之情形，阿司君即在其内，已走过意大利人防线，弹密如雨，阿司君忽倒于此；为通讯员之阿姆君，腿上亦受重伤；日本大佐，只衣上击穿一洞，仓皇逃去。"③说明16日尚未正式停战。

7月17日才进入休战期。通过这20多天残酷、激烈的战斗，在北京形成围攻使馆之役中十几天停战期的因素是很复杂的：

其一，围攻使馆军队的弹药、粮草告急。根据窦纳乐的报告和柴五郎日志可知，6月20日—7月16日清军倾泻在使馆区的炮火很

① 林华国：《义和团史事考》，第112、115页。
② ［日］柴五郎：《北京笼城》，第65—67页。
③ ［英］朴笛南姆威尔：《庚子使馆被围记》，《中国近代史资料丛刊·义和团》第2册，第292—293页。

猛烈。窦纳乐说：从7月5日"以后的十天中，炮击日夜断断续续
地继续进行，仅射入使馆和翰林院建筑物中的炮弹就达一百五十发
以上"。有记载7月8日围攻使馆的清军发炮三百余发；7月12日京
城清军续攻使馆，发炮二百余发；7月13日，围攻使馆的清军"发
炮四百余发"①。结合使馆区和肃王府战斗中清军火炮的使用情况，
这一时段围攻使馆清军炮弹使用数量至少在千余发以上，损耗严
重，以致最后不得不用弓发射火箭；而清军步枪弹药已消耗殆尽，
前已述及，荣禄在战前从直隶总督裕禄手中调拨了200万粒毛瑟枪
弹，而围攻使馆的军队数平均在五六千人，从6月20日—7月16日
使馆区几乎每一天都遭到清军的猛烈进攻，被窦纳乐称为"猛烈
射击"的就有6月23—29日和7月1、3、8、10、12—14、16日，
尤其在6月25日半夜前后开始的"惊人的排枪射击""整夜持续不
断"，"这是我们迄今所遭受的最猛烈的炮火"；在6月29日夜间，
"据较低估计"，清军"必定发射了二十万发子弹"②。据此估计，从
6月20日到7月16日，清军消耗的枪弹应接近于200万发，且随着
天津及其周边的陷落，一时难以补充。从7月13日开始，清廷不断
有令刘坤一、张之洞等督抚以及上海、金陵、武昌各军械局提拨枪
弹"迅速设法解济"京津的谕命。③在休战期之前，在北京围攻使
馆和天津攻防战打了近半个多月后，不仅使馆的粮食紧张，北京和
天津的清廷粮饷也紧张起来。早在7月4日这天，清廷因"军粮孔

---

① 李杕编：《拳祸记》（上），第163—164页；中国社会科学院近代史研究所近代
　史资料编辑室编：《义和团史料》下册，北京：中国社会科学出版社，1982年，
　第632页；《中国近代史资料丛刊·义和团》第2册，第289、419页。
② 《英国蓝皮书有关义和团运动资料选译》，第262—305页。
③ 故宫博物院明清档案部编：《义和团档案史料》上册，第296—297页。

呕"，下旨令直隶总督裕禄"迅饬将南来漕粮，赶紧运通交兑，以便验收运京"[1]。

其二，俄国大举进军东北，与此前俄国所表现出的姿态大相径庭，清廷更感难以应付。那么，俄国大军侵入东北的消息何时为清廷所知？7月14日（六月十八日），盛京将军增祺奏报奉天一带俄军兵扰东北和满洲铁路的情形，绥远城将军永德奏"闻俄国马队由北路前来"。同一天，清廷接到出使俄国大臣杨儒照译俄国沙皇"俄国意旨始终如一，当竭力帮助中国平定地方，剿办乱匪。……外部称俄主一意敦睦，但须在京各使无恙，满洲铁路保全，方有词向各国排解"的电报，杨儒还奏请"电谕东三省将军力保铁路，勿与俄开衅"。随后，清廷一边密令库伦办事大臣丰陞阿、察哈尔都统芬车等对俄军动向"侦探驰报"，一边谕命吉林将军长顺、署黑龙江将军寿山防备"俄兵大队"。[2]随后，东三省局势变化迅速超出清廷的控制，都迫使清廷做出策略调整。

其三，天津沦陷，屏障丧失，是"使中国政府感到惊慌的事情"[3]，清廷乐观的"逼和"设想宣告破灭。对此，林华国先生1991年论文已做出分析。而且，这一时期东南和长江一带不稳，京畿的混乱，均使清廷疲于应对。英人朴笛南姆威尔就记"予等今日始知天津亦有围困攻击之事，满洲全境，均在火焰之中，长江一带，亦有不稳之象，天津城已为联军所得，设一临时政府，中国官吏殉节

① 《清实录·德宗景皇帝实录》卷四六五，第58册，第88页。
② 故宫博物院明清档案部编：《义和团档案史料》上册，第306—308、310、324、352、347页。
③ 《英国蓝皮书有关义和团运动资料选译》，第103页。

者甚多，此等新闻，闻者均为震动"①。清廷不得不调整策略，加之围攻使馆二十余天，各国使馆处境极难，也使清廷认为有与各国达成停战谈判的可能。

7月17日，清廷发布"谊重邦交"，"保护使馆"，"各直省保护传教士"、保护洋商，"相机剿办"，"土匪乱民焚杀劫掠"的上谕②，清军随即停止进攻。柴五郎认为"自上午十时起，……进入了实质上的休战"③。朴笛南姆威尔记道："已经绝望之事，忽于今日十一点钟时出现。但闻筛声四起，长吹不止，其声惨烈，使人血为之凝，然此非恶声也，枪声渐渐稀微，以至寂然，盖此筛声，乃停止攻击之声也。"

对于荣禄统率的围攻使馆的武卫中军而言，除了趁隙抢夺百姓外，休整和补充弹药是重要内容，但天津陷落使其补充弹药的企图受阻，这是停战较长时间的重要原因。今天学界多瞩目慈禧太后、荣禄下令停止攻打使馆，并向使馆馈赠西瓜果蔬等物。④对于使馆方面而言，在这难得而短暂的休战期间，重要的是抓紧时间做一系列的工作。肃王府防线的日本卫队及其联军主要做了如下诸事，基本可概括使馆方所做的工作：

首先，继续加固整修肃王府防线，并千方百计补充枪弹。7月17日停战当天，日军就在肃王府"各处阵地上修筑工事"，19—27

---

① ［英］朴笛南姆威尔：《庚子使馆被围记》，《中国近代史资料丛刊·义和团》第2册，第307—309页。

② 故宫博物院明清档案部编：《义和团档案史料》上册，第328页。

③ ［日］柴五郎：《北京笼城》，第51页。

④ 《中国近代史资料丛刊·义和团》第2册，第295—298、421页；《义和团运动史料丛编》第一辑，第139页；李杕编：《拳祸记》（上），第166页。后世学者记载此点的著述很多，不一一赘述。

日战场虽然沉静，但日军继续增筑肃王府阵地工事。8月1日，日军增筑东阿司门哨所；3日，日军从清国苦力那里买到雷明顿枪一支，子弹55发；4—5日，日兵从清国苦力那里又买到400发子弹。[1] 这是清军发战争财的一种表现。

其次，补充食品。食品奇缺实际上是被围攻的整个使馆区都面临的问题。在肃王府防线，从7月18日至21日，一些清军士兵悄悄地拿着砂糖、猪肉、羊肉、鸡蛋、蔬菜、水果等来到哨兵线上、东阿司门的哨所附近贩卖，日军得以补充饮食，并能分给英国使馆及伤员。但到8月1日，柴五郎等统计后认为日本兵的口粮不够支持一周，又从英国公使馆分到面粉。8月3日，各国公使会议解决粮食不足的问题，决议将仅存食粮节约使用，平均发放。[2]

再次，不断尝试与天津沟通的渠道，寻求外援。停战第二天，即7月18日，日本6月26日派往天津的密使带回天津郑领事、山口第五师团长福岛少将密信。从7月22日到8月5日，柴五郎等通过美国公使派往天津的密使托付书信，通过谍报系的杉几太郎利用清兵、派密使、苦力等各种渠道，送出给福岛少将的信件，并向河西务和蔡村方面派了密使。7月23日出发的密使带回了福岛少将7月26日的密信，得知救援军已准备从天津出发。8月2日，美国公使派遣的密使从天津回来，带来各国救援军从天津出发的日期。[3]

最后，加强对清方的情报搜集，但清方趁机提供假情报进行干扰。7月18日，日方命令北京同文馆教习杉几太郎专门从事谍报工

① ［日］柴五郎：《北京笼城》，第67—68、70—79、81—88页。
② ［日］柴五郎：《北京笼城》，第68—72、81—87页。
③ ［日］柴五郎：《北京笼城》，第68—88页。

作。21—26日，杉几太郎等从清兵、清人间谍那里得到种种情报，包括各国援军进军、包围军配备等情报，但其内容真伪难辨。28日收到了天津英国领事给英国公使的密信，判明清国人间谍情报的虚伪性，为了不让清方察觉，令其继续提供情报。[①]朴笛南姆威尔的记载也证明："此次停战之时间，予等未曾空过，有数处与中国兵秘密往来，其军中之奸细，暗卖粮食军火，予等所得者甚多。……日本人最善于做此事，其遇报告假事之奸细，不但不斥责，并慰劳之，而藉以与中国兵暗通线索，做此买卖。"又说"前日之间谍，又来报告，言朝廷已预备出走，因欧洲援军已渐逼近"，"有二万四千兵业已登岸，在天津者有一万九千人，盖司理（Gaselee）将军明日可到大沽。俄军在北塘，天津城已在欧人管理之下。此处之拳匪业已溃散。有多数兵队均已启程，方在路中"[②]。

在休战中，清方和使馆方没有明枪却有暗战（狙击），双方还展开了虚实难测的外交战。

清总理衙门多次催促英国公使馆提交从北京撤离的日期，并向各国抗议使用中国教民作战，各国公使则向总理衙门抗议清军违反停战协定。双方同时不断寻求解决办法，清政府更是做出姿态。7月20日，西太后送来蔬菜、水果，慰问各国公使。7月26日，总理衙门又给使馆送来蔬菜、鸡蛋和面粉，以表西太后慰问各国公使之感情。[③]

使馆方面7月14日派往天津送密信的信使：

---

① ［日］柴五郎：《北京笼城》，第68—79页。
② 《中国近代史资料丛刊·义和团》第2册，第309—311、297、304—305页。
③ ［日］柴五郎：《北京笼城》，第71、75—76页。

被执，为荣禄所留，数日后（17日），仍回至使馆，带有庆王同总理衙门大臣之信……可见虽中国极顽固之大员，亦知使臣如皆被害，则将来欧洲各国，必索皇族数人抵偿也。……有一法国志愿兵，胆量甚大，忽跨过防线，欲至中国军中一视，众皆阻之，然彼略一迟疑，仍决意前进，愈行愈远，渐渐不见其影，无一人谓其可以生还者，或谓此人真疯癫矣。二点钟之后，忽自此志愿兵处来一通告，言彼在荣禄军中，待遇甚好，至晚间遂归。……荣禄详问予等现在之情形何如？粮食足否？死伤之人几何？此人答言予等甚好，但在此炎热之时，所缺者冰果之类耳。荣禄即取桃子置于此人之袋中，又送西瓜令其带回，并言其部下之兵，可以保护使馆。[①]

7月30日，朴笛南姆威尔记载了樊国樑大教堂被围攻情况，并认为"今日之事，自然已破息战之条款"。7月31日，清廷下令停止攻击西什库教堂。[②]朴笛南姆威尔记述总理衙门的解释："谓北边之炮声，乃军队剿办拳匪，因拳匪攻大教堂，杀害教士教民也。北面桥边之建筑防线，乃专为自卫起见，以避予等之枪。至于掘地道之声，恐系予等之误闻耳。"[③]

清军确实并非无所事事，使馆在加固防御工事的同时，清军也加紧挖掘进攻的地道。7月27日，朴笛南姆威尔记："又有更坏之兆，则地底时闻铲锄之声也。此等声音，到处皆闻，必系中国人见

① ［英］朴笛南姆威尔:《庚子使馆被围记》，《中国近代史资料丛刊·义和团》第2册，第295—298页。
② 故宫博物院明清档案部编:《义和团档案史料》上册，第414页。
③ 《中国近代史资料丛刊·义和团》第2册，第306—307页。

前日法使馆之地道，已告成功，故又欲踵此故技，施于各处，以火药埋于地底，将予等外线悉为摧毁，使予等不得不退，占地既小，则炮弹可以聚攻，自然覆没矣。"①

在这次停战期间，清廷有几项颇具意味的决定。7月19日，停战第三天，清廷寄谕沿江沿海各省督抚："现在天津失陷，京师戒严，断无不战而和之理。……但恐各督抚误会意旨，以保使为议和之地，竟置战守事宜于不顾，是自弛藩篱，后患更何堪设想。著沿江沿海各督抚等振刷精神，于一切战守事宜赶紧次第筹办。"②7月25日（六月二十九日）慈禧太后颁下懿旨："大学士荣禄，加恩著在紫禁城内并西苑门内乘坐二人肩舆。"③显示对荣禄严格遵照自己的战守决策的奖赏。

清廷的着眼点在命董福祥率武卫后军，会同李秉衡、宋庆等"将一切战守事宜和衷商榷，务令各军联络一气，同仇敌忾，共建殊勋"等，而南方实力督抚则持不同解决方案。李鸿章、刘坤一联衔会奏："请明降谕旨，饬大学士荣禄派文武大员带兵护送各使赴津，以示宽大而泯疑怨。如虑沿途护送为难，该使等不欲冒险，或先撤去仇攻之兵，专派保护之兵，优加体恤。美廷电谓各使通信，方易商办。应一面准其通信本国，彼此停兵，各派全权，商议善后。无论在京在津，总须先释使臣。盖停兵方能补救，释使方能停兵，业已激成公愤，若至变生不测，恐使臣亦所不愿，挟制在所不

① ［英］朴笛南姆威尔：《庚子使馆被围记》，《中国近代史资料丛刊·义和团》第2册，第303—304页。
② 故宫博物院明清档案部编：《义和团档案史料》上册，第344页。
③ 中国第一历史档案馆编辑部：《义和团档案史料续编》上册，第711页。

受也。"①这实际上将慈禧太后的政治意图暴露无遗。

到了8月4日，由于此前几天溃兵不断进城，受约束的停战状态濒临崩溃。朴笛南姆威尔说："此时外线枪声，复时有所闻，亦莫明其故，……似开战非开战之象，即现在之情形。昨日晨间，见敌人彩色之旗，离予甚近，不及四十尺，临风招展，似有藐视之意，触予之怒，立意击之，……此后则枪弹纷集，报复之事至矣。半句钟中，未曾稍停，予急低头躺下，以避其锋，……。"②如果说8月4、5日的枪战还属于擦枪走火，6日后的情形则迥然不同。

第六节　绝望而混乱的进攻：
肃王府战斗的第五阶段

目前学界观点多认为，清军重新开始进攻是在8月10日。而我们综合分析日、英、中文档案文献可知，清军是在8月6日开始再次进攻的。但这时的进攻，还有多少成分是为了实现慈禧太后的政治意图，又有多少成分是在绝望和恐惧中发泄愤怒？

8月6日，各方面围攻使馆的清兵突然喊声四起，开始射击。日军认为战斗已重新拉开帷幕，只有肃王府方面稍微平静。③学者认为重新开战在8月10日的观点，乃是根据英方窦纳乐和朴笛南姆威尔的记述，二人所记含混。窦纳乐的认识不定，他指出从7月29日开始，清军就对使馆方加固工事的行动进行了猛烈的枪击，又说

---

① 故宫博物院明清档案部编：《义和团档案史料》上册，第414、416页。
② 《中国近代史资料丛刊·义和团》第2册，第309—311页。
③ ［日］柴五郎：《北京笼城》，明治三十三年八月六日条，第88—89页。

8月7日"炮火较平时更为猛烈","肃王府……于8月9日又遭到攻击,而且在敌人工事后面竖立了新的旗帜";10日,"敌人对肃王府以及我们……所有的防御工事进行了惊人的排枪射击"[①]。朴笛南姆威尔的看法颇为矛盾,不认为8月6日已重新正式开战,但又认为双方已打起来了:"今虽仍为停战之期,而两日以来,枪声愈众,予等众中受伤者若干人,死者二人,此即上一礼拜中损失之数也。此等似战非战之情形,殊为怪异,但较之正式开战,自然为佳。"[②]因此,处于最前线的指挥官柴五郎的明确记述是相对更可靠的。

8月7日(七月十三日),清廷发下谕旨"授李鸿章为全权大臣,即日电商各国外部,先行停战"[③]。因此,北京城内的清军7日没有对使馆发动进攻,而是在追杀义和团。[④]有观点认为这是清军在北京街头开始公然屠杀义和团,实际上,此前一段时间,清军不时有枪击义和团的情况。[⑤]而在使馆方面,特别是肃王府战线,由于清国苦力、密探均不能接近哨兵线,于是日军将东阿司门哨所小路南侧住宅的墙壁拆除,派清国人往税关方面侦查,发现了清军。此事说明清军是在为进攻使馆做准备。果然,8日傍晚清军即开始不停地向东阿司门哨所射击,并做好了冲锋的准备。这显然是对八国联军以日军为先锋向北京进发,以及列国公使团力主联军迅速进攻北京、"不要因为任何谈判而遭到拖延"建议的回应。[⑥]为了抵御清

① 《英国蓝皮书有关义和团运动资料选译》,第313、316页。
② 《中国近代史资料丛刊·义和团》第2册,第311—312页。
③ 故宫博物院明清档案部编:《义和团档案史料》上册,第446页。
④ 《中国近代史资料丛刊·义和团》第2册,第314页。
⑤ 〔日〕柴五郎:《北京笼城》,第18—19页;《英国蓝皮书有关义和团运动资料选译》,第293页。
⑥ 《英国蓝皮书有关义和团运动资料选译》,第171页。

兵的进攻，一夜之间日军曾三次紧急集合。①朴笛南姆威尔记道："肃王府……。敌人于周围均插新旗，其所标将官之姓，均予等所不知者，当总理衙门仍口口称保护之时，而此等五色之旗，即插于距离不过二三十尺之地，临风招展，以戏弄于予等之前，然公文固仍连翩而至也。但法使馆中之头等翻译，曾见其原文者，谓其口气已渐渐强硬，中国兵亦加厚其力，距予等甚近，……中国人此时可以一任其意而为。"②

8月10日凌晨三点，这时北京的清军组成复杂，故放弃武卫中、后两军用胡笳声指挥的习惯，而用信号弹来指挥清军的进攻。随着信号弹升起，清军从各个方向猛烈射击。肃王府枪声尤其密集，日本兵全体出动持枪警戒，四十分钟后枪声逐渐平静。早晨六点，清军又开始射击，枪声虽稀稀疏疏，但终日未绝。11日早晨，使馆即遭到清军的射击，终日稀稀疏疏枪声不断。8月12日，清军的进攻再次猛烈起来，自早上起各方面的射击极为猛烈，终日未绝。③这显然符合清廷上谕的要求，因为使馆联军并未停战，向北京进发的联军也"仍前猛进"。朴笛南姆威尔记道：12日，"盼望援军将至之心，今日又推而远之矣，予等复罹于危险之境。攻击忽然又至，且较之前日，尤为猛烈，四十八点钟以内，枪声未尝稍停，不知已费若干吨之铅与镍矣……肃王府及法使馆，尤当冲要，炮火震耳欲聋……如联军再有两三日不至，则此势如狂风骤雨之攻击，必将予等全体均送入医院之中矣"。从13日上午起，清军从各方向

---

① ［日］柴五郎：《北京笼城》，明治三十三年八月八日条，第89—90页。
② ［英］朴笛南姆威尔：《庚子使馆被围记》，《中国近代史资料丛刊·义和团》第2册，第314—315页。
③ ［日］柴五郎：《北京笼城》，明治三十三年八月十一十二日条，第91—92页。

对使馆猛烈射击，持续了一整天，几乎没有间断。①

但这时的围攻使馆已不可能像7月16日前那样水泄不通，也不再能导致使馆与外界完全隔绝。朴笛南姆威尔记述，8月10日"送信之人忽然而至，……跨入日本之界，自左耳中取出一纸团，即其所赍之信也。此关系予等全体生死之消息，乃在其左耳中藏匿许久，其信为密码，系自联军中日本统领处而来者，谓前锋十三日或十四日可以到京"②。柴五郎日志也印证了此事：10日"下午四点，8月5日出发的密使，从东阿司门的哨兵线方面归来。并带来了8月8日福岛少将的信，信上说，救援的联军已开始进军，预计8月13日或8月14日到达北京，各国人闻讯后，萌起了新生的希望。英国公使也收到了英军指挥官同样内容的信。于是，日方又派遣密使给福岛少将送信，但未能通过清兵的步哨线"③。

而这一时期结合军事进攻的外交战双方的心态也发生逆转。8月11日这一天，清廷谕命宋庆将"已派李鸿章为全权大臣与各国议结一切事宜，并电知各国外部先行停战"一事，"照会各国前敌统兵大员，先行商议停战"，同时说："若各国统兵官尚未得各外部训条，仍前猛进，自应悉力抵御，以挫其锋，毋稍误会。"12日，总理衙门致函各国公使，庆亲王奕劻将前往使馆面商，"先行停战"。使馆方面也"答复将于第二天（13日）早晨接待他们"④。8月13日上午十一点起，各国公使在英国使馆等待庆亲王奕劻等来谈判，但接到的是清方抗议外国兵的攻击、撤回谈判的书信。同时，清军

① 《中国近代史资料丛刊·义和团》第2册，第316、318页。
② 《中国近代史资料丛刊·义和团》第2册，第315页。
③ ［日］柴五郎：《北京笼城》，明治三十三年八月十日条，第90—91页。
④ 故宫博物院明清档案部编：《义和团档案史料》上册，第468、472—473、475页。

展开了猛烈进攻，连续的射击一直持续着。而包括肃王府在内的使馆各卫队怀着被联军营救的希望，顽强同时也是勉强守卫着阵地。十一点半左右，东方远处听到了激烈的炮声，大家知道联军已迫近北京城下。清军夜战十分激烈，仿佛开战时一样。[①]显然，这是八国联军攻占通州的消息已传入北京，"京城防务万分吃紧"，清廷做出的最后反应。窦纳乐致英国外相的信函也证明了这一点："第二天早晨，为接待中国大臣们所确定的时间快要到来时，送来了一封信，该信流露出一种挑衅的敌对情绪。我们被指控为在蒙古市场附近开枪打死了一名军官，并打死或打伤二十六名士兵；同时，我们得到通知说，我们的行动被认为是不友好的。在该信后面简短的附语中，又说：亲王和大臣们都很忙，不能前来看望我们。当我们联想到这封信和前一天发生的猛烈攻击时，似乎没有怀疑的余地：在援军到达前，他们将要做一次最后努力，以击溃我们的抵抗。"[②]

8月14日凌晨，八国联军发起对北京城的总攻。在被围攻的使馆中英国公使窦纳乐这样记述："凌晨二时左右，炮火停止了一会儿，当时兴高采烈的守军十分清楚地听到东边远处传来的隆隆炮声以及显然在城墙外边的许多毛瑟枪声。使馆内的场面是难以形容的。那些因疲劳过度而睡熟了的人们被这些不寻常的声音惊醒过来；人们不断欢呼，并互相握手。敌人也听到了这个声音。沉寂了片刻，然后爆发了较以前更激烈和更震耳的来福枪声；我们的狙击兵用咔嗒咔嗒的声音，以及那门装有五个炮筒的诺尔登费尔特式机

---

① ［日］柴五郎：《北京笼城》，明治三十三年八月十三日条，第92—93页。
② 《英国蓝皮书有关义和团运动资料选译》，第118、318页。

关炮用轰轰隆隆的声音，对它立即进行回击。"①肃王府前敌指挥官柴五郎记述：凌晨二点左右，从东边传来的逼近北京的联军的枪炮声越来越清晰，而清军的攻击也越来越猛，尤其是肃王府一带的日军防线，受到的攻击压力很大，伤亡不断增加。从上午十一点开始，清军将兵力东移，欲遏制联军进攻，对使馆区、肃王府的攻势才渐渐衰减。下午三点左右，英军之印度兵从御水河门冲入公使馆防御线内。日军福岛少将率领步兵第十一联队，于下午八点四十分到达日本公使馆。同夜，北京城几乎全部陷落。②围攻使馆之役到此结束，肃王府之战也轰然落下了帷幕。

五年前，当我们决意不避艰难一探肃王府之战的奥秘时，鉴于此战守方主要是日军，以为只要将中外学界尚未利用的日方档案史料梳理清楚，便可以解开肃王府之战的谜团，从而进一步解决庚子围攻使馆的诸多关键问题。但当完成此研究时，我们发现虽在一些关键问题上有所突破，但距离围攻使馆事件的总体解决仍有一段距离。肃王府之战作为围攻使馆事件这一系统、复杂过程的重要一环，通过我们的细致探讨，将学界认为重要而未能解决的战争进程再现出来，并根据可靠的史料对这段空白的历史予以建构。与此同时，我们也对学界争论不休的下列基本史实做出补证、修正和突破：

第一，我们可以确定围攻使馆开始于6月13日夜、持续到14日凌晨，而非学界以往笼统所说的6月13日、或14日、或20日。这天夜里奥国使馆被袭，日本兵和法国兵赶赴增援，故日军指挥柴

---

① 《英国蓝皮书有关义和团运动资料选译》，第319—320页。
② ［日］柴五郎：《北京笼城》，明治三十三年八月十四日条，第93—101页。

五郎的记载在已有史料中相对最可靠。围攻使馆的是义和团和清军中一些散兵游勇，属于对使馆卫队白天枪击进城义和团的报复性进攻。到6月20日，围攻使馆进入一个新阶段，由于八国联军进攻大沽的消息传入北京，清廷决定对各国宣战，故围攻使馆变成清军有组织的大规模进攻，肃王府在这一天开始并成为该役最重要和最激烈的战场。

第二，根据庚子围攻使馆之役的作战状况，我们认为学界此前分段的观点均有欠缺，围攻使馆之役实际可分为六个阶段：（1）1900年6月13日—6月20日为义和团和散兵游勇袭击使馆；（2）6月20日—6月25日为清军有组织地大规模围攻使馆的第一阶段；（3）6月25日为短暂的休战期；（4）6月25日—7月16日为清军有组织地大规模围攻使馆的第二阶段；（5）7月17日—8月6日为休战期；（6）8月6日—8月14日为清军有组织地围攻使馆的第三阶段。当然，阶段划分与清廷应对义和团和列强各国要求的政策、策略演变密切相关，而肃王府之战是从围攻使馆之役第二阶段开始的。

第三，围攻使馆并非如有学者所描述的那样是慈禧太后为了愚弄义和团而导演的一出闹剧，它是慈禧太后在八国联军率先践踏国际准则、发动对华战争后，发动的具有"以战逼和"的政治意图的行动，但她有限的"政治智慧"，惯于奢华之性，显然对列强面对艰难困苦的"坚忍"估计不足，也不足以应对列强的强横。

第四，关于荣禄在围攻使馆事件中扮演的角色问题。虽然学者们认为，同外国侵略者的军事交锋中，"专管军事的大学士荣禄却不参与军事决策和指挥"，"荣禄几乎是置身事外的"，他是被"强令担任围攻使馆的总指挥"。但通过对肃王府之战的探讨，我们发现围攻使馆的武装力量是清军，而学界认为 6 月 25 日之后实施"假进攻"的荣禄部显然是严格依照慈禧的意旨进行了猛烈进攻，"中国政府军队对北京各国使馆的有组织的进攻"，首先是从使馆区的"北面和东面"开始的，肃王府正是进攻的核心点之一，从北面进攻的是董福祥指挥的甘军，从东面进攻的是荣禄指挥的武卫中军。①在围攻使馆事件中，荣禄既不是主和派的代表，也不是"主战派"或"风派"，而是不折不扣地遵照慈禧太后意旨的行事派。这一经典论断，林华国先生 1991 年的论文已提出，而本章为此提供了更为具体、可靠的事实依据。

第五，关于使馆在中外双方力量悬殊的情况下久攻不下的原因，学界过往多从政治道德的角度来认识，而忽略了许多关键的细节。确实，慈禧发动围攻使馆的政治考虑，我们认为是"以战逼和"，这显然是使馆久攻不下的一个重要原因。类似观点，林华国先生 1991 年的论文已提出，并指出"既然如此，进攻必然兼有两方面的特点：一方面，为了对外国使节形成较大的威胁，进攻必须有一定的猛烈程度；另一方面，为了避免对使馆人员（特别是外交人员）造成重大伤亡，给议和造成新的障碍，进攻又必须留有余地而不能是摧毁性的"。这说明攻占肃王府是既定方针，也是实现慈禧太后政治意图的重要环节。

但是战场形势不可能绝对按照"意图"进行，随时可能出现"意外"。肃王府之战，清军的进攻是很猛烈的，然而久攻不下，除了慈禧的政治意图制约清军的进攻路线图外，重要因素还有清军的

---

① 《英国蓝皮书有关义和团运动资料选译》，第 262 页。

战术训练差、军事素养差、缺乏巷战经验以及实行添油战术等。过往研究多以枪炮打得高来臆测是清军受命有意为之，作为假进攻的一个重要证据。但上述观点往往忽略这样一些史实：武卫各军风纪差，疏于训练。1899年3月才由荣禄奏请整编，并陆续配备新式武器，有论者甚至以武卫军1900年配备了1899年产的德国马克沁重机枪（出厂刚一年），作为武卫军装备和战斗力强的证据，而忽略了武卫军疏于训练，对新式武器掌握不好、效用不高的现实。荣禄武卫中军更是成军最晚，多为拼凑，是武卫五军中战斗力最差的，在围攻使馆时期多有扰民、抢掠劣迹。董福祥甘军是五军中颇有战斗力的队伍，学界多以董军枪械配备了欧洲先进的新式毛瑟连发枪和曼利夏快枪，认为有了先进武器，人数又绝对悬殊，除非"假攻"，绝无攻不下的可能。但他们忽略了这些新式枪支多是在1899年后，甚至是在八国联军战争爆发前夕才陆续配备到董军，加上董军多是缺乏近代军事训练的匹夫之勇，纪律差、训练少，对新式枪械的使用不熟练，使枪械战斗功用大打折扣，已为中外记载所证实。

通过探讨肃王府之战，我们认为围攻使馆之役是由一系列事件组成的，涉及宫廷权力斗争、中外错综复杂的关系、宗教与战争、谜一般的战争进程等诸多关键问题。问题的最终解决，除了深入发掘中、日、英档案文献外，还有待于更多国家档案文献的发掘。当然，慈禧为首的清高层围攻使馆的决策材料，更是揭开谜团的关键，但我们很可能无法找到这些材料。

结　语

探讨近代中国的政治走向，就不能不探究近代权力格局问题。这是学界持久关注并不断寻求新解的命题。近年来，关于晚清中央和地方权力格局的讨论颇为热烈，核心问题之一就是晚清地方督抚权力的消长及其与中央政府的关系问题，罗尔纲等学者提出的"督抚专政""内轻外重"等代表性观点大受质疑。

清后期中央和地方政府关系的演变问题，历来是晚清政治史研究中的一个重要问题，但到目前，系统研究、集中论述晚清中央和地方权力关系演变，尤其是将清后期权力走向的大局观与史料发掘、考辨、分析结合起来，探讨诸关键问题的成果仍然较少。自笔者于2010年出版专著《咸同年间清廷与湘淮集团权力格局之变迁》后，学界对相关重要问题的关注较前增多，多位颇具实力的研究者也在自己的研究领域、各自时段集中探讨这一问题。近年来，在晚清中央和地方权力格局问题上，学界突破"督抚专政""内轻外重"等观点的统治地位，而不断提出新解的趋势越来越明显。有学者从各自的研究时段提出"权力外移"说、"内外皆轻"权力格局说等新解，颇有启发，但在论点周密性、论据的可靠性等方面仍有商榷的余地。

把握晚清中央和地方权力格局，当然应是长时段的，既要纵观整个晚清权力格局的变化，更要上溯清前中期的权力结构，下延至民国时期的权力格局的变化和延续。①充分认识历史的延续性问题，还要把对晚清权力格局的长时段、宏观把握与实证研究结合起来；而实证研究须细化、具体，要做实。因此，选取分析时段的长短要具体情况具体分析。对此，我恰可用拟讨论的另一篇文章的检讨作答："学界以往的相关研究有一个明显的问题，就是在时段上主要局限于太平天国兴起的咸同时期，至多延伸到庚子事变，而对庚子以后的清末新政时期缺乏实证研究，往往仅凭逻辑推论而遽下结论。名曰'晚清'，其实未免以偏概全之嫌。"②无论是清史还是近代史，都是要在一个变动的环境下讨论晚清—民国权力结构的变化，这是今天近代史、晚清史研究的常识性问题。

分析晚清权力格局的变化，应将权力结构和权力现象结合研究，应将晚清权力变动分为战时、战后复员和常规时期等阶段和状态，不能笼统地讲晚清权力变动。同时，一定要与以长时段来分析晚清权力变迁的历史阶段结合一起来，对重要历史阶段不应孤立看待，要注意晚清权力格局变化的历史延续性、长时段特征及其异变性。应注意近代权力变化中："中国近代与历代最根本的不同之处，即外力入侵造成了既存权势结构的巨变。外国在华存在通过条约体系所建构的间接控制，既体现着一种外在的压迫，其本身又已内化为中国权势结构的直接组成部分。故即使是纯粹内部的'改朝换代'，任何对既存权势结构的挑战，都要涉及帝国主义列强的利

① 邱涛：《咸同年间清廷与湘淮集团权力格局之变迁》，北京：北京师范大学出版社，2010年，第12页。
② 李细珠：《晚清地方督抚权力问题再研究——兼论清末"内外皆轻"权力格局的形成》，《清史研究》2012年第3期。

益，实际也构成对条约体系的冲击，致使中国内争和外力的纠结和互动远甚于他国。"①

还应突破范式的束缚。笔者曾指出：晚清时期太平天国起义爆发、湘淮集团崛起，直至清末北洋集团崛起，确实对清王朝的专制主义中央集权产生了巨大冲击，从太平国运动开始，地方实力集团确实从高度集权的专制皇权中分得部分权力，以便在战时严酷环境中得以生存，以及获得了为了更好生存的权力和条件。但这场权力博弈，绝不只是地方势力步步进逼、中央皇权步步退让的过程，同时也是清廷中央不断进行有力的反击和制约的过程；既要看到地方势力向中央争权的一面，也要看到清廷中央对地方势力进行制约和反击的一面。从而在清末新政前40多年形成这样一个权力格局：清廷中央仍掌控着行政、人事黜陟、财政税收、军队控制、外交、司法等权，而地方势力也在这个范围内取得了较前更多的自主权，随着各种近代新权力因素的强势进入，包括地方在内各势力取得较前为多的权力和自主性，以适应新变化。这种集权与分权的斗争，交织纠缠，攻守进退，双向拉锯。应当说，晚清中央和地方达到了一种动态平衡的权力格局，中央能基本控制大局，而地方也获得较大的权力自由度，但绝非以往的集权或外重、"尾大"②。这是一种"内徙外移、上下互动"的动态格局。但是，清末最后三四年，由于统治者的颟顸无能，破坏了这种动态的权力均衡状态，加上同样重要的权力、政府对国家整体发展的无能、无力，导致社会局势的失控，

---

① 罗志田：《革命的形成：清季十年的转折》（上），《近代史研究》2012年第3期。
② 邱涛：《咸同年间清廷与湘淮集团权力格局之变迁》，北京：北京师范大学出版社，2010年，第1—12页。

清王朝灭亡。

学界有一种有趣的现象，学者们强调提出新的理论观点，大多要求做出一个归纳，提出某一种三五字的假说，或者非要对历史阶段做出一个结论。历史问题并非事事均能做出结论，如果强求，往往不免失之偏颇。而且，提出一个假说，需要考虑的问题涉及方方面面，需结合长短时段。

如要探讨这一问题，必然涉及历史事件和人物的认知，是否有充分的实证基础，把握的难度极大。即就慈禧一人而言便难下定论。不论其全，即片论慈禧与清王朝兴灭的关系，论者既有慈禧导致清速亡之说，但也有诸多慈禧维持清王朝不致速亡之说。对于慈禧死后，清末最后三四年统治者的颟顸无能、破坏动态均衡状态的权力格局，有太多相互对立的材料可以证实与证伪。久居清末中枢、了解实情的王文韶的感言颇具代表性："大家皆抱怨老太太（指孝钦后——原注，即慈禧太后），汝须防老太太一旦升天，则大事更不可问。"[1]这一点，即便西方学者也从西方的视角看到了这个问题的严重性。[2]

新的权力格局假说的提出，必然涉及对旧说的辨证分析，绝非理论、模式上做出辩驳即可，而需大量实证研究的基础。因此，笔者更想强调具体问题具体分析，并不看好用一个（组）词语来"提炼""概括"近代权力格局的做法，而主张应突破这种思维模式。

总之，晚清中央和地方督抚皆在权力格局中各有收获，清廷维

---

① 何刚德：《话梦集·春明梦录》，北京：北京古籍出版社，1995年，第81页。
② ［英］C. L. 莫瓦特编，中国社会科学院世界历史研究所组译：《新编剑桥世界近代史》第12卷，北京：中国社会科学出版社，1999年，第435—451页。

持对权力的全局掌控，而地方督抚随着近代新因素的进入，权力的盘子有所扩大，获得一些新的权力领域的自主权，双方在权力博弈中，由于列强因素的介入，陷于对冲抵消的局面。因此，晚清并未出现"内轻外重"的局面，也没有出现"内外皆轻"的局面，清廷中央和地方都还在体制内拥有各自的权力，清王朝的灭亡并非因为藩镇割据、或内外皆失权，而是因为近代中国出现新因素，新旧因素共同作用的结果。

YE BOOK

洞 见 人 和 时 代

官方微博：@壹卷YeBook

官方豆瓣：壹卷YeBook

微信公众号：壹卷YeBook

媒体联系：yebook2019@163.com

壹卷工作室
微信公众号